光 启
新史学
译 丛

主编

陈 恒　陈 新

编辑委员会

蔡　萌（上海师范大学）　　　　刘文明（首都师范大学）
陈　恒（上海师范大学）　　　　刘耀春（四川大学）
陈　新（上海师范大学）　　　　刘永华（厦门大学）
董立河（北京师范大学）　　　　吕和应（四川大学）
范丁梁（华东师范大学）　　　　彭　刚（清华大学）
顾晓伟（中山大学）　　　　　　宋立宏（南京大学）
郭子林（中国社会科学院）　　　王大庆（中国人民大学）
洪庆明（上海师范大学）　　　　王献华（上海外国语大学）
黄艳红（中国社会科学院）　　　徐晓旭（中国人民大学）
赖国栋（厦门大学）　　　　　　俞金尧（中国社会科学院）
李　根（东北师范大学）　　　　岳秀坤（首都师范大学）
李　勇（淮北师范大学）　　　　张　越（北京师范大学）
李隆国（北京大学）　　　　　　张作成（东北师范大学）
李尚君（上海师范大学）　　　　赵立行（复旦大学）
李文硕（上海师范大学）　　　　周　兵（复旦大学）
梁民愫（上海师范大学）

光启新史学译丛

THE ORIGINS OF THE SECOND WORLD WAR

A.J.P. TAYLOR

第二次世界大战的起源

［英］A.J.P. 泰勒 著
潘人杰 朱立人 黄鹂 译
潘人杰 潘泓 校

上海三联书店

The Origins of the Second World War

By A.J.P. Taylor

Copyright @ Ferenc Hudecz and Istvan Hudecz, 1961, 1991

Simplified Chinese Version @ 2020 Shanghai Joint Publishing Company Limited

All Rights Reserved

"光启新史学译丛"弁言

20世纪展开的宏伟历史画卷让史学发展深受其惠。在过去半个世纪里，历史研究领域延伸出许多令人瞩目的分支学科，诸如性别史、情感史、种族史、移民史、环境史、城市史、医疗社会史等，这些分支学科依然聚焦于人，但又深化了对人的理解。举凡人类活动的核心领域如经济关系、权力运作、宗教传播、思想嬗变、社会流动、人口迁徙、医疗进步等等都曾在史学的视野之内，而当代史家对这些领域的研究已大大突破了传统史学的范畴，并与普通人的日常生活息息相关。如今，一位普通读者也能够从自身生存状态出发，找到与历史作品的连接点，通过阅读历史，体悟人类过往智慧的种种精妙，进而在一定程度上主动去塑造自己的生活理念。通过阅读历史来定位我们的现在，通过历史研究为当下的种种决策提供依据，这已经是我们的现实中基于历史学的一种文化现象。不论是对物质生活或情感世界中细节的把握，还是期望对整个世界获得深邃的领会，当代历史学都提供了无尽的参照与启迪。这是一个史学的时代，也是一个人人都需要学习、参悟历史的时代。千百种貌似碎片化的历史专题研究、综合性的学术史研究、宏观化的全球史研究，都浸润着新时代的历史思维，为亿万读者提供了内涵丰富、层次多样、个性鲜明的历史读本。

微观史学或新文化史可视为一种新社会史学的重要方向,对此国内有不少译介,读者也较为熟悉。但新社会史学的研究远不止这两个方向,它在各方面的成就与进展,当然是我们这套译丛不会忽视的。除此之外,我们尤为关注代表着综合性史学思维的全球史,它是当代西方史学的重要分支,是新的世界史编纂方法和研究视角。

全球史的出现是一个非常重要的"历史性时刻",它不仅是"从下往上看历史"新视角下所包括的普通民众,而且这标志着全球史已深入到前殖民,囊括第三世界的方方面面。为纠正传统西方中心论和以民族国家为叙事单位所带来的弊端,全球史自20世纪60年代诞生以来,越来越受到史学界的重视。全球史关注不同民族、地区、文化、国家之间的交往与互动,强调传播与接受,重视文化多元与平等,摈弃特定地区的历史经验,犹如斯塔夫里阿诺斯所说,要站在月球上观察地球,"因而与居住在伦敦或巴黎、北京和新德里的观察者的观点迥然不同。"

当代史学的创造力所在,可从全球史研究的丰富内涵中窥见一斑。全球史研究奠基在一种历史写作的全球语境之中,诉诸全球视野,构建起全球化叙事,突出历史上民族、国家、文化之间的交流、碰撞与互动。在当代史家笔下存在以下几种全球互动模式:一是阐述世界历史上存在的互动体系或网络,如伊曼纽尔·沃勒斯坦的《现代世界体系》(1974—1989年)、德烈·冈德·弗兰克的《白银资本》(1998年)、彭慕兰《大分流》(2000年);二是关注生态与环境、物种交流及其影响的,如艾尔弗雷德·罗斯比的《哥伦布大交换》(1972年)、约翰·麦克尼尔《太阳底下的新鲜事:20世纪人与环境的全球互动》(2001年);三是研究世界贸易、文化交流的,如卜正民的《维梅尔的帽子》

(2008年)、罗伯特·芬雷《青花瓷的故事：中国瓷的时代》(2010年)、贝克特的《棉花帝国》(2014年)；四是以全球眼光进行比较研究的，这包括劳工史、移民史等，如菲力普·方纳的《美国工人运动史》(1947—1994年)、孔飞力的《他者中的华人：中国近现代移民史》(2009年)；五是审视区域史、国别史之世界意义的，如迪佩什·查卡拉巴提的《地方化欧洲》(2000年)、大卫·阿米蒂奇的《独立宣言：一种全球史》(2007年)、妮娜·布雷的《海市蜃楼：拿破仑的科学家与埃及面纱的揭开》(2007年)等；以致出现了所谓的跨国史研究。"跨国史"(transnational history)这一术语自20世纪90年代以来一直和美国历史研究的那些著作相关联。这一新的研究方法关注的是跨越边疆的人群、观念、技术和机构的变动。它和"全球史"(global history)相关，但又并不是一回事。"跨文化史"(transcultural history)或"不同文化关系"(intercultural relation)是与"跨国史"相匹配的术语，但研究者认为在阐明那些跨国联系时，这两个术语过于模糊。"跨国"这个标签能够使学者认识到国家的重要性，同时又具体化其发展过程。该方法的倡导者通常把这一研究方法区别于比较史学(comparative history)。尽管如此，他们认为比较方法和跨国方法彼此是互为补充的。(A. Iriye and P. Saunier, ed., *The Palgrave Dictionary of Transnational History*, Macmillan, 2009, p. 943)

全球史研究不断尝试以全球交互视角来融合新社会史学的微小题材，总体看来，这些新趋势和新热点在一定程度上纠正了全球史对整体性和一致性的偏好，为在全球视野中理解地方性知识乃至个体性经验做出了示范，同时凸显了人类历史中无处不在、无时不在的多样性与差异性。

本译丛是以当代历史学的新发展为重点，同时兼及以历史学为基础的跨学科研究成果，着眼于最新的变化和前沿问题的探讨。编者既期望及时了解国外史学的最新发展，特别是理论与方法上的新尝试和新变化，又要选择那些在研究主题上有新思路、新突破的作品，因而名之为"新史学译丛"。

近现代史学自18世纪职业化以来发展到今天，已经走完了一轮循环。时至今日，史学研究不再仅限对某一具体学科领域作历史的探讨，而是涉及哲学、文学、艺术、科学、宗教、人类学等多个领域，需要各个领域的专家协手共进。在一定意义上，史学是对人类文化的综合研究。这是一种现实，但更是一种理想，因为这意味着当代新史学正在努力把传统史学很难达到的最高要求当作了入门的最低标准。

历史演进总是在波澜不惊的日常生活里缓慢地进行着，无数个微小的变化汇聚累积，悄悄地改变着人类社会生活的整体面貌，因此，历史发展的进程，以长时段的目光，从社会根基处考察，是连续累进的。知识的创造同样如此，正如我们今天的全球史观，也是得益于人类漫长智识创造留给我们的智慧。历史研究虽然履行智识传播的使命，未来会结出什么样的智慧之果，我们很难知晓，也不敢预言，但愿它是未来某棵参天大树曾经吸纳过的一滴水，曾经进入过那伟大的脉络。无论如何，我们确信的是，通过阅读历史，研究历史，人们体验到的不仅仅是分析的妙处与思维的拓展，而且是在潜移默化中悄悄促进包容性社会的发展。

"光启新史学译丛"编委会
2017年9月1日于光启编译馆

从左上角顺时针方向：（一）《凡尔赛和约》和国际联盟；（二）《洛迦诺公约》；（三）德奥合并；（四）捷克斯洛伐克危机和《慕尼黑协定》；（五）《德苏互不侵犯条约》；（六）波兰危机。

如果有谁直截了当地质问："打仗为了什么？"对于第一次战争，其答案是"决定欧洲该怎样重新安排"，对于第二次战争，其答案却仅仅是"决定这个重新安排了的欧洲该不该延续下去"。**第一次战争就是第二次战争的原因，而且就一件事引起另一件事而言，事实上它导致了第二次战争……第二次世界大战，在很大程度上是第一次世界大战的重演……**就原则和信条而言，希特勒并不比许多其他同时代的政治家们更加邪恶和无耻。在行动上，他的凶险刻毒却胜过他们所有的人。西方政治家的政策也是最终依仗武力。不过，这些政治家希望没有必要动用这种武力。希特勒则打算动用他的武力，或者至少威胁要动用他的武力。**如果说西方国家的品行似乎更高尚，这在很大程度上因为它是保持现状而有道德，希特勒则要改变现状而不道德。在希特勒的目标和手段之间存在一个奇怪然而只是表面上的矛盾。他的目标是变革，是推翻现存的欧洲秩序；他的手段则是耐性。** 不管他在言词上如何怒气冲冲和狂暴激烈，事实上他是个玩待时而动策略的高手。 他绝不对一个作好准备的阵地发动正面攻击——至少在他的判断力被轻易的胜利败坏之前是这样。希特勒宁愿等待，直到反对他的各种势力被他们自身的混乱逐步削弱并由他们自己把胜利硬塞给他。他已经采用这种手段在德国取得了政权。他并没有"夺取"政权。他等待那些原先试图把他排除在外的人把政权硬塞给他。在对外事务上也是这样。希特勒没有提出明确的要求。他宣告他不满意，然后等着种种让步源源倾注到他的兜里来，而他自己仅仅伸出手来索讨再多一点罢了。**……假装准备大战而事实上不这样做，是希特勒政治战略的一个基本部分；对他敲响警钟的人例如丘吉尔，不知不觉地代他做了他的工作。这个机谋是新发明的，人人都上了当……他确信他已经把德国的以及外国的所有布尔乔亚政客们的分量都掂量过了，并断定他们的神经将先于他崩溃……回顾起来，虽然很多人是有罪的，却没有人是无辜的。** 政治活动的目的是要保障和平与繁荣；在这一点上，无论出于何种原因，每个政治家都失败了。**这是一篇没有英雄主角，或许甚至也没有反派角色的故事。**

——A. J. P. 泰勒

（一）标志第一次世界大战结束的《凡尔赛和约》于1920年1月10日得到国际联盟的确认后正式生效；图为国际联盟于1920年11月15日在瑞士日内瓦召开第一次大会，有41个国家的代表出席。

第二次世界大战是从第一次世界大战的种种胜利成果中生长出来的，是从运用这些胜利成果的方式中生长出来的……**第一次世界大战没有解决"德国问题"，实际上到头来把它弄得更加尖锐了。**两次大战之间的欧洲历史，是围绕着"德国问题"展开的。要是这个问题得以解决，一切事情都会解决；要是这个问题依旧未得解决，欧洲将不知和平为何物。同它相比，所有其他问题都丧失了它们的尖锐性或者不过小事一桩……老的君主国家是按照条约能授予的权利来估量条约的价值的；他们从来没有为条约牵涉到的义务而费心。**新的态度跟"契约神圣"的观念相一致，这种观念乃是资产阶级文明的根本要素。**国王和贵族们总是赖账，极少守信。资本主义制度则要求它的实践者毫不迟疑地信守他们哪怕最随便的承诺，不然这个制度就会崩溃；而德国人现在也被指望遵守同样的伦理规范。人们还有更多的实际理由来依赖条约，最实际的理由就是除了条约没有别的东西可作依仗。这在第一次世界大战战后时期与过去类似性质的时代之间形成了巨大的反差……英法两国政府受到内政和外交上的种种困难过多的牵制，以致没能制定一项明确而又持续的政策。不过，要说战后年代里有一个首尾一贯的行为模式的话，那就是努力去同德国和解以及这些努力统归失败的故事……仅英国一国还在试图既是欧洲大国又是世界大国一身两任。这种试图不是她的实力之所能及；于是，每当她试图在另一个势力范围有所作为时，在这一个势力范围里的难局又使她逡巡不前了……英国的政策长期以来有一个固定点：不同美国人争吵。它从来没有偏离这一点。20世纪20年代它还更进了一步：它曾力图把美国拖进欧洲事务……**一个历史学家应该毫不犹豫（根据事实秉笔直书），即使他的著作帮助和安慰了女王的敌人（可我的著作并非如此），乃至人类的共同敌人。**

——A.J.P. 泰勒

（二）《洛迦诺公约》是 1925 年 10 月 5 日至 16 日欧洲多国在瑞士洛迦诺商议的七项协议。该条约由法国、德国、比利时、英国和意大利签署，保证了德国的西部边境，而法国、德国和比利时的邻国则保证将其视为不可侵犯。英国和意大利答应帮助抵抗对边界的任何武装侵略。其他六项协议包括德国与波兰之间以及德国与捷克斯洛伐克之间的仲裁协议，法国和波兰以及法国和捷克斯洛伐克之间承诺在第三国发动进攻时彼此将提供军事援助的协议。图为各国谈判代表首日与会围着谈判桌就座的情形。

洛迦诺给了欧洲一段和平和希望的时期……《洛迦诺公约》是两次大战之间年代的转折点。它的签署结束了第一次世界大战；11 年后它的弃毁则标志了第二次世界大战的序幕。如果一个国际协定的目的就是使人人满意的话，那么洛迦诺倒确是个非常好的条约。它使英意两个担保大国满意。促使法德和好，并给欧洲带来和平，而又一如所愿地没有招惹任何超出道义上的亦即仅仅言词上的责任之外的义务……只有以取胜为目标的国家才能受到失败的威胁。所以，1936年3月7日乃是一个双重转折点。它为德国的成功打开了大门。它也为她的最终失败打开了大门……德国重占莱茵兰标志着第一次世界大战后建立的种种安全保障机制的完结。国际联盟成了一个幻影；德国可以重整军备，摆脱了条约的一切束缚；洛迦诺保证不复存在。威尔逊式的理想主义和法国式的现实主义已经双双失败。欧洲回复到1914年之前存在过的那种体制，或者说无体制的状态……**法西斯主义的影响表现在公共道德上，而不在经济上。它永久败坏了国际交往的风气**。当有人怀疑他们的言词或提醒他们违背了诺言时他们还怒气勃发，更变本加厉推行这同一手法。其他国家的政要们被这种无视公认标准的行径感到困惑，却又想不出别的办法。他们继续寻求对法西斯统治者极具吸引力的协议，以争取他们回到诚信守约上来。除此之外他们又能做什么呢？某种性质的协议似乎是除了战争之外的唯一选择；而且直至最后始终存在一种强烈的感觉，即某种难以企及的协议就近在眼前。非法西斯主义的政治家们没能逃脱那个时代的玷污。煞有介事把法西斯独裁者当作"绅士"来对待，他们自己就不再算得上是绅士了。**西欧的政治家们蹒跚在一片道义和心智的浓雾之中——有时为独裁者所欺骗，有时自己骗自己，更经常的是欺骗自己本国的公众**。他们也开始相信，某种肆无忌惮的政策才是唯一机智的对策。

——A. J. P. 泰勒

（三）德奥合并：奥地利不复存在。1938年3月11日，奥地利内政部长赛斯-英夸特接到戈林电话命令，接替刚被迫辞职的总理舒施尼格自任总理；又在次日接到随德军入侵奥地利的希特勒的突然决定，于3月13日颁布了一项法律命令自己下台和奥地利不复存在。德奥合并一举被提交大德意志联邦人民批准。4月10日，99.08%的选民投了赞成票。图为仅当了两天总理的赛斯-英夸特与希特勒在维也纳。

两次世界大战之间分水岭的宽度正好是两年。前一次大战于1936年3月7日德国重新占领莱茵兰时告终；后一次大战于1938年3月13日德国并吞奥地利时开始……半武装的两年和平里，欧洲的统治者们言行举止好像他们还生活在梅特涅或俾斯麦的时代，那时欧洲仍是世界的中心。欧洲的命运是在一个封闭的圈子里解决的。和平谈判几乎完全只限于在严格意义上的欧洲大国之间进行。战争，一旦来临，也将是一场欧洲的战争……希特勒所独有的品质就是把平凡的思想转化为行动的天赋。在别人不过说说而已的东西他却动真格的。驱动他的力量是某种可怕的死抠字眼。作者们已经对民主制度说了半个世纪的坏话。这就使希特勒去创建了一个极权主义的独裁统治。在德国几乎人人都想过该为解决失业问题"采取某些措施"，希特勒则是坚持"付诸行动"的第一人……**此外，在反犹太主义上也没有新的东西。** 20年代，奥地利总理赛佩尔曾就他的党所鼓吹的、但没有付诸实践的反犹太主义说道："这是专供穷街陋巷的"。希特勒就是这种"穷街陋巷"的市井之徒。希特勒在迫害犹太人方面干的每件事情，都是大多数德国人模糊信奉的种族主义教条的逻辑结果。在对外政策上同样如此。没有多少德国人真的狂热地执着地耿耿于德国是否再次支配欧洲。不过他们在言谈上仿佛如此。希特勒却把他们的话当真。他迫使德国人要么实践他们的表白，要么背叛他们的誓言——多么叫他们懊悔啊！……希特勒赢了。他实现了他野心中的第一个目标。然而不是他原本打算的那样。他曾打算令人不知不觉地吸纳奥地利，以致谁也不知道它何时失去了独立；他将用民主的方法破坏奥地利的独立，就像他过去破坏德国的民主政体一样。相反，他被迫动用了德国军队。他第一次失去了受害方道义上的资产，而扮演了依靠武力的征服者……虽然希特勒肯定打算建立对奥地利的控制，但这件事发生的方式对他来说是令人讨厌的事故，是他长期政策的一次中断，而不是深思熟虑的计划的成熟结果。但是其影响是无法挽回的。这对希特勒本人也产生了影响。他干了桩大坏事——扼杀了一个独立的国家，即使它的独立很大程度上是虚假的——而没受惩罚。希特勒的自信倍增，并因此更加蔑视其他国家的政治家。他变得更加急不可耐和粗心草率，动辄用武力威胁来加快谈判进程。回过来，别国的政治家也开始怀疑希特勒的诚意。甚至那些仍然希望安抚他的人也开始想到要抵抗了。不安宁不自在的平衡开始偏离和平，虽然只偏离得不远，而向战争倾斜了。希特勒的目标看上去似乎仍然是合理的；他的方法遭到了谴责。**由于德奥合并——更确切地说，由于完成德奥合并所用的方法，希特勒在日后把他指为最大战犯的政策中走出了第一步。但他是在无意间走出这一步的。实在连他都不知道自己已经走出了这一步。**

——A. J. P. 泰勒

（四）捷克斯洛伐克危机：慕尼黑会议。图为1938年9月29日参加会议的四强领导人在签署《慕尼黑协定》之前的合影。左起：英国首相张伯伦、法国总理达拉第、德国独裁者希特勒、意大利独裁者墨索里尼。

通过寻求避免危机，英国人反而引起了危机。捷克斯洛伐克问题不是英国造成的；而1938年的捷克危机确是英国造成的……很少有证据表明，民主国家的统治者（在这种事情上独裁国家的统治者亦然）居然在决定政策之前不抱成见地请教过他们的军事专家。他们总是决定政策于前；然后才要求专家们提供可证明其政策合理性的技术性论据……专家们也是人；技术性意见总要反映提供这些意见的人的政治观点……**德国要征服捷克斯洛伐克和奥地利是有可能办得到的；要安排让这两个国家去自杀（这是英法两国政治家们所想望的）就困难多了**……希特勒想不通过战争取得成功，或者，至多只通过一次与外交简直没有什么区别的、有名无实的战争。他不是在规划一次大战；因此，德国没有进行大战的装备也无关紧要。希特勒的技术顾问们极力劝说他从事"深度重整军备"，他审慎地拒绝了。他没有兴趣准备一次与其他大国的长期战争。他反而选择了"宽度重整军备"——一支没有后备军的前线部队，只适合于一次快速攻击。**在希特勒的领导下，德国有能力赢得神经战——这是希特勒唯一理解和喜爱的战争；德国并没有能力征服欧洲。**从严格的防御角度来看，英国和法国已经安全无虞。随着岁月的流逝，它们将变得更加安全。但是德国可以立刻出击的优势仍然保持不变。不会由于时间的推移而有所损失；在外交上可能还会有许多收获。在考虑德国军备的过程中，我们摆脱了希特勒的心理这个神秘领域，而在现实世界里找到了答案。答案很明确。**1939 年德国的军备状况提供了决定性的证据，证明希特勒没有打算发动全面战争，也可能根本就没有打算进行战争。**

——A.J.P. 泰勒

（五）《德苏互不侵犯条约》。1939年8月14日，德国外交部长里宾特洛甫起草了一份给驻莫斯科大使舒伦堡的电报："德国和俄国之间并不存在任何实际的利益冲突……从波罗的海到黑海，没有任何问题不能按两国完全满意的方式解决。"8月20日，希特勒给苏联领导人斯大林发去私人电报，答应苏联的一切要求，并请立即接待里宾特洛甫。图为8月23日里宾特洛甫和斯大林在莫斯科签署条约后。

英国的大臣们为了纳税人起见而寻求和平；法国的部长们则为了实施他们的社会改革计划而寻求和平。这两个政府都是由好心老人组成的，这些人非常害怕打一场大战，能避免就尽量避免；要他们在对外事务中抛弃他们在内政上采用的妥协和让步的政策，有违他们的本性……但我从《我的奋斗》中听到的不过是一个智力高强却没有教养的人的泛泛之论；不过是呼应随便哪一个奥地利咖啡座和德国啤酒馆言谈里的那些教条罢了……只要我们继续把所发生的一切都归咎于希特勒，就很难发现什么。他提供了一个强有力的要素，然而这个要素是给现有发动机添加的燃料。希特勒部分地是《凡尔赛和约》的创造物，部分地是当代欧洲共同思想的创造物。他尤其是德国历史和德国现实的创造物。倘若没有德国人民的支持与合作，他本来是无足轻重的……希特勒不过是德国民族的共鸣板。千千万万德国人毫无内疚地和毫无疑问地执行了他的邪恶命令。作为德国的最高统治者，他要对万恶行为，即摧毁德国的民主政治，集中营，尤其恶劣的是二战期间施行种族灭绝等，负有最大的责任。他发布了命令，德国人也执行了这些命令，文明史上无与伦比的邪恶命令。他的外交政策则是另外一件事。他的目的是使德国成为欧洲的支配性大国，或许更久以后成为世界的支配性大国。其他大国也追求了类似的目标，现在仍在这样做。其他大国也把小国看作他们的仆从国。其他大国也寻求以武力捍卫其切身利益。在国际事务中，希特勒除了是一个德国人之外，他没有什么过错……很多人相信希特勒是现代的阿提拉，为了毁灭而热衷于毁灭，因此集中全力发动战争，毫不考虑政策问题。对这样的武断信条没有什么好争论的。希特勒是个异常的人物；他们可能说得对。但是对他的政策可以做出合乎情理的解释；而历史正是建立在这些合乎情理的解释之上的。到非理性之中去寻求庇护无疑要容易得多。可以把战争归咎于希特勒的虚无主义，而不是欧洲政治家的过错和失误——这些过错和失误，他们的公众也有份。可是在历史的形成中，人类的过失往往比人类的邪恶起更大的作用。无论如何，这是一种（与前面提及的武断信条）相对立竞争的教条，即使仅仅作为一种学术上的操练，它也是值得发展的。当然，希特勒的天性和习惯起了作用。要他威胁别人容易，要他与人和解则难。说他预见到或是有意筹划他在1942年似乎达成的对欧洲的统治，这是绝对说不过去的。所有政治家都旨在取胜。胜利的规模往往连他们自己也感到惊讶。

——A. J. P. 泰勒

（六）波兰危机：为了但泽的战争。图为1939年9月1日德国国防军士兵拆毁进入波兰的过境点。

（1919年）有一件事劳合·乔治在袒护德国反对他自己的盟友上占了上风。法国人和美国人提议，但泽，一座德国人居住的不过在经济上对波兰至关重要的城市，应该并入波兰。劳合·乔治坚持让它成为一个自由市，由国际联盟任命的一位高级专员来治理。这个古怪的解决办法为德国人所怨恨，表面上正是这种怨恨引起了第二次世界大战，其实恰恰是为德国的利益而提出来的……**战争，当它们到来的时候，总跟人们料想的战争不一样。胜利属于错误犯得最**

少的一方，而不是属于猜对了的一方。 就这个意义上说，英国和法国没有做好充分准备。军事专家们提出了错误的建议和奉行了错误的战略；部长大臣们没有理解专家们告诉他们的东西；政治家和公众则没有领悟部长大臣们对他们说的东西。批评者也并不更接近正确的方针。技术上的错误判断是英法失败的主要原因。政治上的困难也起了部分作用，不过比通常断言的要小……体系不能替代行动，而只能为行动提供机会。希特勒相信，坚强的神经总会取胜；他的"讹诈"，即使是讹诈，将永远不会被识破……希特勒从来没有为兼并领土而兼并领土。就如他后来的政策所表明的，他并不反对保留其他国家的主权，只要它们充当德国的走狗……可能这不过是赌棍的不变信念，即他的预感必定是对的——否则，干脆他就不赌了。一句信口而出的话比所有跟将领们的夸夸其谈更能显露出希特勒的政策。8月29日，切望妥协的戈林说道："该是停止下赌注玩'炸局'（法语 va banque，意即下一个与庄家台面上全部赌金相等的大注，一举打垮庄家）这一招的时候了"。希特勒回答说："我向来只玩这一招"。……碰上了同一流派的那些波兰政治赌棍，这是希特勒的不幸（不单单是他一个人的）。"炸局"不仅是他们所玩的唯一一招；这也是他们唯一可能去玩的一招，如果他们还想维持自己作为独立大国的虚幻地位的话……历史学家最好记住梅特兰的一句明智的话："现在看来是发生在很久以前的事，其实曾经一度是发生在将来的事，要记住这一点是很难的。" ……在一个实行民主制度的国家要拿定一个主意是非常难的；可一旦拿定了一个主意，又往往是错的……1939年的战争远非预谋，它是个失误，是双方在外交的慌乱中酿成大错的结果。

——A. J. P. 泰勒

目 录

前言　再思考　/ 001

第一章　被遗忘的问题　/ 023

第二章　第一次世界大战的遗产　/ 039

第三章　战后的十年　/ 067

第四章　凡尔赛体系的终结　/ 093

第五章　阿比西尼亚事件和洛迦诺的终结　/ 125

第六章　半武装的和平，1936—1938 年　/ 145

第七章　德奥合并：奥地利不复存在　/ 179

第八章　捷克斯洛伐克危机　/ 203

第九章　六个月的和平 / 247

第十章　神经战 / 281

第十一章　为了但泽的战争 / 321

参考文献 / 358

索引 / 364

给美国读者写的前言 / 396

附录一　潘人杰：西方史学界关于二战起源的论争述评（1986 年） / 403

附录二　两次世界大战起源的比较研究（1986 年） / 420

附录三　时代、格局和人
　　　　——关于世界大战起源问题的若干思考（1989 年） / 440

附录四　中译本第一版译者的话（1991 年） / 459

附录五　潘人杰：正统与异端（1993 年）　/ 462

附录六　郑逸文：等待"泰勒"
　　　　——访《第二次世界大战的起源》
　　　　译者潘人杰先生（1993 年）　/ 470

附录七　潘人杰：调整一下思路和
　　　　视角（1998 年）　/ 473

附录八　中译本第二版译后记（2013 年）　/ 481

前言　再思考

我写本书是为了满足我对历史的好奇心；用一位有更大成就的历史学家的话说，是为了"理解发生了什么，以及它为什么发生"。历史学家们往往不喜欢业已发生的事，或者希望它原本以不同的面貌发生。他们对它毫无办法。他们只能按他们之所见陈述事实，毋需担心这是否会冲击或确认现存的偏见。或许我的这种设想未免太天真了。我也许本应提醒读者：我不是作为法官来研究历史的；并且当我谈到道义的时候，我是指我所写的事件发生那时的是非之感。我不作自己的道义裁决。因此，当我写道（原文第52页）"凡尔赛和平从一开始就缺乏道义正当性"时，我的意思不过是说，德国人没有把它看作是"公平的"解决办法，并且协约国的许多人，我认为不久是大多数人，都同意他们的意见。我凭什么抽象地去说它是"道德的"或"不道德的"呢？又是从什么样的立场——德国人的立场，协约国的立场，中立国的立场，还是布尔什维克的立场——来说它是"道德的"或"不道德的"呢？凡尔赛和平的缔造者中有的人认为它是道德的；有的人认为它是必要的；有的人却认为它既不道德又非必要。最后这类人里有史末资、劳合·乔治、英国工党及许多美国人。这些道德上的疑问后来促使废除了这个和平解决办法。此外，关于《慕尼黑协定》我写道（原文第 235 页）："它是英国生活中一切最美好、最开明的事物的胜利；是那些宣扬民族平等正义的人们的胜利；是那些敢于谴责凡尔赛和约过于苛刻、缺乏远见的人们的胜利。"我也许本应像阿蒂默斯·沃德那样补充说"这里开个'完校'"。① 然而这不完全是玩笑。过去多年，博学多闻的和最勤勉认真的国际事务学者争辩说，在德国人得到已给予了其他民族的自决以前，欧洲是不会有和平的。《慕尼黑协定》部分地是他们著述的后果，无论其方式有多么不受欢迎；并且如果人们不认为希特勒的要求有一定的正当理由，它的缔结本来会是更加困难的。甚至在第二次世界大战期间，某位万灵学院研究员②问贝奈斯总统，他是否没有想过：倘若捷克斯洛伐克境内少了 150 万德意志人的话，它本来会更加强大的。"绥靖"这个幽灵竟徘徊游荡得如此之久。事实上，没有什么折中办法：不是捷克斯洛伐克境内有 350 万德意志人，就是一个也没有。捷克人自己认识到了这一点，在第二次世界大战后就把德意志人赶走了。赞成或谴责希特勒的要求不是我的事；我只解释为什么他的要求得到如此广泛的赞同。

倘若这一点让猜想我的著作是设法为希特勒"辩护"的那些头脑简单的德国人失望的话，我感到遗憾。然而对抱怨我的著作受到

---

① 阿蒂默斯·沃德（Artemus Ward，1834—1867），美国著名幽默作家查尔斯·法勒·布朗的笔名，他创造了阿蒂默斯·沃德这个巡回戏班领班的角色，并以他的名义撰文和演讲，其幽默笔调的特色是巧妙的双关语和粗劣的错别字，演讲时则毫无表情。在英文里"玩笑"是 joke，他却写成 goak。——译者注
② A. L. 罗斯（A. L. Rowse）先生，像在他的著作《万灵与绥靖》（*All Souls and Appeasement*）中所描述的。

希特勒前拥护者（无论是否出于误解）欢迎的那些本国人士，我不抱同情。在我看来，这是一种用来反对一本历史著作的可耻论点。一个历史学家应该毫不犹豫①，即使他的著作帮助和安慰了女王的敌人（可我的著作并非如此），乃至人类的共同敌人。对我来说，我甚至会记录支持英国政府的事实，如果我发现有任何这样的事实可记录的话（再开个"完校"）。那不是我的错，根据记录，奥地利危机是舒施尼格而不是希特勒发动的；那不是我的错，根据记录，是英国政府而不是希特勒带头肢解捷克斯洛伐克的；那不是我的错，英国政府1939年给希特勒这样的印象，即他们打算强迫波兰人作出让步超过打算抵抗德国。倘若这些事对希特勒有利，过错属于从前的传奇，历史学家们未加考查就重复了这些传奇。这些传奇寿命都很长。我怀疑我也重复过某些传奇。例如，我一向相信下面的说法直到最后一刻：希特勒把哈卡叫到柏林；只是当本书在出校样时，我才再次查看记录，发现是哈卡要求前往柏林的，而不是反过来。无疑，还会有其他传奇成了漏网之鱼。

　　破除这些传奇不是为希特勒辩护。这是为历史真相效劳，我的著作只应在这个基础上，而不是因为人们想从其中引出的政治寓意而受到质疑。本书并没为"修正学派"作贡献，除在提出希特勒用了与据说是他惯用伎俩不同的手法这个次要意义上之外。在战争罪行或无战争罪行的问题上，我从未看出有任何意义。在主权国家的世界中，每个国家都尽最大的努力为它自己谋利益；至多由于错误而不是由于罪行受到批评。像往常一样，俾斯麦在谈到1866年普奥战争时发表的看法是正确的："奥地利反对我们的要求和我们提出要

---

① 意指要根据事实秉笔直书。——译者注

求一样都没有错"。作为一个平民,我认为所有追求伟大和统治世界的努力是愚蠢的;我希望我的国家不参与这种事。作为一个历史学家,我承认大国终归是大国。我的书真的和希特勒无关。在我看来,至关重要的问题是英法两国。它们是第一次世界大战的胜利者。它们掌握了决定权。十分明显,德国将力求再次成为大国;1933年以后,它的统治明显地具有特别野蛮的性质。胜利者为什么没有抵制它呢?对于这个问题有多种回答:胆怯;昏庸糊涂;道德上的疑虑;大概希望能将德国的力量转而反对苏俄。然而,无论答案如何,在我看来这是个重要问题,我的书将围绕这个问题展开,虽则当然也要围绕另外一个问题:他们为什么最终又抵抗了呢?

至今仍有一些批评者在希特勒身上大做文章,把战争责任或与战争搭边的事情全部归咎于他一个人。因此我将用再多一点的篇幅,纵然不是以论战的态度,讨论一下希特勒所扮演的角色。我不想争输赢,而只想弄清事情的原委。我认为,当前对希特勒的看法有两种。一种看法认为他为一场大战而要打一场大战。他无疑也模模糊糊地想到战争的结果:德国将成为世界最大的强国,他自己将成为亚历山大大帝式或拿破仑式的世界征服者。但主要的是,他要战争是为了全面毁灭人类和社会,而战争是会造成这种后果的。他是一个疯子,是一个虚无主义者,是第二个阿提拉。另一种看法认为他比较理智,在某种意义上,比较有建设性。按照这种看法,希特勒有一个他坚持不懈追求的、首尾一贯的、别出心裁的长远计划。为了这项计划的缘故,他谋求政权;这个计划决定了他所有的外交政策。他打算通过击败苏俄,消灭其所有居民,然后让德国人移民于这片无人领土的途径,使德国成为东欧的大殖民帝国。1亿或2亿德国人的德意志帝国将存在1000年。顺便说一句,这种看法的鼓吹者没有称赞我的著作，不禁使我惊奇。因为如果希特勒是计划对苏俄打一场大战的话，那么他对西方大国的战争的确是一个错误。很明显，这里有某种论点是我不理解的。

于是，希特勒自然是对他所做的事好好思索过的，极像学院派观察家们力图把对当代政治家的所作所为做出连贯一致的解释那样。也许这个世界本来会避免许多麻烦，倘若希特勒在德国某个相当于英国皇家国际事务研究所的研究机构有份工作的话，在那里他可以无害地思索度过他的余年。事实上，他卷入了纷争的世界；我认为，他是在利用事态的发展而并非遵循精确一贯的计划。在我看来，他在德国怎样上台的真相，是与他后来在国际事务中的表现相关的。他不断宣布：他要夺取政权，然后干一番大事。许多人都相信他的话。希特勒为夺取政权而精心策划的阴谋计划，是人们为他编造的第一个传奇，也是第一个要破除的传奇。根本就没有什么长远阴谋；根本就没有什么夺取政权。希特勒不知道他自己将怎样上台；他只有一个信念，即他会达到目的的。巴本和其他几位保守派人士靠密谋把希特勒扶上了台，相信他们已把他俘虏了。他利用了他们的密谋，但并不知道他将如何逃脱他们的控制，而只坚信他会想出办法获得成功的。这个"修正"并不是为希特勒"辩护"，虽然它败坏了巴本及其同伙的名誉。这完全是为修正而修正，更精确地说，是为了还历史以真实面貌。

上了台的希特勒再一次不明白他将如何使德国摆脱萧条，他只是有决心将这样做。经济复苏有很大部分是自然发生的，因为世界情势在希特勒获得政权之前就早已开始普遍好转。希特勒自己做了两件事。一件是反犹太主义。我认为，这是他从在慕尼黑发迹直到他在地堡的最后日子始终真正确信的一件事。他鼓吹反犹太主义的行为，本来会使他在一个文明国度里丧失支持，更不必说取得政权了。从经济上说，反犹太主义是不相干的，实际上是有害的。他做的另一件事是鼓励政府对公路和建筑投资。据唯一一本考察了实际发生了什么、而不是重复希特勒和别人口说发生了什么的著作①讲，德国的复苏是私人消费和非战争型的投资恢复到1928年和1929年的繁荣水平造成的。重整军备与它没有什么关系。直到1936年春，"重整军备基本上是个神话"。② 事实上，希特勒没有实行任何准备好的经济计划。他做了送上门来唾手就得的事。

国会纵火案的真相也说明了这一点。世人都知道这个传奇。纳粹党需要一个为政治独裁订立非常法的借口；他们为制造这个借口就自己放火焚烧国会大厦。或许是戈培尔布置纵火的，或许是戈林；希特勒本人可能事先不知道这项计划。不管怎样，纳粹党设法干了这件事。我断然认为，这个传奇现已被弗里茨·托比亚斯戳穿了。③ 纳粹党与国会大厦的焚烧毫无关系。荷兰青年范·德·卢勃一个人干了这件事，正如他所声称的那样。希特勒和其他纳粹党人对此大吃一惊。他们真的以为是共产党人纵的火；他们之所以订立非常法，是因为他们真的相信他们受到共产党暴动的威胁。无疑，确实有一份准备好的要逮捕的人的名单。但这份名单不是纳粹党拟订的。它是戈林的前任、社会民主党人泽韦林拟订的。在这一点上，仍旧不是在为希特勒"辩护"，只是对他用了什么手法做了修正。他期望某个机会自己冒出来；这个机会果然出现了。当然，共产党人

---

① 伯顿·H. 克莱因，《德国经济上的战争准备》（1959年）（Burton H. Klein, *Germany's Economic Preparations for War* (1959)）。克莱因先生是兰德公司的经济学家。
② 伯顿·H. 克莱因，《德国经济上的战争准备》（1959年），第16—17页。
③ 弗里茨·托比亚斯，《国会纵火案》（1962年） （Fritz Tobias, *Reichstagbrand* (1962)）。

与国会纵火案同样毫无关系。但希特勒认为他们是有关系的。他所以能够这样有效地利用共产党危险，主要是因为他本人相信此事。这也与希特勒后来在国际事务中的态度相类似。当其他国家认为希特勒在准备对它们发动侵略战争时，他同样确信这些国家企图阻止德国重新成为一个独立的大国。他的信念并不是完全没有根据的。至少，英法两国政府就因没有及时打一场预防性战争而常常受到谴责。

在我看来，这是对希特勒是否蓄意要挑起战争这个问题的解答。与其说他要战争，不如说他预料到要发生战争，除非他能用某种独创性的手法避免它，就像他在国内避免了内战一样。心怀不良动机的人，惯于把这些动机怪到别人头上去，希特勒预料别人会做他处在他们的位置上本来也会做的事。英法两国是"为仇恨所驱使的敌手"；苏俄在阴谋毁灭欧洲文明，这是布尔什维克确实常常吹嘘的空洞口号；罗斯福企图毁灭欧洲。希特勒确实命令他的将领们备战。但就此而言英国政府和其他所有国家的政府莫不如此。备战是总参谋部的职责。它们从自己政府接到的命令，表明有可能发生它们应该准备的战争，但这种命令不能证明有关政府已决定打仗。从1935年起，英国的所有命令全都是针对德国的；而希特勒的命令仅仅关心使德国更强大起来。如果我们因此（错误地）根据军事计划来判断政治意图的话，英国政府似乎将对德国发动战争，而不是相反。不过，我们当然对我们自己政府的行为给予宽大的解释，而不把这样的解释施用于其他国家的政府。人们把希特勒看作恶棍；然后再去找证据证明他有恶意，但他们不会利用这种证据去反对别的人。他们为什么施用这种双重标准呢？就只因为他们先入为主假定希特勒心怀叵测。

根据军事计划推断政治意图是危险的。例如，有的历史学家根据 1914 年之前英法军事会谈推断英国政府着手准备同德国的战争。别的历史学家,我以为比较明智,否定可以作出这种推断。他们争辩说,那些计划是预防措施,而不是"侵略蓝图"。可是希特勒的命令常常被解释成后者。我举一个明显的例子。1938 年 11 月 30 日,凯特尔把他奉希特勒命令起草的意大利德国军事会谈草案送给里宾特洛甫。草案第三条规定:"谈判的军事政治基础。德国和意大利对英法战争,以首先打败法国为目标"。① 有位尽责的批评家声称:这提供了关于希特勒意图的明确证据,因此推翻了我的全部论点。可是,当德国和意大利两国将领会谈时,除讨论对英法两国战争外,他们还能谈论什么呢?这是意大利唯一可能被卷入的战争。正是在这同一时刻,英法两国将领也在讨论对德意的战争。然而这个事实并没被用来反对他们,更谈不上被用来反对他们的政府了。凯特尔草案后来的发展过程是有启发性的。是意大利人而不是德国人一直催促举行军事会谈。草案拟订以后什么事也没有发生。当希特勒于 1939 年 3 月 15 日占领布拉格时,会谈仍然没有举行。意大利人越来越急不可耐。3 月 22 日希特勒下令说:"军事政治的基础……应暂时推迟"。② 会谈最后在 4 月 4 日举行。凯特尔记录道:"由于意大利施加压力的缘故,会谈多少突然地开始了"。③ 结果人们弄清楚了:意大利人非但不要战争,而且想强调最起码要到 1942 年他们才能作好战争准备;德国代表同意他们的意见。因此,这个奇怪的指令仅仅证

---

① 凯特尔致里宾特洛甫,1938 年 11 月 30 日:《德国外交政策文件汇编,1918—1945 年》,D 辑,第 4 卷,第 411 号。
② 凯特尔的指令,1939 年 3 月 22 日:《德国外交政策文件汇编,1918—1945 年》D 辑,第 6 卷,附录 I。
③ 凯特尔的报告,1939 年 4 月 4 日:《德国外交政策文件汇编,1918—1945 年》D 辑,第 6 卷,附录 III。

明（倘若它能证明什么的话）：希特勒此时对英法战争是不感兴趣的；而意大利对战争则根本不感兴趣。或许它还表明，历史学家应小心，不要在没有通读全文的情况下，只抓住文件中孤立的片言只语做文章。

当然，在英国人看来，他们的政府只想息事宁人，而希特勒则想挑起事端。对德国人来说，维持现状不是和平，而是奴隶条约。这完全取决于看这个问题的立场。战胜国想只作某些缓减而保持胜利的果实，不过他们做得效率低下。战败国想恢复到战败以前的状况。后者的这一奢望，不论"具有侵略性"与否，都不是希特勒所特有的。所有德国政治家，1918年结束战争的社会民主党人，还有施特雷泽曼都有这一奢望。谁也没有精确地界定恢复到第一次世界大战战败以前的状况是什么意思；希特勒也没有作出精确的界定。它涉及恢复当时丧失的领土；重建德国从前通过与奥匈帝国结盟而获得的、对中欧的支配地位；当然还有终止对德国军备的一切限制。具体的条款并不要紧。全体德国人，包括希特勒在内，设想德国将成为在欧洲居于支配地位的大国，一旦它恢复到战败以前状况的话，不论这一步是靠战争还是用别的方法实现；这种设想在其他国家里也普遍存在。"解放"和"支配"这两个概念合二为一。无法把它们分开。它们不过是描述同一件事的两个不同的词而已；只使用两者中某个特定的词，就确定了希特勒是民族正义的维护者，还是欧洲可能的征服者。

一位德国作者①最近批评希特勒竟然想要恢复德国的大国地位。

---

① 沃尔夫冈·绍尔，《纳粹主义的夺权》（1960年）（Wolfgang Sauer in *die nationalsozialistische Machtergreifung*（1960））。

这位作者争辩说，第一次世界大战已经表明，德国不可能成为一个世界性的独立强国；而希特勒却要去尝试，那是愚蠢的。这不过是陈词滥调。第一次世界大战削弱了所有卷入的大国，只有美国是个例外，因为它实际上没有参战；它们战后全都继续要做大国，也许那同样是愚蠢的。总体战争也许是任何一个大国力所不及的。现在，即使准备这样的战争，也会使企图这样做的大国有灭亡的危险。这不是新鲜事。在18世纪，腓特烈大帝在努力成为大国的一举中，把普鲁士引到崩溃的地步。拿破仑战争让法国从她在欧洲的崇高地位上跌落下来，从此再也没有恢复她从前的伟大。这是个奇特的、无法逃脱的两难困境。虽然做一个大国的目的是要能打一场大战，但继续做个大国的办法却是不打仗，或在有限的规模上打仗。这是英国伟大的秘诀，只要它坚持海战，并且不企图成为一个大陆型的军事强国。希特勒并不需要某位历史学家的教诲来懂得这一点。德国没有能力打一场长期战争是他持久不变的一个话题；而倘若其他大国联合起来反德的话德国会面临危险，也是他持久不变的一个话题。以这样的方式来谈问题，希特勒比德国的将军们要明智得多，后者想象：他们如果让德国回到它在1918年3月鲁登道夫攻势之前所占据的位置，一切都会好起来的。可是希特勒并没有得出这样的教训：德国要做一个大国，就是愚不可及的。相反，他打算运用智谋避开这个问题，极像英国人曾经做过的那样。他们依靠海军力量，而他靠的是奸诈。他远不想要战争，而且最不想要一场全面战争。他想要在不打总体战的情况下获得全面胜利的果实；由于别人的愚蠢，他差点获得了全面胜利的果实。其他大国认为他们面临要么进行总体战要么投降的选择。起初它们选择了投降；然后又选择了总体战，直到希特勒最后灭亡。

这并不是猜测。它得到第二次世界大战前甚至战争期间有关德国军备的档案确凿无疑的证明。这本该在很久以前就是彰明昭著的事,倘若人们没有被两个错误所蒙蔽的话。战前,他们只听希特勒说了什么,而不考察他做了什么。战后,他们想把所发生的一切事的罪过都加诸于他,也不管有没有证据。例如,如下事例正说明了这一点:人们几乎普遍认为是希特勒开始对平民不分青红皂白进行轰炸的,其实这是英国战略指挥者开始的,正如他们当中某些比较诚实的人所夸耀的那样。可是,记录就在那里,可供任何想利用它的人查考,对这项记录伯顿·克莱因先生曾作了冷静的分析。我已经援引过他对希特勒执政头三年所做的结论:直到 1936 年春天,德国重整军备基本上还是个神话。这不仅仅是说初期的重整军备像通常的情况那样没有使实力增强,甚至根本就没有认真着手初期的重整军备。希特勒在与通常想象的完全相反的意义上欺骗了外国和德国人民。他,确切地说是戈林,宣布:"大炮第一,黄油第二"。事实上他把黄油置于大炮之上。我从克莱因先生的著作中随便列举几个数字。1936 年,按丘吉尔说,两项独立估算结果都估计德国重整军备的支出每年为 120 亿马克。① 但实际数字是低于 50 亿马克。希特勒自己宣称,纳粹政府在战争爆发前用于重整军备的钱为 900 亿马克。事实上,从 1933 年到 1938 年,德国政府战争和非战争的全部支出总计也不会比这多多少。重整军备在到 1939 年 3 月 31 日终止的 6 个财政年度中开支了约 400 亿马克,到战争爆发时共花了约 500 亿马克。②

---

① 丘吉尔,《第二次世界大战回忆录》,第 1 卷,第 226 页(Churchill, *The Second World War*, i. 226)。
② 伯顿·H. 克莱因,《德国经济上的战争准备》(1959 年),第 17 页。

克莱因先生讨论了德国在如此有限规模上重整军备的理由。首先，希特勒不希望由于降低德国老百姓的生活标准而削弱他的声望。与不重整军备相比，重整军备产生的最大后果是妨碍平民生活标准的更快提高。即使如此，德国人也比他们从前任何时候的境况要好得多。此外，纳粹制度是没有效率的，腐败的，混乱不堪的。更为重要的是，希特勒不愿增加税收，然而又对通货膨胀感到惊恐。即使解除沙赫特职务也没有真正动摇财政限制，虽然他以为会造成这种结果。最重要的是，希特勒所以没有做大规模的战备，完全是因为他的"战争观念不需要战备"。"说得更确切点，他计划用零碎的方式——用一系列的小规模战争——解决德国的生存空间问题"。① 这也是我从对政治记录的研究中独立得出的结论，不过我觉得希特勒希望完全不用打仗就达到目的。我同意，在他的思想中，在政治机巧和例如进攻波兰这样的小规模战争之间，并没有清楚的分界线。他唯一没有计划的事，就是常常归咎于他的这场大战。

假装准备大战而事实上不这样做，是希特勒政治战略的一个基本部分；对他敲响警钟的人例如丘吉尔，不知不觉地代他做了他的工作。这个机谋是新发明的，人人都上了当。以前各国政府在重整军备上的开支比他们承认得要多，就像直到今天多数政府所做的一样。这有时是欺骗他们自己的人民，有时是欺骗潜在的敌人。例如1909年，许多英国人谴责说，德国政府在没有获得国会批准的情况下秘密加速海军建设。这种谴责大概是不准确的。但它留下了一份怀疑的永久遗产，怀疑德国人将再次这么干；而且这种怀疑由于1919年以后历届德国政府都对凡尔赛和约规定的裁军所采取的规避

---

① 伯顿·H. 克莱因，《德国经济上的战争准备》（1959年），第26页。

举动而增强了，虽然德国这样做几乎没有获得什么好处。希特勒鼓励这种怀疑，并利用这种怀疑。有个很好的例证。1934 年 11 月 25 日，鲍德温否定丘吉尔的说法，即德国空军力量已与英国对等。鲍德温的数字是正确的，丘吉尔的数字来自林德曼①教授，是错误的。1935 年 3 月 24 日，约翰·西蒙爵士和安东尼·艾登造访希特勒。他告诉他们，德国空军早已与英国对等，要不然其实已经超过了。他的话立刻使人相信，而且此后一直被信以为真。鲍德温遭到怀疑。惊慌于是产生。一位政治家夸大他的军备而不是隐瞒，这种事怎么可能呢？可是，这就是希特勒做过的事。

直到 1936 年春季，德国重整军备基本上是个神话。后来希特勒实行了某种程度的重整军备。他的动机主要是由于恐惧红军；自然也考虑到英法两国也开始了重整军备。事实上，希特勒与其他国家的竞赛是齐头并进，但速度并没更快。1936 年 10 月，他叫戈林让德国军队和德国经济在四年内为战争作好准备，不过他没有规定任何详细的要求。在和平时期的最后一年，1938—1939 年里，德国把国民生产总值的约 15% 用于重整军备。在这方面英国的比例几乎完全一样。德国用在军备上的开支，在《慕尼黑协定》之后实际上被削减，并保持在这个较低的水平上；结果，例如英国的飞机生产到 1940 年远远超过了德国。当 1939 年战争爆发时，德国有 1450 架现代战斗机和 800 架轰炸机；英法两国有 950 架战斗机和 1300 架轰炸机。德国人有 3500 辆坦克；英法有 3850 辆坦克。② 对每项指标，同盟国情报机构当时估计德国的实力比真实数字都要多一倍多。照例，人们

---

① 林德曼（Frederick Lindemann，1886—1957），英国科学家，丘吉尔的好友和科学顾问。——译者注
② 伯顿·H. 克莱因，《德国经济上的战争准备》（1959 年），第 17 页。

认为希特勒计划并准备打一场大战。事实上，他并没有这样做。

也许有人反对说，这些数字是不相干的。不论德国的军备在纸面上有什么不足之处，当考验到来时，希特勒赢得了对两个欧洲大国的战争。这是违背梅特兰忠告的，并且是后来根据已经发生的事情、而不是根据那时预期要发生的事情来判断的。虽然希特勒胜利了，但他是靠错误——那个错误他也有份——取胜的。当然，德国人确信他们能击败波兰，如果他们在西方不受干扰的话。希特勒认为法国人将无所作为，这一政治判断证明比德国的将领们的忧虑更为准确。但当他于1940年5月10日侵入比利时与荷兰时，他没想到他会一举击垮法国将其从战争淘汰出局。这原本是个防御举措：为的是保护鲁尔不受同盟国侵犯。征服法国是一件意外的礼物。即使在此之后，希特勒也没有准备要打一场大战。他想象，他可以像击败法国那样无需认真努力就能战胜苏俄。德国的军备生产不仅在1940—1941年之交的冬季有所减少；而且在1941年秋季更为减少，当时对俄战争早已开始。不论在俄国的初步胜利之后，还是甚至在斯大林格勒灾难之后，都没有发生重大的变化。德国保持了"和平时期似的战争经济"。仅仅因英国对德国城市进行了轰炸，才激发希特勒和德国人认真对待战争。正当同盟国的轰炸于1944年7月达到极点时，德国的武器生产才达到最高水平。甚至到了1945年3月，德国比它1941年进攻苏俄时生产了多得多的军事物资。自始至终，希特勒的胜利秘诀是机巧，而不是军事实力。正如他自始至终明白的那样，一旦军事实力成为决定因素时他便完蛋了。

因此，对战前时期把政治上的精心算计看得比纯粹实力更重要，我感到是有道理的。1936年夏季政策所强调的重点发生了某种变化。当时，不仅希特勒，而且所有大国都开始认真考虑战争和备战。我错在没有更加清楚地强调1936年的这一变化,并且大概还错在发现1937年秋季发生了过多的这种变化。这表明即使在努力摆脱传奇时真要摆脱它有多难。我上了霍斯巴赫备忘录的当。我虽然怀疑它是否像多数作者所理解的那样重要,但我仍然认为它必定有某种程度的重要性,因为所有的作者都对它如此重视。我错了;而那些批评我的人,他们回溯到1936年是对的,虽然他们显然没有意识到,这样一来,他们就使霍斯巴赫备忘录不足信了。我最好在质疑那份某位历史学家称之为"官方记录"的东西这件事上走得再远一点。论点是技术性的,在一般读者看来也许无关紧要。不过学者们通常正确地重视这种技术细节。按现代惯例,一项官方记录要求三件事。第一,秘书必须与会,先做笔记,会后整理成文。其次,他的记录草稿必须提交参与者校正和认可。最后,记录必须存放在官方档案中。关于1937年11月5日的会议,这三件事一件也没有做到,除霍斯巴赫出席了这次会议外。他没做任何笔记。五天后,他根据回忆写出了一份描述会议的普通书写稿。他两次试图把手稿拿给希特勒看,但希特勒回答说他太忙碌,没有时间看它。这种对待据认为是他的"遗嘱"的态度,是出奇地轻率的。勃洛姆堡也许看过手稿一眼。其他人并不知道有这份手稿。它上面的唯一确实的凭证乃是霍斯巴赫本人的签名。还有一个人看过手稿:参谋总长贝克,在德国将领中他对希特勒的思想最为怀疑。1937年11月12日他对希特勒的论点写了一份抗辩;这个抗辩后来被说成是德国人"抵抗运动"的开端。甚至有人认为,霍斯巴赫撰写备忘录是为了诱发抗辩。

这些说法不过是推测罢了。当时谁也不重视那次会议。霍斯巴赫过后不久就离开了参谋部。他的手稿连同其他零散文件一起存档,被人遗忘了。1943年,一位德国军官基希巴赫伯爵仔细阅读了档案,并为军史部门抄了该手稿。战后，美国人发现基希巴赫的抄本，又抄了一份供在纽伦堡起诉之用。霍斯巴赫和基希巴赫认为，这个抄件比原抄本短。尤其是据基希巴赫说，原抄本包含纽赖特、勃洛姆堡和弗立契对希特勒论据的批评——这些批评现在已被剔除了。也许美国人"编辑"了文件；也许基希巴赫像其他德国人一样，试图把一切过错都推到希特勒身上。现在没有办法去辨别。霍斯巴赫的原件和基希巴赫的抄本都已失踪。幸存下来的不过是一份抄件，也许是从一份不可靠的草稿缩短的，也许是用这份草稿"编辑"的。它包含希特勒在他的许多公开讲话中同样用过的主题：需要生存空间，以及他确信其他国家会反对德国重新成为一个独立的大国。它没有包含行动命令，除想要增加军备外。即使在纽伦堡，拿出霍斯巴赫备忘录也不是为了证明希特勒的战争罪行。那被认为是无需证明的。它以其最后经过炮制的形式所"证明"的是：纽伦堡的那些被告——戈林、雷德尔和纽赖特——曾抱无动于衷的态度，并同意希特勒的侵略计划。为了证明被告有罪，非得假定计划是带侵略性的。那些相信政治审讯中证据的人，可能继续引用霍斯巴赫备忘录。他们也应告诫他们的读者（因为例如《德国外交政策文件汇编》的编辑们就没有这样做）：这份绝非"官方记录"的备忘录，是一块非常烫手的山芋。①

---

① 霍斯巴赫的叙述：宣誓声明见《国际军事法庭》，第 62 卷，第 228 页（*International Military Tribunal*，xlii，228），及其改写见霍斯巴赫的《关于第二次世界大战前的军事职责》（1948 年），第 28 页（*Von der militärischen Verantwortlichkeit in der Zeit vor dem zweiten Weltkrieg*（1948），28）。基希巴赫的抄本和后来的疑问：G. 迈因克，《希特勒和德国扩充军备，1933—1937 年》（1956 年），第 236 页（G. Meinek, *Hitler und die deutsche Aufrüstung 1933-37*，（1956），236）。贝克的反驳备忘录：W. 弗尔斯特，《一位反对战争的将军》（1949 年），第 62 页（W. Foerster, *Ein General kampft gegen den Krieg*（1949），62）。抵抗运动的开始：汉斯·罗特费尔斯，《德国反抗希特勒 （转下页）

霍斯巴赫备忘录还不是据说体现希特勒意图的唯一蓝图。确实，根据有的历史学家所说的来判断，希特勒不断地提出这样的蓝图——毫无疑问，受到他想成为建筑师的雄心的影响（又是一个"完校"）。这些历史学家甚至低估了希特勒的创作力。他们直接从希特勒的《我的奋斗》跳到霍斯巴赫备忘录，接着又跳到对苏俄战争时期的《希特勒席间谈话》。① 事实上，希特勒几乎每次讲话都会提出一份蓝图，这是他的思维方式。显然，无论在希特勒上台后销售百万册的《我的奋斗》中，还是在向大批群众发表的演说中，这些蓝图丝毫没有什么秘密可言。所以，谁也不必为其参透希特勒意图的洞察力而骄傲。同样明显的是，生存空间始终是这些蓝图中的一个基本要素。这并非希特勒思想中的创见。它是当时的老生常谈。例如，汉斯·格林的《没有空间的人民》在 1928 年出版时，销售量比《我的奋斗》高得多。就此而论，在第一次世界大战期间，关于获取新领土的各种计划就在德国十分流行。过去人们常常认为，这些计划是少数空想理论家们或一些极端主义组织的计划。现在我们了解得更多了。1961 年，一位德国教授报告了他对德国战争目标的调查结果。② 这些计划确实是"侵略蓝图"，或像这位教授所叫的那样，

（接上页）的反对派》（1951 年），第 71 页（Hans Rothfels, *Die deutsche Opposition gegen Hitter* (1951), 71）。在纽伦堡，勃洛姆堡、戈林和纽赖特发表不利于备忘录可靠性的证言。他们的证言被普遍认为没有价值；更确切地说，只有就它对希特勒不利来说才有价值。

① 现在他们还可以把希特勒的第二本著作（该书是他 1928 年写的，直到最近才出版），该书英文版称为他的秘密著作的那本书，当作其中的另一个环节。当然，这本书没有什么秘密的东西。它是他当时发表的讲话的改作；它没有出版只是因为它不值得出版。给凡是跟希特勒有关的事务蒙上的那些浪漫幻想里，"秘密"是一个典型用语。

② 弗里茨·菲舍尔，《攫取世界权力》（1961 年）（Fritz Fischer, *Griff nach der Weltmacht* (1961)）。

是"攫取世界权力"。把比利时置于德国支配之下；将法国的铁矿产地合并到德国；把乌克兰变为德国的；而且，还要把波兰和乌克兰的居民清除出去，让德国人去定居。这些计划不仅是德国总参谋部的产物。它们还得到德国外交部和"善良的德国人"贝特曼-霍尔韦格①的赞同。当希特勒在《我的奋斗》中不过在东方寻求生存空间并拒绝在西方获利时，他绝没有超过他有声望的前辈，实际上比他们还温和得多。希特勒不过是重复右派人士的寻常鼓噪而已。像所有的政治煽动家一样，希特勒投群众所好。与谋求政权以实行左派政策的其他政治煽动家不同，希特勒用左派的方法控制群众，以便把他们交给右派。这就是为什么右派让他上了台。

然而，生存空间难道是希特勒的唯一思想，或者确实是支配他头脑的那个思想吗？从《我的奋斗》来判断，他着迷于反犹太主义，占了这本书绝大部分的篇幅。而生存空间只占该书 700 页中的 7 页。那时和之后，它就被当为某种强辩使出的最后一招——一种"从天上掉下来的馅饼"，以证明希特勒据说的筹划意图。也许在我和相信希特勒对生存空间有一个首尾一贯计划的那些人之间的歧异是在用词上。我所理解的"计划"是指经过准备详细制订出来的东西。他们似乎把"计划"看作是一种虔诚的愿望，或者就此而言是一种邪恶的愿望。在我看来，希特勒从来没有生存空间计划。没有对要征服的领土内的资源做过研究；甚至没有对这些领土在哪些地方加以定义。没有招募工作人员执行这些"计划"，没有调查可以迁居的德

---

① 贝特曼-霍尔韦格（Theobald von Bethmann-Hollweg, 1856—1921），第一次世界大战前及大战中任德意志帝国宰相（1909—1917）一般认为是他引发了 1914 年 7 月的危机，让奥匈帝国放手行动来反对塞尔维亚；后来又接受了德国总参谋部立即参战的要求。——译者注

国人,更不必说登记入册了。当苏俄的大片领土被占领后,被占领土的行政官员发现自己忙得团团转,得不到任何指令,他们该消灭现有居民还是剥削他们,该把他们当作朋友还是敌人。

希特勒无疑认为,德国如果再次成为大国,它最可能在东欧取得成功。部分原因是因为他相信生存空间。此外还有更加实际的考虑。不论错误与否,长期以来他就认为打败苏俄比战胜西方大国要来得容易。确实,他半是相信,布尔什维主义可能不用战争就会垮台,这是许多西方政治家的共同信念。然后他就可以不费吹灰之力坐收利益。此外,夺取生存空间很容易被说成是一场反布尔什维克的十字军东征;从而有助于赢得西方国家中把希特勒视为西方文明维护者的那些人的欢心。但是他对此并不持教条主义态度。当其他利益送上门来时,他没有拒不接受。法国战败后,他吞并了阿尔萨斯和洛林,尽管他以前宣称他不会这样做;他还额外夺取了比利时和法国东北部的工业地区,正像贝特曼在他之前打算做的那样。1940年夏季他计划与英国媾和时提出的那些相当含糊的条件包括担保大英帝国存在,但他也打算要求伊拉克或许还有埃及成为德国的领地。因此,不管他的理论是什么,他并没有在实践中遵循在西方维持现状而在东方获利的逻辑模式。这位空想的理论家原来也是一位处心积虑投机取巧的政治家,他没有预先考虑他要做什么和怎样去做。

就他所做的来说,他取得了成功,因为别人不知道拿他怎么办。又是在这一点上,我想要理解"绥靖分子",而不是为他们辩护或谴责他们。历史学家用愚蠢和胆怯来把绥靖主义者一笔抹杀是最糟不过的了。其实他们乃是在他们那个时代的环境下,面对现实问题,尽了最大努力的人。他们认识到必须以某种方式把一个独立的、强大的德国融入欧洲。后来的经验表明他们是对的。不管怎样,我们现在仍在不停地研讨德国问题。例如，难道任何头脑清楚的人能够设想，当希特勒通过宪法程序上台并显然得到大多数德国人支持时，其他国家可能在 1933 年用武力进行干涉以推翻他吗？也许除非在 1936 年进行干涉把他赶出莱茵兰，还有什么做法可以使他在德国更得人心呢？德国人把希特勒扶上台；也只有他们能够把他撑下台。此外，"绥靖分子"还担心在德国战败之后俄国将控制欧洲大多数地方。后来的经验表明，他们在这一点上也是对的。只有想让苏俄代替德国的人才有资格谴责"绥靖分子"；我不能理解，谴责"绥靖分子"的那些人当中的多数人，现在又怎么对他们失败的必然结果感到同样愤慨。

说"绥靖分子"是一个狭小的集团，在当时遭到广泛的反对，这也是不真实的。根据现在所说的话来判断，无论谁都会认为：几乎所有的保守党人都赞成与苏俄结盟以全力抵抗德国，整个工党都大声疾呼要求大量军备。事实与此相反，几乎没有什么主张比绥靖更得人心。国内的每家报纸都称赞《慕尼黑协定》，只有《雷诺兹新闻》除外。然而，这些传奇的影响是如此强大，以致甚至当我写下这句话时，我简直不能相信它。当然，像大多数政治家所做的和通常因此而受到称颂的那样，"绥靖分子"首先考虑的是他们自己的国家。不过他们也考虑到别的国家。他们怀疑，战争是否符合东欧各国人民的最大利益。1939 年 9 月英国的立场无疑是英勇的；但它主要是在牺牲了别人的情况下的一种英雄行为。英国人民在六年战争期间蒙受的损失是比较小的。波兰人在战时遭受了异乎寻常的灾难，并且在战后也没有恢复他们的独立。1938 年捷克斯洛伐克被出卖了。1939 年波兰得到救助。战争期间只有不到 10 万捷克人丧生。有 650 万波兰人被杀害。哪种情况更好些——做一名被出卖了的捷克人呢，还是做一个得到救助的波兰人？我很高兴，德国被击败，希特勒被消灭。我也对其他国家为此付出的代价表示感激，并且赞赏那些认为这种代价过高的人的坦诚。

这些就是现在应该用历史观念来加以讨论的争议话题。对绥靖分子起草一份起诉书，那是轻而易举的。也许我对有一个时候早已常常这样做过的事不感兴趣了，那时，就我记忆所及，那些现在对我表示愤慨的人并不活跃于公众讲坛。我更有兴趣的是发现我所想望的事为何没有产生效果的原因，而不是去重复陈腐的声讨；倘若我要谴责任何错误的话，我宁愿谴责我自己的错误。① 但是，说本来应当做什么，这并不是一个历史学家的职责。他的唯一职责是发现做了什么和为什么这样做。只要我们继续把所发生的一切都归咎于希特勒，就很难发现什么。他提供了一个强有力的要素，然而这个要素是给现有发动机添加的燃料。希特勒部分地是凡尔赛和约的创造物，部分地是当代欧洲共同思想的创造物。他尤其是德国历史和德国现实的创造物。倘若没有德国人民的支持与合作，他本来是无足轻重的。如今，人们似乎相信，希特勒自己亲手做了一切，甚至独自开火车和填塞死刑毒气室。事实并非如此。希特勒不过是德国民族的共鸣板。千千万万德国人毫无内疚地和毫无疑问地执行了他的邪恶命令。作为德国的最高统治者，他要对万恶行为，即摧毁德国的民主政治，集中营，尤其恶劣的是第二次世界大战期间灭绝诸国人民等，承担最大的责任。他发布了命令，德国人也执行了这些命令，文明史上无与伦比的邪恶命令。他的外交政策则是另外一件事。他的目的是使德国成为欧洲的支配性大国，或许更久以后成为

---

① 作者在战前年头曾积极活跃于公共讲坛，尖锐批评对德绥靖政策。——译者注

世界的支配性大国。其他大国也追求了类似的目标,现在仍在这样做。其他大国也把小国看作他们的仆从国。其他大国也寻求以武力捍卫其切身利益。在国际事务中,希特勒除了是一个德国人之外,他没有什么过错。

第一章

被遗忘的问题

从第二次世界大战开始之时算起，20年以上的时光过去了，它结束至今也已15年。经历过这场战争的人，依然觉得它历历在目。某一天他们猛然省悟，第二次世界大战也像前一次大战那样已经成为过去的历史。对于一位大学教师来说，这个时刻的到来是当他不得不提醒自己，他的学生们在战争爆发时还没有出生，甚至对它的结束也罔无所忆的时候。第二次世界大战对于学生们就像布尔战争对于他本人一样渺远；他们也许听长辈说过它的一些轶事，但更有可能他们对它仅有的一点了解也只是来自书本。那些大人物都已经离开舞台。希特勒、墨索里尼、斯大林和罗斯福死了，丘吉尔已经退出了领导层；只有戴高乐正在再度掌权。① 第二次世界大战再也不是"今天"，已经成为"昨日"。这就向历史学家提出了新的要求。严格说来，当代史乃是记录那些尚未冷却的事件，当即对它们作出评判，并可望在读者中博得现成的共鸣。有温斯顿·丘吉尔爵士的杰作为范例，谁也不会贬低这类著述。但是，这样的时刻到来了，这时历史学家可以拉开距离以超脱的态度来回顾那些曾一度是当代的事件；这种超脱态度，如果由他来撰写主教叙任权之争或英国内战的历史②，他是会表现出来的。至少，他可以一试。

第一次世界大战之后，历史学家们试图这样做过，不过另有侧

---

① 本书出版于1961年。这时，丘吉尔自1955年正式退休后，就不再担任国务要职，但仍留在下院，1965年谢世；戴高乐则在1958年再度出山，连任两届总统，直至1969年下台，重回乡居。——译者注
② 主教叙任权之争指11世纪末和12世纪初教廷与神圣罗马帝国之间的权力之争，英国内战指17世纪英国资产阶级革命期间国会派与王党之间展开的三次重大战斗。——译者注

重。他们对那场战争本身兴趣不大。西方派和东方派之间在大战略上的争执，被看作是劳合·乔治同将军们之间的一场私人冲突，学院派史学家对此不屑深究。官修英国军事史——本身就是参与这场私人冲突的论战著述——的写作进行得如此悠闲从容，直到1948年才完稿。除了关于军需部之外，没有人试图编写一本文职当局的官修史。几乎没有人对寻求通过谈判得来的和平的诸多尝试作过考察。谁也没有研究过战争目标的发展。我们几乎要等到今天，才有人对诸如伍德罗·威尔逊的政策这样关键性课题进行详细的研究。使其他一切黯然失色并独享史学家们专宠的伟大主题乃是这场战争是怎样打起来的。每个大国的政府，除了意大利，都大量披露了它们的外交档案。严谨的史学家眼看他们的书架塞满了各个主要语种的书籍，只能为看不懂其他语言的书籍而兴叹。有专门针对该主题的法文、德文和俄文期刊。一些历史学家以第一次世界大战起源的权威而确立了他们的声誉，稍举几位，他们是英国的古奇，美国的费伊和施密特，法国的勒努万和卡米耶·布洛赫，德国的蒂姆、勃兰登堡和冯·魏格纳，奥地利的普里勃勒姆以及俄国的波克罗夫斯基。

这些作者中有的人专注于1914年7月的事态；另一些人则追溯到1905年的摩洛哥危机或俾斯麦外交。但是他们全都认为这里才是当今史学家可以为之殚精竭虑的园地。大学的有关课程内容戛然中止于1914年8月，有些学校至今还在这么做，学生们也表示满意。他们想要听到威廉二世①和普恩加

---

① 威廉二世（William Ⅱ，1859—1941），德国皇帝（1888—1918在位）。登位后不久即辞退俾斯麦首相，开始推行更加冒险的对外扩张政策，恶化同俄国的关系，向英法等老殖民主义的海外霸权挑战，并以其轻率的和不妥协态度加速了第一次世界大战的爆发。1918年11月，在战争败局已定，国内又起革命的情势下，被迫匆匆退位，避居荷兰多伦。——译者注

莱①的故事，格雷②和伊兹沃尔斯基③的行迹。在他们看来，克鲁格电报④要比帕森达勒⑤更为重要，比约克条约⑥要比圣让德莫里耶讷协定⑦意义更大。决定了当今世局的，是战争爆发这个重大事件。随后发生的种种，不过是其必然后果的混乱体现，对现在既无教益，也无关紧要。如果我们懂得那场战争为何发生，就会明白我们是如何落到这步田地的——当然，也就知道怎样不致重蹈覆辙。

对于第二次世界大战，情况几乎正好相反。读者和作者爱好的重大主题是战争本身。对历次战役的兴趣依然不减，尽管它们已经被写了又写。不仅如此，这场战争的政治方面，尤其是几大盟国之间的关系也一直得到考察。有关 1940 年法国停战的书，或者有关三

---

① 普恩加莱（Raymond Poincaré，1860—1934），法国政治家。1913—1920 年为共和国总统，在此前后还三任总理，其中两次更兼任外交部长，对法国和欧洲政治生活有重大影响。——译者注
② 格雷（Edward Grey，1832—1933），英国政治家，曾任外交大臣 11 年之久（1905—1916）。在维护英日同盟、促成英法和英俄协约，推动英国对德宣战以及拉拢意大利参战上起很大作用。
③ 伊兹沃尔斯基（Alexander Izvolsky，1856—1919），俄国外交官，历任驻各国使节，1906—1910 年任外交大臣。——译者注
④ 克鲁格电报，1896 年 1 月 3 日德皇威廉二世发给南非德兰土瓦总统克鲁格（Paul Kruger）的电报，祝贺他击退来自英国控制的开普殖民地的入侵部队，此举带有明显的挑唆性质，恶化了德英关系。——译者注
⑤ 帕森达勒（Passchendaele，又译帕斯尚尔，巴雪戴尔），比利时一村庄，1917 年 7 月—11 月英加军在这里的满地积水和泥泞中同德军恶战数月，试图突破德军防线，伤亡近 40 万。德军第一次施放毒气也在这里。——译者注
⑥ 比约克条约。1905 年 7 月 24 日，德皇威廉二世和沙皇尼古拉二世在芬兰比约克（Björkö）签订的防御同盟条约，跟两国原有的同盟体系相抵触，当即遭到双方大臣的反对。——译者注
⑦ 圣让德莫里耶讷协定，1917 年 4 月 19—21 日协约国的代表在法国东南部的圣让德莫里耶讷（St.-Jean-de-Maurienne）开会，英法为换取意大利承认他们对土耳其亚洲部分的瓜分计划，答应把土耳其的阿达利亚省和土麦拿地区更多的领土让与意大利。——译者注

巨头德黑兰会议和雅尔塔会议的书,多得数不胜数。说到同第二次世界大战有关的"波兰问题",意思是指战争结束时苏俄同西方大国之间的那场争执,而不是指导致战争爆发的德国向波兰提出要求。这场战争的起源问题只引起了较少的兴趣。史学家们普遍认为,在这方面虽然可能冒出一些新的细节,但不会有什么普遍意义的东西可供发掘了。我们已经知道答案,也就不用进一步探疑。就第二次世界大战起源问题,我们要向之求教的那几位领头的作者——英国的纳米尔、惠勒-贝纳特和威斯克曼,法国的鲍蒙——战争刚刚结束就都立即出版了他们的专著,并且都表达了他们在战争还在进行时甚或战争开始之前就已经持有的看法。第一次世界大战爆发之后20年,几乎没有人还会原原本本地接受1914年8月作出的解释。第二次世界大战爆发之后20多年,差不多每个人都接受1939年9月给定的说法。

当然有可能真的没有什么东西可供发掘了。或许是跟历史上几乎任何其他重大事件都不一样,第二次世界大战有了一个简单和最终的解释,这个解释在那时就谁都一目了然,将来也永远不会因更新的资料或研究工作而改变。不过,看来未必100年以后史学家看待这些事件还会同1939年的人一模一样;今天的史学家则应该努力预想将来的判断而不是重复过去的定评。史学家们之所以忽视了这个主题,确实是有一些实际原因的。每个史学家都力求成为超脱而又公正的学者,在选择课题和作出判断上无需左顾右盼。不过,作为一个生活在某一社会共同体里面的凡人,他总要对他那个时代的需求作出反应,纵然不自觉地也罢。例如,那位伟大的陶特教授,他的著述改造了英国的中世纪史研究,之所以把他的研究重心从政治史转到行政史,无疑纯粹是出于抽象的学问上的理由。尽管如此,有一个情况跟他的改变重心绝不是无关的，那就是20世纪的史学家正在培训未来的文职官员，而19世纪的史学家则是培训政治家的。同样，以两次世界战争为题材的作者们，也必定看重那些依然令人困惑或为今天提供借鉴的东西。谁也不会去写一本别人不感兴趣的书，最低限度总不会去写一本连他自己都兴味索然的书。

第一次世界大战，看来几乎没有提供多少军事方面的疑难问题。大多数人，尤其是在各协约国里，把这场战争看作是一次耗尽精力的长途跋涉，很像一场19世纪的职业拳击赛，一直打到其中一个拳手力竭倒地才得罢休。只是当人们的头脑受到第二次世界大战经验的砥砺，他们才开始认真讨论第一次大战是否可以因为采用某种优越的战略或优越的政策而结束得早一些。此外，第一次世界大战之后，人们曾普遍设想今后将永远不会再有另一场大战；因此研究刚过去的那场战争看来也不会为当前提供什么教益。另一方面，当战争结束的时候，曾经酿成这场战争的那个大问题仍旧摆在国际事务的中心。这个大问题就是德国。协约国可以声称是德国的侵略导致了这场战争；德国人则可以抗辩，引起这场战争是由于协约国拒绝承认德国作为一个大国的应有地位。无论哪一种情况，争执的都是德国的地位。除了德国之外，从苏俄到远东，世界上还有其他问题尚待解决。不过，有理由设想，这些问题是可以处理的，而且只要德国人民能同他们从前的敌人重新和好，就会有一个和平的世界。这样，战争起源的研究就具有一种紧迫的现实重要性。假使各协约国的人民能够认识到，德国负有"战争罪责"的说法是虚妄的，他们就会放松《凡尔赛条约》的惩罚性条款，并把德国人民看作同自己一样是一场自然灾变的受害者来接纳。或者，如果德国人民能被说服，相信他们负有战争罪责，或许他们会把条约当作公正的而予以接受。实际上,"修正学派"只做了前一件事。英国的和美国的史学家们,某种程度上还有法国的史学家们,都刻意揭示各协约国政府是大有罪过的,比之那些据说是1919年的和平缔造者们,德国政府倒是清白得多。很少有德国史学家试图作相反的证明。这是十分自然的。即使最冷漠的史学家,当他的国家在战争中被打败并随之蒙耻受辱的时候也会感受到爱国主义的强力牵引。另一方面,战争爆发之前,在每个协约国家里,对外政策就已经成为争论的主题。在英国批评格雷的人,在法国批评普恩加莱的人,在美国批评伍德罗·威尔逊的人——姑且不说在俄国攻击沙皇政府的布尔什维克——现在进一步成了具有"修正学派"观点的学术斗士。在国际上和在国内展开的这些论战中的是非曲直,已经无关紧要。这里只想指出一点,那就是这些论战煽旺了引导人们去研究第一次世界大战起源的兴趣之火。

  第二次世界大战的起源却一直缺乏这样的热源。就国际方面而言,德国,作为一个大国,几乎在战争结束之前就已经不再是国际事务的中心问题了。苏维埃俄国取代了它的位置。人们想要知道的,是在战争期间同苏俄打交道中曾经犯过的种种错误,而不是战争开始之前跟德国打交道上出的毛病。加之,当西方大国和俄国双方都在打算把德国的不同部分引为盟友的时候,对这场战争说得愈少愈好。德国人也支持这种疏漏。第一次世界大战之后,他们曾坚持他们必须依然得到一个大国的待遇。第二次世界大战之后,他们却率先提出欧洲不再能决定世界事务——个中不言而喻的含义是,德国再也不会发动大战,因此可以让它不受干涉或不受支配地走自己的路。就国内方面而言大致也是这样。战争开始之前,在各同盟国的内部曾经有过炽烈的争论——比之1914年以前任何众所周知的争论确实要炽烈得多。但是，对手们在战争期间调停了他们的争吵，而且在大多数情况下他们还渴望战后把它忘掉。从前的"绥靖政策"倡导者们能以更正当的理由来重振它们的老政策；从前的对抗政策倡导者们却出于抵抗苏俄的需要不再去拉响德国危险的老警报。

当人们已经在研究第三次世界大战起源的时候，第二次大战的起源就更缺乏吸引力了。要是在这个课题上还留有大片疑惑未决和尚待推敲的区域，本来仍可能具有某些刺激力。可是，已经有了一种解释，它既使每一个人都感到满意，并且似乎也消弭了一切争论。这个解释就是：希特勒。是他策划了第二次世界大战。仅凭他一个人的意愿就引发了这场战争。这个解释显然让从丘吉尔到纳米尔的那些"对抗主义者"满意。他们一直坚持这样解释，早在战争爆发之前就已经提出了这种解释。他们可以说："我们早就这样告诉过你。除了从最初一刻就对抗希特勒，别无他途。"这个解释也让那些"绥靖主义者"满意。他们可以说，绥靖政策是一项明智的政策，而且要不是因为德国捏在一个疯子手里这个无法预见的实际情况，本来还会是一项成功的政策。最重要的是，这个解释让德国人满意，只有极少数不肯改悔的纳粹分子除外。第一次世界大战后，德国人试图把罪责从自己转移到协约国头上，或者试图证明谁也没有罪过。现在把罪名从德国人转嫁到希特勒身上，就简单多了。他已经叫人放心地死了。要是希特勒还活着，他本来可能对德国造成很大的伤害。但是，他以在地堡中的最后牺牲对此作出了补偿。不论多少死后的加罪也不能伤害他了。可以把一切罪责——第二次世界大战、集中营、毒气室——统统堆到他不会喊冤的肩膀上。有希特勒担罪，其他所有德国人都可以自称无辜；德国人，先前是战争罪责论最起劲的反对者，现在成了它最坚定的倡导者。有些德国人还设法对希特勒的邪恶加上了一种特别实用的曲解。由于他显然是一个邪恶的怪物，所以他本该受到坚决抵制。因此在希特勒受到谴责后剩下的任何罪责都可以转嫁给法国人，因为他们没有在1936年把他赶出莱茵兰；或转嫁给张伯伦，因为他在1938年9月退缩了。

在第二次世界大战的起因问题上，达到了皆大欢喜的一致。那还需要"修正学派"做甚？只有少数几个中立国家，特别是爱尔兰发出几声怀疑的嘀咕。但是，由于参与反对苏俄的冷战，一般使那些即使在对德战争中保持中立的国家也闭上了嘴；一种与之类似但正好是反过来的考虑，也对苏维埃史学家起了同样的作用。在美国还保留着一个顽固的修正学派——第一次世界大战之后那场论战的幸存者，他们仍旧认为他们自己的政府比其他任何国家的政府都更恶劣。他们的著述，从学术角度来衡量并非上乘。加之，这个修正学派主要关注对日本的战争，这是有充分理由的。是希特勒向美国宣战，而不是反过来；而且，要不是希特勒不必要地帮他做了这件事，很难想象罗斯福怎么能使他的国家卷入欧洲战争。不过，即使在对日本的问题上，也没有太多可资争论的余地。论战已经越出本题。所争论的一度是这么一个实际问题：美国是应该同日本合作还是同中国合作？这个问题现在已由事态发展作了回答，很多要归咎于美国政策的杂乱无章。广泛一致的看法是，日本是美国在远东唯一可信赖的朋友；因此那场对日战争看来是某一方人士的错误——不过或许当然是日本人一方的错误。

这些对于当今政治的考虑，有助于说明为何第二次世界大战的起源不是一个热烈争论的课题。同样，它们仍不足以说明为什么历史学家中间会有几乎完全一致的意见。即使最"投入"①的学者也是要服膺于学术规范的,况且许多学者并没有深深投入。如果证据本来就存在够多的相互抵触之处,学者们将会立即向流行结论发出质疑,哪怕它是普遍接受的结论。但这种情况没有出现;这有两个貌似互相抵触的缘由——证据既太多,又太少。说太多,是指为在纽伦堡审判战犯收集的证据太多。虽然这些文件以其卷帙浩繁令人起敬,但由历史学家来使用它们却成了危险的材料。它们是作为律师们准备诉状的素材而匆忙地甚至几乎是随意地收集起来的。这不是历史学家的做法。律师的目标是打官司;历史学家则要求理解局势。使律师们信服的证据常常不能使我们满意;我们的方法对他们来说似乎也极不精确。不过,即使律师们现在也必定对纽伦堡的证据感到于心有愧。那些文件是经过筛选的,不仅用来显示被审者的战争罪行,也是用来隐瞒起诉国的罪过的。如果由设立纽伦堡法庭的四强中任何一国来单独操纵这件事,就会引发范围更广的相互抹杀。西方大国将会把纳粹-苏维埃条约(德苏互不侵犯条约)列入证据,苏联则会以列入慕尼黑会议和种种暗中交易相报复。既然是四强法庭,唯一可能的做法就是事先设定只有德国一国有罪。判决先于庭审;那些文件只是用来支撑早就作出的结论。这些文件当然是真实的。不过,它们是"灌过铅的";而且任何依赖它们的人都发现,几乎不可能从它们所加载的负重下摆脱出来。

如果我们代之以寻求按更加超脱和更有学者风范的方式收集的证据,我们将发现,比之研究第一次世界大战起源的前辈来,我们的处境有多糟。第一次世界大战之后大约一代人的时间内,除了意

---

① 指参与政治。——译者注

大利，每个大国就已经把它们有关临战危机的外交记录几乎全都披露了。此外，还有庞大的系列出版文件集作了或多或少类似程度的长远追溯——奥匈的文件集回溯到1908年，英国的到1898年，德国的和法国的则到1871年；俄国的出版物，虽有较多间歇，但也很多。确有一些明显的空白间隙。我们会抱怨缺少意大利的文件，如今正在得到弥补之中；我们会而且至今还在为缺少塞尔维亚的文件而摇头。在已经刊布的文件集里面也可能有一些故意的遗漏；而且没有一个严谨的历史学家会感到满足，除非由他本人查阅了档案。不过，大体而言，还是可以追踪六大列强中的五个大国的外交，在细节的详尽和范围的广阔上无出其右者。证据还没有被完全消化。随着对证据的研究进程，我们就会发现可供探索的新课题，可以作出的新解释。

与此对照，可以得到用来研究1939年以前几年的资料，确实令人悲哀。奥匈已从欧洲大国行列中消失。留下来的五强，有三个国家直至最近还没有从它们的档案中拿出过一行一句。意大利人开始弥补这个缺憾：他们已经出版了从1939年5月22日到战争爆发的文件，并且它们还将在时间跨度上超过所有别的国家，要把他们的出版物回溯到1861年。法国和俄国的政策则继续完全蒙在鼓里。法国有一些可以原谅的理由。他们1933年至1939年这几年的大部分记录，都在1940年5月16日德军突破色当的一片惊恐中烧掉了。现在正费力地从法国的驻外使领馆重新收集其抄件副本。至于苏联保持沉默的原因何在，就如苏联政策中的每件事一样，只能加以猜测了。苏维埃政府有什么特别不光彩的事情要隐瞒吗？难道它不敢把它的行为，即使是无关紧要的行为让人全面细察？或许本来就没有记录——外交人民委员过于无能，什么也写不出来？还是苏维埃政府从许多以往的历史问题争论中学得了乖巧——在某一争执中维护自己的唯一滴水不漏的办法就是永远不为这一争执提供证据？无论上述三个大国保持沉默的各色缘由是什么，结果就是我们只能转向从德国和英国的文件里去寻求两次大战之间外交折冲的某种连续的记录。这样，或许会错导出这样的印象，即两次大战之间的国际关系乃是一场英德对话。

即使在这一点上，比之可以用来研究1914年以前时期的材料，也是不够充分的。盟军在1945年缴获了德国的档案，最初曾想出版一个从1918年到1945年的完整系列。后来，以花费昂贵为由，砍削为从1933年希特勒掌权开始。即使是这个计划也没有完成。1935年和1937年之间还存在一个裂着大口的空白。现在档案已经归还给波恩的德国政府；这很可能导致更多的延误。此外，文件汇编的盟国编辑们，就算他们是真诚的吧，在战争罪责问题上也持有同纽伦堡审判差不多的看法。还有一个额外的复杂化因素：德国外交部，这些档案就是它工作的记录，常常自称一直在反对希特勒而不是为他效劳；于是我们就永远无法肯定某个特定文件意味着一项当真的业务呢，抑或为了提供证据以表明其作者的无辜而杜撰出来的。英国的出版物将最终涵盖从签订凡尔赛和约直至1939年战争爆发的整个时期。不过，这是一个缓慢的过程。目前，我们事实上没有一点儿有关20年代的材料，而且在1934年年中到1938年3月之间还有另一个断裂带。已出版的各卷，只限于反映付诸执行的英国政策。它们并没有透露英国政策的动机，如同有关第一次世界大战以前时期的各卷试图做到的那样。已出版的各卷里几乎没有什么备忘录和会议记录来表现外交部内部的争论过程，也没有内阁审议的记录，尽管众所周知，跟早先比起来，当时是首相和内阁一言九鼎，而外交部是分量大减了。

就半官方记录而言，我们的处境也同样糟透了。大部分第一次世界大战的始作俑者都幸免于难，战后都长篇累牍，或表示歉疚，或自我辩护。第二次世界大战的情况却相反，一些领导人在战争进行中就过世了；一些领导人则在战争结束时经过或未经过审判就被处决了；其余的领导人则要么是妄自尊大，要么是谨小慎微，终未动笔。把每次世界战争之后由那些在战争开始时处于决定性职位的人撰写的重要卷册登录下来，对照鲜明，令人吃惊。关于第一次世界大战写了书的计有：

英　国：首相
　　　　外交大臣
法　国：总统
　　　　总理兼外交部长
俄　国：外交大臣
意大利：首相
德　国：宰相
　　　　外交大臣

关于第二次世界大战写了书的是：

法　国：外交部长

意大利外交部长，他是被枪毙的，留下了一本日记。德国外交部长在等待上绞架的时候写过一份支离破碎的辩词。还有英国首相的少许通信片断，英国外交大臣的几页自传。从三个独裁者——希特勒、墨索里尼和斯大林——以及苏俄外交人民委员那里，没有得到一行一字。我们不得不用出自二流人物的闲言碎语来凑合，这些人就是译员、外交部职员、新闻记者，他们通常比一般公众知道的多不到哪里去。

然而，历史学家永远也不会占有使他们满意的充分证据。我怀疑，即使再等上10或15年能否获得很多；倒是可能丢失很多。到那时，少数几个文明世界的幸存者可能已经不再阅读书籍，更不用说写书了。因此，我试图根据前述的种种记录就如某位未来的史学家所可能看到的那样述说这个故事。这样做的结果，也许将说明历史学家的错失和误解会有多大。尽管如此，我们还是必须这样来写历史。就如我想象中的后继者那样，我不得不常常自认无知。我还发现，以超脱的态度对现有的记录作一番思考，常常促使我作出不同于人们（包括我本人）在当时作出的解释。不管怎样，这对我无关紧要。我关注的是去理解发生过什么，而不是去辩白或谴责什么。从希特勒掌权的那天起，我就是一个反绥靖者，而且毫无疑问，在类似的情势下我还会再次成为反绥靖者。但是，这一点跟撰写历史毫不相干。回顾起来，虽然很多人是有罪的，却没有人是无辜的。政治活动的目的是要保障和平与繁荣；在这一点上，无论出于何种原因，每个政治家都失败了。这是一篇没有英雄主角，或许甚至也没有反派角色的故事。

第二章

第一次世界大战的遗产

第二次世界大战，在很大程度上是第一次世界大战的重演。也有显而易见的不同之处。意大利站在相反的一方作战，不过战争结束之前她又再次改了回来。1939年9月打响的战争，是在欧洲和北非展开的；它在时间上，虽然不是在空间上，跟1941年12月开始的远东战争有部分重合。这两场战争还是截然有别的，尽管远东战争曾使英国和美国的处境十分窘迫。德国和日本从来没有会师协同作战；唯一真正的重合是当日本人攻击珍珠港时惹得希特勒非常错误地向美国宣战。否则，完全可以把欧洲战争及其起源看作是一篇自成一体的故事，只是偶尔受到幕后台下远东的分心。在第二次世界大战中，跟第一次世界大战中大体一样的欧洲盟国同大体一样的敌手们打仗。战局变化虽然更加大起大落，但这次战争也以极其相同的结局——击败德国而告终。这两次大战之间还有更加深刻的联系。在第二次战争中，德国明确地是为推翻第一次战争的裁决而战，为摧毁随它而来的清算安排而战。她的对手们虽然不很自觉地，则是为保卫那个清算安排而战，而且出乎他们自己的意料，他们达到了这个目的。当战争还在进行的时候，有过十分乌托邦的设想，但到最后结束时，欧洲和近东的每一条边界都原封不动地恢复了，只有波兰和波罗的海诸国是例外——诚然是一个很大的例外。撇开东北欧这个地区，从英吉利海峡到印度洋，地图上唯一的重大变化就是把伊斯特拉半岛从意大利转交给了南斯拉夫。第一次战争摧毁了几个老帝国，并创建了一些新国家。第二次战争没有创建新国家，只是摧毁了爱沙尼亚、拉脱维亚和立陶宛。如果有谁直截了当地质问："打仗为了什么？"对于第一次战争，其答案是："决定欧洲该怎样重新安排",对于第二次战争,其答案却仅仅是:"决定这个重新安排了的欧洲该不该延续下去"。第一次战争就是第二次战争的原因,而且就一件事引起另一件事而言,事实上它导致了第二次战争。

虽然第一次世界大战的结果是欧洲的重新安排,这却远不是战争原先的起因,甚至也不是它的初衷。这次战争有某些直接的起因,对此人们现在的看法或多或少是一致的。弗朗茨·斐迪南大公的被刺杀,促使奥匈向塞尔维亚宣战;俄国为支持塞尔维亚而总动员,促使德国向俄国以及俄国的盟友法国宣战;德国拒绝尊重比利时的中立又促使英国对德国宣战。在这些事件的背后有着更深刻的原因,对此史学家们仍旧莫衷一是。有些人强调条顿人和斯拉夫人之间在东欧的冲突;另一些人则把这次战争叫做"土耳其继承权之战"。有些人怪罪于帝国主义分子在欧洲之外的竞争;另一些人则归咎于欧洲大陆上力量均势的解体。一些更加具体明确的争议主题受到了重视:德国向英国海上霸权的挑战,法国收复阿尔萨斯-洛林的欲望,俄国企图控制君士坦丁堡和黑海海峡的野心。对战争起因的解释如此众说纷纭,正表明任何单个的解释都不是正确的解释。第一次战争是由于所有这些原因打起来的——但又不是为其中任何原因而战的。不管怎么说,这是相互角逐的所有列强一旦参战就立即发现的。无论他们在战前可能有过何种计划、设想或野心,列强眼下只是为取胜而战,以决定这么一个浑然一体不可细辨的问题:"谁是主宰?"交战国力图"把他们的意志强加于敌人"——用当时的军事术语来说——而对那个意志是什么却没有任何明确的想法。交战双方都发现难以明确界定他们的战争目标。当德国人向西方大国,就如他们在 1917 年向俄国那样,不过比较含糊地提出和平条件时,他们唯一关注的是改善他们在下一次战争中的战略地位,尽管德国人如果打赢了第一次战争实际上就没有必要再打第二次了。在某些方面,协约国提出和平条件起初是比较容易的:他们只需简单地要求德国人交出其早先的胜利果实就可以了。后来在美国的帮助或在美国的敦促下,协约国才超越这一步逐渐炮制出一套理想主义的战争目标。这些战争目标当然并不代表协约国发动这场战争时抱定的目的;甚至在大多数情况下也不代表他们现在正为之而战的那些目的。这种理想主义方案毋宁是来自这样的信念,即一场打到这么大规模并付出如此大牺牲的战争应该有一个伟大而崇高的结果。这些理想,乃是副产品,是给真实斗争上光敷彩,虽然它们对后来的事态并非毫无影响。归根到底,战争目标仍然是取胜。胜利将会规定随后的政策。即使做不到这一点,胜利至少也会提供实际成果。结果确实如此。第二次世界大战是从第一次世界大战的种种胜利成果中生长出来的,是从运用这些胜利成果的方式中生长出来的。

第一次世界大战中有两个决定性胜利,不过在当时一个为另一个所掩盖。1918年11月,德国被西方大国在西线彻底击败;但是在此之前,德国已经在东方彻底击败了俄国,而这对两次大战之间年代的国际格局有着深远的影响。1914年以前,曾经有过某种均势,法-俄联盟制衡着中欧列强。英国虽然通过三国协约同法国和俄国松散地联合,但很少有人认为她的分量对保持平衡是必不可少的。这场战争,在它打响的时候,是一场在两条战线上展开的大陆战争:每个大陆强国都以百万之众投入战场,英国不过区区10万人。尤其对法国人来说,俄国的合作似乎是生命攸关、绝对必需的,而英国的支持则是一个令人乐于接受的额外援手。随着战争的进展,这一切全都改变了。英国人也建立起一支庞大的陆军,并把他们的百万大军投上西线。当1917年美国参战时,这些部队还可望得到又一支百万大军的支持。这个加强西线的行动来得太迟了，没能挽救俄国。1917年的两次革命，加上军事灾难，把俄国逐出了战争。1918年3月，新的布尔什维克统治者在布列斯特-立托夫斯克屈膝求和。后来德国在西方的失败迫使她放弃了那时赢得的东西。更为深远的后果却无法消除。俄国退出了欧洲舞台并暂时不再作为一个大国而存在。欧洲的格局发生了深刻的变化——而且是有利于德国的变化。在她的东方边界，从前曾是一个大强国的地方，现在乃是一片由小国构成的"无主"土地，再往东，乃是无人知晓的一片昏暗。1918年之后的好多年头里，没人弄得清俄国是否还有什么实力，如果还有的话，她又将用它干什么。

1918年年终时，这一点看来还无关紧要。那时意义重大的事情是没有俄国的帮助就把德国打败了，而且最主要的——即使不是全部地——是在西线把她打败的。在这个狭窄拥挤的地区所取得的胜利，决定了即使不是整个世界也是整个欧洲的命运。这个出乎预料的结果赋予欧洲一种不同于1914年以前曾具有的特征。那时的大国是法国、德国、意大利、奥匈和俄国，英国只是半卷入。欧洲的中心是柏林。现在的大国是法国、德国和英国，出于礼貌也可算上意大利，还有美国处在从前英国的外围地位上。这个新欧洲的中心位于莱茵地区，或者有人甚至会说位于日内瓦。俄国已经不再算是一个大强国；哈布斯堡君主国也已不复存在。"欧洲"作为一个政治概念整体地西移了。在1918年以及此后的许多年里——确实直到1939年春——人们一直认为，决定世界进程的权力掌握在那些从前的"西方大国"手里。

虽然俄、德两国都在1918年被打败了，但这两个战败的后果是极其不同的。俄国从视野里消失了——她的革命政府，她的存在本身，得胜的大国一概视而不见。然而，德国却依旧是统一的，为胜利者所承认。那个最终导致第二次世界大战的决策，就是出于最强烈和最实用的动机在第一次世界大战结束前几天作出的。这就是决定授予德国政府一项停战协定。作出这个决策主要出于军事上的理由。德国军队已经在战场上遭到痛击，正在后撤，但并没有被击溃或被摧毁。英国和法国的军队虽然获胜，但已经几近筋疲力尽。要从外部去估量德国崩溃的程度，也很难。只有美军总司令潘兴不怕再打一仗。他的部队是新鲜力量，几乎还没有流过血。他本想向柏林推进。对他来说另一个吸引人之处是，到1919年美国人将担当战争的主力，那时就能几乎像支配德国人那样支配协约国，以一种他们在1918年还做不到的方式来颐指气使。然而，对欧洲大国来说，这正是尽其一切可能赶快结束战争的一个理由。

美国人没有具体的战争目标，没有明确的领土要求。说来奇怪，正是这一点使他们并不急于停战。他们只想要德国"无条件投降"，并准备继续打下去直至达到这一目标。协约国也想打败德国，但他们还有种种紧迫的实际要求。英法两国都要解放比利时；法国人想要解放法国东北部；英国人想要消灭德国的舰队。所有这一切都可以由一项停战协定来获得。既然这样，这两国政府又怎能向他们已经厌战的人民证明进一步流血是必要的呢？即使撇开这一点，一项停战协定，如同德国政府所请求的那样，将会满足协约国更广泛的目标。他们曾经一直坚称，他们不想摧毁德国；他们打仗是要向德国人证明侵略战争不会得逞。现在将为这些言词拿出实证来。德国已经战败，这在协约国以及德国军事首脑们看来是显而易见的；只是到后来才看到，这一点对德国人民而言并不那么明显。在1918年11月，看来倒是德国人民也曾为结束这场战争作出过他们的贡献。

协约国曾经普遍宣称，（虽然并不总是全体一致）说他们是对德国皇帝和他的军事顾问们作战，而不是同德国人民打仗。现在，德国已经成为一个立宪君主国，而且在停战协定签订之前还成了一个共和国。德国政府是民主政府；它承认战败；它准备交出全部德国的掠夺品；它接受威尔逊总统在"十四点"中提出的理想主义原则作为未来和平的基础——这些原则协约国也接受了，虽然有些勉强，并附有两点保留。这样，每件事都在为一项停战协定叫好；几乎没有一件事是反对它的。

这个停战协定不只是停火而已。它的条款经过精心设计以确保德国不能重新再打这场战争。德国人必须交出大批战争物资储备；必须把他们的部队撤到莱茵河后面；还必须把他们的舰队交付拘禁。协约国占领了莱茵河左岸以及右岸的桥头堡。这些条款成功地达到了它们的目的：1919年6月，当德国人争论要不要签署和平条约时，他们的最高统帅部不得不承认，无论有多勉强，重新开战延续这场战争是不可能的。但是停战协定还有另一面。它束缚德国人于眼前；它束缚协约国于未来。他们亟亟乎要确保德意志民族承认战败，所以停战协定是同德国政府的代表们而不是同一个军事代表团缔结的。德国人适时地承认了战败；作为回报——而且几乎没有意识到——协约国也就承认了德国政府。有点冒险精神的法国人也许会试图以后把"分离主义"从后门偷运进去；眼高志远的历史学家们也许为俾斯麦的成果没有被毁灭而感到遗憾。这些都是枉费心机。停战协定解决了第一次世界大战涉及范围内的德国统一问题。哈布斯堡君主国和奥斯曼帝国消失了。德意志帝国依然存在。更有甚者，协约国不仅正式承认了德意志帝国，而且它的继续存在如今对他们也成为不可或缺的了，如果要使那个停战协定得以维持的话。协约国不知不觉地转而成为这个帝国的盟友,去反对任何威胁其生存的事物——人民大众的不满,分离主义,布尔什维主义。

这种状况,还由和平条约更推进了一步,而条约再次未作深思熟虑。条约包含许多苛刻的条款——或者在大多数德国人眼里是这样。德国人经过对长时间拒绝签字是否会使局势更糟进行辩论之后,才勉勉强强极不情愿地答应下来。答应签字,是因为德国军队力量虚弱,德国人民精疲力竭,协约国封锁的压力,而丝毫不是由于信服和约条款是公正的或至少是可以容忍的。尽管如此,德国政府还是接受了条约;而且,凭着这样做了,就获得了一份宝贵的资产。该条约旨在为抵御德国的新侵略提供安全保障,然而,只有同德国政府合作,它才能起作用。德国要被解除武装;但这将由德国政府来安排——协约国只是提供一个管制委员会去查看解除武装是否已经得到实施。德国要支付赔款;同样,将由德国政府来筹集这笔钱并把它交出去——协约国仅仅收取而已。甚至对莱茵兰的军事占领也有赖于德国的合作。民政管理仍由德国掌握;而德国只要有一次不合作就会造成某种混乱状态,对此和平条约并没有制订处置条款。在1919年当时的情势下,和平条约似乎是威镇一切的和惩罚性的;就如德国人称呼它的那样,是一种专制独裁或一项奴隶条约。从更长远的角度来看,这个条约里最最重要的东西在于它是跟一个统一的德国缔结的。德国只要使条约有某种修正,或完全摆脱它的束缚;她就会像她在1914年时一样或几乎一样地强大。

这就是那个停战协定与和平条约命中注定的决定性后果。第一次世界大战没有解决"德国问题",实际上到头来把它弄得更加尖锐了。这个问题不在于德国的侵略性或军国主义,也不在于她的统治者的邪恶。这些特性,即使确有其事,只不过使问题加重而已;或许由于它们在其他国度里激起道义上的反感还恰恰减少了问题的危险性。根本的问题是政治上的，而不是道义上的。无论德国可能成为怎样民主与和平的国家，她依然是欧洲大陆上最最强大的大国；由于俄国的消失，就显得比以前更突出。她的人口最多——以 6500 万之众对法国的 4000 万，而法国是仅有的另一个真正大国。她在煤、钢等经济资源上的优势更大，而煤、钢经济资源加在一起在现代就构成为实力。在 1919 年那个时刻，德国是被打垮了的国家。眼前的问题是德国的虚弱；但是，只要有不多几年的"正常"生活，再次成为问题的就是德国的实力了。更严重的是，从前多少制约过德国的旧的实力均衡已经解体。俄国已经退出，奥匈已经消失。唯有法国和意大利还在，但两国在人力资源上较弱，在经济资源上更弱，两国都因战争而元气大伤。只要事态按其自身的进程以旧的"自由"方式向前推移，就没有什么东西能够阻止德国人给欧洲投上阴影，即使他们不打算这样做也罢。

1919 年人们绝没有无视"德国问题"。确有那么几个人否认这个问题的存在。这种人在每个国家里都是极少数，他们是曾经反对这场战争认为它不必要的人，或是一向视德国的危险为虚构的人。甚至有些曾经支持这场战争并且意气昂扬地指挥过它的人，现在也倾向于以为德国已经被长期地削弱了。当德国的海军沉下波底的时候，某位英国政治家设想他不会再有麻烦，那他是可能会得到原谅的。德国受到革命的威胁，为社会不满所折磨，除了革命党人，普遍持有的看法是，这么一番折腾破坏了一个国家的实力。此外，在 19 世纪末经济稳定的世界里成长起来的人们认为，一个国家没有平衡的预算和金本位货币就不能繁荣。按这样的标准来衡量，德国还有一段很长的路要走；而且看来更重要的是，为大家着想，把德国扶起来比把她压下去要好。即使最为警觉的法国人也没有断言，此时此地他们就面临一场新的德国入侵的威胁。危险还远在某个假想的未来；而谁又能断定未来将是怎样的呢？每次重大战争之后都曾经伴随着窃窃低语，说这不过是一次暂时的休战，战败的大国将再次起而攻击。这次却少有这样的嘀咕，或有也是半心半意的。例如，法国就等待了40年才起而反对1815年的清算安排；而且那时也没有造成可怕的后果。作如是想的人推测错了；尽管他们以历史作为佐证。德国的复兴，虽然也有延搁，但其速度和强度都是史无前例的。

还有一种否认德国问题的途径。可以承认德国会有实力，不过要加上一句，这并没关系。德国将再次强大起来，再次跻身于大强国之列。但是，德国人已经学会不用战争的办法来达到他们的目标。如果他们凭借经济实力和政治威望终于支配欧洲诸小国，这——远远不是危险的——应该受到欢迎。欧洲大战已经在欧洲各处制造出诸多独立的民族国家；奇怪的是，这个进展现在倒使许多理想主义者深感痛惜，而他们曾经一度是民族主义的斗士。那些民族国家被看作是反动的、军国主义的、经济落后的国家。德国越快地把他们拉在一起，对每个人都越有利。这个观点最早是由开明的剑桥经济学家 J. M. 凯恩斯提出来的，劳合·乔治本人也并不完全反对。重要的不是去阻止德国的复兴，而是去确保德国复兴将采取和平的形式。应该采取预防措施去消弭德国的冤怨，而不是去对付德国的侵略。

这种观点1919年时还没有完全表面化。和平条约在很大程度上体现了防备德国以确保安全的意图。和约的领土条款却不能这么说。这些条款是根据当时理解的自然公正原则来确定的。德国只丧失了按民族的理由她不该占有的土地。甚至连德国人也没有为失去阿尔萨斯和洛林或石勒苏益格北部而叫屈——至少没有公开地叫屈。他们抱怨的是丢失土地给波兰；不过，这种失地乃是一旦波兰的存在得到承认跟着而来的必然之举，而且，尽管波兰受到慷慨优待，此举是出于对波兰民族要求的某种夸大，而不是出于战略考虑。有一件事劳合·乔治在袒护德国反对他自己的盟友上占了上风。法国人和美国人提议，但泽，一座德国人居住的不过在经济上对波兰至关重要的城市，应该并入波兰。劳合·乔治坚持让它成为一个自由市，由国际联盟任命的一位高级专员来治理。这个古怪的解决办法为德国人所怨恨，表面上正是这种怨恨引起了第二次世界大战，其实恰恰是为德国的利益而提出来的。有一条具有负面性质的领土条款是为了安全保障而违背了民族的原则。操德语的奥地利、哈布斯堡王朝的残余部分，被禁止未经国际联盟允准就同德国合并。这是大多数奥地利人的一大怨恨，包括那位德国下士希特勒，那时他仍是奥地利公民。大多数德意志帝国的德意志人对此并无不满。他们成长于俾斯麦的德国，并且视奥地利为外国。他们不希望现在把奥地利的种种麻烦加到自己身上。对于在其他地方——捷克斯洛伐克、匈牙利以及罗马尼亚的操德语的人民，事情就更是这样了。那些人可能愤愤于成了异己民族国家的公民。德意志帝国的德意志人对他们却几乎一无所知，且很少关心。

另一项领土条款从根子上就十足是战略性质的。这就是由协约国军队占领莱茵兰。英国人和美国人把它作为一项临时的安全措施提出来，并规定它只应持续15年。法国人想使占领永久化；而且，由于他们未能通过和约做到这一点，就希望通过把撤离同德国人令人满意地偿付赔款一事绑在一起来达到同样的结果。赔款成了后面几年里的支配性问题；而且由于存在两个问题——实际上很快成了三个问题——而变得更加棘手。表面上，赔款出于这样的实际要求，即德国人应该为他们造成的破坏付钱。然而，法国人希望赖在莱茵兰就故意阻滞任何清账了结的办法。协约国之间的战争债务又加上了一个进一步造成混乱的缘由。当英国人被要求向美国偿还其债款时，他们于1922年声称他们从协约盟友讨得的还款仅够偿还美国的债务。协约诸国则接着提出他们要用从德国收到的赔款来支付对英国的债务。这样就不知不觉地把最后决定权交到了德国人手里。他们已经签署了和约；他们已经承诺了一项义务；只有他们能够独当其任来履行它。他们可能同意支付赔款，这样，一个祥和的世界将会出现，莱茵兰的驻军将会撤走，战债纠葛将会有所缓解。他们也可能另作选择，拒绝支付或声称无力支付赔款。于是，协约国就面对这样的问题：除了德国政府的一纸签字之外，他们还拥有什么安全保障？

德国的解除武装也产生了同样的问题。此举意在获得安全保障而别无其他，尽管在附文里说这是使其他国家的裁军成为可能的第一步。如果德国人选择践约，德国的解除武装就会奏效。要是不践约呢？协约国就再次面对强制执行的问题。德国人拥有这样一种无法估量的优势，即他们只要用什么也不做的办法，即不付赔款和不裁军的办法就可以掏空那个针对他们的安全体制的基础。他们可以像一个正常独立国家那样行事。协约国却不得不作出有意的努力，采取种种"人为的"应急措施，如果那个安全体制还想维持下去的话。这违背了人类常识。那场战争本来是为平息事端安定局势而打的。如果现在不得不结成新的联盟，拥有更多的军备，出现比开战前更严重的国际复杂局势，打那场战争有什么好处呢？这个问题没有简单的答案；未能回答这个问题，就为第二次世界大战扫清了道路。

凡尔赛和平从一开始就缺乏道义效力。它不得不靠外力来强制执行;也可以说,它并没有自我执行。就德国人而言,显然就是这样。没有一个德国人把条约看作是"既没有胜利者也没有失败者"的平等伙伴之间的一项公平安排来接受它。所有德国人都打算一有方便机会就立即摆脱至少是和约的某些部分。他们只是在摆脱的时间上有不同意见——有些人想要马上摒弃它,另一些人(或许是大多数人)则指望等待下一代人来完成这件事。但是,德国的签字本身并不具有多少约束力和义务感。在其他国家里对这个条约也并不敬重。1919年时人们总是立志要比一个世纪前维也纳的和平缔造者们做得更好;而对维也纳会议的最大指责就是它企图把某种"体系"硬铆在未来之上。19世纪自由主义的伟大胜利就是在反对这个"条约体系"中赢得的;具有自由主义思想的人怎么可能来维护一种新的条约体系,一种新的僵硬制度呢?有些自由主义者现在倡导一种"体系",不过它是跟和约的安全保障大异其趣的东西。早先鼓吹过民族独立的他们,转而信奉一种凌驾于一切之上的国际秩序,即国际联盟的秩序。在这个国际秩序里,不容许在从前的敌人和从前的盟友之间有差别待遇;全都加入一个保障和坚持和平的体系。威尔逊总统本人,在起草那个和约上跟任何人一样卖力,他所以默认那些直接反对德国的条款,完全是因为相信一旦国际联盟建立起来就会把它们统统废除——或者使它们不再具有必要性。

强制实施和约除了道义上的障碍之外,更遇到种种实际困难。协约国可以威胁;但每一次威胁总比前一次消减了它的效能和威力。1918年11月威胁要把战争打下去就比1919年6月威胁要重新再打容易得多。1919年6月威胁要重新开战比1920年6月容易;1920年比 1923 年容易；而到末了终于根本不可能以重新开战相威胁了。人们越来越不情愿抛妻别子去打一场他们被告知已经打赢了的战争；纳税人正在前一次战争耗费的重压下痛苦呻吟的时候也越来越不情愿为一场新战争出钱。此外，每一次威胁都在这个问题上破产：如果那时继续打下去以获致"无条件投降"都曾经是不值得的，那么为一些更低的目标去重新开战又怎么能说得通呢？可以攫取一些"实在的抵押品"；可以占领鲁尔或其他德国工业区。但是，这又能争得什么呢？不过是德国政府一次新的签字画押，像从前一样可能信守也可能不信守的签字画押。或早或迟，占领军将不得不撤离。于是又将恢复到从前的状况：决定权将仍然留在德国人手里。

除了重新开战和占领德国领土之外，还有别的强制措施。这些措施是经济上的——某种形式的封锁，据信对打败德国作出过决定性贡献。封锁帮助迫使德国政府在 1919 年 6 月接受和平条约。一旦解除了封锁，就不可能以它战时的严密性来重新实施，即使只是由于怕它过于有效。因为，如果德国真的因此堕入经济混乱，她的政府也垮了台，那时由谁来执行条约的条款呢？德国同协约国之间的谈判变成了一场互相讹诈的竞赛，变成了某部盗匪片里耸人听闻的情节。协约国，或他们中的某些国家，威胁要把德国卡到死；德国人则以死为要挟。没有一方敢于把他们的威胁推向极点。渐渐地，威胁越来越少，代之以诱劝。协约国许诺如果他们的要求得到满足就恢复德国在世界上应有的地位；德国则回答除非这些要求得到缓减就不会有一个和平的世界。除了布尔什维克圈子外，人们几乎全都信奉这样一种看法，即认为人类未来的唯一保证全赖于回归到一种自由世界市场的自由经济体制，这种自由经济体制在战争时期——据说是暂时地——被放弃了。在允诺重新接纳德国进入这个世界市场方面，协约国拥有一件有用的讨价还价的武器。不过，德国人也拥有它，因为排除了他们也就无法重建一个稳定的世界。这样，协约国被他们自己的政策所引导，而把德国作为一个平等伙伴来对待；并因此他们也就回到了那个棘手的老问题。即：如果德国被置于同其他国家平等的地位，她将成为欧洲最强的大国；而如果对她采取特别的预防措施，那她就不会受到平等的待遇。

协约国真正想要的乃是一种直接针对德国而又能为德国人心甘情愿接受的条约体系。奇怪的是竟有人以为这是可能的；不过那是一个特定的历史时刻，种种抽象观念在国际关系中甚嚣尘上。老的君主国家是按照条约能授予的权利来估量条约的价值的；他们从来没有为条约牵涉到的义务而费心。新的态度跟"契约神圣"的观念相一致，这种观念乃是资产阶级文明的根本要素。国王和贵族们总是赖账，极少守信。资本主义制度则要求它的实践者毫不迟疑地信守他们哪怕最随便的承诺，不然这个制度就会崩溃；而德国人现在也被指望遵守同样的伦理规范。人们还有更多的实际理由来依赖条约，最实际的理由就是除了条约没有别的东西可作依仗。这在第一次世界大战战后时期与过去类似性质的时代之间形成了巨大的反差。在欧洲，一个大国显著地强于其余国家绝不是新问题。相反，这是在过去的400年里一再发生过的事情。那时的人们没有依赖条约的条文或强者作出的不使用其强力的许诺。弱者，比较温和的大国，几乎不知不觉地被互相吸引到一起。他们组成了同盟或联盟，曾经打败或遏制了侵略者。16世纪反对西班牙，17世纪反对法国波旁王朝，以及19世纪反对拿破仑，都是这样。就此而言，第一次世界大战也是这样。

这个老的屡试不爽的体制，在1919年之后失效了。大联盟解体了。之所以如此，有着一个高尚的原则理由。战胜国本来是根据均势论来行事的，现在他们却羞于再这么做到底。许多人相信，是均势引起了这场战争，再执迷于它将引起另一场战争。就更实际的层面来看，均势似乎也是不必要的。协约国经受了一次大惊吓；不过他们也取得了一次大胜利。他们很容易地滑进这样的设想：这将是最后一仗。那些打赢了一场战争的人，难以相信他们会输掉下一场战争。各个获胜的大国，觉得可以放手实行各自的政策，可以随心所欲；而这些行动，并不碰巧是一致的。不存在故意抛弃战时伙伴关系的情况。是事态发展拆散了协约国；而他们中间也没有谁作出足够的努力去扭转这个进程。

协约国之间统一战线并不比和平会议活得更长，事实上它的延续在和会期间就遇到了挑战。法国人迫切要求安全保障；美国人以及在某种程度上英国人，则倾向于认为他们已经功德圆满。战胜国好不容易在一项和平条约上达成一致，威尔逊总统却未能争得美国参议院的确认。这固然是对新秩序的一个打击，但却也不像后来说的那样是一个致命的打击。美国同欧洲的关系更多地取决于地理距离而不是政策。无论条约作何安排，美国总是远离欧洲在大西洋彼岸。即使参议院确认了《凡尔赛条约》，美国部队还是要从欧洲撤出的。事实上，有一些仍留驻在莱茵地区。如果美国成为国际联盟的成员，无疑将会增加国联的威望；但是，英国在日内瓦的政策表明，再有一个盎格鲁-撒克逊大国作为成员国也并不一定会使国联变成法国所想望的安全保障的有效工具。后来人们经常强调如下事实所造成的后果：美国人在1919年以及后来都未能履行担保条约，而威尔逊和劳合·乔治是以这个担保来说服克列孟梭放弃兼并莱茵兰的。即使是这个流产的条约本身，也只不过提供某种纸面上的安全保障。

没有美国部队会留在法国，英国部队也不会；而且，由于英、美两国的军力都缩减到和平时期水平，在局势危急时也将没有部队可供派送。1922年当劳合·乔治重提旧议，说即使没有美国参与英国也将提供担保时，白里安就指出了这一点。他说，德国人在英国部队到来阻止他们之前，将有足够的时间进抵巴黎和波尔多；而这恰恰是1940年发生的事情，尽管当时法英结盟。英美的这个担保，即使得到实施，充其量不过是允诺法国，如果法国被德国人占领了就去把她解放出来——一种即使没有条约规定也在1944年付诸实现的承诺。美国由于受到地理距离和政治视野两方面的限制，不会归属于某个欧洲安全保障体系；对美国可以抱有的最大期望是，如果这个安全保障体系失败了，她将姗姗来迟进行干预。

美国的撤离并不是绝对的。尽管美国没有确认凡尔赛和约，美国人想要一个和平的欧洲和一个稳定的经济秩序。在欧洲问题上美国的外交活动一直非常活跃。有关德国赔款支付的两个方案——道威斯计划和杨格计划，都是在美国的指导下制定的，各自冠以一位美国主席的名字。美国的贷款重建了德国的经济——且不论其好歹；美国坚持要盟国偿还战债使赔款问题复杂化。美国代表参与了有关裁军的拖沓的讨论。美国人实际上构成了那个"世界舆论"，在很大程度上这些经济和政治讨论是围绕着它的利益展开的；美国史学家们发动了那场否定德国"战争罪责"的运动，比之单单由德国人来做要有效得多。美国不可能仅仅因为拒绝《凡尔赛条约》就把自己同欧洲分离开来。美国的参战曾经在极大的程度上决定了德国的失败；同样地，美国政策在战后也在极大的程度上决定了德国的复兴。美国人被他们自己的实力引入歧途。他们开始于正确的设想，即打败了的德国不会对他们自己构成危险；从这点出发他们走向错误的假定，即德国对于欧洲各国也不会是一个危险。

要是欧洲诸大强国是同心协力的话，美国的政策就不会显得如此至关紧要。不管后来对他们的评价如何贬降，法国、意大利和英国还是一个令人生畏的联盟。他们虽然未能击败德国，却曾经坚守住了对德战线。意大利在经济资源和政治内聚力两个方面都是三国中最弱的。她还因为没有收到她应得的一份战利品，心怀怨恨而疏远了盟国。她没有能从奥斯曼帝国割下一脔；经过一番抱怨之后，才被人用不值一文的殖民领地加以搪塞。另一方面，她又为某种虚幻的安全感，某种超脱于欧洲的处境而自鸣得意，这种超脱几乎使她成为孤岛。她的敌人本来是奥匈，而不是德国；当哈布斯堡王朝分崩离析的时候，她得到了一个由弱小邻国构成的屏障。"德国问题"似乎离她很远。意大利政治家们甚至为这个问题给法国造成的困窘而幸灾乐祸。有时他们利用这种困窘以自肥；有时他们在法德之间摆出不偏不倚的仲裁者姿态。意大利不管怎么说能贡献于安全保障体系的极少，而且即使是这极少的一点儿，她也没有贡献出来。

要是英国和法国的看法完全一致的话，意大利的溜号也不会有多大关系。战时联盟的最终和决定性的崩溃就在这里。这两国依然保持着紧密的联合。在英国偶尔出现这样一种说法，说法国意在对欧洲确立某种新的拿破仑式统治，或者说她甚至已经确立了这种统治，出现这种说法至多不过是一种暂时的偏离常规的现象。大体而言，这两个国家还是作为"西方民主国家"，作为欧洲托管人和这场欧洲大战的共同胜利者而继续一起行动的。这种联合，如果有什么不对劲的话，那就是太紧密了；以致各方都在设法阻碍另一方政策的实施。当战争还在进行的时候，英国人曾经非常严厉地指责德国；他们清醒地坚信这是为生存而斗争。在他们看来现在已经赢得了这场斗争。德国的海军已经消失；德国在殖民地方面的挑战已成过去；于是，在经济问题上，英国人更关切的是重振德国而不是把她压下去。武装部队的首脑们早就得到指示，至少在 10 年之内他们不必为一场大战作准备；而且这个指示每年重申，直到 1932 年。后来人们经常强调英国的"以表率行动来裁军"所造成的后果。如果以为这就意味着裁军超出了那时面临的国家安全的限度，那是完全没有的事。英国的裁军有的出于经济目的，也有的是由于疏忽大意和错误判断，却没有从原则出发而裁军的。与此相反，英国人却以为他们比以前更加安全。英国人在大战之后解散了他们的庞大陆军，因为相信他们决不用再去打另一场这样的战争了；后来他们又没有去组建装甲部队，则是由于听从了倍受尊敬的军事权威们的意见，这些人认为坦克不及马匹有用。英国在欧洲水域的海军优势比以往任何时候都要大，肯定比 1914 年之前要大得多。除了法国海军之外，所有其他海军都消失了；要说英国将会同法国交战，尽管偶有这类头脑发热的昏话，那也是不可思议的。

如果"安全保障"只是意味着免遭入侵，那么不列颠诸岛看来比它们历史上任何时代都更加安全。就如过去在一场大战之后经常发生的那样，英国的民意重又退回到孤立主义。它怀疑那场战争是否值得；变得怨恨从前的盟友，却善待从前的敌人。英国的政治家们没有走得这么远。他们仍旧希望同法国合作；他们也认识到一个和平稳定的欧洲正是英国利益之所在。但是，这并没有使他们准备随时都去赞同法国每一项针对德国的要求。他们倾向于把谈论德国危险的言辞看作是历史上的浪漫主义，而实际上它确是在当下。法国对安全保障的执迷看来不是被夸大了而是遭误解了；而且即使那些试图用某种口头形式来缓解这种执迷的英国政治家，也没有想到他们终有一天将不得不把他们的言词转化为行动。不仅如此，英国承诺支持法国并不是作为对其他安全措施的一种补充提出来的；这些承诺是作为某种可供选择的替代方案设计出来的，目的是使法国人会考虑放弃其他措施。英国人对他们战前年代里的政策错误作过一番深刻反省。当然，有些人认为英国根本不该卷进大陆事务。不过，许多认为当战争到来时只能投身一搏的人也坚信，如果英国同法国建立正式防御同盟的话，就可以避免战争。这将会警告德国人：英国会投入战斗；它也将会警告法国人，更警告俄国人：英国不会为一场"东方争端"而战。现在，大战之后，同法国的同盟表达的是一种略加修饰以后的孤立主义姿态。英国以其保卫法国边界的誓约同时表明，她将不承担超过这个誓约之外的义务。

因此，英国的政策，即使在它最合作的方面，也并不着力于反对德国的复兴；它只是针对复兴的后果提供某种安全保障。获得英国支持的代价是，法国必须放弃莱茵河以东的全部利益，因此也就是放弃作为欧洲大强国的全部地位。1914年，伦敦就曾对法国作过同样的敦促；不过那时法国人是双管齐下。同英国联合会提供一些有限的帮助，如果法国真的遭到入侵的话；而在这种入侵发生以后，最终提供了比曾经预想的大得多的帮助。不过，在战争行将爆发的时刻，这个联合在法国的政治生活中还是第二位的。赋予法国作为一个大强国的独立地位的乃是同俄国的结盟，它自动地把德国的实力打了个对折。甚至在1914年，法国的军事首脑们都正确地更倚重那滚压进东普鲁士境内的俄国大军，而不是那支处在法军左翼的单薄的英国远征军。与俄国的同盟继续给予法国以独立地位和某种虚幻的伟大，直至1917年。然后俄国被打败并退出了战争。法国的欧洲政策崩溃了。战争完全是在西线打赢的——东线因此而得到解放，却与打赢战争不相干；而法国发现自己成了西方民主国家里的次要伙伴。

有些法国政治家欢迎这一事态发展。尤其是克列孟梭，他一贯厌恶同俄国结盟，因为俄国既同法国的民主制度格格不入，又把法国牵扯进毫不相干的巴尔干争端。他曾经试图阻止缔结这个同盟；当它解体时他感到高兴；而且他对布尔什维主义的炽烈敌意也不仅仅出于怨恨俄国在战争中途开溜——它倒是使这个同盟不再复活的一种保证。克列孟梭比大多数法国人更了解英国和美国；他还充满激情地相信法国和人类的前途都寄托于这两个西方大国。1918 年 12 月 29 日他对议会说："为了这个多边协约，我愿作任何牺牲。"他正是这么去做了。只是由于克列孟梭是所有法国政治家中最称道英国和美国的人，《凡尔赛条约》才终于得到赞同。其他法国领导人就没有这么一心一意。在极右派中只有很少几个咋咋呼呼的人仍坚持着对英格兰的旧恨；几乎没有人不喜欢美国。但是，许多人对这两个益格鲁-撒克逊大国的坚贞可靠心存疑虑；有些人为胜利所陶醉，梦想重建法国在路易十四治下甚或俾斯麦时代以前对欧洲曾享有的支配地位；那些比较有节制的人则清楚地认识到，东方盟友将部分抵冲掉德国在人力上的优势并重建法国从前的大国地位。

那个东方盟友不可能是俄国。表面上的理由是这个国家乃布尔什维主义的。甚至在与德国的战争仍在进行中，西方大国就也让自己卷进了反对布尔什维克统治的干涉战争；接着他们策动俄国西邻各国构成防疫线[①]；最后，他们自甘于执行不承认政策，即使在逐步

[①] 法文 cordon sanitaire 原意为阻止传染病传播而采取的封锁隔离措施；在英语里常用来暗指遏制有害意识形态扩散的措施。——译者注

开放了某些对俄贸易的情况下,也要在道义上坚持下去。在苏维埃领导人那一方,他们在1917年11月夺取政权时就大张旗鼓地同腐朽的资本主义世界决裂,并把一切都押在世界革命上。即使这场革命未能成功进行,第三国际在他们眼里仍然比苏维埃外交部更为重要。从理论上讲,苏俄同欧洲大国之间的关系仍处在悬而未决的交战状态。有些史学家甚至把这场隐蔽的战争看作是两次大战之间那个时期的关键。苏维埃史学家声称,英国和法国想要争取德国来组建一支欧洲十字军——搞一场反对苏俄的新的干涉战争;而一些西方史学家则断言,苏维埃领导人在国际事务中不断兴风作浪想要挑起革命。这是双方本来应该干到底的事情,如果各方都把它的原则和信念当真的话。但事实上哪一方也没有这么干。布尔什维克党人在转向"一国社会主义论"①的时候就含蓄地承认了他们的安全感以及对世界的其余部分不再计较。西方政治家也从来没有把布尔什维克危险十分当真以致去策划新的干涉战争。共产主义继续在欧洲游荡犹如一个幽灵——那是人们为他们自己的恐惧和错误所起的一种名称。但是,反共十字军乃是甚至比共产主义幽灵更加虚幻的想象。

之所以没有试图把俄国拉回到欧洲事务中来,有着其他更加赤裸裸的理由。战争期间的失败摧毁了她作为一个大国的声誉;紧接其后的革命又被并非完全错误地认为宣告了她在一代人时间里的虚弱。毕竟,只是一次最温和的政治革命就把德国扳倒了;在俄国发生的一场根本性的社会动乱其后果必定是更加不得了的破坏。况且,许多西方政治家对于俄国的隐没也有某种如释重负之感。虽然俄国曾经是一个制衡德国的有用砝码,她也是一个非常难弄的盟友。在

---

① 即认为社会主义可以首先在一国内建成的理论。——译者注

法俄结盟的 20 年里，法国人一直抵制俄国对君士坦丁堡的要求。1915 年，他们曾经十分勉强地同意过，现在则为能够推翻其战时承诺而感到欣慰。英国人对君士坦丁堡并不十分在意，不过他们在中东和近东也同俄国有过种种纠纷。例如，战后共产国际在印度的宣传就完全不像旧俄在波斯的活动那样可怕。除了这些特定问题之外，就如现在谁都知道的，只要没有俄国夹缠其间，国际事务的运作总要平顺得多。然而，俄国被排除在外的最实际的理由，乃是一个简单的地理问题。那条防疫线起了它的作用。贝尔福曾经预见到了这一点，而且显然只有贝尔福一个人预见到了这一点。1917 年 3 月 21 日，他对帝国战时内阁说："如果你建立一个完全独立的波兰……你就把俄国完全从西方割开了。俄国不再是或几乎不再是西方政治中的一个因素"。事实证明了这一点。俄国无法参与欧洲事务了，即使她想要参与。不过，她又何必参与呢？那条防疫线还起了相反的作用，虽然这有好几年未被充分领悟。它把俄国排斥在欧洲之外；但它也把欧洲排除在俄国之外。同原来的意愿相反，针对俄国的栅栏成了俄国的护墙。

在法国看来，构成这条防疫线的那些新的民族国家具有另一种更加重要的功能。他们乃是接替已经消失的俄国盟友的天赐代用品：不那么古怪乖张和不受约束，更可信赖和值得尊敬。克列孟梭对四国理事会①说："我们反对德国侵略最坚实的担保是在德国的背后，在一个优越的战略位置上屹立着捷克斯洛伐克和波兰。"要是连克列孟梭都相信这一点，那么其他法国人把与继承国结盟确立为法国对

---

① Council of Four 是指第一次世界大战的四大盟国及其领导人，在 1919 年 1 月巴黎和会上是由这四大盟国代表二十多个协约国主导谈判、起草、签署与五个战败同盟国的各项条约的。——译者注

外政策的支配性主题就毫不奇怪了。他们中间很少有人意识到个中自相矛盾的特性。这些新国家是仆从国和受保护者:为民族热情所鼓舞,却是靠着协约国的胜利实现其独立的,随后又得到法国的金钱和法国军事顾问的扶持。法国同他们缔结的盟约,就像英国在中东同一些新的国家缔结的条约一样,实际上是保护条约。但法国人把事情反过来看。他们以为自己的那些东方盟国是资产而不是负债;会给法国带来保护而不是带来义务。他们认识到这些新国家需要法国的金钱。俄国曾经也是这样嘛,而且是一笔比那多得多的钱。这种需求将是暂时的。在其他所有方面,这些新国家都要好得多。不像俄国,他们不会因在波斯和远东不相干的野心而分散精力。不像俄国,他们永远不会同德国保持亲密关系。他们是法国模式的民主主义和民族主义国家,在和平时期将更加稳定,在战争中则更为坚定。他们会义无反顾地担当起他们的历史角色:为了法国的利益去牵制和分散德国的兵力。

这是对捷克和波兰的实力惊人的夸大。法国人被在最近这场战争中的经验误导了。尽管他们多少为时已晚使用了坦克,他们却依旧把步兵看作是,用贝当①的话来说,"战场上的皇后",并把来福枪火力当作决定性因素。法国以其 4000 万人口明显地弱于 6500 万人口的德国。不过,加上波兰的 3000 万,法国就持平了,要是再加上捷克斯洛伐克的 1200 万,那就更占了优势。此外,人们在注视未来的时候总看到过去;法国人觉得无法想象一场未来的战争会不是以德国进攻他们自己而开始的。于是,他们老是在问——我们的东方

---

① Pétain(1856—1951):法国陆军将领、政治家,曾在第一次世界大战期间担任法军总司令;但在第二次世界大战期间向入侵法国的纳粹德国投降,并出任法国维希政府的元首、总理,战后被判死刑,经特赦改为终身监禁。——译者注

盟友会怎样帮助我们,却从来也不问我们能怎样帮助他们。1919年之后,他们自己的军事准备工作越来越具有防御性。陆军是为堑壕战装备起来的;沿边界筑起了防御工事。法国的外交同法国的战略分明在互相抵触。即使外交体系内部也存在矛盾。英法协约同东方联盟并不互相补充;它们彼此抵消了。只有取得英国的支持,法国才能以攻势行动去援助波兰或捷克斯洛伐克;但是,只有在法国以防御行动保护她自身而不是去保护遥远的东欧国家时,英国才会给予支持。这个僵局并不是由30年代的形势变化造成的。它从一开始就暗藏存在着,而且没有一个人,无论是英国人还是法国人,找到过一条绕开它的出路。

这些困难我们现在看得明明白白。但对于那个时候的人来说,它们并不那么显而易见。尽管俄国消失了、美国撒手不管了,英国和法国仍旧组成了给整个欧洲制定法规的最高委员会。同样地,无论是各种同盟还是未来战争,都因巴黎和会产生出来的新机构而相形见绌:这就是国际联盟。确实,对于国联的性质,英法之间存在深刻的根本分歧。法国人想把国联发展成一种直接针对德国的安全保障体系;英国人则把它看作是一种将把德国包容在内的协调体系。法国人以为最近的那场战争是由德国侵略引起的;英国人则越来越认为它是由于错误而发生的。这两个国家从来没有就这个分歧争出过一个结论。相反,他们各自都假装同对方妥协,却怀着没有说出口的保留:你说的不能令人信服。每一方都等待事态发展来证明是对方错了,而且每一方都适时得到适当的满足,虽然并没达到任何目的。实际上,是英国的解释占了上风。首先,国际联盟《盟约》就写得很笼统。它是针对侵略,而不是针对德国的;而且除非德国已经成为一个享有平等权利的成员,确实很难用国联来反对她。再者，一项消极政策总是比一项积极政策更强：弃权总比行动来得容易。归根到底，英国的见解是1918年11月决策的必然产物：这就是决定同德国政府签订停战协定，接着缔结和平条约。一旦决定不去摧毁德国，那么或迟或早德国必定要回到国际大家庭中来。英法两国政府受到内政和外交上的种种困难过多的牵制，以致没能制定一项明确而又持续的政策。不过，要说战后年代里有一个首尾一贯的行为模式的话，那就是努力去同德国和解以及这些努力统归失败的故事。

第三章

战后的十年

两次大战之间的欧洲历史，是围绕着"德国问题"展开的。要是这个问题得以解决，一切事情都会解决；要是这个问题依旧未得解决，欧洲将不知和平为何物。同它相比，所有其他问题都丧失了它们的尖锐性或者不过小事一桩。例如，布尔什维克危险——从来不像人们想象的那样严重——当红军在1920年8月被从华沙打回去的时候就突然完结了；从那时起，在随后的20年里，再也没有共产主义将在俄国境外的欧洲任何地方获胜的一丝前景。又如，匈牙利的"修约主义"在20年代喧闹一时——从领土纠葛上看，甚至比德国修约主义闹得更凶。它至多不过引起一点局部战争的影子，绝没有引发全面动荡的苗头。意大利也是这样，在亚得里亚海问题上同南斯拉夫争吵，后来还声称是一个未得满足的"穷"国。意大利能做到的最多是成为头条新闻，而不是引发一场惊恐。德国问题卓然独存。这是个新情况。德国实力的问题1914年以前就出现过，虽然没有被充分认识；但是，那时还有其他问题——俄国对君士坦丁堡的欲望；法国想要阿尔萨斯-洛林；意大利的领土收复主义；奥匈境内的南部斯拉夫人问题；没完没了的巴尔干纠纷。现在，除了德国的地位问题之外，任何重大问题都没有了。

还有第二个意义重大的区别。1914年以前，欧洲大国之间的关系常常取决于欧洲之外的问题——波斯、埃及、摩洛哥、热带非洲、土耳其的亚洲部分以及远东。一些长于判断的行家曾以为，虽然是错误的，欧洲问题已经丧失其活力。一位聪明而又消息灵通的观察家布雷斯福德在1914年初写道："曾经迫使我们的先辈加入各种欧洲联盟和欧陆战争的种种危险已经一去不复返了……就如政治生活中可以肯定的任何事情一样，我们现代民族国家的边界是最后划定了"。① 事实恰恰相反。欧洲反而被搅了底朝天，然后继续折磨着各国政要。曾经在1914年之前引起麻烦的欧洲之外的问题，没有哪一个在两次大战之间的年代里造成欧洲大国之间的严重危机。例如，没有谁会当真设想，英国同法国将因叙利亚而开战，就如他们曾一度可能为埃及打起来那样。唯一的例外是1935年的阿比西尼亚事件，不过这是以国际联盟的形式涉及到欧洲政局的，不是一场争夺非洲的冲突。还有另一个表面上的例外：远东地区。这在国际事务中造成了严重困难，不过只有英国是受到实际冲击的唯一欧洲大国。

还有一种新情况。英国现在是欧洲的唯一世界大国。1914年以前，她同样也曾是一个第一流的世界大国。不过，俄国、德国和法国，在"帝国主义时代"也非同小可。现在，俄国置身欧洲局外，并同殖民地人民的反欧起义结成联盟。德国已经丧失了她的殖民地，并且至少在眼下已经放弃了她的帝国野心。法国，虽然仍旧是一个殖民大国，则为欧洲的困境所烦扰，在同其他国家当然也包括英国的争执中把她的帝国摆到了第二位。远东展示了情况已经发生怎样的变化。1914年以前，那里曾经存在某种均势，同欧洲的均势一样复杂。日本不得不既认真对付英国，也认真对付俄国、德国和法国；英国则可以同日本时而和好时而对抗而不用顾虑安全问题。战后头几年，美国在远东推行一条积极的政策，不过实在为时短暂。到1931年发生满洲危机时，英国在远东几近单独面对日本。不难理解，为什么英国人觉得自己与欧洲大国不同，为什么他们常常想要退出

---

① H. N. 布雷斯福德，《钢铁和黄金之战》（H. N. Bralisford, *The War of Steel and Gold*，1914年，第35页。

欧洲政治。

同样容易理解的是，为什么德国问题似乎完全只是欧洲事务。美国和日本不觉得他们自己受到了一个没有舰队、显然也没有殖民地势力范围的大国的威胁。英国和法国尖锐地意识到他们必须独自解决德国问题。紧接1919年之后的一段时间里，他们估计问题会相当快地解决——至少在和约会充分实施的意义上说是这样。他们并没有全都弄错。到1921年，德国的边界全都划定了，那时通过一次多少有些矫揉造作的全民公投在德国和波兰之间分割了上西里西亚。德国的解除武装进行得比条约规定的要慢，并有一些推诿和规避行为；不过它终究进行了。德国陆军再也不是一支了不得的作战部队，没有人担心未来的许多年里会真的同德国打仗。偶尔出现的规避行为，大多是后来发生的；到那时人们才议论纷纷，似乎条约的裁军条款要么从未得到遵守，要么毫无意义。实际上，在这些条款还保持效力的时期，它们达到了目的，迟至1934年，德国仍无法考虑对波战争，更不用说对法开战了。在其他条约规定里，审判战争罪犯这一条，经过几次不令人满意的尝试之后被撤销了。这部分是屈从于德国人的强烈反对和阻挠。更主要是由于感到，在听任主犯威廉二世安居荷兰的同时却去追究从犯是荒谬的。

到1921年，和约的大部分都在执行之中。有理由设想，和约将逐渐失去其争议性。人们总不会年复一年地为已经解决的问题争吵不休，不管开初时他们可能多么怒气冲冲。法国人就忘掉了滑铁卢；不管怎样再三决心不要忘记，他们甚至有点儿要忘掉阿尔萨斯和洛林。同样，德国人也曾被指望一段时间之后就会忘掉或至少默认下来。德国实力的问题将继续存在；不过它或将不会因一有机会就狠下决心摧毁1919年清算安排而恶化。与此相反的情况发生了：对和约的仇恨逐年递增。因为和约有一部分悬而未决；而就此展开的争执让和约的其余内容也始终受到质疑。这个悬而未决的事情就是赔款的偿付问题——一个意图良好或确切地说设计巧妙但结果适得其反的鲜明例证。1919年的时候，法国人希望把这样一条原则不折不扣地敲定下来，即德国必须赔偿全部战争破坏——一项非限定的债务，在未来年月里将随着德国经济复兴的每一进展而不断膨胀。美国人比较实际，建议规定一个固定的数目。劳合·乔治意识到，在1919年的狂热气氛里，这个数目也会远远超出德国的承受能力。他希望，总有一天人们（包括他本人）会恢复理智：协约国会提出一个合理的报价，德国人则给出一个合理的回价，而这两个数目将大致吻合。于是，他转而支持法国人，不过是出于正好相反的理由：法国人想把那个账单弄得异想天开的大，他则想把它逐步变小。美国人不再坚持。和平条约只确定了赔偿的原则；赔偿数目留待将来某个时候再做定夺。

劳合·乔治本来想使同德国重新和好一事变得容易些；而现在却把它弄得几乎不可能了。因为1919年被掩盖了的英法观点分歧，一旦他们试图来确定一个赔款数目时又立即表面化了：法国人仍旧竭力要把它抬高，英国则急切地要把它削下来。德国也没有表现出任何合作的意愿。他们非但不想去估算他们的支付能力，还故意使自己的经济事务处于混乱状态，因为他们很清楚，一旦他们把事情理顺了，赔款账单将接踵而来。1920年，协约国之间有过几次火气很大的会议，接着又同德国人会谈；1921年开了更多的会；1922年还要多。1923年法国人试图以占领鲁尔来强迫德国人付款。开初德国人以消极抵抗来回答，后来迫于通货膨胀的灾难而无条件投降。法国人几乎同德国人一样精疲力竭，同意了一个折中方案：这就是在一位美国主席主持下起草——大部分由英国提示——的道威斯计划。尽管这个临时解决办法为法国人和德国人双方所不满,实际上随后5年的赔款还是付了的。接着,又是另一次会议——更多的争吵,更多的指控,更多的要求和更多的推诿。于是再次由一位美国主席主持的杨格计划出台了。它几乎还没有开始运作,大萧条就袭击了欧洲。德国人声称他们无法继续支付赔款。1931年,胡佛的延期偿付令使赔款暂停了12个月。1932年,在洛桑召开的最后一次会议把它一笔勾销了。终于最后达成协议;却已经花了13年时间,这是所有各方相互猜疑和怨恨不断增长的13年。到末了,法国人觉得受了骗;德国人感到遭了抢。赔款使战争激情历久不衰。

毫无疑问,战争赔款在任何情况下总会是一大怨恨。使这种怨恨成为不愈顽症的是赔款的不确定和关于赔款的争论。1919年的时候,许多人认为偿付赔款会把德国降为一个亚洲式的穷国。凯恩斯和所有德国人都持这种观点;或许很多法国人也这样看,虽然不以这种后果为憾。第二次世界大战期间,一位思路敏捷的年轻法国人艾蒂安·芒图作出论证,德国人本来能够偿付赔款而不致穷困,要是他们愿意这么做的话;当希特勒从法国维希政府榨取大笔钱财的时候就对此提供了一个实际的示范。这个问题现在只具有某种学术意义了。毫无疑问,凯恩斯以及德国人的忧虑被荒唐地夸大了。毫无疑问,德国的穷困是由战争造成而不是由于赔款。毫无疑问,德国人本来能够支付赔款,要是他们把它看作一项理应承担的道义责任的话。事实上,就如现在众所周知的,在20年代的金融交易中德国是一个净赚国:她从美国私人投资者那里借到的钱(而且没有偿还)大大超过她付出的赔款。对于德国的纳税人来说,这当然不是什么安慰,因为他与德国的借款者根本不是同一个人。就这个意义上说，赔款对于协约国的纳税人也不是什么安慰，他马上看到这笔收益又转交给了美国以偿还战债。两相抵偿，战争赔款的唯一经济效果就是使大量簿记员得以就业。不过，战争赔款的这类经济实情并不重要。战争赔款乃是一种象征。它制造怨恨、猜忌和国际敌意。它比任何别的事情更为第二次世界大战扫清了道路。

战争赔款把法国人固定在一种郁闷但又相当绝望的抵触情绪之中。他们毕竟拥有某种并非无理的要求权。法国东北地区在战争期间惨遭蹂躏；因此无论战争罪责的判定是对是错，德国应该帮助修复损失还是合乎情理的。但是，法国人也像其他人一样立即在赔款问题上搞欺骗。有些法国人想要使德国永远破败。另一些法国人巴不得赔款将不会偿付，这样占领军就可以留在莱茵兰了。法国的纳税人曾被告知，德国将会为这场战争付款；因此每当他们自己的税额升高时，就对德国人怒不可遏。到末了，轮到法国人自己受骗了：除了因要求赔款而遭道义谴责之外，他们最终什么也没有得到。在法国人看来，为了讨好德国人，他们在赔款上作出了一系列让步。最后他们放弃了全部索赔要求。德国人到头来却显得比以往任何时候更加愤愤不平。法国人从这个经验中得出结论，在其他领域——裁军或边界划定——里作出让步将同样是徒劳的。他们还得出结论，虽然不那么自觉地，这类让步还是会作出来的。在第二次世界大战之前的几年中，法国人因对自己的领导人以及对他们自己缺乏信心而出名。这种绝望的玩世不恭，有着久远和复杂的根源，对此历史学家们还在不断进行剖析。但是，战争赔款的处理过程，乃是它的实际近因。在这一点上法国人确实迷失了方向；而且他们的领导人对履行其诺言也确实表现得出奇的无能，或者至少是出奇的言而无信。战争赔款对法国民主政治造成的破坏，几乎同对德国民主政治的破坏一样严重。

战争赔款还严重影响到法国和英国之间的关系。在战争的最后时日里,英国人——包括政治家们和一般公众——对战争赔款曾同法国人一样热切。提出要把德国柑橘榨到籽儿吱吱叫的,是一位权位很高的英国政要,而不是某个法国人;甚至劳合·乔治也曾经为战争赔款大叫大嚷,比他后来愿意想象的要喧闹得多。然而,很快英国人就完全转了向。一旦他们自己夺得了德国的商船队,就来指责索取赔款是愚蠢的。或许他们是受了凯恩斯著述的影响。他们更为实际的动机是要恢复欧洲的经济生活,从而促进其本国出口产业的复兴。他们欣然听取德国人倾诉支付赔款将带来无穷灾难的故事;而且,一旦他们谴责了赔款,他们很快也就谴责起和约的其他条款来了。战争赔款是令人厌恶的。因此,解除德国武装也是令人厌恶的;同波兰的边界也是令人厌恶的;新建立的民族国家也是令人厌恶的。岂止令人厌恶:它们还证明了德国的怨恨是正当的,除非把它们统统撤销,德国就既不会满意也不会繁荣。英国人越来越愤慨于法国人的逻辑,愤慨于法国人对德国复兴的忧虑,尤其愤慨于法国人坚持条约一旦签字就得信守到底的固执态度。法国的索赔要求乃是有害的和危险的胡闹;因而他们的安全保障要求也同样是有害和危险的胡闹。英国人的抱怨也有一些似有道理的根据。1931年,他们被迫放弃了金本位。这时,曾经声称已被战争搞得倾家荡产的法国人却有着一个坚挺的通货和欧洲最大的黄金储备。这是危险岁月的不祥开端。在第一次世界大战之后年头里在赔款问题上的分歧,使得英国人和法国人在第二次世界大战之前年头里,几乎不可能就安全保障问题达成共识。

战争赔款最最灾难性的效应体现在德国人自身之上。当然,他们无论如何总会愤愤不平。他们不仅仅输掉了这场战争。他们丧失了领土；他们被迫解除武装；他们还被强加以他们并不以为然的战争罪责。不过，这些还是理智性的不满：晚上发发牢骚的对象，不是日常生活中苦难的原因。战争赔款却损害到每个德国人，或者似乎在他生活的每时每刻都损害到他。现在来讨论战争赔款是否真的榨干了德国是没有意义的，就是在1919年来争论这一点也同样没有用。没有哪个德国人会接受诺曼·安吉尔在《最大的错觉》一书中提出的主张，即1871年要法国人偿付赔款一事有利于法国而损害了德国。人类的常识告诉人们，一个人是因为付出钱财而变穷的；对某个人来说是真实的东西，对于一个民族来说看来也是真实的。德国正在支付赔款，所以也因此变穷。通过一个简易的变换，战争赔款就成了德国穷困的唯一原因。陷于困境的商人、工薪菲薄的学校教师、失业的工人全都把他们的不幸归咎于战争赔款。一个挨饿儿童的哭声，就是对赔款的大声抗争。老人们蹒跚进了坟墓，是由于赔款。1923年的通货膨胀，要归因于赔款；1929年的大萧条也是如此。持有这些看法的，不仅仅是德国的平民百姓。那些最杰出的金融家和政治老手，也同样强烈地持有这些看法。那场反对"奴隶条约"的运动几乎用不着极端主义煽动家来煽风点火。只要尝到一点经济苦头，就会促使德国人起来挣脱那个"凡尔赛镣铐"。

一旦人们起而反对某个条约，就不能指望他们确切地记得他们反对的是哪项条款。德国人开始的时候还多少有些理性地认为他们正遭受着赔款的蹂躏。不久，他们进而不那么理性地认为他们正遭受整个和平条约的蹂躏。最后，他们回头追根寻源得出结论，他们正遭受着跟赔款毫不相干的那些和约条款的蹂躏。例如，德国的解除武装，也许一直是羞辱；也会使德国面临遭受波兰或法国的入侵的危险。但是，从经济上讲，总体上这还算得上是件好事。① 然而普通德国百姓所感受的却不是这么回事。他设想，既然赔款把他弄穷了，解除武装就也是如此。和约的领土条款同样如此。当然，在领土安排解决方案里存在缺陷。那条东部边界就把太多的德国人划进了波兰——虽然它也把太多的波兰人划进了德国。这本来可以通过某些边界调整和交换居民——一种在文明年月里不必多加考虑就会采用的变通办法——得到改善。但是，一旦民族国家的原则得到确认，一位不抱偏见的评判员——要是有这样的评判员的话——将很难从那个领土解决办法中挑出多少毛病来。住在那个所谓波兰走廊的绝大多数是波兰人，而且为联接东普鲁士的自由铁路交通所作的种种安排也是充分的。但泽如果完全划归波兰的话，经济上其实会更好。至于从前的德国殖民地——也是一个产生很多怨恨的原因——它们本来一向是一种花费，而不是一个利源。

所有这一切统统被丢在脑后，这要多谢战争赔款与和约其余内容的联系。德国人相信，他之所以穿得差，吃不饱，没工作，就是因为但泽是个自由市，就是因为波兰走廊把东普鲁士从帝国隔开，或者就是因为德国没有殖民地。就连那位绝顶聪明的银行家沙赫特，也把德国的财政困难归因于丧失了她的殖民地——这个看法他诚信不疑地坚持着，甚至直到第二次世界大战之后。德国人持有这类看法并不表明他们自以为是或愚蠢至极。同样持这种看法的还有像凯恩斯那样开明的自由派英国人、几乎所有英国工党领导人以及所有关心欧洲事务的美国人。然而，人们还是难以理解为什么失去殖民

---

① 德国的将军们以即使不是独一无二也是非同凡响的才智，设法使得解除武装比过去整军备战更加昂贵。德国纳税人为供养 1914 年的庞大陆军和海军花的钱比维持 1919 年之后的一支小型陆军和没有海军而花的钱要少得多。

地和欧洲的一点土地就必定会在经济上削弱德国。第二次世界大战之后德国丧失了比此更大得多的领土，却变得比她历史上任何时候都更加繁荣昌盛。这就最清楚不过地证明，造成两次大战之间这个时期德国经济困难的，是由于她国内政策上的诸多失误，而不是由于不公正的边界。这个证明一向不受理睬；每一本教科书都在继续把德国的困难归因于《凡尔赛条约》。虚构的神话越发离奇，至今犹然。起先，人们把德国的经济问题归咎于和约。接着，又观察到这些问题继续存在。据此得出的结论把德国的经济问题归咎于，没有采取任何措施来与德国和好或修正1919年建立的体系。"绥靖"被假定为只是到了1938年才试图推行；而到那时已经太迟了。

大谬而不然。甚至赔款就屡经修改，而且总是向下调整；虽然这种修改无疑是恼人的拖拖拉拉。在其他方面，绥靖其实更早就开始推行了，而且颇有实绩。劳合·乔治进行了首次尝试。好不容易从赔款问题的泥潭中摆脱出来，他决意召集一次新的更加名副其实的和平会议，美国、德国、苏俄以及协约诸国大家都应与会。创建一个更美好的世界，应该有一个新起点。劳合·乔治的倡议得到当时的法国总理白里安的支持，此人是另一位政治魔术师，能把问题从有变无。这一对最佳搭档被突然终止了。1922年1月白里安在法国众议院中遭到失败——表面理由是他向劳合·乔治学打高尔夫球，实际上是因为他在和平条约问题上表现"越来越软弱"。他的继任者普恩加莱，不为英国答应保障法国东部边界的承诺所动；而1922年4月一位法国代表参加这次在热那亚举行的会议时只是一味坚持赔款必须偿付。美国人则拒不参加。

俄国人和德国人到会了，不过都怀着并非全无道理的怀疑，即他们是被挑唆来彼此争斗的。德国人被邀请来一道利用俄国的弱点；俄国人则受到怂恿向德国索讨赔款。两国代表舍此而秘密会商于拉帕洛，并一致同意不要相互作对。拉帕洛条约破坏了热那亚会议，并在世界上获得了一个极坏的名声。那时，布尔什维克被视为贱民，于是，德国人因同他们缔结条约而被认为是罪大恶极。后来，当德国人成了攻击的目标时，拉帕洛条约道义上的邪恶又被记到了俄国人的账上。

实际上拉帕洛条约是一个有节制的否定性的事件。可以说它防止出现一个准备一场新的反俄干涉战争的欧洲同盟；也可以说它防止了老的三国协约有任何复活的可能。无论如何，两者都不是实际上的主张；因而这个条约至多不过记录了这一事实。但是，这两个签署国之间进行积极合作的可能性也很小。两国中无论哪国都没有能力向那个和平安排挑战；两国要求的至多不过是不受打搅。此后，德国人给苏俄提供了一定数量的经济援助，不过——十分可笑的是——压根儿不承认苏俄的美国人提供了更多的经济援助。俄国人则帮助德国人能够规避《凡尔赛条约》（俄国人毕竟不是这个条约的参与者）的限制，在苏维埃领土上设立防化学校和飞行学校。这些都是无关宏旨的小事。德苏友好没有诚意，双方都知道这一点。德国将军们以及促成这种友好的保守派人士憎恶布尔什维克；而布尔什维克对德友好不过是按照列宁主义准则行事：跟某个人握手，准备卡他的咽喉。拉帕洛条约提供了一个警告，俄国和德国很容易在否定性条件上变得友好，而盟国为获得这一方或那一方的友谊却不得不付出很高的代价。不过，这个警告真的见效还在相对遥远的将来。

热那亚会议是劳合·乔治最后的创造性努力。他作为某种蒙昧主义联盟偶尔出现的开明领导人，这种处境使他不可能达到惊人的成就。1922年秋，他下台了。继任者博纳·劳的保守党政府对欧洲事务持焦躁的怀疑态度。这就为那时的法国总理普恩加莱试图以占领鲁尔强迫偿付赔款开辟了道路。这是绥靖历程中的一次中断；也是一次有限意义上的中断。无论有些法国人私下里可能多么希望德国行将瓦解，占领的唯一目的就是从德国人那里获得偿付赔款的承诺，而且只要作出承诺就不得不立即结束。这次占领对法国的法郎产生了可怕的影响。普恩加莱开初可能以为法国能够独自行动。到1923年末，他也像克列孟梭那样被迫承认法国绝对必须同英国和美国亲密友好。法国选民在1924年对这件事做出了他们自己的判断，那就是把反对普恩加莱的左翼联盟重新送上台。占领鲁尔一事，从长远来说，提供了赞同绥靖的最强有力的理由。这件事是如何了结的呢？同德国重开谈判。这就再次并且更有力地表明只有同德国政府合作，凡尔赛和约才能实施；既然这样，安抚将比威胁更有好处。这个论据，不仅在当时就起作用；还继续生效于未来。当德国开始在更大规模上无视和约的规定时，人们——尤其是法国人——就回想到对鲁尔的占领，并且问道：靠使用武力又能获得什么呢？不过是新的德国承诺，答应去履行他们目前正在弃毁中的承诺。付出的代价是灾难性的；结果却微不足道。恢复安全的唯一办法，是把德国人争取过来，而不是威胁他们。

如果认为对鲁尔的占领没有对德国产生影响，那就错了。虽然它使法国人明白高压是愚蠢的，它也使德国人懂得硬顶之不智。这次占领是以德国的屈服而不是法国的认输告终的。施特雷泽曼以公开宣称履行和约的政策上台执政。当然，这并不意味着他接受法国人对和约的解释或他将默认法国人的种种要求。这仅仅意味着他将用谈判而不是硬顶的办法来保卫德国的利益。施特雷泽曼如同最极端的民族主义者一样，下定决心要把整个和约统统一扫而光：战争赔款，德国解除武装，莱茵兰的占领，以及同波兰的边界。但是，他打算凭借事态发展的持续压力来做这件事，而不是靠威胁，更不是靠战争。在其他德国人坚持修改和约是德国实力复兴的必要前提的情况下，施特雷泽曼则相信德国实力的复兴必将导致和约的修改。施特雷泽曼死后，当他的文件刊布于众而清楚地暴露了他要摧毁现存条约安排的意图时，在协约国里引发了一阵对他的强烈抗议。这番抗议荒唐无理。既然有着一个强大的德国——正是协约国以他们在战争结束时的种种做法自己造成的——就不能想象会有任何德国人把凡尔赛和约当作永久安排来接受。这个清算安排将被修改，德国将再次成为欧洲最强大的大国，唯一的问题是这将和平地实现还是通过战争。施特雷泽曼想要和平地进行。他认为这样做比较安全，更有把握，也是使德国的优势地位更为持久的途径。战争期间他曾是一个好战的民族主义者；即使现在也并不比从前的俾斯麦更加从道义原则出发倾向于和平。不过，像俾斯麦一样，他相信和平对德国有利；正是这个信念使他可以同俾斯麦并列为一位伟大的德国政治家，甚至是一位伟大的欧洲政治家。或许，还要更加伟大。他的任务肯定更为艰巨。因为俾斯麦只需维持现有的解决方案即可；施特雷泽曼必须致力于发展一个新的方案。在他活着的时候，欧洲在向和平和修改和约同时前进，这就是他成功的标尺。

这个成就不能只归功于施特雷泽曼一人。协约国的政治家们也作出了他们的一份贡献，其中最重要的是1924年上台执政的拉姆齐·麦克唐纳；此后，不管他在不在台上，都给以后15年的英国对外政策打上了他的印记。麦克唐纳政策似乎随着第二次世界大战在1939年爆发以灾难性的失败而告终。现在他的名字受到轻慢，甚至他的存在都被忽视。然而，麦克唐纳理应是每一个赞成同德国合作的同代西方政治家的守护神。比起任何其他英国政治家来，麦克唐纳更正视"德国问题"，并试图解决它。正如对鲁尔的占领所表明的，高压手段不解决问题。另一个可供选择的做法，是把俄国作为一个大国带回进欧洲，这在20年代又为双方所排除，且不论其祸福好歹。剩下来的只有安抚德国一途；而如果当真要实行安抚，就应该全心全意地实行。麦克唐纳没有无视法国的种种焦虑不安。他在满足法国人方面比任何其他英国政治家已经做的和准备去做的更加慷慨大方。1924年7月他向赫里欧保证，违犯和约"将导致好不容易赢得的和平赖以确立的永久基石的崩溃"；他还在国联发起那个流产的日内瓦议定书，据此英国将同其他国联成员一起，担保欧洲的每一条边界。但是，他之所以对法国人如此慷慨大方，是因为他认为他们的忧虑并没有真正的根据。即使在1914年8月他就不相信德国是一个危险的侵略性大国，想要控制欧洲。1924年他当然也不相信这一点。所以，日内瓦议定书里的承诺看起来"白纸黑字写得大大的"，实际上是"一帖镇定神经的安慰剂"。每个问题都能用"善意的努力"来解决。重要的是投入谈判。如果法国人只能用给予安全保障的承诺来被哄进谈判，那就给予这种承诺。这很像一个小孩儿被水是温暖的保证哄进海里那样。那个孩子发现保证是假的，但他已经适应水冷，并很快就学起游泳来了。在国际事务里也会是这样。一旦法国人开始去安抚德国，他们将发现其进程不像他们想象的那么可怕。英国的政策应该敦促法国人多多让步，敦促德国人少少要求。就如若干年后麦克唐纳所说的："尤其要让他们以这样一种方式提出他们的要求,以致英国能够说她对双方都支持。"①

麦克唐纳来得正是时候。法国人已准备缓降他们的赔款要求以便自己从鲁尔脱身;站在另一边的德国人也准备作出认真的承诺。道威斯计划确定的赔款临时解决办法,以及随之而来的法德之间火气的更大缓解,基本上是麦克唐纳的功劳。1924年12月的大选结束了工党政府;但是,麦克唐纳虽然不再指导英国的对外政策,他还继续间接地规范着它的方向。从英国的观点看来,安抚和解这条道路太有吸引力了,任何一届英国政府都不该弃此另就。奥斯丁·张伯伦②,麦克唐纳的保守党继任者,特别讲究忠诚(但愿能赎偿乃父另一方向的种种活动);本来会乐于以他七拐八弯的方式重申同法国直接结盟的承诺。英国的舆论——不只是工党,保守党也然——现在坚决反对这样做。施特雷泽曼提出一条出路:一个由英国和意大利担保的法德之间的和平公约。这对英国人真是妙不可言地令人倾心。一种针对某个不指名的"侵略者"的担保,恰好提供了格雷曾追求于战前和麦克唐纳鼓吹于目前的公平正义;而像奥斯丁·张伯伦那样的法国之友也可以安慰自己,那个唯一可以想象的侵略者将是德国——于是英法同盟就将在不知不觉中夹带进来。这个建议对意大利人也奇妙无比地叫人心醉,他们自那场战争以来一直被当作穷亲戚,现在发现自己升格到英国的名位来充当法德之间的仲裁者。这个主意对法国人却不那么有吸引力。即使莱茵兰仍旧保持非军事

---

① 五强会议记录,1932年12月6日:《英国外交政策文件汇编,1919—1939年》,第2辑,第4卷,第211号。
② 奥斯丁·张伯伦(Austen Chamberlain,1863—1937),英国政治家,曾出任外交大臣、财政大臣、第一海军大臣、掌玺大臣、印度大臣等内阁职务,曾因推动《洛迦诺公约》获得诺贝尔和平奖。他是英国著名政治家约瑟夫·张伯伦的长子。他去世那年,他同父异母的弟弟内维尔·张伯伦出任英国首相。——译者注

化,一旦置于英意担保之下,就再也不是法国可通过它去威胁德国的敞开的大门了。

但是,法国人也找到了正合时宜的政治家。1925年白里安重任法国外交部长。他在外交技巧上堪与施特雷泽曼相媲美,在志向高远的抱负上同麦克唐纳不相上下,而且还是浪漫言辞的多才大师。别的法国政治家说"硬"话不是真硬。白里安说"软"话,也并不真软。鲁尔占领的结果已经表明强硬方法的无效。白里安现在有了另一个机会以暧昧的言词为法国寻求安全保障。他提议德国应该承诺尊重其全部边界,既尊重西方边界也尊重东方边界,以此贬降了施特雷泽曼的道义优势。这是德国政府不可能办到的条件。大多数德国人已经默认了丧失阿尔萨斯和洛林;直至1940年法国败降,他们中几乎没有人提过这个问题。同波兰的边界却是所有德国人都感到愤愤不平的。它或许能被默然容忍;但它不能被进一步确认。在德国人看来,当施特雷泽曼同意跟波兰和捷克斯洛伐克缔结仲裁条约时,他在争取和解上已走得够远了。尽管如此,他还是追加一句,德国打算在将来某个时候"修正"同这两个国家的边界,不过当然会和平地做这件事。"和平地",那是一个还没有准备好走向战争的政治家们爱用的字眼,虽然就施特雷泽曼而言或许是真诚的。

这里张裂着一个安全保障体系上的大漏洞——施特雷泽曼公开拒绝接受德国的东方边界。英国人不会填补这个缺口。奥斯丁·张伯伦说到波兰走廊时傲然宣称"没有哪个英国政府会愿意或能够为它牺牲一个英国掷弹兵"。白里安提供了一个替代解决办法。法国重申她跟捷克斯洛伐克和波兰现有的同盟关系;《洛迦诺公约》签字国则一致同意,法国根据这些盟约采取的行动将不会构成对德国的侵略。这样,从理论上讲,法国仍保留着穿越莱茵兰非军事区驰援其东方盟国的自由，而不会丧失英国的友谊。她的两个互相抵触的外交体系得以调和，至少在纸面上是这样。《洛迦诺公约》把同英国的西方同盟奉为神圣，与此同时又保留了同那两个仆从国的东方同盟。

这就是 1925 年 12 月 1 日签订的《洛迦诺公约》。它是两次大战之间年代的转折点。它的签署结束了第一次世界大战；11 年后它的弃毁则标志了第二次世界大战的序幕。如果一个国际协定的目的就是使人人满意的话，那么洛迦诺倒确是个非常好的条约。它使那两个担保大国满意。他们使法德和好，并给欧洲带来和平，而又一如所愿地没有招惹任何超出道义上的亦即仅仅言词上的责任之外的义务。无论是英国还是意大利，都没有做过任何履行其担保的准备。在作出决定的时刻到来之前"侵略者"是谁还不得而知的时候，他们又能做怎么样的准备呢？这个条约的实际后果是，古怪而又出乎意料，只要它仍然有效，就可以防止英法之间的任何军事合作。然而洛迦诺也让法国人满意。德国承认了失去阿尔萨斯和洛林；同意保持莱茵兰非军事化；英国和意大利为德国的承诺作了担保。1914 年的任何一位法国政要都会因取得这样的成就高兴得发狂。与此同时，法国人仍旧可以自由操作他们的东方同盟并在欧洲扮演一个大角色，只要他们愿意这样做。德国人也可以感到满意。他们受到了可靠的保护不致再有一次鲁尔占领；他们得到平等伙伴的待遇，不再如阶下囚；而且他们还使修改东方边界的大门保持敞开。1919 年的甚或 1923 年的德国政要会发觉已经无可抱怨。洛迦诺是"绥靖"最伟大的胜利。贝尔福勋爵正确地称它是"欧洲人心民意得到重大改善的象征和原因"。

洛迦诺给了欧洲一段和平和希望的时期。德国被接纳进国际联盟，虽然比原先预期的拖延了些时日。施特雷泽曼、张伯伦和白里安都定期参加国联理事会会议。日内瓦看来成了复兴了的欧洲的中心：国际音乐会终于真的合调合拍起来，国际事务由协商讨论来调整取代了以武力相威胁。在那些年没有一个人为俄国和美国的缺席而懊悔——没有他们事情进行得更加平顺。另一方面，也没有一个人认真打算要把日内瓦的欧洲变成一个或者反美或者反苏的集团。不仅没有想要不受美国支配，欧洲各国还都忙着向美国借钱。有那么几个狂热的计划人员谈论过欧洲反共十字军；但是里面没有什么实际内容。欧洲人没有要对哪个国家进行十字军讨伐的想法。除此之外，德国人还想保持同俄国的友谊，作为一张备用牌，作为某种形式的再保险条约，或许某一天可以用来对付法国的东方盟国。紧接着签署《洛迦诺公约》，施特雷泽曼同俄国人续订1922年在拉帕洛达成的协定；当德国参加国联的时候，施特雷泽曼声明德国由于解除了武装将不能参与制裁行动——一种对苏俄坚持中立态度的隐晦表示。

在洛迦诺-日内瓦体制中比美国和苏俄的缺席更为重大的缺陷乃是意大利的出席。她之所以被拉进洛迦诺安排只为加深英国的给人不偏不倚的外表印象。在当时，没有人设想意大利当真能保持德法之间的平衡。当洛迦诺同国联一样仍旧靠的是深思熟虑和亲善好意而不是直接的武力时，这并不要紧。后来，当形势日益恶化的时候，对洛迦诺的记忆就助长了一种错觉，即以为意大利拥有投进天平的真正分量；意大利领导人本身就是这个错觉的受害者。在洛迦诺时代，意大利有一个比缺乏实力更糟的缺陷：没有道义风范。洛迦诺诸大国自称代表着第一次世界大战就曾为之而战的崇高原则；国际联盟则自称是一个自由民族的联盟。毫无疑问，在这些自称中有某些欺世盗名的东西。没有哪个国家像它标榜的那样自由或高尚。不过，在这些自称中也同样有一些名副其实的东西。鲍德温和麦克唐纳的英国、德意志魏玛共和国、法兰西第三共和国确实是民主国家，有言论自由，实行法治，对其他国家心怀善意。他们聚集在国联里面有资格宣称，他们为人类展示了最美好的希望；广义地说，他们提供了一种优越于苏俄所提供的政治和社会秩序。

当这延伸到墨索里尼的意大利时，所有这一切统统成了一派花哨而庸俗的做作。法西斯主义从来就没拥有纳粹主义那种硬着心肠的干劲，更不必说物质力量了。它在道德上同样堕落——就它的不诚实而言或许更加堕落。法西斯主义的每一样东西都是一场骗局。它把意大利从中挽救出来的那场社会危机是一场骗局；它凭之夺取政权的那场革命是一场骗局；墨索里尼的才能和政策就是搞欺骗。法西斯分子的统治是腐败的，无能的，空洞的；墨索里尼本人乃是一个爱慕虚荣胡吹牛皮的人，既没有思想也没有目标。法西斯意大利生活在非法状态之中；而法西斯对外政策从一开始就背弃了日内瓦的原则。然而，拉姆齐·麦克唐纳给墨索里尼写去热情洋溢的信件——正当马泰奥蒂①被谋杀的时刻；奥斯丁·张伯伦同墨索里尼互赠相片；温斯顿·丘吉尔赞美墨索里尼是他的国家的救星和伟大的欧洲政治家。当西方领导人如此奉承墨索里尼并接纳他为他们自己中间的一员时，有谁还会相信他们的真诚呢？毫不奇怪，俄国共产党人把国际联盟和它的全部工作都看作是资本家的阴谋——不过，苏俄早就同法西斯意大利建立了并始终保持着热乎的国际关系也不

---

① 马泰奥蒂（Giacomo Matteoti，1885—1924），意大利社会党领袖，1919年起当选为议员，1924年任社会党总书记，是年5月30日，在议会发表演说，强烈谴责法西斯党，不到两星期，即遭法西斯党徒绑架和杀害。这件事使世界舆论震惊，也在意大利激起公愤，酿成了一场动摇墨索里尼统治的政治危机。——译者注

足为奇。当然，理论和实践之间总有某种差距。当这个差距变得太大时，对于统治者和被统治者双方就都是灾难性的了。法西斯意大利出席日内瓦会议，墨索里尼亲临洛迦诺，淋漓尽致地表征了国际联盟的民主欧洲是个虚幻。政治家们不再相信他们自己的言词；于是人民也仿效他们作出的榜样。

虽然施特雷泽曼和白里安两人以各自不同的方式都表现了诚意，他们却没能赢得他们各自国家人民的赞同；而且各自在自己国家里为洛迦诺辩护的论点是互相矛盾的，这些论点注定会以幻想破灭而告终。白里安告诉法国人说，洛迦诺是一个最终解决办法，阻塞了进一步退让的道路。施特雷泽曼则向德国人保证，洛迦诺的目的就是以甚至更快的速度带来进一步的退让。白里安，这位伟大的雄辩家希望以一大堆仁慈的空话就会让德国人忘掉他们的怨恨。施特雷泽曼以他惯有的耐心相信，法国人随着实践会逐步养成退让的习惯。两个人都失望了；两个人在他们过世之前都看到失败将临。进一步的退让是作出了，但总是怀有恶意。监督德国裁军委员会在 1927 年被撤销了。战争赔款由 1929 年的杨格计划调低了，于是对德国财政的外部控制也放弃了；占领军于 1930 年撤离莱茵兰——比原定期限提前了 5 年。绥靖却没有成功。恰恰相反，德国的怨恨到末了比开初时更大。1924 年德国民族主义分子坐在内阁里帮着实施道威斯计划；1929 年杨格计划却是顶着民族主义的激烈反对才得以实施的。施特雷泽曼，曾使德国重回大国行列的那个人被送进了坟墓。①

德国人的不满情绪在一定程度上是一种精心算计：获取更多让

---

① 施特雷泽曼于 1923 年先任总理，11 月政府垮台后改任外长，有 6 年之久。1929 年 10 月病逝。——译者注

步的显而易见的办法就是每有所获都嫌太少。德国人有一个貌似合理的实情。洛迦诺把他们作为平等的伙伴来对待,自由地谈判一项一致同意的条约。那么,还有什么理由要求德国继续支付战争赔款或实行单方面裁军呢?对于这个论点,法国人想不出合乎逻辑的答辩,然而知道,要是他们接受了它,德国在欧洲的优势必定随之而来。大多数同时代的人都责怪法国人。尤其是英国人,愈来愈赞同麦克唐纳,认为绥靖一旦开始就应该全速地和全心全意地进行下去。后来,人们又责怪德国人没有承认1918年的战败是最终的失败。现在来假设多一些让步或少一些让步事情本来会有多大不同是没有意义的。只要还坚持欧洲依旧是世界中心的幻想,法国和德国之间的冲突就必定要延续下去。法国将力求维护1919年人为的安全保障;德国则力求恢复事务的天然秩序。竞争中的国家只能被某种更大危险的阴影吓得彼此友好;无论是苏俄还是美国都还没有对施特雷泽曼和白里安的欧洲投下这种阴影。

这绝不是说战争的阴影已经笼罩在1929年的欧洲上空。甚至苏维埃领导人也不再用新的资本主义干涉战争的芜菁灯唬人了。比以往任何时候都更坚定地背向外部世界的他们,把"一国社会主义论"转译为五年计划的实际项目。确实,战争预言家们能够预见的唯一战争,乃是诸多预见中最荒唐的:一场英国与美国之间的战争。其实,这两个大国在1921年就已经一致同意保持主力舰相等;还准备在1930年的伦敦海军会议上进一步达成协议。在德国仍旧存在着民族主义煽动;但是大多数人从中引出并非毫无道理的结论,即和解的进程太慢了。不管怎么说,民族主义分子终究是德国人中的少数。其多数,尽管也反对凡尔赛,仍然接受施特雷泽曼的看法,即这个体系可以用和平的方法化为乌有。兴登堡,1925年起任总统,就是其象征；一位陆军元帅和民族主义者，却又是民主共和国的兢兢业业的元首，忠实地推行洛迦诺外交政策，并且不出怨言地统辖着一支被和约限制到无能状态的陆军。在德国最流行的口号是"不再打仗"，而不是"打倒奴隶条约"；民族主义分子在组织一次反对杨格计划的全民公投时还遭到惨重失败。1929年，所有反战书籍里最著名的一本，雷马克的《西线无战事》在德国出版；在英国和法国，类似性质的书籍也塞满了书架。看来，对条约的修正似乎将逐步地几乎不知不觉地进行下去，而一个新的欧洲体系终将呈现眼前，只是没人会察觉到越过分水岭的那个确切时刻。

一个可能的危险似乎是由"军国主义"法国重新发动侵略行动，她是唯一拥有一支强大陆军的国家，而且不管意大利怎样硬充大佬，她还是欧洲大陆上唯一的大强国。但是，这同样也是一种没有根据的担心。比起白里安的花言巧语来，有更坚实的根据可以认为，法国已经默默认输了。从理论上讲，法国依旧为攻击德国敞开着大门。莱茵兰仍旧是非军事化的；同波兰和捷克斯洛伐克的联盟依然有效。事实上，法国已经采取了决定性步骤使得攻击德国不再可能。德国在人力和工业资源上远为强大。因此，法国的唯一希望就是在德国可能开始总动员之前就给予一次势不可挡的打击。法国需要"一支现役的、能单独行动的和机动的陆军，随时准备突进敌国的领土"。法国从来就没有一支这样的陆军。那支在1918年获胜的陆军只受过堑壕战的训练；而在那段急速挺进的短时间里①，又来不及改变其特性。1918年之后也没有进行过任何改革。法国陆军发觉难以完成对鲁尔的占领，即使那里并没有德国军队同他们对抗。国内政治也大抵

---

① 指1918年8—10月协约国军的全面进攻。——译者注

如此。对实行一年兵役制的要求持续高涨；并在 1928 年开始正式实施。此后，法国军队即使在充分动员的时候其实力也只够防卫"国家领土"。军人得到的训练和装备都是纯防御性的。马其诺防线在东部边界上布设了前所未见的最最庞大的筑垒防御工事体系。法国的政策同法国的战略之间最终完全脱了钩。法国的政客们仍在谈论对德国采取行动；行动的手段却不复存在。列宁在 1917 年说过，俄国士兵曾以做逃兵的方式用脚投票支持和平。法国人糊里糊涂地干了同样的事情，以他们自己的军事准备对凡尔赛体系投了反对票。他们在争夺胜利果实的争端开始之前就已经放弃了这些果实。

第四章

凡尔赛体系的终结

1929年的时候,《凡尔赛条约》制定的针对德国的安全体系还是完好无缺的。德国被解除了武装;莱茵兰非军事化了;战胜国表面上是团结的;而且这个体系还得力于国际联盟的权威而强化。7年之后,所有这一切未经一击都化为乌有。国际稳定首先被1929年10月开始的大萧条中经济稳定的崩溃所动摇。这次大萧条同先前的那场战争没有多大关系,虽然当时人们并不这样想。它跟遗留的仍得实施的和约条款也毫不相干。大萧条是由美国国内投机性繁荣的崩溃而触发的;随之而来的失业现象则因购买力不能同增长了的生产能力保持同步而加剧。现在谁都懂得这个道理;正如他们也知道摆脱萧条的出路就在于增加政府开支那样。1929年的时候却难得有谁明白这一点;而明白这个道理的少数人又对政策没有影响力。普遍认为通货紧缩是唯一的救治之道。必须有坚挺的货币,平衡的预算,削减政府开支,以及降低工资。这么一来,据推想,物价大概就会低到使人们重新开始购买。

这项政策在每一个实施它的国家里都造成了生计艰难和不满情绪。不过,并没有它一定会造成国际紧张局势的理由。在大多数国家里,大萧条导致了对国际事务的某种厌倦和逃避。在英国,两次大战之间这一时期最低的军备预算就是由国民内阁的财政大臣内维尔·张伯伦在1932年提出来的。法国人变得比以前更加缺乏自信了。罗斯福治下的美国政策在1933年明显地比他的共和党前任更具孤立主义的色彩。德国是一个特例。德国人体验过1923年通货膨胀的可怕灾难,现在则在相反方向上走得同样远。大多数德国人以为通货紧缩是不可避免的;但是对其后果又极不欢迎。当紧缩措施用之于别人时谁都对之鼓掌，用之于他本人时就谁也恨恨不已了。德国国会没有为一个实行紧缩政策的政府提供多数支持，虽然这样的一个政府正是它所想要的。其结果是，布吕宁在没有多数支持的情况下统治了德国两年多，在这一段时期内，依凭总统法令强行实施紧缩政策。他品格高尚、为人真诚，将不会用减轻紧缩政策的严苛性来赢得众望；但是他的政府却以对外事务中的成功来争取人心。他的外交部长库尔提乌斯在1931年试图同奥地利结成经济联盟——一项并不带来经济好处的计划；他的另一位政府成员特雷维拉努斯则掀起了一场反对波兰边界的煽动活动。1932年，布吕宁的后任巴本要求给德国以军备平等。所有这些事情都跟经济困难无关，但是不能指望德国普通老百姓理解这一点。多年来他被告知他的全部不幸都要归因于《凡尔赛条约》；既然他正处于困境就听信了别人对他说过的东西。此外，大萧条又抹去了听其自然无所作为的最强有力的根据：繁荣。人们在生活优裕时会忘掉他们的不满；在逆境中他们除了怨恨别无他思。

国际难题的增加还有另一些原因。1931年国际联盟遇到了它的第一次严峻挑战。9月18日日本军队占领了满洲，这个地区理论上是中国的一部分。中国向国联吁求解决办法。这可不是一个容易解决的问题。日本人振振有词。中国中央政府的权力——到处都不强——没有在满洲有效行使，那里多年来一直处于没有法纪的混乱状态。日本的贸易利益遭受了巨大损失。还有许多在中国擅自行动的先例可援——最近的一次就是1927年英国军队在上海登陆。此外，国联也没有采取行动的手段。在经济危机最严重的关头，没有一个国家乐意断绝它还残存的一点跟日本的国际贸易。在远东有某种利害关系的唯一大国是英国；而在英国人正被迫放弃金本位并且面临一场争论激烈的大选的特定时刻,最不可能指望他们会采取行动。无论如何,即使英国,尽管是一个远东大国,也没有采取任何行动的手段。华盛顿海军条约赋予日本在远东的地区优势;而历届英国政府都刻意推迟新加坡基地的建设,更进一步确定了这种优势。即使国际联盟谴责日本,又会挣得什么呢?只不过是炫耀一番道义严正性罢了,就其实际作用而言,只会挑起日本反对英国的贸易利益。当时有过一个赞成这种道义谴责的表示。美国虽然不是国联成员,却很可以算是一个远东大国;美国人提出"不承认"任何通过武力实现的领土变更。这是对日内瓦空谈家们的安慰。但是,由于美国人没有打算削减他们同日本的贸易,这个表示对于中国人以及对于英国人的实际意义来说就不是多大的安慰了。

且不论是对是错,英国政府更注重恢复和平局面而不是去炫耀道义严正。持有这种观点的人,既不限于充斥外交部的顽固的玩世不恭者,也不限于以麦克唐纳为首组成国民内阁的那些据说是反动的政客们。工党也持有这种观点,那时它谴责的不是"侵略",而是"战争"。在 1932 年,英国对日本采取的任何行动,如果能做到的话,都会被指为维护帝国主义利益的邪恶行径,而遭到来自左翼的一致反对。工党所要求的——在这一点上代表了英国人的一种普遍情感——乃是英国不应该从战争中谋利。工党提议禁止向中国和日本任何一方供应武器;这个提议为国民内阁所接受。政府还更进了一步。英国人一向把国联当作是一种调解的工具,而不是一架保障安全的机器。现在他们就来操作这个工具了。实际上是在日本的倡议下,国联组建了李顿调查团去查明满洲问题的真相,并提出一个解决方案。这个调查团没有作出简单的裁决。调查发现,日本人的大多数抱怨是有道理的。日本没有被谴责为侵略者,虽然被指责在没有用尽一切和平补救手段之前就诉诸武力。日本人退出国际联盟以示抗议。但实际上英国的政策成功了。中国人甘心于丧失一个他们若干年来未曾控制的区域；并在1933年恢复了中日之间的和平。在后来的年月里，满洲事件带上了某种神话般的重要性。它被看作是通向战争之路上的一块里程碑，是对国联首次决定性的"背叛"，尤其是由英国政府干出来的。事实上，国联在英国的领导下完成了英国人认为它预定要去完成的事情：它限制了一场冲突并使冲突有一个了结，尽管这种了结不很令人满意。再者，满洲事件不仅没有削弱国联的强制权力，倒是使它具有了这种强制权力。多亏这次事件，国联——又是在英国的推动下——设立了以前未有的机构来组织经济制裁。这个机构，真是大家的不幸，使得国联在1935年对阿比西尼亚问题采取行动成为可能。

满洲事件自有其当时的重要性，虽然不是后来赋予它的那样。正在欧洲问题变得尖锐的当口，它转移了人们对欧洲的关注；尤其是它使英国政府在处理欧洲纠纷上异常的焦躁。它以无可辩驳的理由增强了英国人优先追求和解而不是安全保障的偏好。它还为1932年初召开的裁军会议所展示的种种论据树立了样板。这个会议开得特别不是时候。自从1919年以来，战胜的大国就承担了裁减军备的义务，那时和平条约把强使德国解除武装作为通向"普遍限制所有国家的军备"的第一步。这绝不是说战胜国答应将把军备裁减到德国的水平；但它确是他们将在裁军上有所动作的承诺。整个20年代这个承诺一直被规避了。这种食言行为成了德国人手里的把柄。德国人愈来愈坚持：战胜国要么履行他们的诺言，要么就该解除对德国的限制。1929年上台执政的英国工党政府赞同德国的这种敦促。大多数英国人认为庞大的军备本身就是战争的一个起因；或者——换个说法——认为庞大的军备会（像1914年8月发生的那样）在"冷却期"开始发挥作用之前就使混乱和误解转变成战争。拉姆齐·麦克唐纳首相热切于重启他在1924年提出的倡议，并使绥靖功德圆满。在1930年伦敦海军会议所取得的成功中他出力最大，这次会议把英国、美国和日本在1921年一致同意对主力舰的相互限制扩展到更多的舰种级别之上。即使这次伦敦会议，也包含着一个为当时所忽视的不祥预兆。会议上的讨论首先激起意大利提出同法国海军军备平等的要求——一个法国人决意抵制的要求；这样就开始了这两个国家之间的疏远和离异，最终使意大利站到德国一边。

在第二届工党政府里，麦克唐纳勉勉强强地把外交部让给了阿瑟·韩德森。这两个人的看法并不十分一致。跟麦克唐纳不同，韩德森在第一次世界大战期间曾是一位内阁大臣，因此不大可能把那场战争看作是一桩不必要的蠢事。在麦克唐纳无视法国的忧虑而斥之为想入非非的情况下，韩德森则希望把裁军和安全保障调和起来。他提议拿裁军作为增加英国对法国承诺的杠杆，颇像他的前任奥斯丁·张伯伦曾希望以洛迦诺来作杠杆那样；当然啰，如果到处都削减了军备，英国承担的对法国的义务也就不会那么繁重了。韩德森向法国人摆出这样的前景：只要他们在裁军上合作，作为回报，他们将从英国得到更多的支持。从法国的角度来看，这是一笔很好的交易。虽然很少有——或许没有一个——法国人充分认识到他们的陆军其实不是一支有效的进攻力量，却更少有人对仅仅由法国一国的力量来永远控制住德国的前景表示欢迎。一旦英国人不再依赖《洛迦诺公约》，而不得不从实际的军事方面来思考，安全保障将呈现一种不同的面貌。或许他们终于会承认需要有一支庞大的法国陆军；不然的话，他们就要增加他们自己的陆军。于是，法国人也迫切要求召开一次裁军大会,并由韩德森担任主席。这并不是简单地作为对他,一位通常总享隆誉的调解人才智的推崇,而也是一种精心算计:一旦英国外交大臣果真当上裁军大会的主席,英国就很难逃脱紧跟普遍裁军而来的更多的责任和义务。

到 1932 年初裁军大会举行的时候,形势却已经大大改变了。工党政府已经垮台。韩德森不再是外交大臣;作为大会的主席,他不再能使英国承担义务,而只能徒劳地推动一个他对之怀有政治敌意的政府。麦克唐纳不再被韩德森拉着往前走;要说有谁拉着他的话,他是被那位新外长拉着走回头路。这位新外长就是约翰·西蒙爵士,一位自由党人,在 1914 年战争爆发时差一点辞职,并在 18 个月之后为抗议征兵真的辞了职。同麦克唐纳一样,西蒙也把法国的忧虑视作虚妄的想象。此外,国民内阁还竭力要节约开支:绝不愿意增加英国承担的义务,更渴望进一步减少现存的负担。法国人不胜沮丧地发现他们正被敦促着在得不到任何补偿的情况下就裁减军备。麦克唐纳一次又一次地对他们说:"法国的要求总是给英国带来麻烦,那就是他们要英国承担进一步的义务,而这是目前无法考虑的"。① 这个声明里唯一虚假的地方就是暗示英国的态度或许会改变。

英国人有他们自己的机谋以扭转裁军来有利于安全保障。在法国人想要把英国人卷进来的情况下,他们就转而希望把美国拖进来——后者也是裁军大会的一员,虽然没有参加国联。当共和党人还在掌权的时候,这个计划或许还有些道理。1932 年 11 月民主党人罗斯福当选为总统,这个计划就成为打不响的哑弹了。这是因为,

---

① 麦克唐纳,同保罗-邦库尔的会谈,1932 年 12 月 2 日:《英国外交政策文件汇编,1919—1939》第 2 辑,第 4 卷,第 204 号。

尽管民主党人在 1919 年就由威尔逊对国际联盟许下承诺，尽管后来罗斯福会让美国嵌入世界策略的版图里，1932 年 11 月的大选乃是一次孤立主义的胜利。民主党人现在是不再抱幻想的威尔逊主义者。一些人认为威尔逊欺骗了美国人民；另一些人则认为欧洲政客们欺骗了威尔逊。他们几乎全都认为欧洲大国，尤其是从前的协约盟友恶劣得不可救药，美国越少同欧洲打交道越好。那种曾经一度使美国人热衷于拯救世界的理想主义，现在使他们对世界背过身去。民主党人占多数的国会采取了一系列使美国不可能在世界事务中扮演任何角色的措施；而罗斯福总统不表丝毫异议就接受了这些措施。伴随新政出现的强烈的民族主义经济，更加强了这些措施的影响。罗斯福政权终于"承认"苏维埃俄国并在华盛顿接待了外交人民委员李维诺夫，是这同一趋势的次要迹象。俄国被排斥于欧洲之外，现在在美国人眼里是正当的了。不能指望美国会承担任何欧洲义务了；而且英国人自己也在美国的影响下——就它所起的作用而言——撤出了欧洲。

对于裁军大会更加不幸的是，1932 年夏天就战争赔款问题达成了最终解决方案。要是这个问题在此之前就已处理完毕，那就太好了，现在来做这件事正是最糟糕的时刻。德国政府现在从布吕宁移交给了巴本，比以往任何时候都更加虚弱和更加不得人心，因此也就更急于在对外事务中博取声望。战争赔款不再提供喊冤叫屈的口实，于是单方面的德国裁军就不能不取而代之了。任何真正的谈判都是不可能的；德国政府需要一种有轰动效应的胜利。德国人在戏剧性的抗议中退出裁军大会，然后又在得到"在某种安全体系内享有平等地位"的许诺下被诱劝回到大会。这个许诺毫无意义。如果法国人得到安全保障，那就不会有地位平等；如果他们得不到安全保障，那就不会有平等。这个许诺没有打动德国的选民。即使是一番真正的让步，他们也将不为所动。对他们关系重大的是贫困和大规模失业；因此他们把裁军问题上的争吵看作是一尾巨大的红鲱鱼①，它也确是如此。协约国的政客们竭力以玩弄言辞的把戏来帮助巴本。他们看不出有任何当真的德国危险。在1932年，人们担心而且正确地担心的是德国的崩溃，而不是德国的实力。任何够格的观察家怎么可能设想，一个有700万人失业，没有黄金储备，对外贸易又空前萎缩的国家会突然变成了不得的军事强国呢？所有现代经验都表明实力与财富并存；而在1932年，德国看上去确实非常贫穷。

当1933年1月30日希特勒成为总理，这些算计就全乱了套；这个事件现在就如亨吉斯特和霍萨来到肯特②那样披上了传奇的外衣。不管纳粹党徒如何吹嘘，它并不是一次"夺取政权"。希特勒是由兴登堡总统按照严格的宪法程序并完全出于民主的理由任命为总理的。不管自由主义的或马克思主义的机灵思想家们会怎么说，希特勒之所以成为总理，不是因为他将帮助德国资本家摧毁工会，也不是因为他将给德国的将军们一支大军，更不要说是一场大战了。他之所以得到任命，是因为他和他的民族主义盟友能够在国会提供一个稳定的多数，并从而结束政府靠总统法令度日的四年反常状态。并没有指望他在内政或外交上进行革命性变革。与此相反，巴本——就是他把希特勒推荐给兴登堡的——领导的保守派政客们把关键性职位抓在自己手里，指望希特勒成为一名驯服的挂名首脑。

---

① 意即转移视线的东西。——译者注
② 亨吉斯特和霍萨兄弟，相传是最早迁移到不列颠的盎格鲁—撒克逊人的领袖。于5世纪中叶在肯特登陆，经过同土著部族的反复征战杀伐，统治了肯特。历代肯特的国王，都是亨吉斯特的后裔。——译者注

这些指望到头来证明是错了。希特勒打碎了旨在束缚他的人为的镣铐,并逐渐成为一个执掌全权的独裁者——虽然比传奇所编排的要渐进些。他改变了德国绝大多数事物。他摧毁了政治自由和法治;他改造了德国的经济和金融;他跟教会不和;他废除了分离的邦,并使德国第一次成为一个统一的国家。只有在一个领域里他什么也没有改变。他的对外政策就是他的历届前任的政策,就是外交部里职业外交官们的政策,实际上也正是所有德国人的政策。希特勒同样也想把德国从《凡尔赛条约》的束缚下解放出来;重建一支强大的德意志军队;并使德国按其天然的分量成为欧洲第一大国。只是在侧重点上偶有不同。假使希特勒不曾生而就是一个哈布斯堡王朝的臣民的话,或许他就不会那么专注于奥地利和捷克斯洛伐克;或许他的奥地利出身使得他对波兰人较少地怀有固有的敌意。但是,总的行动格局并没有因此而改变。

这不是一个已得到公认的观点。权威作者们认定希特勒是一个有条不紊的体系制造者,他从一开始就在精心筹划一场大战,这场大战将摧毁现有的文明并使他成为世界的主宰。照我的看法,政治家们总是过于专注眼前事态,以致无法遵循某个预先想好的计划。他们采取一个步骤,下一步又随它而来。体系也者,乃是历史学家们的创作,拿破仑的大陆封锁体系就是创作出来的;因此,归咎于希特勒的那些体系其实是休·特雷弗-罗珀、伊丽莎白·威斯克曼和艾伦·布洛克[①]的体系。这些推测也有某种根据。希特勒本人就是一

[①] 特雷弗-罗珀编辑和评介了多种希特勒的谈话,并写有大量文章;威斯克曼著有《捷克人和德意志人》(1938 年)、《不宣而战》(1939 年)和《罗马-柏林轴心》(1949 年);布洛克著有《希特勒:暴政的研究》(1952 年),中译本名为《大独裁者希特勒》。——译者注

个历史学的票友，或者不如说对历史有一点笼统概念的人；他在空闲时创作体系。这些体系都是白日梦。当卓别林表演这位大独裁者把世界变成一只玩具气球并用脚趾尖把气球踢上天花板时，他就以一位艺术家的天才抓住了这一点。在这些白日梦里，希特勒总是把自己看作是世界的主宰。但是，他梦想加以主宰的那个世界以及他要采用的方法都随着形势的改变而改变。《我的奋斗》是在法国人占领鲁尔的冲击下于 1925 年写成的①。那时希特勒梦想摧毁法国的欧洲霸权，其方法是与意大利和英国结盟。他的"席间谈话"是在进攻苏俄战役期间于占领区纵深地带发表的；那时希特勒构思着某种异想天开的大帝国，用来诠释他的征服者生涯。他的最后遗言是在他快要自杀的时候从地下避弹室发表的；所以他把遗言变成为毁灭一切的训令是毫不奇怪的。学究别具慧眼地在这些言谈中发现了尼采的信徒，地缘政治论者，或阿提拉②的模仿者。但我从中听到的不过是一个智力高强却没有教养的人的泛泛之论；不过是呼应随便哪一个奥地利咖啡座和德国啤酒馆言谈里的那些教条罢了。

在希特勒的对外政策中有那么一个体系要素，不过它也不是新的。就像在他之前的施特雷泽曼那样，他的视野是"大陆的"。希特勒没有试图复活 1914 年之前德国曾经追求过的"世界政策"；也没有制订建立一支庞大战斗舰队的计划；除了作为使英国人尴尬的一种机谋，他没有大肆招摇地发泄对丧失殖民地的怨愤；他甚至对中东也不感兴趣——因而他对 1940 年击败法国之后的绝好机会视而不

---

① 准确地说该书第一卷是希特勒在 1924 年监禁期间口授，由赫斯笔录整理后于 1925 年秋天出版的，是年又开始口授笔录整理第二卷，于 1926 年出版。——译者注
② 阿提拉（Attila，？—453），匈奴人之王，曾率大军横扫欧洲直抵莱茵河，所过之处杀戮破坏甚剧，时人称之为"上帝的鞭子"。——译者注

见全无知觉。有人可能会把这种视野归因于希特勒的远离海洋的奥地利出身，或者以为这是他在慕尼黑从某个地缘政治论者那里学来的。其实，这本质上反映了那个时代的境遇。德国被西方大国打败于 1918 年 11 月，而在上一年她本身又打败过俄国。希特勒，像施特雷泽曼一样，没有向西方的清算安排提出挑战。他并不希望摧毁大英帝国，甚至也不希望夺走法国的阿尔萨斯和洛林。作为回报，他想要协约国认可 1918 年 3 月的裁决，放弃 1918 年 11 月之后对于这个裁决的人为破坏，并承认德国原是东方的胜利者。这并不是一个十分荒谬的方案。许多英国人，更不必说米尔纳和史末资①，甚至在 1918 年时就对此表示赞同；后来有更多的人表示赞同；而大多数法国人也转过头来倾向于同样的看法。东欧的各个民族国家不那么受欢迎；苏维埃俄国更不受欢迎。当希特勒渴求恢复布列斯特-立托夫斯克解决办法时，他还能摆出反对布尔什维主义和赤色危险的欧洲文明卫士的姿态。或许他的野心真的只限于东方；或许征服东方本来就不过是对西欧或某种世界规模征服的开端。没人知道。只有实际发生的事件能提供答案；而由于奇特扭曲的情势，这些事件从未提供答案。同一切预想相反，希特勒发现自己在征服东方之前就在同西方大国交战了。尽管如此，向东扩张总是他的政策的基本目标，即使不是唯一的目标。

在这个政策里没有什么原创的东西。希特勒所独有的品质就是

---

① 米尔纳（Alfred Milner, 1854—1925）英国殖民地行政长官，由于在南非任高级专员和总督时坚持顽固的态度，曾引起南非战争，第一次世界大战期间和战后，曾在劳合·乔治内阁中任大臣。史末资（Jan Smuts, 1870—1950）南非政治家，南非战争时曾组军攻击英军，此后即活跃于南非和英国政坛。第一次世界大战期间，曾任英国内阁大臣，参与战争决策，并一贯受到英国政界的器重。1939 年第二次世界大战爆发，出任南非总理，向德国宣战。——译者注

把平凡的思想转化为行动的天赋。在别人不过说说而已的东西他却动真格的。驱动他的力量是某种可怕的死抠字眼。作者们已经对民主制度说了半个世纪的坏话。这就使希特勒去创建了一个极权主义的独裁统治。在德国几乎人人都想过该为解决失业问题"采取某些措施"。希特勒则是坚持"付诸行动"的第一人。他无视传统常规；而在无意中发现了充分就业的经济方略，恰如罗斯福在美国所做的那样。此外，在反犹太主义上也没有新的东西。这多年来一向是"笨蛋的社会主义"。并没有产生多少结果。20年代，奥地利总理赛佩尔①曾就他的党所鼓吹的、但没有付诸实践的反犹太主义说道："这是专供穷街陋巷的。"希特勒就是这种"穷街陋巷"的市井之徒。许多德国人对于接二连三并以凶残到无法形容的毒气室为其顶点的迫害行动扪心有愧。但是很少有人知道怎样去抗争。希特勒在迫害犹太人方面干的每件事情，都是大多数德国人模糊信奉的种族主义教条的逻辑结果。在对外政策上同样如此。没有多少德国人真的狂热地执着地耿耿于德国是否再次支配欧洲。不过他们在言谈上仿佛如此。希特勒却把他们的话当真。他迫使德国人要么实践他们的表白，要么背叛他们的誓言——多么叫他们懊悔啊！

就原则和信条而言，希特勒并不比许多其他同时代的政治家们更加邪恶和无耻。在行动上，他的凶险刻毒却胜过他们所有的人。西方政治家的政策也是最终依仗武力——法国的政策依仗陆军，英国的政策依仗海上实力。不过，这些政治家希望没有必要动用这种武力。希特勒则打算动用他的武力，或者至少威胁要动用他的武力。

---

① 赛佩尔（Ignaz Seipel，1876—1932）奥地利基督教社会党领袖之一，20年代两次出任奥地利总理，曾利用保安团反对奥地利社会党人。——译者注

如果说西方大国的品行似乎更高尚，这在很大程度上因为它是保持现状而有道德，希特勒则要改变现状而不道德。在希特勒的目标和手段之间存在一个奇怪然而只是表面上的矛盾。他的目标是变革，是推翻现存的欧洲秩序；他的手段则是耐性。不管他在言词上如何怒气冲冲和狂暴激烈，事实上他是个玩待时而动策略的高手。他决不对一个作好准备的阵地发动正面攻击——至少在他的判断力被轻易的胜利败坏之前是这样。就像约书亚面对杰里科的城墙那样①，希特勒宁愿等待，直到反对他的各种势力被他们自身的混乱逐步削弱并由他们自己把胜利硬塞给他。他已经采用这种手段在德国取得了政权。他并没有"夺取"政权。他等待那些原先试图把他排除在外的人把政权硬塞给他。1933年1月，巴本和兴登堡恳请他当总理；于是他就谦恭地承应了。在对外事务上也是这样。希特勒没有提出明确的要求。他宣告他不满意，然后等着种种让步源源倾注到他的兜里来，而他自己仅仅伸出手来索讨再多一点罢了。希特勒对任何别的国家都没有直接的了解。他很少倾听他的外交部长的意见，而且从来不看他的驻外大使们的报告。他全凭直觉来判断外国政要们。他确信他已经把德国的以及外国的所有布尔乔亚政客们的分量都掂量过了，并断定他们的神经将先于他崩溃。这种确信如此贴近真实，已足以使欧洲灾难在望了。

或许，这种待时而动的策略，一开始还不是有意识的或精心策划的。最伟大的治国大师，常常是那些不知道自己在做什么的人。在希特勒掌权的头几年里，他并没有太多过问对外事务。他在贝希

---

① 《圣经》故事。继摩西之后，约书亚领导以色列人进入迦南（今巴勒斯坦）地区，通过渗透和同化逐渐占领了该地，杰里科（耶利哥）是约书亚渡过约旦河以后攻打的第一个城镇，经长期围困城墙自行崩塌。——译者注

特斯加登度过他的大部分时间,远离事态变化,按他向来不着边际的方式做着梦。当他转向现实生活时,他最最关切的是确保他本人对纳粹党的绝对控制。他注视着,并由他本人鼓励着纳粹头领们之间的竞争。然后是保持纳粹党对德国国家和人民的控制;在这之后,则是军备重整和经济发展。希特勒喜欢机械装置的细节详情——各种型号和性能的坦克、飞机、大炮。他醉心于道路建设,甚至着迷于种种建筑方案。对外事务排在最末。无论如何,在德国完成重整军备之前,反正他也几乎不能干什么。是事态把他所偏爱的待时而动策略强加于他的。他可以放心地把对外政策留给外交部那些老专业人员去照管。毕竟,他们的目标同他的目标是一致的;他们也同样念念不忘去逐步破坏凡尔赛的清算安排。他们只需要偶加刺激就会投入行动,即那种突然使事情达到紧急关头的偶发而大胆的主动行动。

　　这种行动模式不久就表现在裁军讨论中。协约国的政要们对希特勒的意向已不存幻想。他们从他们自己驻柏林的代表那里得到十分精确的情报——约翰·西蒙爵士感到它"令人恐惧"①。在这件事情上,他们也能在任何报纸上读到真实报道,尽管英国和美国的新闻记者不断被驱逐出德国。如果认为希特勒没有给外国政要们充分的警告,那就大错特错了。相反,他给了他们过多的警告。西方政治家们对这个问题看得太清楚了。德国现在有了一个强大有力的政府;这个政府将使德国再次成为一个强大的军事大国。但是,协约国的政要们该做什么呢?他们一再地自问和互问。一条明显的道路

---

① 西蒙对菲普斯致西蒙报告的笔记,1934 年 1 月 31 日;《英国外交政策文件汇编,1919—1939 年》,第 2 辑,第 6 卷,第 240 号。

是进行武力干涉并阻止德国重整军备。这个建议是英国出席裁军大会的军事代表提出的①,法国人也一向建议这样做。这个建议得到了反复的考虑,但又总是不被采纳。它在每一个方面都是难以实施的。美国将显然不会参与干涉。相反,美国的舆论将会强烈地反对它;而这对英国可就关系重大了。英国的舆论也同样反对;不仅仅是左派的意见,政府内部也有反对意见。即使撇开任何原则上的异议,政府既不会考虑增加开支——一次干涉行动将是十分昂贵的——他们也没有任何武装部队可供抽调。墨索里尼也保持冷淡,他早就希望使"修约主义"转而有利于意大利。这样就只剩下法国;而法国人一贯保持着绝不单独行动的决心。如果他们对自己还诚实的话,他们就会再追加一句,他们也没有进行干涉的军事实力。再有,干涉行动又会取得什么结果呢?如果希特勒倒台,随之而来的德国混乱局面将比占领鲁尔之后的局面更糟;如果他没有倒台,占领军一旦撤离,德国的重整军备大概会立即再度进行。

与之相反的另一种可供选择的道路是什么也不要做:放弃裁军大会并让事态自行发展。英法两国都把这看作是"不可思议的"、"难以想象的"、"一种绝望的意见"而不作考虑。还有什么别的出路吗?眼前哪里有既能使德国人满意又不危及法国人的巧妙办法呢?法国人继续坚持认为,只有当他们得到英国的坚实担保,这种担保要有军事会谈和一支扩大了的英国陆军作为信物,他们才能同意在军备上跟德国平等。英国人则同样坚决地反对这个建议并论证说,既然军备平等将使德国人感到满意,那么任何担保将是不必要的。

---

① A. C. 坦珀利的备忘录,1933 年 5 月 10 日;《英国外交政策文件汇编,1919—1939 年》,第 2 辑,第 5 卷,第 127 号。

要是希特勒签订了一项协定,"他甚至可能会倾向于信守它……他的签名将约束整个德国,在德国历史上还没有其他德国人的签名能与之相比"。① 要是德国不遵守这个协议,"世界上反对她的力量之强大就怎么估计都不为过"②,全世界就会识破她的真实意图。③ 无法判断英国人对他们自己的论点是否当真。或许他们仍旧认为法国的毫不妥协是欧洲和平的主要障碍,因而在如何排除这个痼疾上并不过分拘泥。1871年的先例牢记在他们的心头。那时俄国废弃了巴黎条约中强使她在黑海解除武装的条款;其他大国默许的条件是俄国寻得一次国际会议的批准。④ 欧洲的公法得到了维护。一次会议缔结了这个条约;因此得召开另一次会议才可以把它撕毁。所以现在重要的事情不是去防止德国重整军备,而是确保德国重整军备必须在某种国际协议的框架内进行。英国人还设想,德国将乐于为"使她的非法行为合法化"作出报偿。⑤ 英国人总是喜欢他们自己在在于法有据,从而自然地假定德国人也有同感。他们无法设想会有哪个大国宁愿回到"国际无政府状态"。希特勒当然不想回到国际无政府状态,他也需要某种国际秩序;不过这将是"一种新秩序",而不是1919年体制的某种修订版。

---

① 菲普斯致西蒙,1933年11月21日:《英国外交政策文件汇编,1919—1939年》,第2辑,第6卷,第60号。
② 麦克唐纳,同达拉第的会谈,1933年3月16日:《英国外交政策文件汇编,1919—1939年》,第2辑,第4卷,第310号。
③ 外交部备忘录,1934年1月25日:《英国外交政策文件汇编,1919—1939年》,第2辑,第6卷,第206号。
④ 指1856年签署的《巴黎条约》有关黑海中立化的条款,经由签署该条约的各大国于1871年在伦敦举行国际会议达成和解并签署《伦敦条约》批准后才得以修改的先例。——译者注
⑤ 艾登对蒂雷尔致西蒙信件的笔记,1934年3月8日:《英国外交政策文件汇编,1919—1939年》,第2辑,第6卷,第337号文件。

有一个更深层的考虑在决定那几年的基调上起了最大的作用。每一个人,尤其是英国人和法国人,都假定还有充裕的时间。希特勒上台的时候,德国依旧是实际上被解除了武装的。她没有坦克,没有飞机,没有重炮,没有训练有素的后备役军人。要成为一个令人生畏的军事大国,按照通常的经验,她还得花上10年时间。这个估算并不全错。希特勒和墨索里尼也是这样估算的。在他们谈话中,总是假定1943年将是决定命运的年头。许多有关德国重整军备的早期警报是假警报。因此,当1934年丘吉尔断定德国的空军要比英国政府宣称的强大得多,而鲍德温反驳他的时候,鲍德温——就如现在我们从德国人自己的文件中所得知的那样——是对的,丘吉尔是错了。甚至1939年时德国的陆军也不是为一场长期战争而装备的;1940年时,德国的地面部队除了统率指挥方面之外,还事事都及不上法国。西方大国犯了两个错误。他们错在没有估计到这一事实,即希特勒是一个会凭不足的赌本就下很高赌注的赌棍。他们还错在没有估计到沙赫特的经济成就,此人保证了德国的资源不那么拮据,否则这点资源本来会是相当窘促的。当时那些实行不同程度的自由经济的国家,能使他们的经济运作达到75%的效能。沙赫特却首先把那个充分就业体制运转起来,并使德国的经济实力发挥到了几近最大限度。这在今天是太平常了。但在那时看来是超乎想象的巫术。

裁军大会本身在希特勒上台之后没有幸存多久。1933年夏季期间,英国人和意大利人敦促法国人同意给德国以理论上的军备"平等"。毕竟在这种平等变为现实之前还有足够的时间。这些敦促几近要成功了。法国人差点冒险一试。9月22日,英国的大臣们和法国的部长们在巴黎会晤。法国人暗示他们将同意军备平等或某种近似它的东西。接着,法国总理达拉第问道:"有什么担保来使国联盟约得到遵守呢?"老难题又回来了。西蒙答道:"英王陛下政府不能承担新的国际制裁性质的义务。英国的公众舆论不会支持它。"此刻响起了一个比西蒙更加权威的声音。保守党领袖和英国政府的非名义首脑鲍德温,已从艾克斯岛赶来参加会晤。他在那里度假期间已对欧洲局势细细盘算过了。现在他支持西蒙:"不可能有新的英国承诺"。他还说:"德国正在重整军备一事如能得到证实,那么欧洲将不得不面对的一种新局势就会立即出现……如果出现这种局势,英王陛下政府必将对此作出十分严肃的考虑,但是这种局势至今还没有出现"。① 这番话的声音虽是鲍德温的,而其精神依旧是麦克唐纳的。法国人被要求放弃一种在他们想来是实实在在的优势;收到的却仅仅是这样一种前景,即如果德国人行为不端的话,某种尚未确定的事情或许会付诸施行。这不能使他们满意。法国人撤回了他们原先暂定的提议。当裁军大会重新召开时,他们宣布,只有在外加的四年"试验期"里德国人依旧解除武装,他们才会同意跟德国军备平等。

这是希特勒的良机。他知道法国已经孤立,英国和意大利两国都同情德国的立场。10月14日德国退出裁军大会;一周之后又离开了国际联盟。什么事也没有发生。德国的部长们曾被希特勒的主动行动吓了一跳。现在他告诉他们:"形势发展一如预料。威胁德国的步骤既没有成为事实也没有人预期它们会成为事实……紧急关头大概已经过去了"。② 事实证明确是如此。希特勒在对外事务上试了一

---

① 英法会谈,1933年9月22日;《英国外交政策文件汇编,1919—1939年》,第2辑,第5卷,第406号。
② 部长会议,1933年10月17日;《德国外交政策文件汇编,1918—1945年》,C辑,第2卷,第9号。

下他的方法；它奏效了。他耐心等待直到反对德国的势力从内部败坏然后把它像轻尘飞絮一般吹跑了。毕竟法国人不能仅仅因为德国人退出裁军大会就泰然自若地进军德国。他们只有当德国确实重整军备时才能行动；而那时又将太迟了。英国人一如既往地同情德国的要求。迟至 1934 年 7 月，《泰晤士报》写道："在行将到来的几年里，有更多的理由为德国担忧而不是担忧德国。"工党继续要求以普遍裁军作为安全保障的开端。麦克唐纳依旧为政府和反对党两者确定了路线方向。希特勒如此自信，居然主动提出接受不平等待遇——一支限于 30 万人的德国陆军和相当于法国一半规模的空军——来耍弄法国人。希特勒的自信是有道理的：法国人现在被激怒得忍无可忍了。1934 年 4 月 17 日，巴尔都——2 月 6 日暴乱之后建立的全国团结政府的右翼外交部长——拒绝使任何德国重整军备的行动合法化，并且宣称："法国今后将以自己的手段来确保其安全。"裁军大会呜呼哀哉了，尽管有一些事后努力也没能使它起死回生。法国人已经扣响了军备竞赛的发令枪。颇具法国特色的是，他们接着又不去全力投入这场竞赛。他们的军备预算在筹备裁军大会期间已被削减了，而且要到 1936 年才恢复到 1932 年的水平。

　　裁军大会的完结并不一定意味着战争。还有第三条道路可走：向传统外交手段的某种回归，尽管英国与此相反地大喊大叫。从希特勒登台的那一刻起，谁都开始羞羞答答地一步步向这条道路偏转。墨索里尼是第一个。他从来就不喜欢日内瓦以及日内瓦所代表的一切。作为欧洲的法西斯元老，他因希特勒模仿他而飘飘然，并且想象德国将总是意大利的爪牙而决不会相反。无疑，他料想希特勒的种种恐吓和吹嘘像他本人一样是空的。无论如何，他绝不担心德国的复兴，倒十分欢迎把它作为一种杠杆用来为自己向法国或许后来也向英国——正是英国人出于一时方便而忽视的一点——榨取让步。墨索里尼提议缔结一项四强条约。这四大强国——德国、英国、法国和意大利——自行组成一个欧洲理事会,给其他较小的国家制规立法并贯彻实施"和平的修约"。英国人很高兴。他们也想要向法国人榨取让步——虽然主要是为了德国的利益。由英国和意大利在法国和德国之间进行善意调节,是一个老主意。它神圣地体现在《洛迦诺公约》里,虽然那时墨索里尼只是扮演了一个配角;它在1914年就为约翰·莫莱所提倡,那时他曾力图使英国置身于战争之外;它在1914年还受到过西蒙和麦克唐纳的支持并为他们所欢迎于目前,以致从前的激进党人处在把墨索里尼当作是欧洲和平主要台柱的古怪位置上。希特勒也准备让墨索里尼去为他做好行猎前的预备工作。法国人遭到了监禁——可以说——置于英国和意大利这两个狱吏的看守之下,而一腔愤慨。起初他们默认了,虽然坚持只有得到一致同意包括利益有关的当事国的同意才能把修约付诸实施。接着,他们以德国退出国际联盟为口实彻底毁弃这个公约。它从来没有得到批准生效。尽管如此,它仍然作为意大利政策的基石有好几年,而且继续作为英国政策的基石几乎直到战争爆发。更奇怪的是,在这篇故事结束之前法国人也转回到它上面来了。

　　这个公约当时的主要作用是在东欧。苏俄和波兰两国都对此感到惊恐,不过其后果正好相反。俄国从德国转到了法国一边;波兰则从某种程度上从法国转到德国一边。四个欧洲大国的某种联盟曾经一直是苏维埃政治家们的梦魇;它将会是,他们深信,一场新的干涉战争的前奏。希特勒上台之前,他们曾以鼓励德国对法国的愤恨以及推进在拉帕洛开创的同德国的经济和军事合作来防止这种联盟。现在他们掉转了方向。跟西欧的政要们不同,他们是把希特勒讲的话当真的。他们认定他不仅打算在德国而且要在俄国摧毁共产主义;他们还担心,如果他这样做的话大多数欧洲国家政要们将为他喝彩。他们确信希特勒想要攫取乌克兰。他们自己的利益是纯粹防御性的。他们的世界革命之梦早就消失了。他们的最大忧虑是在远东,在那里——由于他们同中国和睦相处,而日本占领了满洲——他们看来处在日本进攻的紧迫危险之中。最精良的苏维埃部队是在远东;因而苏维埃领导人只要求欧洲不要打扰他们。他们一度谴责过凡尔赛的"奴隶条约",现在他们鼓吹尊重国际法规;忠实地出席裁军大会——从前的"布尔乔亚骗局";甚至还在1934年加入另一个布尔乔亚骗局,即国际联盟。在这里苏俄成了法国人现成的伙伴:一个坚决反对"修约"的大国,这个大国将把他们从英国和意大利的压力下解救出来。1933年期间,这个伙伴关系不知不觉地非正式地形成了。这是一种有限的伙伴关系。俄国人之所以转向法国体系,只是因为他们相信这将为他们提供更大的安全;他们没有预见到它也可能包含更多的义务。他们高估了法国物质上和道德上的实力;而且也像除了希特勒之外的每个人一样,他们高估了书面承诺的效力,尽管他们表面上不受布尔乔亚道德的约束。他们也以为有国际法规站在他们一边乃是一笔资产。但在另一方面,法国人并不想在任何认真的尺度上重建同俄国的同盟。他们不大相信俄国人的实力,更不信任苏维埃的诚意。他们知道,同苏俄的友好关系在伦敦极受非难;而且虽然他们有时被英国催促绥靖感到恼火,他们还是更害怕失去英国哪怕是一丁点的支持。法苏重敦友好是一种再保险,仅此而已。

　　即使这样,它也足以使德国对外政策的主管们惊恐不安了。在他们看来,拉帕洛友谊一直是德国复兴的一个基本要素。它曾经确保不受波兰的侵害,它曾经有助于从西方大国榨取让步;在实用层面上,它曾经助成某些重整军备的非法措施。外交部长纽赖特说:"我们不能没有俄国掩护我们的侧后"。① 他的助理比洛写道:"良好的德苏关系对德国至关重要"。② 只有希特勒不为所动。无疑,他的反共主义是不掺假的;无疑,作为一个奥地利人,他并不怀有在普鲁士保守派中间十分普遍的对俄依恋情结;无疑,他看到德国同苏俄之间的不和将提高他作为反对共产主义革命的欧洲文明卫士的身价。然而,他的直接动机乃是一种十分实际的算计:俄国不可能做任何反对德国的事情。这不仅仅是因为她被波兰从德国隔开了。苏维埃领导人不想做任何事情。相反,他们之所以转到法国一边,是因为他们相信这样做比起继续同德国友好来说,对他们的要求更少,所承担的风险也更少。他们将会在日内瓦投票反对德国;他们将不会采取行动。希特勒看着拉帕洛解体毫不痛惜。

另一方面,波兰倒可以采取反对德国的行动,并且正在谈论要这么做;一再地,虽然空洞地,从华沙传来进行一场预防战争的喊叫。自从 1918 年以来,没有一个德国部长曾经打算过要同波兰建立友好关系,哪怕是作为一种权宜之计;但泽和波兰走廊的伤口砍得太深了。希特勒不受这个成见的束缚就如不受任何其他成见束缚一样。这表现了希特勒已经对德国"统治阶级"控制到何种程度,以致他可以无视他们最深层次的怨恨;也表现了德国民众对他们的所谓冤屈漠不关心到何种程度,以致他的这种漠然处之并没有引起普

---

① 部长会议,1933 年 4 月 7 日:《德国外交政策文件汇编,1918—1945 年》,C 辑,第 1 卷,第 142 号。
② 比洛致纳多尼,1933 年 11 月 13 日:《德国外交政策文件汇编,1918—1945 年》,C 辑,第 2 卷,第 66 号。

遍的不满。一些德国人自我安慰,以为这种放弃对波兰的要求是暂时的;而希特勒也任由他们这样去想。他的真正意图并不十分固定于这个或那个意愿上。从根本上说他对仅仅"修正"德国的边界不感兴趣。他想要使德国在欧洲占主导地位,为此他更关切把邻国变成德国的附庸而不是叼走几片他们的领土。他对意大利就遵循这种政策,这里他放弃了对他来说要比但泽或波兰走廊更加创深痛巨的东西——南蒂罗尔——以换取意大利的友谊。他看准了波兰像意大利那样也是一个"修约主义"大国,尽管她该把她的独立归功于1918年协约国的胜利;因此他相信,像意大利和匈牙利一样,波兰也将被争取到他的一边来。为了获得这样的收益,但泽和波兰走廊是值得付出的代价。希特勒从来没有为兼并领土而兼并领土。就如他后来的政策所表明的,他并不反对保留其他国家的主权,只要它们充当德国的走狗。

但是在波兰这件事上,就像在大多数其他事件中那样,希特勒并不采取主动行动。他让别人为他做他要做的事。统治波兰的毕苏斯基和他的同僚们渴望扮演大国的角色。他们对四强条约感到愤慨,似乎它主要是反对波兰的;当法国和苏俄聚在一起时,他们又感到惊恐。波兰人决不会忘记,在但泽和波兰走廊激起德国的仇恨于他们的西境的同时,他们还占有着十倍于此的非波兰人领土于东部;而且毕苏斯基体制的波兰校官们虽然非常害怕德国,但他们更加害怕苏俄。除此之外,波兰人因曾被奉承为法国在东欧的主要盟友而深感荣幸;仅仅充当一个法苏同盟的前卫的角色就是另一回事了。外交部长贝克总是拥有十足的自信心,虽然没有多少其他优点。他确信他可以同希特勒平起平坐,或者甚至制服这头老虎。他提议改善同德国的关系;于是希特勒表示响应。其结果就是1934年1月德国和波兰之间签署的互不侵犯条约，从摇摇欲坠的安全体系上又拔去了一枚木栓。希特勒摆脱了波兰支持法国的任何威胁；作为回报，希特勒没有声明勾销德国的不满，只是答应不以武力来纠正它们——第二次世界大战之后联邦德国政府也经常使用的堂皇套话。这个协定是希特勒在对外事务上的第一个重大成就；并且给他带来许多后续的成功。在这个协定里存在着一种深层的模棱两可，这是人们在希特勒和贝克这样两个人之间的协议里可以预料得到的。希特勒设想，波兰已经从法国体系被拆离出来，而她确实已经脱离了那个体系。他进一步设想，"校官们"将接受这一事实的逻辑结果。波兰将成为一个忠心耿耿的仆从国，使自己顺从适应德国的计划和德国的愿望。贝克提议缔结这个协定可不是要成为哪个人的附庸，而是要使波兰比以前更加独立。只要波兰依旧只同法国结盟，她就不得不遵循法国的政策，而且在新形势下，或许甚至发现自己处在苏俄的摆布之下。同德国的这个协定使波兰能够不理睬法国的敦促；与此同时她仍旧拥有这位法国盟友可以退而依靠，如果德国成了麻烦的话。这个协定并不是正好在德国和俄国之间作出倾向于德国的选择；它是作为一种机谋，凭借这个机谋波兰将能更加安全地平衡这两个国家。

这些歧异还是将来的事。在 1934 年，这个协定大大增加了希特勒的机动自由。他还没有准备好来利用这一优势。德国的重整军备才刚刚开始，他有许多国内的焦心事够他忙的——同时来自他的老保守派支持者和他自己的革命追随者的反对。这场国内危机直到 6 月 30 日遵照希特勒的命令把制造麻烦的人统统暗杀了之后方才得以克服。一个月之后，兴登堡死了。希特勒继他而成为总统——这是通向最高权力之路的又一步。这对于推行一项冒险的对外政策或者甚至任何对外政策都不是时候。因为希特勒所依赖的事态自行发展一度转而对他不利。是奥地利,他自己的出生地,造成了这番挫折。这个残余国家,哈布斯堡帝国的最后碎片,在 1919 年取得了和平缔造者们人为地强加给它的独立。独立的奥地利是意大利安全的最好保障,是嵌在她同欧洲之间的无害缓冲地带。如果奥地利被并进德国或受德国的控制,意大利就将失去来自欧洲的全部屏障。此外,还有 30 万讲德语的人口住在曾叫做南蒂罗尔而现在叫做上阿迪杰的地方;从前是奥地利人,现在是意大利人,在民族感情上始终是德意志人。如果德国的民族主义在奥地利获胜,这里将成为威胁意大利的另一个缘由。

希特勒知道得很清楚,改善同意大利的关系比起同波兰保持良好关系将带来甚至更大的好处。早在《我的奋斗》中他就把意大利指为命中注定的反法盟友。现在,1934 年谁都能看出在"危险时期"这两个独裁者之间的友谊对于德国将有巨大价值。然而,对于希特勒来说,为了意大利放弃奥地利要比他曾经为了波兰推迟关于但泽和波兰走廊的争论困难得多。不是难在他作为德国人民的领袖;他们对这个所谓的德意志事业很少关心,与此同时他们中的许多人却对但泽和波兰走廊感受强烈。而是难在他作为一个个人,这个人在他成为民族主义领袖于德国之前很久,就已经是一个德意志民族主义者于奥地利了。此外,奥地利问题自身的急剧推进甚至也跟国家和国际安全关键政策的需要相抵触。独立的奥地利境况不佳。自和约签订以来,她从来没有找到过自信心,虽然单从经济上看她干得还不坏。奥地利教权主义者同奥地利社会主义者之间依旧不可救药地互相敌对;即使是来自纳粹德国的威胁也没有能把他们拉在一起。陶尔斐斯,这位教权主义总理,反而让自己听命于意大利;并且在墨索里尼的怂恿下于1934年2月一举既摧毁了奥地利社会主义运动，也摧毁了奥地利的民主共和制度。

这场国内战争又接着激励了奥地利纳粹分子。教权主义独裁统治不得人心；纳粹分子指望把许多原来追随社会主义的人争夺过来。他们收到德国的金钱和装备；他们得到慕尼黑电台的鼓励。然而，他们不像国外势力常常设想的那样只不过是可以任意招来挥去的德国代理人。希特勒要把他们招来是容易的；要把他们挥去可就难了，尤其是当他想到如果他没有成为德国的领袖，他本人也将是一个奥地利纳粹煽动家。能够指望他的最多不过就是他不该主动激化奥地利问题。他在内阁会议上说道："我准备在行将到来的几年里把奥地利一笔勾销，但是我不能对墨索里尼这样讲。"① 德国的外交家们——他们自己无力制止希特勒——希望如果他同墨索里尼直接会面或许能使他让步；于是他们就安排这两个独裁者在6月14日会见于威尼斯。破天荒第一次，不过并不意味着最后一次，墨索里尼要来执行这项对任何其他人都会是过于困难的任务：他要来"节制"希特勒。

这次会见没有达到预期的目的。这两个人在嫌恶法国和苏俄上意气相投；并为此乐此不疲，忘记了在奥地利问题上达成一致。希特勒相当诚实地否认任何兼并奥地利的意图。"一位具有独立见解的人士"应该成为奥地利总理；接着那里应该举行自由选举，随后奥地利纳粹党人将参加这个政府。这是一个简单的解决办法；希特勒将得到他想要的东西而不必为此奋斗。墨索里尼答称，奥地利纳粹

---

① 比洛的备忘录，1934年4月30日；《德国外交文件汇编，1918—1945年》，C辑，第2卷，第393号。

分子必须停止他们的恐怖运动,然后陶尔斐斯将会对他们持更同情的态度——一旦他们变得无害了,他很可能会这样。① 希特勒当然没有为满足墨索里尼的要求做任何事情。他没有试图去遏制奥地利纳粹;他们则为德国6月30日的事态所激励,渴望上演他们自己的血洗行动。7月25日维也纳的纳粹党徒占领了总理府;刺杀了陶尔斐斯;并试图夺取政权。希特勒虽然因陶尔斐斯之死而高兴,却不能做什么事去帮助他的奥地利信徒。意大利部队示威性地开向奥地利边境;希特勒却不得不站在一旁看着陶尔斐斯的继任者舒施尼格在墨索里尼的保护下恢复秩序而一筹莫展。

这场奥地利暴乱使希特勒陷入无端受辱的境地。它也搅乱了墨索里尼本来指望从中获取许多好处的微妙平衡。他曾经设想,德国的政策将会按着它的老路子发展,向法国接着向波兰索取让步,不碰奥地利。他将惬意地平衡于法德之间,从双方获取酬赏,自己却不对任何一方承担义务。突然间他发现处境倒了个:由于奥地利受到威胁,他急需法国的支持而不是相反。墨索里尼不得不成为条约体系的支持者和集体安全的维护者,在此之前他本是修约——以损害别人利益为条件——的倡导者。他的转变受到英国人的欢迎。他们一贯夸大了意大利的实力——至今无法解释为什么会这样。他们从来没有看看意大利经济疲软的严峻事实:她缺乏煤炭,也比较缺乏重工业。在他们看来,意大利简直就是一个"大国";而跟他们自己的有限兵力比较起来,那几百万即使是半武装的兵员看上去当然也是令人生畏的了。他们还轻信了墨索里尼的牛皮。他自称是一个

---

① 纽赖特的备忘录,1934年6月15日;哈塞尔致纽赖特,1934年6月21日:《德国外交政策文件汇编,1918—1945年》,C辑,第3卷,第5、26号。

强人，一个武士长，一位伟大的政治家；他们就相信了他。

法国人开初并不热心。外交部长巴尔都希望在不向墨索里尼付出代价的情况下就挫败德国。他的解决办法是某种东方洛迦诺：法国和俄国共同担保德国东方的现存安排。就如英国和意大利担保西方的现存安排一样。这个计划不为德国和波兰这两个最有关系的大国所欢迎。德国不想让法国在东欧的影响有任何扩展，波兰人则坚决不让俄国重新参与欧洲事务。希特勒以其惯常的等待时机的天赋，坐等着让波兰人去为他破坏东方洛迦诺。巴尔都从波兰只取得一项含糊的谅解，那就是在一种几乎不会出现的情况下，即法国和苏俄哪一天受到联合行动的邀请时他们才能这样做。不管怎样，巴尔都的日子已经屈指可数。1934年10月，南斯拉夫国王亚历山大访问法国以巩固他同法国的联盟。在马赛他被一个曾在意大利受过训练的克罗地亚恐怖分子所刺杀。巴尔都在他的身旁，也被刺客的子弹击伤，躺在人行道上因无人救顾而流血致死。他的继任者皮埃尔·赖伐尔是一个更具现代气质的人，是法国政治家中最聪明或许也最无耻的一位。他以一个极端社会主义者开始其政治生涯；在第一次世界大战期间他站在反战的一边。像许多背宗转向的社会主义者例如拉姆齐·麦克唐纳那样，赖伐尔对苏俄评价颇低而对法西斯意大利评价很高。尽管他听任巴尔都的政策发展到1935年5月的法苏条约，这个条约是空的：从来没有像从前的那个联盟那样通过军事会谈得到加强，从来没有受到任何一届法国政府的认真看待，或许苏维埃政府也没把它当真。法国人从中得到的全部好处就是斯大林对法国共产党的指示，即他们应该不再阻挠国防工作——一项其本身也几乎足以把法兰西爱国者接着又转变为失败主义者的指示。

赖伐尔把他的全部希望都寄托于意大利。他访问了罗马，以为奥地利事件现在已治好了墨索里尼身上的修约主义饥渴症而沾沾自喜。希特勒在他那方面仿佛故意要想巩固那个反德联合阵线似的。他以越发轻蔑的态度铲除了还剩留的对德国军备的限制；并最终于1935年3月宣布恢复征兵制。只有这一次前战胜国显示了抵抗的迹象。1935年4月在斯特雷萨有一次大聚会：麦克唐纳和西蒙，弗朗丹——法国总理——和赖伐尔，墨索里尼本人作为东道主。自从劳合·乔治时代最高委员会的历次会议以来，还没有过这样的大聚会。它是协约国团结的一次最后显耀，是来自胜利时代的一声嘲弄的回响；更加古怪的是，曾经"保证使这个世界一定走向自由民主"的三大强国现在是由几位社会主义叛徒来代表的，他们中的两位——麦克唐纳和赖伐尔——曾经反对过那场战争，而那第三位，墨索里尼则已经在他自己的国家里消灭了民主。意大利、法国和英国一本正经地表示决心维护欧洲的现存条约安排，并抵制任何以武力改变这种安排的尝试。这是一次给人深刻印象的放言高论，不过在已经发生了如此巨大变化的时候来得未免太迟了。三个国家里有哪一个是说话算数的呢？意大利人答应要派遣部队去守卫贝尔福地区①；法国人答应派兵蒂罗尔。但是事实上三大国里每一个国家都希望得到别国的帮助而不作任何回报；而且每一国都乐于看到别国陷于困境。

希特勒在他那方面，刚好在民心舆情上得到了一次有力的增强。1935年1月，萨尔——1919年从德国分割出来——就其未来的归属举行了一次全民公投。这里的居民大多数是产业工人——社会民主党人和罗马天主教徒。他们知道在德国等着他们的是什么：独裁统治，消灭工会，迫害各种基督教教会。然而，在一次无可挑剔的自

---

① 法国东部的城市。——译者注

由选择中，90%的人投票赞成回归德国。这就证明了德意志民族主义的感召力将是不可抗拒的——在奥地利，在捷克斯洛伐克，在波兰。有了这股力量为后盾，希特勒对老式的外交示威毫不担心。斯特雷萨会议之后不到一个月，他就宣布"鉴于其他大国没有履行他们义不容辞的裁军义务"，德国拒绝履行《凡尔赛条约》的其余裁军条款。与此同时，他答应尊重凡尔赛的领土安排和洛迦诺的规定。那个"人为的"安全保障体系完结了——突出地证明了体系不能替代行动，而只能为行动提供机会。在短短两年多一点的时间里，希特勒就已经挣脱了对德国军备的限制；而且从未出现过他不得不面对真正危险的时刻。这两年的经验进一步证实了他从德国政治生活中已经学到的东西。他相信，坚强的神经总会取胜；他的"讹诈"，即使是讹诈，将永远不会被识破。自此以后，他将带着"一个梦游者的确信"向前迈进。接下来12个月里的事态发展只不过更加强了这种确信。

第五章

阿比西尼亚事件和洛迦诺的终结

凡尔赛体系完蛋了。除了法国人谁都感到高兴；因为取代它的是洛迦诺体系，是德国人曾经自愿地接受而希特勒又刚刚自愿地再加肯定的体系。英国人以立即同希特勒达成一项私下交易表明了他们是如何看待"斯特雷萨阵线"的，这项交易把德国的海军（几乎还属子虚）限制为他们自己海军的三分之一。可以为此举辩护的理由是，在裁军大会触礁之后，它不失为挽救海军军备限制体系的一次明智的尝试；然而它很难同斯特雷萨大国刚刚宣称的尊重条约的精神相一致。法国人对英德海军协定表示了极大的不满，他们断言，希特勒本来已处于快要有条件投降的境地，他的神经却由于英国人逃离共同阵线而得以恢复。这个看法，虽然至今仍为法国史学家们所坚持，却没有得到德国方面证据的证实；而看来很可能是希特勒宁愿等待斯特雷萨阵线自行破裂。

他又一次等对了。斯特雷萨会议本来预定要建立一个反对侵略的坚强联盟。结果它反而为各种事件敞开了大门，这些事件不仅瓦解了这个联盟，而且还破坏了国际联盟，并因此摧毁了整个集体安全体系。这些事件集中于阿比西尼亚。它们的外部过程是清楚的；但它们的幕后情景和深层意义在某种程度上至今依然是个谜。阿比西尼亚是意大利野心的一个老目标，也是她1896年在阿杜瓦遭到惨败的地方。为阿杜瓦报仇是法西斯分子自吹自擂的固有内容；不过，比起自从1922年墨索里尼掌权以来的任何时候，这在1935年并不更加急迫。意大利的状况并没有要求一场战争。法西斯主义在政治上没有受到威胁；意大利的经济形势也有利于和平，而不是战争会带来的通货膨胀。意大利在阿比西尼亚方面的外交地位似乎也没有受到威胁。虽然阿比西尼亚在 1925 年就为国际联盟所接纳,这还是在意大利的倡议下完成的——以制止假想中的英国在那里的蚕食;而反对接纳的倒是英国人,他们断言阿比西尼亚太野蛮落后,不配参加日内瓦的文明社团。英、法两国都承认阿比西尼亚是意大利的"势力范围";斯特雷萨的团结精神使得这种承认甚至更加坚定有力。或许是因为美国投机商出现于阿比西尼亚并受到海尔·塞拉西皇帝的欢迎一事使意大利人感到惊恐。不过,这是猜测。墨索里尼本人的说法是,他想利用这样一种有利形势,即意大利已经全副武装——至少在理论上——而其他大国的重整军备几乎还没有开始。他特别指出德国人对奥地利的威胁,这种威胁显然会重新出现。他力图证明意大利军队必须立刻征服阿比西尼亚,以便在德国重整军备就绪时能回师布伦纳山口来保卫奥地利。这种解释看上去是荒谬的。要是奥地利真有危险,墨索里尼理应全神贯注于保卫奥地利而不为阿比西尼亚分心。或许他意识到迟早要失去奥地利因而攫取阿比西尼亚作为一种安慰。更可能的是,他不过是被由他开始的而希特勒现在比他更胜一筹的军国主义虚声恫吓陶醉得失去了理智。

不管怎么说吧,出于种种至今还难以确知的原因,墨索里尼在 1934 年决定征服阿比西尼亚。1935 年 1 月赖伐尔访问罗马时他又得到了鼓励。赖伐尔为了反德阵线急于争取墨索里尼,而且肯定说了一大堆好话。据一种说法,他以赞同的口吻谈到意大利的野心,只要意大利对阿比西尼亚的控制是和平地确立的,如同据说法国是如何控制摩洛哥的那样。根据另一种说法,赖伐尔答应确保国际联盟——如果它卷进来的话——不会伤害意大利,并且尤其是将不会干扰意大利的石油供应。这听起来像是一个事后果真实施了制裁以后编造出来的故事;1935 年 1 月的时候赖伐尔无法预料这种情况将会发生。很可能赖伐尔仅仅以某种一般的方式鼓励墨索里尼,以使他保持良好心情。斯特雷萨会议给了墨索里尼一个试探英国人的机会。他是否这样做了或者他从英国人那里又听到了什么,现在还说不清楚。有一种说法是,墨索里尼同麦克唐纳和西蒙把欧洲政策的各项议题都过了一遍,然后问道,是不是还有什么英国人想要讨论的问题。麦克唐纳和西蒙摇了摇头;于是墨索里尼得出结论,他们对他的阿比西尼亚冒险没有异议。另一方面,外交部的非洲问题专家曾陪同英国大臣们来到斯特雷萨;很难相信他会觉得对他的意大利同行没有什么要说的。无论如何,英国人不可能对红海地区意大利军备的增长视而不见。他们在外交部设立了一个委员会来仔细考虑其影响;它提出的报告认为意大利占领阿比西尼亚将不会影响英国的帝国利益。

这里有一个棘手之处:阿比西尼亚是国际联盟的成员国,英国政府不想看到日本在满洲的行动所造成的难局重演。首先,他们真诚地希望国联依旧是胁迫——以及安抚——德国的工具。其次,他们还越来越受到本国舆论的牵制。拥护国际联盟和推崇集体安全的宣传运动正达到它的最高点。这两个短语解决了许多道义上的两难困境。支持国际联盟,为所有极端厌恶并背弃了《凡尔赛条约》安排的人提供了某种利他主义的外衣;而集体安全,旨在调集 52 个国家的武装力量,则展示了一条不用英国增加军备的抵抗侵略的途径。1934 年秋,那次命名不当的"和平民调"显示,在英国有 1000 万人赞成以经济制裁,有 600 万人赞成甚至以军事制裁来对付某个国际联盟所谴责的侵略者——表达了远非和平主义的观点。要说英国政府仅仅是利用了这种情绪,那是不公平的,英国的大臣们常常跟他们的同代人持有同样的原则和成见;而且在某种程度上他们现在也是这样。不过，这跟他们算计到一场大选正在临近也不无关系。集体安全为分化工党反对派提供了一个绝好的机会，工党中有一派，实际上是多数派，支持国际联盟，而另一派，更加畅言无忌的一派，则依旧反对给这个"资本家"机构以任何支持或同英国"帝国主义"政府的任何合作。

这些全都是推测。没有人知道为什么英国政府会采取他们所实际采取的这个方针；很可能他们自己也不明其究竟。他们决定双管齐下：他们想安抚墨索里尼，但仍想维护国际联盟的权威。1935年6月，那时专管国际联盟事务的助理大臣艾登跑到罗马去，希望把这团乱麻理出个头绪来。他带来一个很实在的提议：英国将给阿比西尼亚一个穿越英属索马里的出海口，作为回报，阿比西尼亚将把一些外围领土割让给意大利。他还带来一个警告：绝不能向国际联盟盟约公然挑战。意大利外交部的专业官员希望接受英国的提议。墨索里尼不为所动。他想要得到一场胜利战争的荣光，而不是一点儿领土调整。墨索里尼和艾登之间展开了一场激烈的会谈——墨索里尼指责英国那种表现在英德海军条约里的伪善，艾登则重申他的高尚原则。艾登怀着强烈的反意情绪回国，此后他一直保留着这种情绪。英国外交部却不那么悲观。它依然希望以某种妥协的办法来解决意大利和阿比西尼亚之间的冲突；它深信阿比西尼亚将起而坚决抵抗。墨索里尼一旦陷入困境就会懂得要有所节制；那时英国政府将安排一种解决办法，既能恢复斯特雷萨阵线，又能重振国际联盟的威望。

正在这个时刻，英国对外政策得到了更强有力的领导。1935年6月，鲍德温接替麦克唐纳成为首相，他借此机会作了一次全面的内阁改组。且不论是不是理该如此，反正约翰·西蒙爵士已因他在满洲事件中的表演丧失了信誉；他被公众舆论认为太调和了，在替侵略者寻找遁词上太机灵了。他现在离开了外交部，由塞缪尔·霍尔爵士来接替。霍尔像20世纪任何一位英国外交大臣一样很有才智——或许不是一个很高的标准。他的弱点是急躁鲁莽。他不怕困难，不回避困难，就如表现在他晚年敢于写一本为"绥靖政策"辩护的书，而其他绥靖参与者却比较明智地保持沉默。霍尔深知集体安全的种种危险——这是一种让英国肩负重担而别国只动嘴皮的体系。但是他以为这些危险也许可以克服，如果英国的政策足够坚定的话；到时候很可能其他国家会跟上来。1935年9月霍尔在日内瓦发表了一位英国政治家空前响亮果决的支持集体安全的主张。当阿比西尼亚在10月真的遭到进攻时，他带头呼吁制裁意大利。国联成员国作出了响应。经济制裁的机构在满洲事件之后就已经建立；现在这个机构就由国联里面除了意大利的三个被保护国——阿尔巴尼亚、奥地利和匈牙利之外的所有国家操作运转起来。这三个国家并不是什么了不得的漏洞。德国和美国这两个国联之外的大国遭控告在制裁体制下严重违规。同样，这也不怎么严重。希特勒在英德海军条约之后正同英国调情；他还乐于看到意大利和法国之间突然争吵起来。因此，在这会儿显出要同国际联盟非正式地合作的样子是值得的。在更加实际的层次上，德国人出于实实在在的经济理由不希望背上一大堆不值钱的里拉，于是削减了他们同意大利的贸易。美国，正处在中立的全盛期，不可能袒护某一方；她禁止同交战双方有贸易关系，由于同阿比西尼亚本没有做买卖，这实际上是对意大利的一种制裁。

真正的弱点是在国联内部。虽然法国人经不起同英国争吵，赖伐尔还是为斯特雷萨阵线的瓦解感到沮丧。原来英国赞成安抚和解并反对集体安全自动起作用的种种论据现在再现于法国人之口。法国实施了制裁；但是赖伐尔现在，即使不是更早的话，向墨索里尼保证，意大利的石油供应将不受干扰。在英国也存在意见分歧。分歧不仅仅存在于"理想主义者"和玩世不恭者之间，前者支持国际联盟，后者则认为集体安全对英国总是包含着风险和负担而又得不到任何补偿。这种分歧也是世代之间的分歧。年轻的一代人，以艾登为代表，强烈地反意大利并更乐意同德国和解。传统主义者，在外交部尤其有势力，则只是担心德国的危险；他们把国际联盟看作是令人讨厌的东西并希望为反德联合阵线把意大利争取回来。范西塔特，这位外交部常务次官就持这种看法；自始至终他都是同意大利联合的毫不改悔的倡导者，他似乎把这看作是解决一切问题的万应灵丹。甚至连温斯顿·丘吉尔这位已经在大敲德国警钟的人也在1935年秋天逗留国外，以免不得不表态支持或反对意大利。表面上英国的政策是坚持集体安全的。在幕后，一些有影响的人士等待时机提出某种妥协方案，这种方案墨索里尼在6月曾经拒绝过。那时，阿比西尼亚皇帝也曾经十分固执——坚信像一个殉道者那样执着于集体安全将会强固他的摇摇欲坠的宝座，这倒确实如此，不过是在比他预想的更久以后。

英国鼓吹妥协的人并没有因他们最初的挫折而气馁。陆军专家们，英国的和其他国家的都一样，坚信意大利虽然极有可能征服阿比西尼亚，但将要花很长时间——至少两个冬天的战斗季节。在这之前，经济困难将会使墨索里尼软下来；而失败将会使阿比西尼亚皇帝软下来。妥协之路就将打开。因此不必着忙。政府还接到一份海军顾问们提交的报告，大意是说地中海的英国海军虽然得到整个本土舰队的增援，仍不足以抗衡意大利的海空联合力量。这就有了另一个小心和拖延的理由：让时间来教训交战双方学会有所节制，远比墨索里尼为更加严厉的压力所挑动来进攻——而且据推测将摧毁——英国海军要好得多。这两种专家意见都大错特错了。陆军专家的意见在不多几个月之内就被证明是错误的，1936年5月意大利军队就征服了整个阿比西尼亚；海军专家的意见则在第二次世界大战最严峻的日子里被证明是错误的，那时英国海军在地中海一次又一次战胜意大利人，尽管比起1935年来条件还要恶劣得多。毫无疑问，这些基本上是犯了诚实的错误。专家们在计算上出了差错。陆军将领们低估了意大利陆军；海军将领们则高估了意大利海军。

但是，事情还不是仅此而已。专家们也是人；技术性意见总要反映提供这些意见的人的政治观点。陆海军将领在他们投入战斗的时候总得确信能打赢这场战争；他们常常寻找决定性的论据来反对一场他们认为在政治上不可取的战争。英国的陆海军将领那时大都上了年纪；他们全都是极端类型的保守党人。他们赞赏墨索里尼。他们发现法西斯主义展示了所有的军事美德。另一方面，他们厌恶国际联盟以及同它关联的一切东西。对他们来说，"日内瓦"就意味着裁军大会，就意味着放弃国家主权，就意味着追求不切实际的理想主义目标。那些正在大肆呼吁制裁意大利的人早些年来一直在谴责英国的军备和英国军事专家。难怪根本不能指望这些军事专家现在会乐意充当那个国际联盟协会的代理人去打一场战争。尤其是海军将领们，巴不得能对那些曾经刁难过他们的人给予回敬，巴不得能宣称，多谢鼓动裁军，英国现在虚弱到了无法冒战争风险的程度。由此，这些纳尔逊的传人便背上了懦夫的恶名，这在早先本来是可以使他们被立即从海军部除名的。

对国际联盟小心翼翼的支持，虽然不足以阻遏墨索里尼，却证明在国内政治上是极其成功的一招。过去两年里，工党反对派曾经在对外事务上尽领风骚。它左右开弓连连击中国民内阁，这会儿指责其未能坚持集体安全，下会儿又指责其破坏了裁军大会。工党希望这样来同时赢得和平主义者和国联支持者两方面的选票。鲍德温灵机一动，扭转了局面。"除了战争以外的一切制裁手段"，这个霍尔预定要在日内瓦鼓吹的主张，就把可怕的两难选择送给了工党。他们应该要求带有战争风险的更强硬的制裁从而丢掉和平主义者的选票呢，还是应该指责国联是一场危险的骗局从而失去国联支持者的选票呢？经过炽烈的争辩，工党决定两者都做；于是其必然后果就随之而来。1935 年 11 月有一场大选。政府已经做到了足以使国联支持者们满意，又不致使那些厌恶想到战争的人感到惊恐。工党因其要求更加强硬的制裁而被打上了好战党的标记。国民内阁以接近 250 席的多数重新掌权。以后看来这似乎是一次伪善的胜利。然而"除了战争以外的一切制裁手段"是大多数英国人，包括工党的支持者们所赞同的政策。他们支持国联，但又不到不惜一战的地步。这个态度是有道理的。如果一个防止战争的机构其活动的结果就是战争，这个机构又有何用？这是 1919 年以来战胜国就一直面对的那个问题的新形式。他们已经打过"一场消灭战争的战争"，他们怎么能接着又打另一场战争呢？

　　随着大选落幕，英国政府不得不面对其后果。要求切断意大利石油供应的呼声在日内瓦日益高涨。这只能以提出一种将会结束这场战争的妥协方案来加以解决。艾登曾在 6 月带去罗马并在那时被墨索里尼拒绝的那个方案，其复活的道路已经廓清。范西塔特对它作了修改，使之对意大利更加慷慨。意大利将得到那片肥沃平原的委任统治权，这片平原是阿比西尼亚新近占有的；皇帝将在山区保有他的古老王国,英国人则以英属索马里兰的一个港口给他作为出海通道(这就是被《泰晤士报》斥为"骆驼走廊"的条款)。12月初霍尔带着这个方案去巴黎。赖伐尔欢迎这个计划。墨索里尼受到他的同样迷误的专家们警告说战事进行得很糟,因而也准备接受它。下一步就是把它在日内瓦提出来;然后,在国联的同意下把它强加于阿比西尼亚皇帝——一个绝妙的范例,以后又重现于慕尼黑,一个运用和平机构来压制侵略的受害者的绝妙范例。但是什么地方出了纰漏。霍尔刚离开巴黎还在去日内瓦的路上,所谓霍尔-赖伐尔计划就赫然出现在法国报刊上。至今没有人知道这是怎么发生的。也许是赖伐尔怀疑国民内阁是否坚定地支持霍尔,于是故意泄露这个计划,以便约束鲍德温和其余的人使之不能反悔。也许是赫里欧或其他赖伐尔的敌人透露这个计划以便毁掉它,因为他们相信,如果国联切实有效地反对墨索里尼,也就能使它转而反对希特勒。也可能根本就不存在什么图谋策划,只不过是法国新闻记者们无可救药寻刺激要表现一下他们跟凯多塞①的交往联系。

  不管怎么样,这次意想不到的曝光使英国舆论大哗。曾经帮助国民内阁重新掌权的真诚的国联支持者们感到受了骗而义愤填膺。霍尔本人则动弹不得,因为他高估了自己作为滑冰冠军的熟练技能而在瑞士冰面上跌破了鼻子。鲍德温起初承认这个计划曾得到政府的认可;接着又抛弃了这个计划以及塞缪尔·霍尔爵士。艾登取代霍尔成为外交大臣。霍尔-赖伐尔计划消失了。其他方面什么都没有改变。英国政府仍旧决心不冒战争风险。他们叩问墨索里尼,他是

---

① 凯多塞(Quai d'Orsay),法国外交部的别称,因位于塞纳河左岸叫做凯多塞(意为"奥赛码头")的地方而得名。——译者注

否反对切断他的石油供应；当得知他反对时，他们就在日内瓦成功地抵制了石油禁运。妥协尚待决定；另一种版本的霍尔-赖伐尔计划正等着一旦作战季节过去就提出来。墨索里尼的手脚太快了，为英国的——以及他自己的军事专家们始料所不及。意大利总参谋部，在初遇困难之后就曾悲观地鼓吹撤退到老边界。墨索里尼不但没有撤退，反倒派去参谋总长巴多里奥，命令他迅速完成这场战争；而且，就这一次，他的命令被执行了。据说，阿比西尼亚的各路军队是被施用毒气而丧失战斗力的。但是，这些军队，就像这个帝国本身，自命的虚饰胜过真实的存在。他们很快就瓦解溃散化为乌有了。5月1日，海尔·塞拉西皇帝离开了阿比西尼亚。一星期之后，墨索里尼即宣告创立了一个新的罗马帝国。

　　这既是对阿比西尼亚也是对国联的致命一击。52个国家曾经联合起来抵抗侵略；他们完成的全部业绩就是使海尔·塞拉西丧失了他的整个国家而不仅仅是丢掉一半。在不切实际上不可救药的是，国际联盟还以允许海尔·塞拉西在国联大会发表一次申诉而进一步冒犯了意大利；然后又因其罪在把国联盟约当真而赶走了他。日本和德国已经退出了国联；1937年12月意大利也随之而去。国联只是靠着对周围发生的事情调转其视线装作视而不见才得以继续存在。当外部大国势力干涉西班牙内战时，西班牙政府向国联呼吁。国联理事会起先答应"研究这个问题"；接着表达了它的"遗憾"，并同意把普拉多博物馆①的绘画收藏在日内瓦。1938年9月，恰好在捷克危机的紧急关头召开了国联大会；它设法在毫不理会一场危机正在展

---

① 普拉多博物馆（Prado），位于马德里，藏有世界上最丰富最全面的西班牙绘画以及其他欧洲画派的杰作。——译者注

开的情况下度过这届会议。1939 年 9 月，没有人费神去通知国联，战争已经爆发。1939 年 12 月，国联以入侵芬兰为由开除了苏俄——国联大会一字不提德国和西方大国之间的战争以忠实地遵守瑞士的中立原则。1945 年，国联召开了最后一次会议以自我了结，并把它的资产移交给了联合国。

国联的真正死期是 1935 年 12 月，而不是 1939 年或 1945 年。头天它还是一个实施制裁的强大机构，似乎比以往任何时候都更加有效；第二天它就成了一件毫无用处的假货，谁都想尽快弃之而逃。致国联于死地的是霍尔-赖伐尔计划的公开。然而，这是一个极其明智合理的计划，跟国联以前从科孚岛争端到满洲事件的调解行动一脉相承。它本来将结束那场战争；既满足了意大利，又让阿比西尼亚拥有一方更切实可行的民族领土。这个计划合乎常识的明理之处，在当时的形势下，正是它的致命弱点。因为国联反对意大利的行动并不是切实可行的政策的一种合乎常识的延伸；它纯粹是在彰显原则。没有什么具体有形的"利益"存亡攸关于阿比西尼亚——甚至意大利也没有这样的"利益"；墨索里尼关切的是要在那里炫耀意大利的威力，而不是去攫取帝国的实际好处（如果真有这类好处的话）。国联诸大国关切的是维护国联盟约，而不是保卫他们自己的利益。霍尔-赖伐尔计划似乎证明了原则同讲求实际的政策不可能结合。这样的结论是错误的：每一个稍有作为的政治家总是把两者结合起来，虽然有多种搭配的比例。但是，1935 年的时候大家都接受了这个结论。从这个时候起直到战争爆发，"现实主义者"和"理想主义者"分站在对立的两边。讲求实际的政治家，尤其是那些掌权的人，推行的是权宜之计的政策而不考虑原则；幻想破灭的理想主义者则拒不相信当权者可以得到支持乃至可以把武器委托给他们。试图弥合这条鸿沟的几个人处境最糟。例如艾登，留在外交大臣位上本是为了从这次外交失败中挽救一些东西；但实际上他不过成了玩世不恭的"政界元老"们，如西蒙、霍尔和内维尔·张伯伦的一种遮掩。甚至高谈集体安全和抵抗侵略崇高主张的温斯顿·丘吉尔，也因为大谈英国需要更大规模扩充军备而见外于理想主义者；因此直到战争爆发始终是孤家寡人，为双方所不信任。当然，在原则和权宜之计之间总存在某种裂痕；但是这种裂痕从来也没有像1935年12月之后的四年里那么巨大。

阿比西尼亚事件还有更直接的即时效应。希特勒以锐利的目光注视着这场冲突，担心一个因胜利而志得意满的国联会接着被用来对付德国，因此更急于在意大利同她的两个斯特雷萨阵线前同伙之间打进楔子。德国削减了同意大利的贸易，其数量之大就像她还是一个忠实地实施制裁的国联成员一样；12月，希特勒极力想要破坏霍尔-赖伐尔计划，甚至答应重返国联——当然是有条件的。当这个计划失败了而意大利武装力量开始取胜时，希特勒就决心利用斯特雷萨阵线的崩溃以自肥。尽管现在没有说明当时他内心想法的确凿证据，这至少看来是对他决定重占莱茵兰非军事区的最可信的解释。希特勒的借口是法国在1936年2月27日批准了法苏条约。他声称，法苏条约已经把洛迦诺的设想和承诺摧毁殆尽；这不是一个十分像样的理由，但是在诉诸英国和法国的反布尔什维克情感上无疑是很起作用的。3月7日的实际出兵行动乃是希特勒神经坚强的鲜明例证。德国实际上并没有可以作战的部队。那些训练有素的老国防军人员现在作为教官分散于这支新的庞然大军之中；而这支新军队还没有做好准备。希特勒向他的表示异议的将军们保证，一出现法国反击的苗头他就会撤回他的象征性部队；但是他毫不动摇地坚信法国不会采取任何行动。

重占莱茵兰一举并没有使法国人感到惊讶。自阿比西尼亚事件开始以来，他们就在忧心忡忡地低头寻思这件事了。1936年1月，赖伐尔离开了外交部，就像霍尔，成为强烈反对霍尔-赖伐尔计划的一个牺牲品。弗朗丹，赖伐尔的继任者，自称更加亲英。他立即赶赴伦敦去讨论莱茵兰问题。鲍德温问道：法国政府已经决定要做什么？法国政府什么决定也没有做过；于是弗朗丹回到巴黎向他的同僚们索取一个决定。他落空了；确切地说，他仅仅弄到一项声明，说是"法国将把她的全部武装力量交由国际联盟支配来反对违反《凡尔赛条约》的行为"。这样，事先就把作出决定的权责从巴黎移交给了日内瓦，在那里国联已经处在全面解体之中。

3月7日，法国内阁在极度激愤中开会。包括弗朗丹和总理萨罗在内的四位部长主张立即采取行动；但是，就如常常发生在法国部长们身上的那种情况，这几位主张强硬的人已经肯定自己是处于少数了才开始提高嗓门的。参谋总长甘末林将军应召与会，并口头上作出了那些神谕般玄妙难解的判断中的第一份判断，在随后的几年里他就是用这种东西来逗弄法国以及英国的政要们的。甘末林是一个非常机敏但没有战斗意志的人；适合于当一名政客而不是一名战士，他下定决心不让政治家们把作出决断的责任推卸到他自己肩上。作为三军首脑，他不得不声称他们随时准备去执行任何可能要他们完成的任务；另一方面，他又要使政治家牢记，如果要使军队能派上用场，他们就必须在它身上花老大一笔钱。其实，甘末林微妙的模棱两可远不止是他个人品性的表现。这种模棱两可反映了这样一种矛盾，即法国既自觉地决心要维护她作为一个大国的传统地位，却又不自觉地但更真实地屈从于某种温和的防御性地位。甘末林或

第五章 阿比西尼亚事件和洛迦诺的终结

许可以高谈主动进攻德国；然而法国军队的防御性装备以及马其诺防线的心理，却使这一切不可能进行。

甘末林以豪言壮语开头。法国军队当然可以出兵莱茵兰并打败那里的德国部队。然后他摊开了困难。他声称，德国已经有近百万人武装起来，其中的30万已经部署在莱茵兰。法国将不得不征召某些类别的后备役人员入伍；而且，如果那里有任何德国的抵抗，就必须实行总动员。更有甚者，这将会是一场长期的战争；考虑到德国的工业优势，法国如果单独作战就没有取胜的希望。必须确定至少能得到英国和比利时的支持。从政治上考虑这也是必不可少的。《洛迦诺公约》授权法国只有在遭到"公然侵犯"的情况下才能单独立即采取行动。但是，德国部队进入莱茵兰这一动作难道就是"公然侵犯"吗？它没有触动法国的"民族领土"；在已经建立马其诺防线的情况下，它甚至在更遥远的将来也不会危及法国的安全。要是法国单独行动，可能发现自己将被洛迦诺诸大国和国联理事会谴责为侵略者。

这是要政治家们去破解的难题。由于法国一场大选在即，没有一个部长会考虑实行总动员；只有少数人支持征召后备役人员。所有关于采取行动的想法都消失了；取代它的是外交。法国人可以把过失从他们自身转嫁到盟友头上，正如甘末林曾经把它从他本人头上推卸给政治家们那样。意大利，虽然是一个洛迦诺大国，在制裁仍旧加诸她的时候当然什么也不会做。波兰声明她将履行1921年法波条约赋予她的义务；但是这项条约严格来说是防御性的，只有在法国确实遭到入侵时，波兰人才有义务投入战争——对此他们知道希特勒目前没有打算入侵法国。波兰人答应如果法国动员他们也动员；另一方面，当问题提到国联理事会审议时，波兰代表却弃权，没有投票反对德国。比利时同样默不作声。1919年的时候，比利时人放弃了他们原有的中立立场并同法国结盟，指望这会增加他们的安全。现在，这个联盟有卷进行动的危险，他们就视之为累赘而突然抛弃了它。

只剩下英国人了。弗朗丹再奔伦敦，表面上是为寻求支持而游说。实际上，他更关切的是把他的责任背过英吉利海峡并把它留在那边。鲍德温表现了他惯常的同情和善意。当他承认英国没有可以用来支持法国的兵力时，他双眼含泪。他又说，无论怎么样，英国的公众舆论也将不允许这么做。这是真的：在英国人们几乎一致认为德国人解放了他们自己的国土。鲍德温只差再加一句，他也赞同这种公众舆论。从英国的角度来看，德国人重占莱茵兰乃是一种进步，也是英国政策的一大成功。在过去的好多年里——即使不是更早的话也是从洛迦诺体系建立以来——英国人就一直敦促法国采取严格的防御性政策，不要为了相当渺远的"东方"事业而卷入战争。只要莱茵兰继续处于非军事化状态，法国人就仍旧能威胁德国，或看来是这样。英国人摆脱不了这样的担心，即1914年的情势可能重演——他们也许会因捷克斯洛伐克或波兰被硬拖进战争，就如1914年他们认为他们就是为了俄国而被硬拖进了战争。德国人重占莱茵兰一举就消除了这种担心。从此以后，法国就有了一项强加于她的防御性政策，不管她乐意与否；而绝大多数法国人对此并没有多大抱怨。

弗朗丹未做太多申辩就接受了鲍德温的否决。他从没有打算由法国采取独立行动。他相信，模仿1914年法国政要的任何尝试将意味着同英国关系破裂；而甘末林已经断言在这种条件下是不可能采取任何行动的。英国人坚持外交解决。因此就必定要搞外交解决。

国联理事会在伦敦开会。只有苏维埃外交人民委员李维诺夫一个人提议制裁德国；而由他来倡导这本身就足以毁掉这个提案。理事会作出决议，虽然不是没有异议，说《凡尔赛条约》和《洛迦诺公约》已遭破坏而失效。希特勒受邀谈判一项欧洲安全的新安排，以取代已遭破坏的办法。他对这个邀请作出反应：他"在欧洲没有领土要求"，想要和平，提议同西方大国缔结一项为期25年的互不侵犯条约。英国人接着以一份详尽开列的问题清单来寻求进一步逐项敲定。对此希特勒根本未加理睬。随之是一片沉默。凡尔赛体系的最后残迹都已消失，洛迦诺体系也随之而去。那是一个时代的结束："胜利"的资本已经用尽。

1936年3月7日标志着一个历史的转折点，不过更多的是在外表上而不是在实际上。从理论上说，德国重占莱茵兰使得法国难以或甚至不可能去援助她的东方盟友波兰和捷克斯洛伐克了；实际上，多年以前她就已经放弃了任何这类念头，即使她当真有过这类念头的话。从防御的角度来看，重占莱茵兰对法国并没有影响。如果马其诺防线真如声称的那样万无一失，那么法国的安全就像以前一样稳固可靠；如果马其诺防线并不那么妙，那么法国任便怎样也从来没有安全过。形势对法国来说也不净是输家。德国以其重占莱茵兰之举花光了那笔曾经给她带来许多好处的无价的资产：被解除武装这笔资产。养军队的目的总是去战胜其他军队。战胜有其自身的政治后果：它会动摇被征服人民的民族意志，从而使他们随时准备去顺从征服者。但是，当不存在另一支军队要去战胜的时候，一支军队又能做什么呢？它可以入侵已经解除了武装的国家；但是那个被入侵国家的民族意志并不会被动摇。这种意志只能用恐怖手段来打破——这就是秘密警察、刑讯室、集中营。这种方法在和平时期很难采用。德国人发现，即使在战争时期，对于那些像丹麦一样他们未经战斗就横行其间的国家，也难以采用这种方法。民主国家尤其无法发展这种恐怖机构，只有在欧洲之外他们的殖民地里有某种程度的例外。因此法国和她的盟友们曾经十分困惑，在德国依旧解除武装的情况下不知如何对付她。一旦她重占莱茵兰并建立起一支大军，那就可以设想以通常的方式——以战争来胁迫她了。西方诸大国固然没有为这场战争做好充分准备；但是在重占莱茵兰之前他们对此是压根儿就没做准备。当时就有一种说法，而且从那时以来屡屡重提，说1936年3月7日乃是完全不用付出一场大战的牺牲和苦难就能制止德国的"最后机会"，最后时刻。从技术上说，在纸面上这是事实：法国人拥有一支强大的军队，而德国人则没有。从心理上说，它同事实正相反。西方各国人民面对这个问题依旧一筹莫展：他们能做什么呢？法国军队可以进军德国；它可以迫使德国人做出一番从此循规蹈矩的承诺；然后它将撤走离开。情势将依旧同从前一模一样，或者，如果有所变化也只会更糟——德国人比以往更加愤愤不平，更加骚动不安。事实上，直到确实有某种东西需要加以对抗，直到凡尔赛清算办法已经完结以及德国重整军备就绪的时候，否则同德国对抗是没有意义的。只有以取胜为目标的国家才能受到被打败的威胁。所以，3月7日乃是一个双重转折点。它为德国的成功打开了大门。它也为她的最终失败打开了大门。

第六章

半武装的和平,1936—1938 年

德国重占莱茵兰标志着第一次世界大战后建立的种种安全保障机制的完结。国际联盟成了一个幻影；德国可以重整军备，摆脱了条约的一切束缚；洛迦诺担保不复存在。威尔逊式的理想主义和法国式的现实主义已经双双失败。欧洲回复到1914年之前存在过的那种体制，或者说无体制的状态。每一个主权国家，不论大小，又不得不依靠武装力量、外交手腕以及合纵连横来保障其安全。从前的战胜国失却了有利条件，战败国也不再处境不利。"国际无政府状态"又故态复萌。许多人，包括一些历史学家，认为这种状况本身就足以说明第二次世界大战的原因了。在某种意义上是这么回事。只要各个国家让他们的主权不受约束，战争就会在他们之间发生——有些战争是蓄意预谋，更多的则是由于估计错误。这种解释的弱点是，既然它说明了一切事情，它也就什么都没有说明。如果"国际无政府状态"总会引起战争，那么自中世纪结束以来欧洲各国就该从来不知和平为何物。事实上那里也有过多次长期的和平；而且1914年之前国际无政府状态给了欧洲自罗马帝国灭亡以来最长时期的和平。

战争很像汽车交通事故。它们的发生有一个共通的总根源，与此同时又有种种特定的原因。每次交通事故，说到底，都是由于内燃机的发明以及人们想要从一地到另一地的愿望引起的。就这个意义上说，"消除"交通事故的不二法门就是禁止机动车。但是，某个被指控危险驾驶的驾车人，如果以机动车的存在作为他的唯一辩护理由，那就蠢透了。警察和法院并不考虑深层的原因。他们总是要为每次交通事故寻找一个特定的具体原因——驾车人方面的错误；

超速、酒后驾车、刹车失灵、路面不好。对战争来说也是这样。"国际无政府状态"使战争有可能发生；但它并不使战争一定要发生。1918年之后，不止一个作者因论证第一次世界大战的深层原因而扬了名；不过，虽然这种论证常常是正确的，它却转移了对为什么那场特定的战争发生在那个特定的时刻这个问题的注意力。这两种探索有不同层次的意义。它们是互补的；它们并不互相排斥。第二次世界大战也同样有着深层原因；但它同时也源于具体的事件，这些事件就值得仔细考察。

1939年之前人们对战争的深层原因谈得比以前要来得多；而这样一来就把这些深层原因看得更重。只有国际联盟取得成功才能避免将来的战争，这成了1919年之后的一句老生常谈。现在，国联已经失败；于是人们立即就说今后战争是不可避免的。有许多人甚至觉得试图用合纵连横和外交手腕等老式手段来防止战争是令人厌恶的。人们还说法西斯主义"不可避免地"引发了战争；而且要是谁相信那两个法西斯领导人本人的公开声明，就不会否认这个说法。希特勒和墨索里尼颂扬战争和尚武的美德。他们使用战争威胁来达到他们的目标。但是，这套做法并非新创。政治家们过去一向这么干。那两个独裁者的夸夸其谈并不比老君主们"把刀剑弄得咯咯作响"更坏；就此而言，也不比维多利亚时代英国公立学校灌输给学童们的东西更坏。那时尽管言词火爆，还是有过多次长时间的和平。即使法西斯独裁者，除非他们已经看到某种取胜的可能，否则他们也不会去打仗；因此，在战争的起因里其他人的慌乱出错跟独裁者本人的邪恶起着同样大的作用。要说希特勒有什么自觉的图谋的话，他或许有意打一场讨伐苏俄的大规模战争；要说他有意打那场真的爆发于1939年对英国和法国的战争，就未必如此了。他在1939年9

月3日就如贝特曼-霍尔韦格在1914年8月4日一样极度沮丧。墨索里尼,不管他怎样自吹自擂,还是拼命地力求置身于战争之外,甚至比备受鄙视的法兰西第三共和国末代领导人还要竭尽全力;只有当他认为战争已经打赢了的时候他才会参战。德国人和意大利人为他们的领导人喝彩;但是战争却不像1914年时那样在他们中间受欢迎。那时,兴高采烈的人群到处庆贺战争的爆发。1938年捷克危机期间德国充满了阴郁的气氛;第二年战争爆发时也不过是无可奈何的顺从罢了。1939年的那场战争,几乎没有人欢迎,比起历史上几乎任何一次战争都更不受人欢迎。

另一种类型的深层原因在1939年之前讨论得很多。那就是认为,经济形势正在不可避免地导致战争。这是那时马克思主义者所信奉的学说;而且由于一再坚持,这个学说也赢得了许多并不自称是马克思主义者的人的认可。这是一个新的思想。马克思本人对它一无所知。1914年之前马克思主义者曾预言,资本主义列强将在他们之间把世界瓜分完毕;而且,就他们预言的战争而言,他们期待的乃是欧洲之外的殖民地人民为民族解放进行的斗争。列宁是发现资本主义"不可避免地"引起战争的第一人;而且只是在第一次世界大战已经在进行的时候他才发现了这一点。当然他是对的。因为1914年时每个大国都是资本主义国家,资本主义明显地"造成了"第一次世界大战;不过,正好同样明显的是它也曾经"造成过"前一代的和平。这就是另一个解释一切因而什么也不能解释的笼统解释。1939年之前资本主义大国英国和美国是最急于要避免战争的国家;而在每一个国度里,包括在德国,资本家是最反对战争的阶级。确实,如果谁要指控1939年的资本家,那就得指控他们和平主义和胆小怯弱的行为,而不是追求战争。

然而，在某种比较有限的意义上可以找到资本主义的罪责。虽然成功的帝国主义列强也许是心满意足的与爱好和平的，法西斯主义，据有人声称，却代表了没落中的资本主义的最后侵略性阶段，而它的势头只能靠战争来维持。这中间有一点真理的成分，但并不多。充分就业（纳粹德国是做到这一点的第一个欧洲国家）很大程度上有赖于军备生产；但是，用其他形式的公共工程，从修建道路到大型建筑本来也可以同样很好地（而且在某种程度上也确实能）做到这一点。纳粹成功的秘诀不是军备生产，而在于摆脱了那时的正统经济学原则。政府开支提供了轻度通货膨胀的所有良性效应；与此同时政治上的独裁统治又以其消灭工会和严格控制汇兑防止了诸如工资或物价上涨的不良后果。即使纳粹制度果真一味依赖军备生产，说它追求战争的论点还是不能成立。纳粹德国并没有淹没在武器的洪流之中透不过气来。与此相反，德国的将军们在1939年一致坚持说，他们还没有做好战争准备，要完成"深度重整军备"还得好多年。因此，没有必要为充分就业担心。在法西斯意大利，那种经济的论点完全牛头不对马嘴。那里不存在法西斯主义经济制度——只有一个由恐怖和蛊惑的某种混合物统治的穷国罢了。意大利完全没有做好战争准备，正如墨索里尼1939年以依旧保持"非交战国"地位所承认的那样。当他在1940年终于冒险一试的时候，意大利的战争准备在每个方面都比她1915年参加第一次世界大战时还要糟。

还有另一种不同的经济解释流行于1939年之前。有人认为，德国和意大利乃是"贫穷"的大国，缺少进入国外市场或获取原料的充足渠道。英国政府一直受到工党反对派的敦促去纠正这些经济不公而不是去参加重整军备的竞赛。也许德国和意大利是"贫穷"的大国。不过,他们究竟想拥有什么呢?意大利已经占领了阿比西尼亚。不仅没能从中获利,她还发现即使耗尽自己有限的资源也几乎不可能把它平定和发展起来。虽然有一些意大利人移居那里,但这件殖民开拓工作是出于威望的考虑来干的;要是把他们留在国内本来会更加省钱也更有收益。战争爆发前夕,墨索里尼一再要求得到科西嘉、尼斯和萨伏依。这些地方中没有一处,可能除了尼斯,可以提供任何经济上的好处;即使是尼斯,也无助于解决意大利国穷人众这个真正的问题。

希特勒的生存空间(Lebensraum)要求,听起来似乎更有道理——有道理到了足以使希特勒本人信服。不过,它在实际上又意味着什么呢?德国并不缺乏市场。相反,沙赫特运用双边协定使德国实际上垄断了同东南欧的贸易;而且类似的计划也正在筹划之中以便从经济上征服南美,可是战争的爆发把这些计划打断了。德国也没有苦于原料短缺。科技才智为那些她无法轻易买到的东西提供了代用品;而且德国在第二次世界大战期间尽管遭到英国的封锁,也绝没有因任何原料短缺而瘫痪,直到她的合成炼油厂于1944年被盟军的轰炸所摧毁,情况才有所不同。生存空间,就其最粗略的意义上说,是指德国人要求获得可以殖民的无主空地。跟大多数欧洲国家相比,德国不是人口过多的国家;而且欧洲哪里都不存在无主空地。当希特勒叹惜"要是我们有一个乌克兰……"的时候,他似乎假定那里没有乌克兰人。他是打算剥削他们呢还是灭绝他们呢?很明显他从来没有认真推敲过这个问题。当德国在1941年真的占领了乌克兰时,希特勒和他的亲信们两种方法都试过——哪种也没有带来任何经济好处。无主空地存在于海外;英国政府把希特勒的这种抱怨当真,常常向他提出殖民地上的让步。他从不回应。他知道,殖民地是一种花钱的东西，至少在它们得到发展之前不是一个获利的来源；无论如何，占有它们就会剥夺他叫冤的借口。总之，不是生存空间驱使德国走向战争。倒是战争或某种好战的政策产生了生存空间的要求。希特勒和墨索里尼不是为经济动机所驱使。像大多数政治家一样，他们有一种成功欲。跟其他人的区别只在于他们的胃口更大，并以更加肆无忌惮的手段来满足这种胃口。

法西斯主义的影响表现在公共道德上，而不在经济上。它永久地败坏了国际交往的风气。希特勒和墨索里尼吹嘘自己不受公认标准的束缚。他们对作出的承诺根本不打算信守。墨索里尼公然违背意大利保证信守的国联盟约。希特勒在头年重申《洛迦诺公约》，只是为了在次年背弃它。西班牙内战期间这两个人公开嘲弄他们所承诺的不干涉体制。当有人怀疑他们的言词或提醒他们违背了诺言时他们还怒气勃发，更变本加厉推行这同一手法。其他国家的政要们对这种无视公认标准的行径感到困惑，却又想不出别的办法。他们继续寻求对法西斯统治者极具吸引力的协议，以争取他们回到诚信守约上来。1938年张伯伦在慕尼黑就是这样干的；斯大林也以1939年的纳粹-苏维埃条约来这样干。这两位后来都对希特勒依旧我行我素发了一通天真的义愤。不过，除此之外他们又能做什么呢？某种性质的协议似乎是除了战争之外的唯一选择；而且直至最后关头始终存在一种强烈的感觉，即某种难以企及的协议就近在眼前。非法西斯主义的政治家们没能逃脱那个时代的玷污。煞有介事把法西斯独裁者当作"绅士"来对待，他们自己就不再算得上是绅士了。英国和法国的部长大臣们，一度仰仗于独裁者并不存在的诚信，当其他人继续表示怀疑时，他们也变得越来越愤愤不平。希特勒和墨索里尼在不干涉一事上公然撒谎；张伯伦和艾登、布鲁姆和德尔博斯也好不了多少。西欧的政治家们蹒跚在一片道义和心智的浓雾之中——有时为独裁者所欺骗,有时自己骗自己,更经常的是欺骗自己本国的公众。他们也开始相信,某种肆无忌惮的政策才是唯一机智的对策。很难设想,爱德华·格雷爵士或德尔卡塞①会把他的名字签在《慕尼黑协定》上;也很难设想列宁和托洛茨基,不管他们怎样蔑视布尔乔亚道德,会把他们的名字签在纳粹-苏维埃条约上。

历史学家必须努力拨开言辞的浓云发现下面的现实。因为在国际事务中仍然存在着现实:不管怎样劳而无功,列强仍力图维护他们的利益和独立。欧洲的格局已因1935年和1936年的种种事件发生了深刻变化。那两个西方大国在阿比西尼亚事件中遵循了所有可能的方针中最坏的方针;它们在两种互相抵触的政策之间犹豫不决摇摆不定,结果在两个政策上都失败了。他们不会为了维护国际联盟而去冒战争的风险或甚至只是墨索里尼在意大利垮台的风险;但是他们也不会为了他而公开抛弃国联。即使在阿比西尼亚的战争已经结束,皇帝成了一名流亡者的时候,这些矛盾抵触仍继续存在。显然,对于那位西方理想主义的不幸受害者,再也不能为他做什么了。制裁偃旗息鼓,内维尔·张伯伦把它斥为"愚蠢至极"给打发了。但是,意大利依旧被谴责为侵略者;那两个西方大国无法让自己去承认意大利国王为阿比西尼亚皇帝。斯特雷萨阵线无可挽回地完蛋了,墨索里尼被迫倒向德国一边。这种结果他是讨厌的。进攻阿比西尼亚,墨索里尼原本是想利用莱茵地区的国际紧张局势以自肥,不是要选择德国。结果他反倒丧失了选择的自由。

---

① 德尔卡塞(Theophile Pierre Delcasse,1852—1923),第一次世界大战前和战争初期曾长时间多次担任法国外交部长,在维持法俄友好和促成法英协约上起过很大作用。——译者注

142　希特勒恰恰在墨索里尼丧失自由的时候找到了自由。洛迦诺体系的完结，使德国成为一个完全独立的大国，再也不受诸多人为限制的束缚。本来可以料想，国际事务上的进一步主动行动会随之而来。不料在近两年的时间里，德国的政策反而安然不动。这个"含义不详的停顿"，丘吉尔这样称呼它，部分是由于这样一个无法避免的事实，即军备计划要花很长时间才能完善；于是希特勒不得不等待直到德国真正"重整军备就绪"——他通常把这个时刻定在1943年。不过，即使他有实力去做，他也对下一步干什么不知所措。无论他的长远计划是什么（他有没有什么长远计划是大可怀疑的），他眼前政策的主要动力一向是"摧毁凡尔赛"。这是《我的奋斗》以及他就对外事务发表的每一次演说的主题。它是一项赢得德国人民一致支持的政策。它还有一个很大的优点，即实际上它其实是自己写就的：在每次得逞之后，希特勒只需看一下和平条约，在那里找到另一项可以摧毁的条款就行了。他曾经设想这个进程要花好多年，而且他会遇到巨大困难。战胜这些困难将囤积越来越高的威望。实际上，摧毁凡尔赛体系以及洛迦诺体系只花了三年时间；而且它激起的警觉如此之少，以致我们今天都会奇怪，为什么希特勒没有干得更快些。1936年3月之后，从攻击凡尔赛和约中再也榨取不到什么威望了。当希特勒后来宣告废除那极少数尚留的不平等条款之一——国际共管德国河流——时，无论是国内或国外都没有人留意。轻易取胜的日子结束了。摧毁某个和约的法定条款是一回事；摧毁别国的独立，哪怕是小国的独立，就完全是另一回事了。此外，采取主动行动从来不是希特勒的办法。他喜欢让别人来为他做他要做的事情；而他则等待那个欧洲体制从内里衰败下去，就像他曾经等待那个和平安排自我解体那样。如果在重占莱茵兰之后希特勒真有某种紧迫的具体的不满，事情本来也许会很不一样。但是，德国的不满却一时供应不足。许多德国人对但泽和波兰走廊情感强烈；但是，同波兰的互不侵犯条约才签订了不到两年。它是希特勒在对外政策上最初的一招；他还不愿反对它。捷克斯洛伐克的德意志人到当时为止几乎还没意识到他们是一个受压迫的少数民族。

剩下的只有奥地利了。1934年7月25日那次莽撞愚蠢的纳粹暴乱以及与之相伴的刺杀陶尔斐斯，对希特勒曾是一次很糟的打击——他所经历的很少几次打击中的一次。他以非凡的机敏从这次挫折中脱了身。巴本，这位曾经帮助希特勒成为总理的轻浮的保守派人物，被派到维也纳去当德国大使。这个人选再合适不过了。这不仅因为巴本是一个忠心伺候希特勒的虔诚罗马天主教徒，因而对奥地利的教权主义教士们是一个榜样，也是同罗马教廷签订政教契约的谈判人。而且他还曾经差一点儿就在1934年6月30日大清洗中被暗杀掉，因而有独一无二的资格去劝说奥地利统治者不必把纳粹的暗杀企图当真。巴本干得不坏。奥地利政府是一个低效率的专制政府。他们准备迫害社会党人，可是不想迫害罗马天主教徒或犹太人。他们甚至准备使用德意志民族主义的用语，只要奥地利还被允许以某种方式继续生存。这配希特勒的胃口。虽然他想要一个在国际事务上依附德国的奥地利，但他并不急于整个儿摧毁奥地利。或许这个念头他甚至想都没有想过。他是奥地利人，足以使他感到让奥地利完全消失是不可想象的，直到这件事碰巧发生了；即使可以想象，他也不欢迎让维也纳（更不用说林茨了）被柏林遮掩而黯然失色。

为赢得奥地利政府的信任花了巴本两年时间。彼此的怀疑缓解了，即使没有完全消除。1936年7月11日这两个国家缔结了一项

"君子协定"——顺便说一句,这是首次使用这个荒谬的用语。这个用语是巴本的一个独特发明;而且他很快就找到了仿效者。希特勒承认奥地利的"完整主权"。舒施尼格则回报以承认奥地利是一个"德意志国家",并同意接纳"所谓的民族反对派"成员参加他的政府。后来的事态发展使这个协定看上去像是双方都在欺骗。事实并非如此,虽然每个签署者当然在协定里听到了他想要听到的东西。希特勒设想奥地利纳粹党徒将逐步渗透进那里的政府,并把奥地利改造成一个纳粹国家。但是他乐于让这件事不知不觉地发生,不要有惹人注目的危机。1936年7月的协定提供给他的,几乎正是他在两年前威尼斯会谈时向墨索里尼提议的东西,只除了舒施尼格没有让路给"一位具有独立见解的人士"。舒施尼格反倒成了这位中立人士,或希特勒希望是这样。他确信维也纳的壁垒会自行倒塌。迟至1938年2月他对奥地利纳粹头目们说:"奥地利问题决不能以一次革命来解决……我想采取渐进的方针,而不是用暴力手段的解决方法,因为对外政策领域里对我们的危险在逐年减小"。①

舒施尼格,在他那方面,则庆幸于摆脱了对意大利的依赖——这种依赖使所有奥地利人都感到嫌恶,而且他们大多数人都知道这种依赖不可靠。在奥地利没有民主制度要拯救而只有一个独立的名称要保留。舒施尼格可以容忍纳粹党徒想要干的一切事情,只有他本人的失踪除外;而他猜想现在他已经没有这个危险了。1936年7月的协定给了舒施尼格以幻影,给了希特勒以实质。两个人都对此感到满意。墨索里尼也感到满意。他除非屈辱地同西方大国重新和好

---

① 凯普勒的备忘录,1936年2月28日;《德国外交政策文件汇编,1918—1945年》,D辑,第1卷,第388号。

就不能保卫奥地利的独立，而且即使这样或许也做不到。他也同样满足于那个幻影——保留了奥地利的名称。在骨子里德国的和意大利的政策之间依旧存在冲突。墨索里尼希望保持他对奥地利和匈牙利的保护国地位，并在地中海主要以损害法国来扩张意大利的势力。希特勒想要使德国成为欧洲的第一大国，意大利至多充当一名小伙伴。双方都不想促进对方的野心；双方都准备利用对方向西方大国的挑战来为自己榨取让步。在这种情况下，讨论实际问题可能很容易导致一场争吵。因此他们代之以强调他们"意识形态"上的相似性——他们两个国家的现代创造性精神，据称这种精神使他们优越于没落的民主国家。这就是罗马-柏林轴心，墨索里尼在 1936 年 11 月大声宣告并指望从此以后欧洲政治将绕之旋转的轴心。

　　希特勒这时正对日本采取同样的政策。在实际事务中，这两个大国也同样没有一致的看法。希特勒想要推动日本去反对俄国和英国，而毋需他本人牺牲德国同中国的密切关系，中国的陆军那时仍是由德国将军组训的；日本则像不能容忍任何其他欧洲大国一样不会容忍德国在远东的活动。每一方都打算让对方去争斗以便自己坐收渔利。里宾特洛甫，希特勒的私人外事顾问提供了解决办法——他的首次成功使他在一年多一点之后当上了外交部长。这就是反共产国际协定，一项谁都不承担行动义务的响亮的原则宣言。既然只是针对共产主义的，它甚至不是一个反对俄国的同盟；而且，如同实际情况后来所证明的那样，这两个国家从未在一场反俄战争中成为盟友。但是，这个协定看上去好像是一个反俄同盟。苏联领导人给弄得胆战心惊；而且，如果有一个决定他们政策的关键的话，它就在这里。他们确信，他们即将遭到进攻——也许是德国，也许是日本，也许是这两个国家的联合进攻。他们最强烈也是最紧迫的担心是他们自己同日本之间在远东的战争。真是莫大的嘲弄,如同历史常常制造的那类恶作剧,这是一场为当时所预见却从未发生的战争。

德国和日本之间的反共产国际协定,连同那个更加含糊的罗马和柏林反共产主义轴心,不只影响了苏联的政策。它对英国和法国也有强烈影响。只要国际关系还运作在某种抽象的基础上,超脱于国内政治,俄国同西方大国就可能走到一起。法国缔结了《法苏条约》;西方大国,多少有点勉强地,接受苏俄作为国际联盟的忠实成员,而且他们自己被李维诺夫对"集体安全"的颂扬羞愧得也对国联表示忠诚。当反共产国际协定把政治观念推到前列时,英法这两个民主国家里的人也对反共主义号召产生感应。他们倾向于在法西斯主义与共产主义的争斗中保持中立,或者甚至站在法西斯一边。他们害怕希特勒作为一个带侵略性的强大德国的统治者;他们欢迎——或许多人欢迎——他作为欧洲文明的卫士去反对共产主义。在这一点上,英国人和法国人之间态度有所不同。许多英国人,尤其在保守党内,说过"宁要希特勒,不要斯大林"。但没有哪个英国人,除了那位法西斯主义头目奥斯瓦尔德·莫斯利爵士①,会说:"宁要希特勒,不要鲍德温——或不要张伯伦——或甚至不要艾德礼"。在法国,1936年5月的那场大选产生了一个由激进党人、社会党人和共产党人组成的左翼多数派。当一个人民阵线的政府随之而来时,保守派和富有的法国人就不仅仅说:"宁要希特勒,不要斯大林",而且还会说:"宁要希特勒,不要莱昂·布鲁姆"。

---

① 奥斯瓦尔德·莫斯利(Oswald Mosley,1896—1980),英国法西斯主义者。曾相继为保守党员、无党派人士和工党党员。1932年创立英国法西斯主义者同盟。第二次世界大战爆发后被拘禁,1943年因病获释。——译者注

为什么似乎已经有所改善的苏俄同西方的关系现在又在走下坡路，这还不是其唯一的原因。1936年俄国的那场大清洗开始了：几乎所有老布尔什维克领导人或被处决或被监禁，许许多多——或许要以百万计——地位稍低的俄国人被遣送去了西伯利亚。第二年清洗扩展到武装部队：总参谋长图哈切夫斯基，5位元帅中的3位，15位大军区司令中的13位，以及许多其他军官经秘密审讯或根本不作审讯就被枪决了。至今没有人知道这场大屠杀的原因。是斯大林专制权力大得发了疯？难道他有根据假定将军们或他的政治对手们正在策划谋取德国的支持搞一场反斯大林主义的革命？要不他自己正在策划同希特勒重新和好并因此消灭掉可能的批评者？据有一种说法是，捷克斯洛伐克总统贝奈斯发觉图哈切夫斯基和另一些人正在同希特勒谈判，于是把证据交给了斯大林。据另一种说法是，德国特务机关自己伪造了这种证据，并把它栽到贝奈斯头上。我们对此一无所知；也许我们永远不会知道。但是，这件事情的效果是错不了的。差不多每个西方观察家都确信，苏俄作为一个盟友是没有价值的：她的统治者是一个野蛮和无耻的独裁者，她的军队一片混乱，她的政治体制很可能一碰就垮。美国大使约瑟夫·戴维斯是个例外。他始终坚持认为那里有过一个真正的阴谋，审判是公正地进行的，而且其结果是苏维埃的力量更强大了。不过，他也是在猜想罢了。没人了解真相于当时；也没人明白真相于现在。1941年苏军勇敢地抗住了德国人，尽管一开始经历了可怕的灾难。这可能证明他们在1936年或1938年也同样是能打仗的军队；另一方面，这也可能表明，即使在1941年他们都还没有为战争做好准备。在这个问题上的一切推测现在都是徒劳的。实际的后果是驱使西方大国死死地耽在他们的防线后面——一个古怪的后果，要知道法苏条约曾是希特勒破坏

《洛迦诺公约》的借口呀。

这两个西方大国在1936年3月事件之后并没有停滞不前。他们着手改善他们的防御地位，或他们以为是如此：主要出于对德国的担心，不过同时也为了缩减同苏俄的联系。当希特勒进军莱茵兰时，英国政府把他们在《洛迦诺公约》下对双方的担保变为直接援助法国的承诺，如果法国遭到直接进攻的话。意思是把它作为一种临时安排，直到谈判产生出一个替代洛迦诺的办法。但是，这些谈判很快就归于一场空；没有找到什么替代洛迦诺的办法。以这种意外的方式，英国作出承诺——有史以来第一次——在和平时期跟一个欧陆大国结成了同盟。这确实标志了某种变化，也许是英国对欧陆事态更有清醒认识的迹象，也许只是更加虚弱的证明。但是，它并不真是那么根本性的变化。与法国有着共同利益的伙伴关系已经存在很长时间了。这个正式的同盟，虽然表面上是一种明确的承担义务，却不是作为行动的前奏提出来的；与此相反，承应它是为了防止法国对占领莱茵兰一事作出任何有力的反应。对于一个同盟的实际考验总是与之相配的军事策划。英国和法国之间的军事会谈在德国进军莱茵兰之后就立即举行了。会谈进行了五天，接着就搁置一旁了。直到1939年2月再也没有举行过。法国并没有从跟英国的同盟中得到更多的安全保障或效力。相反，她得到这么一位盟友，这位盟友不断地对她加以约束，唯恐那个同盟也许不得不生效——倒不是法国人需要多大的约束。

德国重占莱茵兰没有直接削弱法国的防御地位，却很有可能妨碍她说到底并不存在的进攻计划。可是，间接地这一事件有着十分严重的后果。自1919年以来，比利时就一直同法国结盟，两国军队紧密协作。现在比利时人有一个重整军备的德国压在他们的边境。

他们要不要依旧信赖已经证明多么无能的法国盟友呢？或者他们应该偏身一旁，希望躲开正在来临的风暴？他们选择了后者。1936年秋他们退出了与法国的同盟；1937年初他们恢复了1914年之前所持的中立立场。这给法国人造成了一个可怕的战略难题。马其诺防线，一条十分令人生畏的防线，只从瑞士边境延伸到与比利时交界处。到那时为止，法国人一直假定——不过没有多大道理——比利时人将会沿不长的比德边界一线构建某种类似的防御工事。现在他们该怎么办呢？他们要是不侵犯比利时的中立地位，就不能坚持要她构建防御工事，即使加以过问都不行。法国和比利时之间的边界非常长。在它上面筑垒设防其花费之大使人不敢问津。此外，法国人也做不到既试图在此设防，又没有隐含承认他们已经放弃保卫比利时，并把她视作可能的敌人。因此他们就做了人们在面对难以解决的问题时常常做的事情：对它闭上眼睛并装作它并不存在。没有做什么努力去保护毗邻比利时的法国边境。这种玩忽防务的状况甚至到战争爆发之后还在继续。英国部队在1939—1940年的冬季驻防于法比边境，许多军官对它的无防御状况作过报告。他们的申诉说动了陆军大臣霍尔-贝利沙。当他向高层提出这个问题时，他就被解职了。几周后，德国人按预定时间入侵比利时，而且——在联军最高统帅甘末林战略错误的帮助下——在那里取得了他们在1914年没能取得的决定性胜利。

我们对这些后来事态的了解反而使我们难以正确看待战前就英国和法国的政策展开的争论。我们现在知道，在法国的联军被德国人打垮了；因而我们很容易得出结论，即从军事角度来看他们准备不足。这个结论似乎还得到下述数字的加强。1938年，当德国以其总产值的16.6%投在军备上的时候，英国和法国只投上他们的7%。

但是，在我们接受这个解释，即西方大国的失败要归因于他们未能充分重整军备之前，我们应问一问："就何而言算充分？"难道增加了军费开支，举例来说，就会克服比利时这个战略疏忽了吗？通常以为，现在还依旧这么认为，理想的目标是跟一个可能的敌手或敌手集团在军备上相等。其实，这是最没有意义的目标：要么太多，如果某个国家只想保卫自己，要么太少，如果它希望把它的意志强加于另一方。英国海军部就从来没有满足于相等。它把目标定在以决定性的优势超过德国和意大利，而从 1937 年开始还要再加上日本。这个三强标准并没有达到；但其原因是时间不够，而不是经费不足。

就欧洲而言，陆军军备仍然具有决定性意义；于是军备相等的目标在这里就尤其是一种误导。第一次世界大战中，防御曾比进攻强大有力得多：进攻者需要具有即使不是五比一也得是三比一的优势。1940 年的法国战役似乎反驳了这种经验：德国人并没拥有兵员上或装备上的巨大优势就赢得了决定性胜利。其实，法国战役只是证明，即使做了充分防御准备的军队，如果指挥很糟也是可以被摧毁的，除此之外什么也不能证明。后来，英国、苏俄和美国的强大联盟不得不等到拥有五比一的优势才打败了德国。因此，如果英国和法国仅仅希望保护他们自己，稍稍增加一点他们的陆上军备就将使他们能够做到这一点；而且这种增加在 1936 和 1939 年之间也提供得绰绰有余了。另一方面，如果他们想要打败德国并恢复他们在 1919 年曾经享有的支配地位，他们将不得不把他们的军备增加不止是两倍，而是六倍或甚至十倍——一件根本做不到的事情。没有谁会对此表示赞赏。人们死抱着那个叫人误入歧途的军备平等概念不放，相信这不知怎么一来就会给他们不仅仅是安全，还有权势。部长大臣们谈论"防御",可暗指的是成功的防御跟胜利是同一个东西;而他们的批评者则以为成功的防御要么是做不到的,要么跟战败差不多。因此,对"1939年之前英国和法国的军备是不是充分"这个问题不存在简单的答案。就保卫这两个国家而言,它们是足够的,如果运用得当的话;而要防止德国势力在东欧扩张,它们又是不足的。

有一个方面的军备,似乎没有应用那个三比一的通常计算方法。当时普遍相信,空中进攻是无法防御的。鲍德温说"轰炸机将总能穿越"时就表达了这个意思。那时预计,所有大城市在战争爆发时将立即被夷为平地;根据这个设想行动的英国政府,为战争第一周里单单伦敦一地的伤亡所做的准备,就超过了实际上在五年多里全英国所遭受伤亡的程度。设想的唯一对策是"威慑"——一支跟敌人同样庞大的轰炸机部队。无论是英国还是法国在1936年或甚至1939年都不能声称拥有这么一支部队;他们的国务活动家们的胆怯很大程度上就由此而来。所有这些估算最后证明都错了。德国人从来没有计划进行单独的轰炸进攻。他们的轰炸机部队是陆军地面行动的辅助力量,因而不得不临时准备1940年夏天对英国的空中进攻。德国人遭到的回击和挫败,不是来自英国的轰炸,而是来自战前曾受轻慢和比较忽视的英国战斗机司令部。当轮到英国人来轰炸德国时,这对他们自己造成了比对德国人更大的伤害——这就是说,它损耗的英国人员和物资超过它对德国的破坏。没有谁能事先就看清这一点,就算到事后许多人都还是没能领会。战前年头就在这样可怕误解的阴影笼罩下自行其是地流逝了。

战争,当它们到来的时候,总跟人们料想的战争不一样。胜利属于错误犯得最少的一方,而不是属于猜对了的一方。就这个意义上说，英国和法国没有做好充分准备。军事专家们提出了错误的建议和奉行了错误的战略；部长大臣们没有理解专家们告诉他们的东西；政治家和公众则没有领悟部长大臣们对他们说的东西。批评者也并不更接近正确的方针。例如，温斯顿·丘吉尔只不过在要求每一样东西都该多一点上是"正确的"。他没有要求某种不同性质的军备或战略；并且在许多问题上——诸如法国军队的实力以及轰炸的功效等——他还尤其固执于错误。技术上的错误判断是英法失败的主要原因。政治上的困难也起了部分作用，不过比通常断言的要小。在法国，人民阵线政府在 1936 年 6 月上台执政，本指望它可能在反对法西斯国家上会特别坚决；但是它也视推行拖延已久的社会改革为己任。这些温和的改革在有产阶级中间激起了极度怨恨；于是法国的军备遭了殃。当法国军事领导人，他们本身是保守派，要求更多军费开支时，他们无疑是说出了真正的需求；不过他们同时也希望这个增加了的开支会破坏社会改革计划。人民阵线的支持者们——也就是说，这是法国人民的大多数——则针锋相对：因为识破增加某些军费开支的要求是为了阻止社会改革，他们就拒绝相信有必要作任何增加。

英国的军备受阻则出于另一种原因。政府当局不时声称，这是真的，他们受到工党反对派不爱国的和平主义的阻挠；而后来，当事态暴露了政府的种种缺点时，这个借口又被言过其实地加以夸大。实际上，是英国政府有意地把军备开支限制在一个有节制的数额上。政府在下院拥有一个巨大的多数——共有 250 席；即使撇开许多工党成员其实也想增加军备一事不谈，工党本来就无法抵制政府提案。政府动作缓慢是出于政策和经济前景的考虑，远远超过担心工党反对派。丘吉尔最初的抨击迟滞了政府的行动。一旦否认了他的指责，大臣们就很难再去承认他本来是正确的。即使在他们着手增加军备的时候，他们还做得分外小心——正好跟希特勒相反，他常常炫耀他并没拥有的军备。他想动摇对手的神经；他们却想博得他的好感并争取他回到平心静气的谈判上来。因此，为了希特勒的缘故，英国政府竭力使他们的措施看上去既无害又无效，与此同时，他们又向英国公众甚至也向他们自己保证英国很快就会获得安全保障。鲍德温坚决反对设立军需部；而且，当最终被迫认可国防协调大臣这个空头职位时，挑中的人选不是丘吉尔，甚至也不是奥斯丁·张伯伦，而是托马斯·英斯基普爵士——被正确地形容为自从卡利古拉①让他的坐骑当执政官以来一项最离奇的任命。不过，在英国确实有许多这类任命足可编组一个卡利古拉骑兵团的了。

英国政府害怕冒犯经济原则甚至更甚于冒犯希特勒。潘多拉匣子的秘密，沙赫特已经在德国把它打开，美国的新政也已经把它公诸于世了，却依然不为他们所知。固执于稳定的物价和一个坚挺的英镑，他们把增加公共开支看作庞然恶魔，只有真的发生战争时才勉强可行，而且即使到那时也是令人痛惜的。他们丝毫不懂得，花在任何东西上甚至军备上的公共开支都会带来更大的繁荣。跟几乎所有同时代的经济学家（凯恩斯当然除外）一样，他们仍旧把公共财政当作个人理财那样来处理。当某个个人在某些物品上挥霍钱财，那么他能花在别处的钱就少了，于是"需求"也小了。当国家花钱时，这会创造更大的"需求"，并因此增加整个社会的繁荣。今天这对我们来说是显而易见的。那时却很少有人明白这个道理。在我们

---

① 卡利古拉（Caligula，12—41），本名盖约·凯撒，罗马皇帝（37—41 年在位），以残暴和恣意妄为著称，后为其禁卫军长官杀死。——译者注

过分轻蔑地指责鲍德温和内维尔·张伯伦之前，我们应该想一想，甚至到了1959年还有一位经济学家被推举进英国上议院去宣讲政府必须吝啬的教义，正是这个教义在1939年之前使英国的政策显得愚不可及。或许我们也并不更有见识；只不过更加担心，如果这种经济学家得逞会引发公众舆论大哗，会重新出现大规模失业。1939年之前这种失业被视为自然法则；而且政府可以完全真诚地宣称，该国没有闲置未用的资源，可此时却有近200万人依旧失业。

同样，希特勒在这方面又拥有超过民主国家的巨大优势。他最重要的成就乃是战胜了失业；而大多数德国人并不介意他用了什么歪门邪道，只要他做成了就行。此外，即使德国的银行家们反对，他们也没有有效的表达手段。当沙赫特自己日益忧虑时，他也只能辞职；很少有几个德国人对此加以关注。像希特勒那样的独裁政权，可以逃脱通货膨胀的通常后果。由于那里没有工会，工资可以固定不变，价格也可以保持不变；与此同时，严格的汇兑控制——得到恐怖手段和秘密警察的支持——防止了马克的贬值。英国政府却仍然生活在1931年的心理氛围之中：对英镑崩溃的恐惧更甚于对战败的恐惧。它的重整军备措施因此主要不是取决于战略需要，即使知道确有需要的话，更多地取决于纳税人的承受程度；而纳税人一直以为政府已经使英国十分强大因而不会愿意承受太多。限制所得税并取信于伦敦金融城，就被放在首位；军备则放在第二位。在这种情势下，要理解为什么1939年之前英国的战争准备滞后于德国，没有必要归咎于工党的反对。令人惊叹的倒是当战争到来时英国居然准备得如此之好——那是一曲科技创新胜过经济学家的凯歌。

不过，把1936到1939年间发生的一切仅仅说成是英国和法国在战争准备上不及德国和意大利，这种解释就太简单化了。各国政府在决定行动——或不行动之前当然应该权衡他们的实力和资源；他们却很少这样做。在实际生活中，什么也不想干的政府，总是坚定不移地确信自己国家的弱点；而在他们想要行动的时刻，他们又对他们国家的实力变得同样充满自信起来。就拿德国来说，1933年到1936年间为一场大战所做的准备并不比希特勒上台之前她已经做的准备好多少。区别在于他有坚强的神经而他的前任却没有。在这个故事的另一端，英国政府在1939年3月也很少有理由相信英国能比以前更好地直面战争风险——从技术上看，毋宁说恰恰相反。变化是心理上的——由先前毫无道理的胆怯勃发为同样毫无道理的倔强。很少有证据表明，民主国家的统治者（在这种事情上独裁国家的统治者亦然）居然在决定政策之前不抱成见地请教过他们的军事专家。他们总是决定政策于前；然后才要求专家们提供可证明其政策合理性的技术性论据。1935年秋，英法在坚定地支持国际联盟上含糊其词就是这样的；1936年，他们不愿对独裁者采取坚定的立场也是这样。英国的大臣们为了纳税人起见而寻求和平；法国的部长们则为了实施他们的社会改革计划而寻求和平。这两个政府都是由好心老人组成的，这些人非常害怕打一场大战，能避免就尽量避免；要他们在对外事务中抛弃他们在内政上采用的妥协和让步的政策，有违他们的本性。

如果希特勒在重占莱茵兰之后紧接着就进一步更直接地向现存欧洲领土安排挑战，或者要是墨索里尼在蹂躏阿比西尼亚之后立即追求进一步的领土征服，英法部长大臣们的反应或许会大不一样。但是，希特勒保持沉默；意大利则精疲力竭。1936年的最大事端发生在别处——一场意识形态冲突，或看上去是这样，而不是一场直接的实力交锋。这就是西班牙内战。1931年西班牙成为共和国。1936年的一次大选，如同在法国那样，把政权交给了一个激进党人、社会党人和共产党人的联盟——另一个人民阵线。它的纲领更主要的是民主的和反教权主义的，而不是社会主义的。即使这样也足以激怒那些旧的既得利益集团——君主主义者、军人和法西斯分子。各种反民主的叛乱计划早自1934年就在制定了；并得到墨索里尼相当含糊的赞同。1936年7月这些计划爆发为一场全面的军事叛乱。当时普遍认为，这次叛乱是法西斯分子精心策划的征服战略中的又一站——阿比西尼亚是第一步；重占莱茵兰是第二步；现在轮到西班牙了。西班牙叛乱分子被设想为那两个法西斯独裁者的傀儡。对于西班牙历史和西班牙特性的了解，本来应该叫人懂得这种看法是错误的。西班牙人，甚至西班牙法西斯分子，太骄傲太独立了，不会充当任何人的傀儡；而且这场叛乱是在既没有同罗马也没有同柏林作过认真磋商就准备发动的。墨索里尼提供飞机是出于对民主政治的一般仇视。一些德国代理人同情叛乱分子；但希特勒在叛乱实际发生之前并不比其他任何人知道得更多。

　　叛乱分子料想会很快取胜；其他大多数人也料想他们会很快成功。相反，共和政府团结了马德里的工人；在首都打垮了军事密谋分子；并坚持掌控着西班牙的大部分地区。一场长期的国内战争就在眼前。墨索里尼增加了对叛乱分子的援助，先是物资，接着是人员；希特勒以比较克制的规模提供空中支援。在另一方，叛乱爆发10天后，苏俄就开始向共和派输送军事装备。不难理解这两个独裁者为什么要援助叛乱分子。墨索里尼想要让民主政治丢脸，还错误地希望得以使用西班牙的海军基地，以此在地中海上向法国挑战。他希望西班牙法西斯分子能取胜，而且很快取胜，以尽可能减少对意大利贫乏资源的压力。希特勒也很高兴让民主国家丢脸，但是他没有把西班牙内战看得十分重要。他的主要兴趣是在挑动意大利同法国之间的纠纷，而不是确保西班牙法西斯主义的胜利。德国空军把西班牙用作他们的飞机和飞行员的试验场和训练场。除此以外，希特勒对西班牙反叛分子的支持主要是口头上的。当时普遍以为，如果德国和意大利的干涉遭到挑战，他们将亲自出马站在反叛者一边作战。相当奇怪的是，真实情况并非如此。对当时的情势少数有充分文件为据的事实之一是，希特勒和墨索里尼两人都决意不要因西班牙而冒战争风险。要是遭到挑战，他们本来是会撤退的。他们的态度跟英国和法国对阿比西尼亚事件的态度完全一样：采取行动直到战争边缘，但不超出它的界限。1935年墨索里尼揭穿了那两个民主大国是在虚张声势吓唬人；1936年轮到英法的时候，他们却没去揭穿这两个独裁者。

是英国和法国的政策，或缺乏政策，而不是希特勒和墨索里尼的政策，决定了西班牙内战的结局。共和派拥有更多的资源和更多的民众支持。它能够打赢，如果它得到国际法规定它有权得到的正当待遇：外国武器只给合法政府，不给叛乱分子。如果双方都得到外国的援助或双方都得不到外国的援助，它仍能赢得胜利。叛乱分子只有一种取胜的机会，即他们得到外国的援助而共和派却得不到或很少得到；而这种离奇的安排是由伦敦和巴黎，虽然不是故意地，一手造成的。本身也建立在人民阵线基础上的法国政府，其第一冲动是允许向西班牙共和派出口武器。接着疑虑开始了。法国激进党人，虽然在政府里同社会党人合作，反对在国外援助某个据称是共产主义的事业；法国社会党人则害怕被卷进同法西斯大国的战争。政府总理莱昂·布鲁姆跑到伦敦去寻求指点；而他在这里受到了更加断然的约束。英国政府提出了一个看似很诱人的建议：如果法国

158

忍住不去帮助西班牙共和派，那么意大利和德国就能被力劝不去帮助叛乱分子。西班牙人民能够决定他们自己的命运；而且完全有可能，如果不干涉措施真的奏效，共和派将会取胜。我们弄不懂英国政府为什么会提出这个建议。它有违英国政策的传统。大约一个世纪之前，当时西班牙也发生了国内战争，英国就曾积极地武装支持君主立宪制事业，并且拒绝了那个由神圣同盟提倡的不干涉原则。现在，在 1936 年，英国政府却宣称自己的行为完全是为了维护普遍和平。如果所有大国都不插手西班牙，这场内战就可能打得柴尽火灭而不波及文明世界，如同 19 世纪 20 年代希腊起义时梅特涅曾经希望的那样。左翼批评家们指称，政府同情法西斯势力并希望叛乱分子获胜。英国金融家们在西班牙拥有利益，对共和派并不热衷；政府可能受到了他们的影响。三军首脑们对人民阵线也不抱善意。假使西班牙的情势正好相反，在那里出现了某种共产党人的或者即使是激进党人的反叛来反对某个已经确立的法西斯政权的话，或许英国政府就不会那么坚持不干涉了。我们没有办法弄清楚。很可能是怯懦——避免在欧洲出现一个新的冲突主题的愿望——起了最重要的作用；而同情法西斯势力，如果存在这种同情的话，则排在第二位。

不管怎么说，反正英国政府得逞了。布鲁姆接受了不干涉政策。更有甚者，他还说服英国工党领导人支持这个政策，以免使他在法国的处境困难。就这样，英国的国民内阁首先把不干涉政策强加于布鲁姆；他又把它强加于工党领导人；而他们再把它强加于他们的追随者——全都以欧洲和平的名义。在伦敦设立了一个不干涉委员会。所有欧洲大国都派代表参加，并且一本正经地设计防止武器输进西班牙的种种方案。德国和意大利并没假装他们会信守诺言：武器继续从这两个国家源源而来,军事编队也同样从意大利源源而来。西班牙共和派似乎注定要很快灭亡。这时,苏俄打乱了这种美妙期望。俄国人宣布,他们将只能在德国和意大利遵守其诺言的限度内遵守他们的不干涉诺言。苏俄的武器输往西班牙,虽然从来没有达到法西斯国家的规模;这些武器使共和派得以坚持了两年多的时间。

苏俄干预西班牙未必是出于原则的理由。苏维埃政策在斯大林的指导下已经不以其支持共产主义而见称了,更不必说支持民主主义。它曾经听任蒋介石屠杀中国共产党人而不吱一声;而且,要是希特勒愿意的话,它本来也会继续保持同纳粹德国的友好关系。德国驻莫斯科的大使舒伦堡认为,苏俄援助西班牙共和派是为了在大清洗的震荡之后修复它在西欧共产党人中的威望①。或许还有更加实在的缘由。对俄国来说,在西班牙发生冲突远比在自己边境附近发生冲突要好。他们还希望,这场冲突将使那两个西方民主国家同法西斯大国之间互相疏远。不过,俄国人当然不想冒任何把他们自己卷进战争的风险。他们的利益在于使西班牙内战一直打下去,而不是共和派一定要取胜——这与希特勒对待西班牙法西斯势力的态度完全一样。

西班牙内战成了国际事务中压倒一切的主题,而在英国和法国,也成了很动感情的国内争吵的主题。当代民主主义和法西斯主义之间的大搏斗似乎正千钧一发于西班牙。这个外表现象容易使人产生误解。西班牙共和派从来就不是牢固地民主的,而且随着战争的进行,又自然地日益处在控制着军火供应的共产党人指导之下。在另

---

① 舒伦堡致外交部,1936 年 10 月 12 日:《德国外交政策文件汇编,1918—1945 年》,D 辑,第 3 卷,第 97 号。

一方，叛乱分子肯定是民主的敌人，但他们关切的是西班牙，而不是"法西斯国际"，他们的领导人佛朗哥无意将西班牙同任何外国势力或外国事业绑在一起。尽管他给希特勒和墨索里尼飨以意识形态团结一致的堂皇宣言，一旦涉及经济让步，他就是一个强硬的讨价还价者，而在战略问题上，则根本不作让步。叛乱分子赢得了国内战争；出乎大家意料，他们的胜利并没有影响欧洲的总体平衡。法国人没有必要向比利牛斯山调兵遣将，尽管有人说法国的地位因第三条敌对边界而有所削弱。英国人也从来不必为直布罗陀发愁。佛朗哥在1938年捷克危机期间宣布他保持中立——叫希特勒大为恼火。第二次世界大战期间，除了对俄国之外，西班牙依旧正式保持中立；而且即使在俄国，西班牙蓝色师团显示的至多不过是一种道义的（或不道德的）姿态。①

这个奇特的结果很少有人预见到；而西班牙内战在它还在打着的时候却产生了巨大的国际影响。它大大阻碍了英国和法国全国上下团结一致。或许由那次人民阵线获胜的大选所造成的怨恨，已经使得法国人团结一致无论如何不再可能；但是在英国，在希特勒重占莱茵兰之后曾经为形成一个真正全国团结政府作过不少认真的努力。在不干涉问题上的争吵结束了这些努力。自由党和工党指责政府背叛民主事业；而大臣们呢，拿不干涉委员会做挡箭牌为自己辩护，当它的欺骗性暴露出来时也越来越怒不可遏。西班牙内战转移了对于德国实力的复兴所引起的更严重问题的注意力。人们觉得要

---

① 一些机灵思想家甚至辩称，假如原来是共和派取胜的话，希特勒在征服法国之后就会径直入侵西班牙，因此佛朗哥的胜利对盟国有好处。这类对历史的"假设"是无益的。也许有人同样可辩称，一次共和派的胜利将会动摇法西斯势力，以至于不会爆发战争。希特勒止步于西班牙边界，部分因为资源不足，部分因为他对地中海西部地区不感兴趣。西班牙政权的性质对他影响不大。

是佛朗哥被打败了就什么都好办了；他们不再去考虑该如何遏制希特勒。1936年初，温斯顿·丘吉尔曾经似乎是爱国主张和民主观点的集结点。他在西班牙内战中持中立态度，或许甚至稍稍偏向同情佛朗哥。他的威望急剧下降，而且直到1938年夏始终没有在左翼中恢复过来。

这场内战还在苏俄同西方大国之间——或者毋宁说在苏俄同英国之间（因为西方的政策主要取决于英国）打进了更深的楔子。英国政府并不关心这场战争如何结束，只关心它应该赶快结束。意大利政府也同样想要这场战争有个很快的了结，不过要以佛朗哥取胜为条件。英国政要们很容易滑到跟意大利一致的立场。佛朗哥的胜利将结束这场战争；除了对西班牙人外，它不会造成多大的不同；因此付出这点代价是很值得的。希特勒同样也会对佛朗哥的胜利感到满意，即使德国的政策是乐于看到这场战争拖下去。英国人的全部怨恨都转而指向苏俄。迈斯基，这位不干涉委员会里的苏俄代表，揭露它的种种虚伪欺骗，并大发民主主义高论；苏俄的物资补给支撑着共和派。英国政要们寻思，苏俄在乎民主体制吗？为什么她要在如此远离其国土的西班牙无缘无故地进行干预？他们认为这分明是要捣乱，或者甚至更坏，是要促进国际共产主义。一位不抱偏见的观察家可能认为，是意大利接着是德国的干涉，把西班牙内战变成了一大国际问题；英国的大臣们，既为危机发展的前景而焦虑，又为他们自己的反对党所困扰，只看到要是没有苏俄援助共和派的话，这场内战本来很快就会结束。在另一方，在遥远的莫斯科，苏联领导人也逐步确立他们自己的类似的猜疑。他们得出结论，英国政要们就像他们自己漠视国际共产主义那样对民主主义漠不关心，甚至对国家利益也无动于衷。在莫斯科，英国的政策只有作这样一种假定才说得通，即它亟盼法西斯主义的胜利。英国人已经允许希特勒重整军备并摧毁了那个安全保障体系；他们正在帮助佛朗哥在西班牙取胜。可以肯定，不久当希特勒进攻苏俄的时候他们将站在一旁点头称许；或许甚至在这场冒险事业中予以合作。

这些彼此猜疑，给未来打上了深刻的烙印。西班牙内战的即时效应就是使英国政要们急急忙忙去博取墨索里尼的欢心。他似乎掌握着和平的钥匙。有些英国人，例如范西塔特，希望能把他争取回到斯特雷萨阵线并全面对抗希特勒；另一些人，不那么奢望过高，承认已存在轴心国家这个事实而只指望墨索里尼会对希特勒加以节制。墨索里尼已准备作出承诺，虽然不是实际行动。他知道，意大利过去曾经靠着在两个方面之间搞平衡而不是投靠某一方而得利；他还想象自己依旧拥有行动自由。但是，他指望从英国人那里得到的东西超过了他们所能够提供的。他们以为他将满足于在西班牙获胜的威望；他却想以法国的让步抬高自己的身价，这些让步将使意大利在地中海地区占支配地位。这个计划出了一个额外的纰漏，因为得到苏俄军火而有所加强的西班牙共和政府，没让英国人试图安排送给墨索里尼的胜利得逞，反而在瓜达拉哈拉击溃了意大利部队。不过，英国人继续努力。1937 年 1 月，英国和意大利之间达成了一个"君子协定"，彼此庄严保证无意改变地中海现状。5 月，英国发生了政府变动。鲍德温，这位能废掉国王却在跟独裁者交手上不太成功的首相辞职了。内维尔·张伯伦取代他的位置成了首相。张伯伦是个更加冷峻固执、更加务实的人，不能容忍对外事务上的放任自流并自信他能制止这种状况。同墨索里尼达成协议在他看来是紧迫的需要。7 月 27 日，他亲自写信给墨索里尼，为英意关系的不尽人意表示遗憾并建议通过会谈加以改善。墨索里尼谦和地亲笔作答——恰似昔日多次致书奥斯丁·张伯伦或拉姆齐·麦克唐纳那样。

一个不幸的挫折接踵而至。"不明国籍"的潜艇用鱼雷攻击给西班牙共和派运送物资的苏俄船只;有些鱼雷也击中了英国船只。就这一次,英国海军部从睡梦中被唤醒了。外交大臣艾登也被唤醒了。到那时为止他本来不是一个"强人"。虽然是由反对霍尔-赖伐尔计划的普遍义愤推上外交大臣官位的,他曾竭力驱策国联抛弃阿比西尼亚;他曾默认希特勒重占莱茵兰而不作严正抗争;他曾发起主办那个虚伪做作的不干涉委员会。或许在鲍德温把职责交给他的时候他是软弱的;而当张伯伦把职责揽过去的时候他就恨恨不已甚至坚定果决起来了。或许是他已经对墨索里尼的诺言丧失了信任。不管怎么样吧,反正英国和法国召集了一次尼翁会议;并建立起一个地中海海军巡逻制度,它中止了神秘潜艇的破坏行径。这是一次仅有的下不为再的示威,表明墨索里尼对实力示威不敢怠慢。然而这次示威本身不能解决什么问题。容忍德国和意大利干涉西班牙的种种政治理由依然如故。尼翁会议只不过订下这么一条规矩,即这种干涉不得采取大国之间发生冲突的形式。

远东局势现在又提供了使英国人不敢在地中海采取进一步海军行动的追加理由。1937 年 7 月,中国和日本之间的冷淡关系转变成公开的战争。在 18 个月之内,日本人控制了中国全部沿海地区,切断了她的大部分外援并且还威胁到英国在上海和香港的利益。中国人又一次向国际联盟呼吁;这个垂死的机构只能把这个呼吁提交给在布鲁塞尔召开的大国会议。在先前满洲事件的时候,英国人曾经受到一阵猛烈的颇为冤枉的道义指责:他们似乎是在反对美国的不承认主义而不是去证明不承认主义无助于中国。在布鲁塞尔,英国人首先出了一口怨气:他们表示愿意支持美国人将要提出的任何援助中国的建议。像从前一样，美国人什么也没有提出来，他们既想享受不承认主义的道义上的满足，也要得到有利可图的对日贸易的物质上的满足。不承认主义是美国人发明的一种机谋，无疑是无意识的，以推动别人——尤其是英国人——去反对日本人。美国人会表达义愤；英国人去充当打手。这不是一个有吸引力的提议。布鲁塞尔会议在帮助中国上一无作为；它甚至没有干预对日本的军火供应。英国人允许通过滇缅公路把一些补给运达中国；但是他们主要关切的是加强自己在远东的地位，以应对未来的难局。欧洲问题和远东问题之间的交互作用现在很难追踪其详情细节；外交部的各个部门以各自独立的途径进行工作。但是，联系是存在的。仅英国一国还在试图既是欧洲大国又是世界大国一身两任。这种试图不是她的实力之所能及；于是，每当她试图在另一个势力范围有所作为时，在这一个势力范围里的难局又使她逡巡不前了。

布鲁塞尔会议还对英国和美国之间的关系产生某种决定性影响。英国的政策长期以来有一个固定点：不同美国人争吵。它从来没有偏离这一点。20 世纪 20 年代它还更进了一步：它曾力图把美国拖进欧洲事务并欢迎美国参与诸如赔款和裁军问题。这种参与由于伴随着罗斯福和民主党人胜选而来的"孤立主义"而终止了。美国人忙于新政，无暇顾及欧洲乃至远东。他们所能提供的只是道义上的非难；而且这种非难较少指向独裁者，较多指向那些未能抵抗独裁者的大国。英国和法国为他们没有搭救阿比西尼亚受到指责；为他们在西班牙内战一事上胆小怕事受到指责；为他们对希特勒总体表现懦怯受到指责。不过，在这些事例中美国根本什么也没做，除了保持一碗水端平的中立，而这种中立常常有利于侵略者。布鲁塞尔会议表明在远东将同样如此。列强被请来看在美国面上一起服膺不承认主义。但是，如果他们抵抗日本，却没有可能得到美国的援助。相反，日本将会用美国的装备来战胜他们。

美国的孤立主义完成了对欧洲的孤立。学院派评论家们正确地指出，如果那两个世界大国，苏俄和美国被拖进欧洲事务的话，那两个独裁者的问题就得以"解决"了。这种评述是一种心愿，而不是一项政策。西方政要们本来是热切地想获得来自大西洋彼岸的物质支持的。人家没有提供。除了在太平洋上，美国还没有武装起来；中立立法使他们甚至无法充当供应基地。罗斯福总统能够提供的只有道义上的告诫；而这正是西方政要们害怕的东西。它会在应付希特勒和墨索里尼时束缚他们的手脚；它会阻碍他们已经准备作出的让步。英国和法国已经拥有太多的道义资本；他们缺少的是物质力量。可从美国什么也得不到。

同苏联合作引起了别样的问题。苏维埃政要们渴望在欧洲扮演角色，或者看来是这样。他们支持国际联盟；他们鼓吹集体安全；并且拥护西班牙的民主事业。他们的真正意图却是一个谜。他们真的热心于集体安全吗？或许他们主张这样做仅仅是为了把西方大国引入困境？苏俄有没有什么有效的实力？即使她有这个实力，究竟会不会使用它呢？苏维埃政府在不干涉委员会中采取的方针无懈可击。在西班牙事情看来就不一样了，在那里苏维埃的补给物资被用来在民主军事力量之上建立某种共产党专政。在西方政要们看来十分清楚，只要苏俄抛弃共和事业，西班牙内战就会立即结束。因此，从实际上看来，阻碍和平的捣蛋鬼是俄国人而不是法西斯独裁者。艾登给西方大国的政策目标下的定义是"不惜一切代价的和平"。有苏俄和美国在场，便很难支付那笔代价。他们可以大方地提出道德义愤；西方大国却不得不跟独裁者共处。西方政要们希望欧洲解决自己的事务，完全摆脱那些叫人记住民主、集体安全以及和平安排神圣性的种种唠叨。

或许，这里还有一种戒备外部干预的共通的欧洲猜忌心理，一种要显摆欧洲国家依然是伟大强国的半明不暗的欲望。那场召请新大陆来补救旧大陆的平衡的实验已经在第一次世界大战中尝试过了。美国的干预曾经是决定性的；它曾使协约国得以打赢那场战争。20 年之后，其结果看来不那么令人满意。胜利并没有解决德国问题；相反，这个问题依旧沾在英国和法国的手上，而且比从前更加无法解决。回想起来，假如他们被迫同 1917 年的多少还比较温和的德国达成某种妥协的和平，岂不是更好吗？无论如何，难道他们现在不该为这样一种妥协而努力吗？即使美国再次被说动来进行干预，事后他们还是要再次撤离；于是西方大国将不得不再次由他们自己来跟德国了结。至于苏俄的干预，那就更可怕了——它成功了好还是失败了好呢？如果德国打败了俄国，德国将会强大到无法容忍的程度。然而，换了苏俄取得胜利，事情甚至更糟。这将意味着共产主义席卷全欧，或者人们设想是那样。西方政要们想要尽可能地维持现状；他们不可能在美国的或苏俄的支持下达到这个目的。

这就是半武装的两年和平里的重大决定。很可能没有什么东西能把苏俄和美国及时带进欧洲事务。出于当时看来似乎令人信服的诸多理由，西方政要们竭力要把他们排除在外。欧洲的统治者们言行举止好像他们还生活在梅特涅或俾斯麦的时代，那时欧洲仍是世界的中心。欧洲的命运是在一个封闭的圈子里解决的。和平谈判几乎完全只限于在严格意义上的欧洲大国之间进行。战争，一旦来临，也将是一场欧洲的战争。

第七章

德奥合并：奥地利不复存在

两次世界大战之间分水岭的宽度正好是两年。前一次大战于1936年3月7日德国重新占领莱茵兰时告终；后一次大战于1938年3月13日德国吞并奥地利时开始。从那时起，变化和动荡几乎没有间断过，直到第二次世界大战的战胜大国的代表于1945年7月在波茨坦举行会议为止。是谁掀起这场风暴和开始推动事件发展的？公认的回答是明明白白的：那就是希特勒。他如此行动的时刻也是大家公认的：那就是1937年11月5日。我们掌握了那天他讲话的记录。这份文件叫"霍斯巴赫备忘录"，它是依照记录者的名字取名的。人们认为这份记录暴露了希特勒的计划。在纽伦堡审讯中把它大派用场；《德国外交政策文件汇编》的编辑们则说"它提供了1937—1938年德国外交政策的梗概"。① 因此它值得详细考察。也许我们会在其中找到对第二次世界大战的解释；也许我们只会找到一则传奇的来源。

　　那天下午，希特勒在总理府召开了一次会议。出席者有国防部长勃洛姆堡，外交部长纽赖特，陆军总司令弗立契，海军总司令雷德尔，空军总司令戈林。希特勒的讲话占了会议大部分内容。他一开始就对德国需要生存空间进行全面的阐述。至于将在什么地方找到生存空间，他没有具体说明——也许在欧洲，不过他也讨论了从殖民地获利。但是必须有所获利才行。"德国必须向那两个为仇恨驱使的对手英国和法国算账……德国的问题只能用武力手段来解决，这绝不会没有附带的风险"。将来什么时候和怎样动用武力？希特勒

---

① 《德国外交政策文件汇编,1918—1945年》，D辑，第1卷，第29页脚注。

讨论了三种"情况"。第一种"情况"是"在 1943—1945 年期间"。在这个时期之后,形势只会变得每况愈下,1943 年应该是行动的时机。第二种情况是法国发生内战;如果这种情况发生,"对捷克人采取行动的时候就来到了"。第三种情况是法国和意大利发生战争。这种情况可能在 1938 年出现;而且,"我们的目标应该是同时推翻捷克斯洛伐克和奥地利"。这些"情况"没有一个成为事实;所以这三种情况显然没有提供德国政策的蓝图。希特勒也没有详细论述它们。他接着证明德国无需打一场大战就能达到它的目的;在他看起来,"武力"显然是指战争威胁,而未必是战争本身。西方大国太受牵制,过分胆怯,以致不会进行干预。"英国几乎可以肯定,甚至法国也可能,已经把捷克人勾销了,并承认这样的事实:这个问题将在适当的时候由德国来加以解决"。没有别的大国会进行干预。"波兰——俄国在它的背后——将几乎不想同胜利的德国作战"。俄国将受到日本的牵制。

希特勒的讲解大部分是白日做梦,与现实生活中随后发生的事风马牛不相及。即使真有所指,它也不是要求采取行动的号召,无论如何不是要求采取大战行动的号召;它是在证明没有必要进行大战。尽管对 1943—1945 年做了初步讨论,它实际的核心是考察 1938 年和平取胜的可能性,那时法国会把心思用在别处。希特勒讲话的听众对此保持怀疑态度。三军将领坚持认为法国军队比德国军队占优势,即使此外还和意大利交战。纽赖特怀疑法国和意大利是否会即将在地中海发生冲突。希特勒对这些怀疑充耳不闻,他"深信英国不会参加,所以他不相信法国可能会对德国采取交战行动"。从这个杂乱无章的阐述中只能得出一个可靠的结论:希特勒是把宝押在命运的某种意外转折上,他是在打赌这种意外转折将会给他带来外交上的成功,正像一个奇迹使他在 1933 年当上了总理一样。在这里,不存在具体的计划,不存在对 1937 和 1938 年德国政策的指令。或者即使有指令的话,那就是等待事态自行发展。①

那么希特勒为什么召开这次会议呢?这个问题在纽伦堡审判时没有人问及;历史学家们尚未问过这个问题。然而可以肯定,历史学的一个起码规矩,就是不仅要问一份文件的内容是什么,而且要问它为什么会产生。1937 年 11 月 5 日会议是一次奇怪的集会。只有戈林是纳粹党人。其他的人都是老派保守派,他们仍然身居要职,是为了控制希特勒;除雷德尔外,他们都将在三个月内被解职。希特勒知道,除戈林外,他们都是他的反对者;他也不怎么信任戈林。他为什么向他不信任的而且不久要解职的人泄露他内心深处的思想呢?这个问题有一个容易的回答:他并没有泄露他内心深处的思想。外交政策中没有任何危机足以引起广泛的讨论或广泛的决定。这次会议是国内事务中的一次运作。一场暴风雨正在酝酿中。沙赫特的财政天才能使重整军备和充分就业成为可能;但此时沙赫特在进一步扩大军备计划上却踌躇不前。希特勒害怕沙赫特,而且无法对他的财政论据作出辩解。他只知道这些论据是错误的;纳粹政权无法放松其势头。希特勒想要把沙赫特同其他保守派隔离开来;所以他必须争取他们赞成一项增加军备的计划。他那一番地缘政治讲解没有别的目的。这一点霍斯巴赫备忘录本身就提供了证据。备忘录最后一段写道:"会议的第二部分涉及军备问题"。毋庸置疑,这才是召开会议的理由。

---

① 霍斯巴赫备忘录,1937 年 11 月 10 日:《德国外交政策文件汇编,1918—1945 年》,D 辑,第 1 卷,第 19 号。

与会者自己得出了这个结论。希特勒离开会议之后，雷德尔抱怨德国海军今后若干年没有力量面对战争。勃洛姆堡和戈林把他拉到墙角，在那里解释说，会议的唯一目的是催促弗立契要求一项更大的军备方案。纽赖特当时没有发表意见。现在有一种说法是，他几天之后完全了解了希特勒的邪恶意图，接着便经受了"几次严重的心脏病发作"。心脏病发作一事首次于1945年透露出来，当时纽赖特正作为战犯受审讯；1937年或后来若干年里，他都不曾有过健康欠佳的迹象。弗立契草拟了一份备忘录，坚持认为德国军队一定不得面临对法国发动战争的危险，并于11月9日将这份备忘录交给希特勒。希特勒回答说，不会有任何真正的危险，总之弗立契要更加努力以加速重整军备，而不要涉足政治问题。尽管受到了这样的阻碍，希特勒的策略还是得逞了：从此以后，弗立契、勃洛姆堡和雷德尔便不赞成沙赫特的财政顾虑了。参加11月5日会议的人当中谁也没有再想到它有其他什么含义，直到戈林看见这份记录在纽伦堡审讯中提出来作为他有战争罪行的证据来控告他为止。从这时起，它一直困扰着历史研究的多个重要领域。它是认为第二次世界大战起源没有任何东西再可发现的看法的基础。据称，希特勒在1937年11月5日就对战争作出决定，并对战争作了详细计划。然而，霍斯巴赫备忘录并不包含此类计划，而且如果不是在纽伦堡审判中大讲它包含这样的计划，也绝不会有人作如是设想。备忘录告诉了我们已经知道的东西，即希特勒（和所有其他的德国政治家一样）打算使德国成为欧洲的支配性大国。它还告诉我们：他推测这可能会怎样发生。他的推测是错误的。这些推测与1939年实际战争爆发几乎没有什么关系。一个提供赛马情报的人，要是只达到希特勒的精确度，是不会为他的客户带来好处的。

这些推测既是不相干的，又是错误的。希特勒并没有制定征服世界或关于别的任何事情的计划。他认为，别人会提供机会，而他会抓住那些机会。他在1937年11月5日设想的机会没有出现。可是其他的机会出现了。因此我们必须在别处寻找那个提供机会的人，这个机会希特勒会加以利用，而那个人也就这样给走向战争以第一推动。显而易见，内维尔·张伯伦堪为起这一作用的候选人。从他1937年5月担任首相时起，他就决心要有所建树。当然他决心采取行动以防止战争，而不是引起战争；但他认为战争不能靠无所事事来防止。他憎恶鲍德温多疑的、安闲的放任政策。他不相信艾登半心半意地推行的同国际联盟有联系的犹豫不决的理想主义。张伯伦带头迫切要求增加英国的军备。同时，他对其中所涉及的财力浪费感到不满，并认为这是不必要的。他深信，军备竞赛是来自于大国间的误解，而不是来自于根深蒂固的对抗或一个大国想统治世界的阴险计划。他还认为，不满的大国——特别是德国——有合理的苦情，这些苦情应予以补偿。他在某种程度上同意许多并非马克思主义者的人所持有的马克思主义观点，即德国的不满有经济上的原因，例如无法进入国外市场。他更多地同意"自由主义的"观点，即德意志人是遭受民族不公正待遇的受害者；他不难辨认这种不公正之所在。奥地利有600万德意志人，而1919年的和约仍然禁止他们实现民族统一；捷克斯洛伐克有300万德意志人，他们的愿望从未得到考虑；但泽也有35万德意志人，众所周知他们属于德国。近代的普遍经验是，民族的不满不可冒犯，也不可压制——张伯伦自己曾不得不对爱尔兰和印度勉强承认这一点。人们普遍相信（虽然经验不怎么支持）：一旦民族的要求获得满足，那些民族就会感到满意与愿意和解。

这就是安定欧洲的计划。它是张伯伦制定的,而不是希特勒强加于他的。这些想法颇为流行,几乎所有关心国际问题的英国人都赞成。只有两个集团持异议。一个很小的集团否认民族要求的正当性。他们认为:政策应由大国的问题而不是道德的问题来决定;民族主义应服从于国家安全。丘吉尔近来刚孤军奋战进行过一场反对向印度让步的运动;他反对向德国让步是此举的合乎逻辑的续篇。范西塔特和外交部的某些高级官员持差不多相同的看法。这是使多数英国人感到震惊的看法,由于它显然玩世不恭,所以使持有这种看法的人丧失了对政策的影响力。人们认为,大国强权曾在第一次世界大战期间以及后来屡经尝试,它失败了;道德应该取而代之。在自由党和工党中占有显要地位的一个较大集团,承认德国要求的正当性,但认为只要希特勒继续执政,这些要求就不应得到满足。他们厌恶希特勒的是他在国内的暴政,特别是他对犹太人的迫害;但他们接着由此断言,他的外交政策旨在征服,而非要求给予德国平等待遇。对这一点可以做这样的辩解:不干涉他国内政是英国外交政策的长期传统,是约翰·布赖特①及张伯伦的父亲②在他激进主义年月里所提倡的,张伯伦对纳粹德国恰恰采取了劳工运动曾经常要求对苏俄也应采取的态度。对这一点还可以做这样的辩解:希特勒主义是"凡尔赛"的产物,并将随"凡尔赛"消失而失去其邪恶

---

① 约翰·布赖特(John Bright,1811—1889),英国政治家、演说家,曾热情提倡消灭个人之间和民族之间的不平等现象,反对英国参加克里米亚战争,在美国南北战争期间,则主张坚决支持北方,等等。在 19 世纪 50 和 60 年代,他的演说曾风靡一时。——译者注
② 张伯伦的父亲即约瑟夫·张伯伦(Joseph Chamberlain,1836—1914),英国政治家,起初身为自由党激进派时,曾提倡社会改革,获得了社会改革家的名声。曾先后使自由党和保守党分裂,日后被丘吉尔称为"呼风唤雨"的人,被视为 19 世纪和 20 世纪之交最重要的英国政治家之一。——译者注

性质。这些论据是有力的，虽然不是决定性的。仍然有许多人想抵抗希特勒；但他们的立场始终有一个弱点：他们承认误以为是由他提出的主张是正当的，而只是否认他有权提出这些主张。他们试图把德国和希特勒区别开来，坚持认为德国是正确的，而希特勒则是错误的。使人遗憾的是，这种区别不是德国人愿意划分的。

无论如何，张伯伦深信他的计划是会奏效的。他的动机始终是使欧洲普遍安定。推动他的是希望而不是恐惧。他没有想到英法两国没有能力反对德国的要求；相反，他设想德国特别是希特勒会对自己主动作出的让步感恩戴德——这种让步如果希特勒未能以同样的善意做出回应，也可以不给予。张伯伦和希特勒都喜欢事必躬亲。他把在劳资纠纷中名声大噪的一个专业调解员霍拉斯·威尔逊爵士当作是他外交事务的首席顾问；他不怎么重视外交部的意见。他首次试探希特勒就是通过当时任枢密院议长的哈利法克斯子爵来做的，而不是通过外交大臣艾登。哈利法克斯具有独特的天赋：他始终居于事件的中心，但又设法留下这样的印象，他和这些事件没有关系。当1940年内阁倒台时，张伯伦以及所有跟战前的英国政策有关系的其他人都无可挽回地名誉扫地了。而哈利法克斯，此人大部分时间作为外交大臣所负的责任仅次于张伯伦，却一身干净；而且能被乔治六世和许多其他人——包括工党领袖们——认真提名担任救国政府首脑的适当人选。这是怎么回事，至今无法解释。

1937年11月19日，哈利法克斯在贝希特斯加登会见希特勒。那是哈利法克斯惯做的非正式访问：其官方名义是到德国参观柏林狩猎展览会。哈利法克斯所说的话都是希特勒想听的。他赞扬纳粹德国"是欧洲反对布尔什维主义的堡垒"；他同情德国过去的不满。他特别指出了某些问题，在这些问题上，"随着时间的推移，也许注定要发生可能的变化"。这些问题是：但泽、奥地利和捷克斯洛伐克。"英国乐见任何变化将通过和平演变的过程发生，将避免使用造成影响深远的动乱的方法"。① 希特勒洗耳恭听，偶尔起身漫步。他按他的通常方法保持被动态度：接受别人的提议，而不自己提出要求。这是用哈利法克斯自己的话语确认了希特勒两个星期前告诉将领们的话：英国不会试图维持中欧的现行解决办法。有一项附带的条件：变化必须是在没有一场全面战争（"影响深远的动乱"）的情况下发生。这正是希特勒自己所想要的东西。哈利法克斯的话如果有任何实际意义的话，那就是邀请希特勒在但泽、捷克斯洛伐克和奥地利加紧德意志民族主义的煽动；此外还保证这种煽动不会受到来自外部的反对。这些提示也不单单来自哈利法克斯。在伦敦，艾登告诉里宾特洛甫说："英国人认识到，德国和奥地利之间更密切的关系有朝一日必将发生"。② 法国也传出同样的消息。巴本在访问巴黎时"惊讶地注意到"，总理肖当和当时的财政部长博内"认为对法国在中欧的政策重新定位，完全有讨论的余地……"。他们"不反对德国通过演变的方法显著地扩大在奥地利的影响"；也不反对"基于将捷克斯洛伐克改组成一个多民族国家的构想，显著地扩大德国在那里的影响"。③

所有这些言论加强了希特勒的如下信念：他几乎不会遇到英法两国的反对。它们没有给实际的战略问题提供一项解决办法：怎样

---

① 1937 年 11 月 19 日备忘录；11 月 22 日外交部通知：《德国外交政策文件汇编，1918—1945 年》，D 辑，第 1 卷，第 31 和 33 号。
② 里宾特洛甫致纽赖特，1937 年 12 月 2 日：《德国外交政策文件汇编，1918—1945 年》，D 辑，第 1 卷，第 50 号。
③ 巴本给元首的报告，1937 年 11 月 8 日；给魏茨泽克的报告，1937 年 12 月 4 日：《德国外交政策文件汇编，1918—1945 年》，D 辑，第 1 卷，第 22 和 63 号。

使德国势力的扩大看上去变成（用哈利法克斯的话来说）"明智地达成的合理协议"的结果。德国要征服捷克斯洛伐克和奥地利是有可能办得到的；要安排让这两个国家去自杀（这是英法两国政治家们所想望的）就困难多了。在伦敦和巴黎的提示中还有一个不利条件。他们把大部分的重点放在奥地利。当希特勒从实际方面考虑时，他打算首先处理捷克斯洛伐克——这个优先次序甚至也出现在霍斯巴赫备忘录中。捷克人拥有一支强大的军队和某种政治意识；所以他们也许会援助奥地利。这两者奥地利一个也没有；所以不大可能援助捷克斯洛伐克。此外——更重要的一点——墨索里尼对捷克斯洛伐克并不在乎。他对奥地利的独立仍然承担正式的义务；也许当英法两国把奥地利问题推到最前面的时候，他们并没有完全忘记这一点。希特勒不打算照他们的提示行事；他坚决把此事拉回到幕后。1937年秋天，他鼓励德意志人在捷克斯洛伐克进行煽动。他劝阻德意志人在奥地利进行煽动；并且坚决主张："我们应继续寻求一项渐进的解决办法"。① 希特勒在奥地利问题上决不采取主动，不想首先从那里着手。英法两国的政治家们也没有采取主动。哈利法克斯和其他人在他们各种和解性声明中提出学术性的建议，正像希特勒在他11月5日召集的会议上所做的那样——这个建议是：倘若德国把它的霸权和平地扩大到它的两个邻国，那是可以接受的。他们和他都没有想出可以实现这一点的方法。都在说空话，没有行动。

然而，还是得有某个人来采取主动。也许我们应当从奥地利方面去观察。舒施尼格仍然是名义上独立的奥地利的总理。自从1936

---

① 凯普勒的备忘录，1937年10月1日；《德国外交政策文件汇编，1918—1945年》，D辑，第1卷，第256号。

年7月11日与德国签订"君子协定"以后,他身为总理的日子一直不好过。出于天真和高尚,舒施尼格以为该协定会结束他的麻烦。奥地利会宣告它的德意志特色;"民族反对派"的可尊敬的代表会参加奥地利政府;被监禁的纳粹分子将被释放。然后煽动和阴谋就会告终:不再进行秘密武装或非法宣传。舒施尼格很快就失望了。纳粹分子依旧进行煽动;甚至连希特勒的命令也不能制止之。舒施尼格的亲密同事们本身就与柏林一起密谋反对他。他向他的老恩主和保护者墨索里尼诉苦。他得到的是聊胜于无的安慰。墨索里尼喜欢用得意洋洋的姿态把他自己描绘成奥地利存在的担保人——一位倒过来的梅特涅,报复一个世纪前意大利蒙受的屈辱①。他倾听法西斯头目们——从他的女婿、外交部长齐亚诺以降——的警告:希特勒是个心怀叵测的伙伴,他会先吃掉其他国家,然后摧毁意大利。他似乎留意到了这种告诫;但到了紧要关头,他对他们的提示又从不理睬。墨索里尼本质上在法西斯同事们中是唯一的现实主义者,只有他意识到,意大利自身实力不足,只能充当希特勒的爪牙而冒充伟大。他也许会谈论独立的政策或维护意大利在中欧的利益。他知道如果事件到了危急关头,他将不得让位给希特勒。所以他对那位不得不把自己的装腔作势当真的舒施尼格很不耐烦。墨索里尼尽管大话说尽,但却处于与西欧政治家们相同的地位;他愿意出卖奥地利,只要能和平地和体面地去完成就行。舒施尼格没有得到可靠的支持;得到的只是反复劝告他要行事适度,凡事不要声张。

可是舒施尼格是奥地利人所特有的一种幻想的受害者,也是他们中的最后一位;这种幻想认为,如果民族主义的阴谋和煽动确实

---

① 指那时意大利的存在曾仰仗于奥地利首相梅特涅的仁慈。——译者注

被揭露出来，欧洲的良心就会被唤醒并付诸行动。奥地利的政治家们对19世纪中叶意大利的民族主义曾抱过这种幻想；他们对20世纪初期的南斯拉夫民族主义也抱过这种幻想。在他们看来，1859年的自明之理是，一旦举出加富尔卷入民族主义煽动的明显证据，他就会被拿破仑三世所抛弃，就会遭到其他大国的谴责。在他们看来，1914年7月同样的自明之理是，塞尔维亚会被所有大国抛弃，倘若确实证明弗朗茨·斐迪南在萨拉热窝的遇刺是它的代理人所为的话。每一回，他们都找到了他们认为是有说服力的证据；每一回，这都鼓励他们沿着果断行动的道路走向他们自己的毁灭——在1859年奥法战争中走向失败，在第一次世界大战中走向失败和灭顶之灾。舒施尼格仍旧保持着这种精神特质。他也认为，如果提出不利于奥地利纳粹分子的确证的话，他们将会受到普遍谴责——受到西方大国和墨索里尼的谴责，甚至受到希特勒的谴责，他毕竟是一个表面上守法的国家的合法首脑。舒施尼格也找到了他的证据。1938年1月，奥地利警察突击查抄纳粹党总部，发现了武装暴动的详细计划。希特勒对这些计划一无所知，它们是不顾他的命令而草拟的。在这个意义上，舒施尼格是对的：奥地利纳粹分子未经许可就采取行动。希特勒是否会为他过分热忱的信徒们道歉，那却另当别论。

总之舒施尼格掌握了他的证据。问题是如何利用它。舒施尼格把他的证据和他的问题带给德国大使巴本。毕竟，巴本是位绅士，家庭富有，贵族出身，一个无懈可击的保守派人士，一个或多或少无可挑剔的罗马天主教徒。他肯定会对这个纳粹党阴谋记录大为震惊。舒施尼格的抱怨给巴本带来了他乐意听到的好消息。他憎恶纳粹党人在奥地利的地下活动。这种活动令人对他本人的诚信产生了怀疑，并妨碍了他对"渐进的解决办法"所作的努力。他的规劝在柏林无人理睬。现在舒施尼格将加强这种规劝的效力。巴本当即建议舒施尼格该向希特勒提出申诉。我们无法断定巴本内心是怎么想的。也许他希望希特勒会训斥纳粹极端分子；也许他预见到舒施尼格会被迫对在奥地利的德意志民族事业作出进一步的让步。也许两者都有一点。巴本在这两种情况下都会获得好处。在一种情况下，他将使他难以控制的对手出丑；在另一种情况下，他会因促进德意志民族事业而赢得威望。他会用计谋在奥地利获得和平胜利，正像他过去用计谋和平地使希特勒在德国上台执政一样。恰好在 2 月 4 日这一刻，德国驻维也纳大使馆的电话铃响了，巴本突然接到柏林的通知：他已被免职。

巴本的去职和发生在奥地利的事件毫无关系。它是希特勒与沙赫特冲突的偶然的副产物。1937 年 12 月 8 日，沙赫特辞去经济部长职务。希特勒不敢透露他们之间的破裂；沙赫特辞职一事被保密。一条出路意外地出现了。1938 年 1 月 12 日，国防部长勃洛姆堡举行婚礼。希特勒和戈林为主要证婚人。过后不久，秘密警察头目希姆莱提出证据，证明勃洛姆堡夫人是个声名狼藉的女人——一个警察局有记录的前妓女。我们不知道这是希特勒走运呢，还是一个有预谋的阴谋。这已无关紧要；不管哪种情况，效果都是一样的。希特勒对被卷入这场婚姻感到愤慨。德国将军们对勃洛姆堡的行为也感到愤慨。他们坚持认为他必须去职；他们还提议由陆军总司令弗立契接替他的职务。但弗立契是个比勃洛姆堡更坚决反对纳粹党的人。他必须被排除在外。希姆莱雪中送炭提供了他有同性恋行为的证据。这个证据完全是捏造的。在一派道德喧嚣中，人们一时信以为真。希特勒作了彻底的改组。勃洛姆堡去职——由希特勒本人兼任。弗立契也去职。不仅如此，所有在职和牵制希特勒的保守派人士也都被清除出去。纽赖特也被解职；他的职务由里宾特洛甫接替。巴本和驻意大利大使哈塞尔也被免职。最重要的是，沙赫特的辞职此时可以悄悄地混进其他的人事变动中去。这当然是整个行动的目的；而在当时引发的那阵轰动里，此事几乎没人留意到。

在柏林，被撤职的人乖乖地下了台。纽赖特后来担任波希米亚的"保护长官"；其他的人则从公共场合消失了。只有巴本处变不惊。从前他常常被逼进死角——1934年6月30日险遭暗杀；过去他总是胜利地逃脱了，现在他打算再次逃脱。2月5日他到贝希特斯加登去会见希特勒，表面上是为了告别。他夸耀他自己在奥地利获得的成功；描述了新任大使将会面临的困难；并且漫不经心地说出下面的消息：舒施尼格急于要会见希特勒。这本来是一个大好的机会，现在——毫无疑问——失去了。结果正如巴本所料。希特勒一直在忧郁地寻思他怎样在他定于2月20日召集的国会会议上提出沙赫特辞职的问题。这是个极好的转移注意力的机会：舒施尼格的访问将给他提供某种成功，以之把沙赫特的财政异议这个尴尬问题遮掩起来。希特勒喜形于色，他说："一个极好的主意。请立即回维也纳去，安排我们在今后几天之内会见"。① 巴本假装不太情愿：因为他不再是大使了。希特勒坚持要他留任；巴本于是同意了。2月7日，他带着邀请回到维也纳。舒施尼格毫不犹豫。毕竟，与希特勒会晤的想法是他首先出的主意，或许他现在想象是他出的主意；巴本担保一切都会好起来的。2月12日，舒施尼格到访贝希特斯加登，巴本已在他之前抵达。奥地利事件正在进行之中。它不是由希特勒发动的。而是突然呈现在他面前的，他像往常那样抓住了机会。这里没

---

① 巴本：《回忆录》，第408页。

有策划好的侵略，只有仓促的即兴之举。是巴本而不是希特勒开的头；他这样做是出于为个人威望考虑的灵机一动。无疑，竟由他来给予决定性的推动是碰巧；不过这也出奇的合适，即那位曾经在德国轻率地把希特勒捧上台的人，竟与同样轻率地帮助德国开始朝着统治欧洲前进的是同一个人。

舒施尼格曾打算作为受害方在贝希特斯加登露面，诉说他的委屈，并提出向可尊敬的民族主义分子作出让步，只为换取对纳粹极端分子的弃绝。他的计划失败了。希特勒始终认为，进攻是最好的防御形式；他首先出手猛攻。舒施尼格刚一到达，就立刻被下面的指责弄得不知所措：他未能履行1936年7月11日的"君子协定"。是希特勒摆出了未来合作的条件。舒施尼格应该任命赛斯-英夸特担任内政部长并让他控制督察，据称他是一位受人尊敬的民族主义者。奥地利将与德国协调经济和外交政策。舒施尼格提出在宪法上存在障碍：他不能未经奥地利政府和总统的同意就作出有约束力的承诺。希特勒对他进行威吓；在外面等着的德国将军们被得意扬扬地叫进来。然而，虽然这些方法令人讨厌，舒施尼格还是得到了他想要的大部分东西。他的宪法上的顾虑得到尊重：在最后草案中，他仅仅"承诺采取下列措施的前景"。赛斯-英夸特并不比已在内阁中的其他德意志民族主义者更坏；他实际上是舒施尼格少年时代的朋友——但这并没有阻止他后来成为纳粹分子。舒施尼格早就承认奥地利是"一个德意志国家"；这也含有协调政策的意思。他得到了他认为至关重要的让步：奥地利纳粹分子的非法活动遭到弃绝，并同意任何不受欢迎的奥地利纳粹分子应"迁居到（德意志）帝国去"。

2月12日的协定不是奥地利的末日；它是希特勒制定的"渐进的解决办法"中的又一个步骤。当舒施尼格从希特勒面前逃脱后，他丝毫未曾试图对它加以否认。相反，他正式获得了奥地利政府对它的确认。希特勒，从他这一边，认为危机已经过去。2月12日，他吩咐随侍在侧的将军们把"施加军事压力的佯装行动"保持到2月15日。在这之后，甚至连佯装行动也没有继续下去。2月20日，希特勒向国会发表演说。他主要关心的事是为解除保守派部长们的职务辩解；但是2月12日的关于奥地利问题的协定使他能够在更加引人注目的话题上岔开去。他没有抨击舒施尼格，如果希特勒已在计划对奥地利进行侵略，那本来肯定会抨击的。恰恰相反，希特勒用温和的语调宣布："两国在一切领域的友好合作得到了保证"。他最后说："我想以我个人的名义和德国人民的名义，对奥地利总理的谅解和友好态度，向他表示感谢。"第二天希特勒履行了交易中他的那部分职责。奥地利纳粹地下党领导人利奥波德被传唤到希特勒那里；被告知他的活动是"极其愚蠢的"；并命令他与他的主要同事一道离开奥地利。几天后，希特勒再次接见这些纳粹分子，又对他们进行申斥，并坚持认为"无论今天能否预见到成功的可能性，都必须采取渐进的方针。舒施尼格签字的议定书意义深远，以致如果完全执行的话，奥地利问题将自动得到解决"。①

希特勒感到满意。他没有为行动作准备，只是端坐不动地等待解决办法自动成熟。其他人却不那么听任不可避免的命运摆布——或者仅仅试图从中得到好处。在意大利，墨索里尼总是会默认希特勒的成功的，尽管不时大发雷霆；他的外交部长齐亚诺更不愿意被牵着鼻子走。他要执行独立的外交政策的梦想从未实现，也许那不

---

① （凯普勒的）备忘录，1938年2月21日和26日；《德国外交政策文件汇编，1918—1945年》，D辑，第1卷，第318和328号。

过是一个梦而已。不管怎样，齐亚诺想要利用这种局势。2月16日，他致信意大利驻伦敦大使格兰迪说，这是与英国和解的最后时机："如果德奥合并成为既成事实的话，……我们同英国人达成协议甚至谈判商讨这种协议都会变得越来越困难了"。① 格兰迪欢迎这个切入点：他一直想要把意大利的政策拉回到传统路线上来，只要有哪个法西斯分子会赞成传统路线就成。张伯伦也对此表示欢迎。艾登终于造反不干了。艾登已经很生气，张伯伦不同他商量，就拒绝了罗斯福总统关于举行一次盛大国际会议让大家把所有苦水都倒出来的建议。艾登也许真诚地认为，这种会议会把美国吸引到西方大国这一边来。张伯伦更加有理由地担心：它将是远东问题布鲁塞尔会议的重演——美国将提出道德原则；将指望英法提供支持这些道德原则的武力。可是意大利的试探把这两个人之间的争论推到了严重关头。艾登没有忘记他在阿比西尼亚问题上遭受的羞辱；他对不干涉委员会无休止的欺诈非常恼怒。他坚持认为，除非意大利人从西班牙撤出所谓的志愿人员以履行其尚待履行的诺言，否则就不可能举行新的会谈。张伯伦准备容忍法西斯在西班牙的胜利，倘若他能赢得意大利的支持来节制希特勒的话。

艾登和张伯伦之间的争论2月18日实际上是当着格兰迪的面吵出结果来的。艾登坚持解决意大利在西班牙的志愿人员问题。张伯伦在格兰迪的赞同和支持下，对他的反对意见不予理会。两天之后艾登辞职；哈利法克斯接任外交大臣贯彻张伯伦的政策。意大利的开价得到了支付：会谈将立刻开始；并且预先议定，意大利的条件将得到满足——他们在阿比西尼亚的绝对统治将得到承认，将答应

---

① 齐亚诺致格兰迪，1938年2月16日：《齐亚诺外交文件集》，第161页。

他们在地中海的平等伙伴关系。没有提到奥地利；格兰迪记录英国在那里的态度将继续是"愤慨的屈从"态度。① 这是真的。张伯伦不打算对奥地利做任何事情。然而他希望，英意会谈这个简单事实将使希特勒踌躇不决，甚至鼓励墨索里尼进行抵抗。希特勒没有那么容易被欺骗。意大利人随时向他通报讨论的情况，并向他保证不会提出奥地利问题："他们不会容忍损害德意关系的任何企图"。② 这是意大利能奉行的唯一方针。意大利人无法阻止希特勒。正如齐亚诺2月23日所写的："事实上我们能做什么呢？对德国开战吗？在我们放出第一枪时，所有奥地利人无一例外将一致支持德国人反对我们"。③ 张伯伦也许没有给意大利人开价很高；然而也不会有任何开价能叫他们去为行将崩溃的奥地利独立事业而战。

发生在伦敦的这些事件增强了希特勒的自信。他的敌手正纷纷失败而放弃努力。轴心国正在日益决定着欧洲事务的进程；而他决定着轴心国的政策。尽管如此，他依然什么也不做。他继续认为事态正在为他效力。再一次、也是最后一次采取主动的是舒施尼格。他以一种困惑犹豫的方式，对他在贝希特斯加登受到的待遇以及他自己软弱的结果极为不满。他决心用一次引人注目的挑战来遏止奥地利渐渐不可避免地堕落变成一个纳粹主义国度。也许他受到来自奥地利驻巴黎公使如下保证的激励：倘若奥地利公然受到威胁，法国将采取行动。也许这个想法仅仅来自他自己的苦思冥想。我们无法知道。无论如何，他决定使用希特勒自己的全民公投方法，让奥

---

① 格兰迪致齐亚诺,1938年2月19日：《齐亚诺外交文件集》，第183页。
② 里宾特洛甫的备忘录,1938年2月23日：《德国外交政策文件汇编,1918—1945年》，D辑，第1卷，第123号。
③《齐亚诺日记,1937—1938年》，第79页。

地利人民去定夺他们是否希望保持独立。3 月 7 日他向墨索里尼请教，墨索里尼粗暴地回答说："那是一个错误"。舒施尼格不理睬这个无力的警告。3 月 8 日他把他的计划告诉了奥地利部长们；3 月 9 日他向全世界宣布了此事。全民公投将在 3 天后的 3 月 12 日举行。舒施尼格没有为全民公投做准备；他也没有考虑如何举行全民公投。他的唯一想法是在希特勒能以任何方式作出反应之前赶紧完成全民公投。不管全民公投的具体条款如何，全世界都知道这是对希特勒的公然反抗。德国的民族主义和独立的奥地利之间发生冲突的时刻到了。舒施尼格也许仔细想过安德拉西①曾向开始执行一项大胆政策的另一位奥地利首相讲过的话："你准备用大炮贯彻这项政策吗？如果没有，那就不要贯彻"。

希特勒好像疼痛的鸡眼被人踩了一脚那样作出了反应。他没有收到任何警告，也没有做任何准备。他很清楚，"渐进的解决办法"已经失灵。他必须要么采取行动要么受辱；在与保守派部长们的破裂刚刚过去时，他不可能接受屈辱。军事领导人被紧急召集到柏林。德国军队还没有为任何重要的战役进行装备；但是命令已经发布：驻扎在靠近奥地利边境的军队要准备好于 3 月 12 日越过边界。起草了给墨索里尼的一封信，列举了希特勒试图跟舒施尼格达成协议的种种努力，最后保证："我已划定了意大利和我们之间的明确边界……那就是布伦纳山口"。②黑森亲王把这封信带给了墨索里尼。里宾特洛甫正在伦敦进行离任告别访问不在国内；纽赖特被召回处

---

① 安德拉西（Andrassy Gyula，1823—1890），匈牙利首相（1867—1871）和奥匈帝国外交大臣（1871—1879）。在促成奥德联盟上出力甚大，辞职后仍任匈牙利国会议员。——译者注
② 希特勒致墨索里尼，1938 年 3 月 11 日：《德国外交政策文件汇编，1918—1945 年》，D 辑，第 1 卷，第 352 号。

理外交部的日常工作。在希特勒参加入侵部队期间，一般事务的处理权就由留在柏林的戈林掌握。

舒施尼格点燃了一枚相当大的定时炸弹。当它爆炸时，轮到他大吃一惊了。3月11日他获悉德奥边界已被封闭。他政府里的民族主义部长们遵照戈林的命令，坚决主张取消全民公投。舒施尼格郁郁不乐地求助于曾经保护过奥地利独立的大国。他得到的是敷衍性的安慰。墨索里尼拒绝接听电话。在伦敦，哈利法克斯告诉里宾特洛甫说武力威胁这种方法是不能容忍的。当张伯伦说："一旦我们都摆脱了这个不愉快的事件"便可以开始认真努力建立英德谅解时，这个忠告的效果就被削弱了。① 当内维尔·韩德森在柏林同意戈林的说法认为"舒施尼格博士的行动愚蠢至极"时，这个忠告的效果又被进一步削弱了。② 英国政府给予维也纳的唯一答复是，他们不能承当因提供可能使奥地利陷入困境的建议而得担负的责任。③ 法国政府三天前在国内问题上垮台了。仍然处于半在职状态的部长们决定采取"军事措施"——意思是说召回一些后备役军人——如果英国同意的话。伦敦没有同意；因此法国也没有召回任何后备役军人。

舒施尼格被抛弃，变成了孤家寡人。3月11日中午刚过，他同意推迟全民公投。这已经不够了。戈林在电话中告诉赛斯-英夸特，德国人对舒施尼格已失去了信心：他必须辞职，由赛斯-英夸特接任。这是历史上独特的一幕——一场自始至终靠电话威胁来运作的国际

---

① 里宾特洛甫的备忘录，1938年3月11日：《德国外交政策文件汇编，1918—1945年》，D辑，第1卷，第150和151号。
② 韩德森致哈利法克斯1938年3月12日：《英国外交政策文件汇编，1919—1939年》，第3辑，第1卷，第46号。
③ 哈利法克斯致帕勒里特，1938年3月11日：《英国外交政策文件汇编，1919—1939年》，第3辑，第1卷，第25号。

危机。舒施尼格正式辞职。然而米克拉斯总统拒绝任命赛斯-英夸特——一个最后的、绝望的表示奥地利独立的姿态。戈林再次在电话中发作,说只有在晚上 7 点 30 分之前指定赛斯-英夸特担任总理,德国军队才会在边界上停下来。因为米克拉斯仍然不干,赛斯-英夸特就在晚上 8 点任命自己为总理。已经为时太晚了。赛斯-英夸特受令请求德国援助,以恢复法律和秩序。他在晚上 9 点 10 分发出了电报。希特勒没有等待他的呼吁:晚上 8 点 45 分就发出了入侵奥地利的命令。但德国人还是犹豫不决直到最后一刻。舒施尼格辞职的消息传到时,入侵奥地利的计划曾在午后不久被取消过。虽然英国的忠告没有起什么作用,但德国人担心捷克的干预直到最后一刻。戈林告诉捷克公使说:"我拿名誉向你担保,捷克斯洛伐克没有丝毫理由感到任何担心。"捷克人立刻答复说他们将不动员军队。他们不怎么相信戈林的保证,然而又觉得——像其他所有人一样——他们无能为力。墨索里尼是最后一个表明态度的。晚上 10 点 25 分,黑森亲王从罗马打电话给希特勒说:墨索里尼向他致以最诚挚的问候——"他对奥地利一点都不感兴趣"。希特勒坚毅姿态背后所隐藏的忧虑,在如释重负的情绪激动中一下子表露了出来:"请告诉墨索里尼,我将永远不会忘记这件事。……永远不会,永远不会,永远不会,不论发生什么情况。……我将永远不会忘记,不论可能发生什么情况。……如果他万一需要什么帮助或者处于什么危险境地的话,他可以确信,不论可能发生什么情况,即使全世界都反对他,我也将坚决和他在一起。"这个诺言希特勒是一直信守的。

德国军队是在入侵奥地利,或者说他们是在受到民众普遍欢迎的情况下进入奥地利的。为了什么目的?赛斯-英夸特担任了总理。戈林告诉韩德森说"局势一稳定",军队就撤离;此后"将在没有任何威胁的情况下举行完全的自由选举"。① 这原本是纳粹最初的计划，尽管在 3 月 11 日做得很忙乱。赛斯-英夸特以为一切都以他自己的任命而胜利告终，就在 3 月 12 日凌晨 2 点 30 分要求停止入侵。他被告知这是办不到的；德国部队继续前进，虽然遇到了一点麻烦。部队没有做好作战准备；他们 70% 的车辆在从边界到维也纳的路上抛锚了。希特勒也在 3 月 12 日上午进入奥地利。他在他曾经上过学的林茨向群情激昂的群众发表讲话。他自己也被这种激昂情绪所感染。当他接着走上林茨市政厅的阳台时，他突然作出了一个意外的决定：不在维也纳建立一个驯服的政府了，他将把奥地利并入德意志帝国。才当了一天总理的赛斯-英夸特，接到吩咐要他颁布一项法律，命令他自己下台和奥地利不复存在。他于 3 月 13 日照办了。德奥合并一举被提交大德意志联邦人民批准。4 月 10 日，99.08% 的选民投了赞成票，那是对德意志人情感的一种真实反映。

希特勒赢了。他实现了他野心中的第一个目标。然而不是他原本打算的那样。他曾打算令人不知不觉地吸纳奥地利，以致谁也不知道它何时失去了独立；他将用民主的方法破坏奥地利的独立，就像他过去破坏德国的民主政体一样。相反，他被迫动用了德国军队。他第一次失去了受害方道义上的资产，而扮演了依靠武力的征服者。人们很快就确信：希特勒占领奥地利是一个深思熟虑的阴谋，是久已预先策划的，是走向统治欧洲的第一步。这种信念是个神话。1938 年 3 月的危机是舒施尼格、而不是希特勒挑起的。德国没有做军事上或外交上的准备。所有的事情——政策、承诺、武装部队——都

---

① 韩德森致哈利法克斯，1938 年 3 月 12 日：《英国外交政策文件汇编，1919—1939 年》，第 3 辑，第 1 卷，第 46 和 48 号。

是两三天之内临时准备的。虽然希特勒肯定打算建立对奥地利的控制，但这件事发生的方式对他来说是令人讨厌的事故，是他长期政策的一次中断，而不是深思熟虑的计划的成熟结果。但是其影响是无法挽回的。这对希特勒本人也产生了影响。他干了桩大坏事——扼杀了一个独立的国家，即使它的独立很大程度上是虚假的——而没受惩罚。希特勒的自信倍增，并因此更加蔑视其他国家的政治家。他变得更加急不可耐和粗心草率，动辄用武力威胁来加快谈判进程。回过来，别国的政治家也开始怀疑希特勒的诚意。甚至那些仍然希望安抚他的人也开始想到要抵抗了。不安宁不自在的平衡开始偏离和平，虽然只偏离得不远，而向战争倾斜了。希特勒的目标看上去似乎仍然是合理的；他的方法遭到了谴责。由于德奥合并——更确切地说，由于完成德奥合并所用的方法，希特勒在日后把他指为最大战犯的政策中走出了第一步。但他是在无意间走出这一步的。实在连他都不知道自己已经走出了这一步。

第八章

捷克斯洛伐克危机

1913 年奥斯曼帝国在欧洲的领土被分割后,据说塞尔维亚首相帕希茨说过这样的话:"第一个回合赢了;现在我们必须准备反对奥地利的第二个回合。"第二个回合一年后如期而至,虽然并不是由他造成的。在欧洲,人人都觉得 1938 年 3 月德奥合并后的情况差不多相同。奥地利的回合已经过去;捷克斯洛伐克的回合即将开始。这个第二个回合不需要准备。地理和政治自动地把捷克斯洛伐克提上议事日程。作为法国的一个盟国和莱茵河以东的唯一民主国家,捷克斯洛伐克是希特勒长期蒙受的一个羞辱,它深深地插进德国的领土。维持她也不是轻而易举的。意大利人如果愿意的话,可以进入奥地利。捷克斯洛伐克却是四面八方被切断了的。德国把它同法国隔开。波兰和罗马尼亚把它同苏俄隔开。它的近邻都抱敌对态度:匈牙利是顽固的"修约主义者";波兰虽然是法国的一个盟国,但因捷克人在第一次世界大战后获得了捷欣,所以她也是修约主义者,而且对她自己与德国的互不侵犯条约一味盲目地自信。那将不是"援助"捷克斯洛伐克的问题。它要么是全面欧洲战争,要么什么事也没有。

如果只是地理起作用的话,捷克斯洛伐克问题本来并不会那么刻不容缓。甚至它的民主政体和它的结盟本身也不至于引发危机。但捷克斯洛伐克在内心里有个烦恼。不管外表如何,它是一个多民族的国家,而不是单一民族的国家。只有捷克人才算是真正的捷克斯洛伐克人;甚至他们也不过将此理解为是指具有捷克特色的中央集权国家。其他民族——斯洛伐克人,匈牙利人,卢西尼亚人,尤其德意志人——都是少数民族;他们有时沉寂,有时不满,然而从来不是现有秩序的坚定支持者。300 万德意志人(大而化之地、不过是错误地叫做苏台德人）在历史上和血统上与奥地利人有密切的联系。德奥合并引起他们极度的激动。要是他们继续满足于他们的命运——做民主社会中的自由公民，虽然不是平等的公民，本来也许更加明智。然而当人们听到民族主义的呼唤时，他们总变得不明智起来了。那个伟大的德意志国家——强大、统一、民族主义的——恰好就在他们边界的那边。他们的奥地利堂表们刚加入了它。他们希望也加入它。无疑，他们也多少有点心烦意乱地希望留在捷克斯洛伐克；并且从未考虑过这两个希望如何可以调和起来。然而，捷克斯洛伐克的德意志民族运动不管是多么的令人困惑，毕竟是一个事实；而那些想"支持捷克斯洛伐克"的人从没解释过他们将如何对待这个事实。希特勒并没有制造这个运动。这个运动在等待他，乐意——实在是渴望——被利用。甚至比在奥地利更不需要希特勒采取行动。其他人会为他代劳的。捷克斯洛伐克危机是给希特勒送上门去的。他只不过利用了它而已。

毋庸置疑，希特勒想要"解放"捷克斯洛伐克的德意志人。更实际地说，他也关心消除那个为反对德国霸权而建立起来的障碍，那个与法苏两国结盟、武备精良的捷克斯洛伐克。他一点也不知道该怎么去做。像欧洲其他所有人一样，他过高估计了法国的实力和法国的决心。他认为德国直接进攻捷克斯洛伐克会引起法国的干预。正如他在 1937 年 11 月 5 日会议上所透露的，他最初的解决方案是希望法国和意大利在地中海发生冲突。然后，像他 1938 年 4 月某个时候所说的，"我们就能把捷克斯洛伐克装在袋子里带回来"；但如果意大利没有采取行动的话，"就只能空袋而归了"。① 这个计划也同

---

① 施蒙特的笔记，1938 年 4 月：《德国外交政策文件汇编，1918—1945 年》，D 辑，第 2 卷，第 132 号。

样基于错误的估计：它高估了意大利的侵略能力。但是，不管地中海战争是否会发生，鼓励苏台德运动以制造捷克斯洛伐克的乱局，那是值得的。可以肯定的是，希特勒不打算用正面攻击推翻法国在欧洲的体系。"慕尼黑"仍然支配着他的思想；在这个时候，对他来说慕尼黑并非意味着胜利的 1938 年 9 月会议，而是意味着灾难性的 1923 年 11 月纳粹暴动。他打算靠阴谋和暴力威胁、而不是靠暴力本身来取得成功。3 月 28 日，他接见了苏台德代表，并指定他们的领导人汉莱茵担任他的"总督"。他们要同捷克斯洛伐克政府谈判；用汉莱茵的话说："我们得不断提出如此之多的要求以致我们永不可能得到满足"。运动必须保持是合法的和有秩序的。不得给予捷克人用武力镇压它的任何借口。① 也许捷克人会误入歧途；也许法国人会在别处忙得不可开交或者会失去理智。1938 年春天，希特勒还没有摸清他的路数。他逐步加剧紧张局势，希望在某处将出现可乘之机。

希特勒的敌手，捷克斯洛伐克总统贝奈斯，也有相似的目标。他同样想加剧紧张局势，虽然希望得到恰恰相反的结果。面临危机，他希望法国人以及还有英国人会醒悟过来；他们会支持捷克斯洛伐克；希特勒会退却，这个屈辱不仅会阻止他向统治欧洲前进——这甚至可能在德国国内使纳粹政权垮台。贝奈斯依仗有 20 年的外交经验和外交成就的支持。他是民主政体的梅特涅，具有同样的自信；同样的方法和论证的独创性；也具有同样的对条约和国际权利的过分依赖。他处理苏台德问题也和一个世纪前梅特涅处理意大利问题差不多：在国内不能解决，它只能在国际领域解决。贝奈斯乐意与苏台德人谈判就像他们要与他谈

---

① 汉莱茵的报告，1938 年 3 月 28 日；《德国外交政策文件汇编，1918—1945 年》，D 辑，第 2 卷，第 107 号。

判一样，但同样几乎不抱多少获得成功结果的希望。也许甚至更少；因为给予捷克斯洛伐克德意志人的让步会使其他少数民族也提出同样的要求，结果会毁灭现在的国家。贝奈斯和苏台德人同样都是在竖着耳朵捕捉英法两国意见的情况下进行谈判的。苏台德领导人试图给人留下这样的印象：他们只要求在捷克斯洛伐克国内享受平等的待遇。贝奈斯试图迫使他们公开要求把捷克斯洛伐克解体。他相信，接着西方大国就会来显示他们自己的权威。他是从第一次世界大战期间他待在法国的年月，以及后来这些大国在日内瓦操纵国际联盟时他的经验来判断他们的。像包括希特勒在内的大多数人一样，他没有认识到这些西方大国目前精神上和物质上的虚弱——特别是法国的虚弱。

贝奈斯有他自己的种种局限。捷克斯洛伐克的同盟在纸面上看起来令人生畏。1925 年与法国缔结共同防御同盟；1935 年与苏俄缔结同盟，不过只有在法国首先采取行动时它才生效；与罗马尼亚和南斯拉夫缔结的小协约国同盟，是针对匈牙利的。贝奈斯没有充分利用这个地位。他刻意忽视与苏俄的同盟。他认为，它不过是对与法国同盟的补充，而不是对其的替代。别人也许会寻思（通常抱着某种怀疑态度）：即使法国保持中立，苏俄是否会援助捷克斯洛伐克？贝奈斯没有提出这个问题。他是个亲西方者，是马萨里克的继承人，马萨里克曾依靠西方而不是俄国的援助赢得了捷克斯洛伐克的独立。贝奈斯告诉英国公使牛顿说："捷克斯洛伐克与俄国的关系过去一直是、将来仍然是放在次要地位来考虑的。……他的国家将始终追随西欧并对西欧负有义务"。① 西班牙内战更提供了新的警告：不要依

---

① 牛顿致哈利法克斯，1938 年 5 月 18 日；《英国外交政策文件汇编，1919—1939 年》，第 3 辑，第 1 卷，第 229 号。

靠俄国的援助来保卫"民主政体"。但贝奈斯用不着这个警告,他在很久以前就打定了主意。即使他被引诱,捷克斯洛伐克国内还有强大的约束力。联合政府中最大的政党捷克农民党,就惧怕与共产主义有任何联盟。他们也想说:"宁要希特勒,不要斯大林"。此外,贝奈斯是位主张和平的人。捷克斯洛伐克军队是一支令人生畏的力量,她装备优良的 34 个师本身大概可以和 1938 年德国受过部分训练的军队相匹敌。除非在不大可能发生的全面战争的情况下,贝奈斯从不打算使用它。捷克人是个小民族。它曾用了近 300 年的时间才从 1620 年的三十年战争白山战役①的灾难中恢复过来。贝奈斯决心要使他们不再遭受这样的大祸。他准备下巨大的赌注来反对希特勒;但他不会去冒最大的风险。在万不得已的情况下,他会向暴风雨低头,并希望捷克人能幸免于难——就像他们确实生存下来那样。

希特勒和贝奈斯都想加剧紧张局势并引发危机。英国人和法国人都做同样的算计,但目的恰恰相反:他们想避免一场危机,以避免在战争和屈辱之间做出可怕的选择。两者中,英国人更有紧迫感。法国人似乎面临更多危险:他们承担了与捷克斯洛伐克同盟的明确义务,而英国人则没有承担义务,除去作为奄奄一息的国际联盟的成员之外。不过法国人可以把他们的难题推给英国人。他们可以谈论抵抗希特勒,当英国人拒绝支持他们时,英国人将要承担责任。这产生了一个奇妙的结果。希特勒、贝奈斯,甚至法国人,都可以等待危机成熟,深信这将迫使英国人作出决定。正因为如此,英国人不得不采取行动。他们同捷克斯洛伐克问题的关系最少,但最坚

---

① 白山战役(1620 年 11 月)三十年战争中第一个决定性的战役,以神圣罗马帝国费迪南德二世为首的天主教联盟军队战胜新教军队,捷克沦陷。——译者注

持要把它提出来。他们的动机最高尚。他们希望防止一场欧洲战争；他们还希望获得一种比1919年作出的安排更符合伟大的自决原则的解决办法。结果恰恰同他们的意图相反。他们设想：苏台德的德意志人问题会有一个"解决办法"，谈判将会产生这个"解决办法"。实际上，这个问题用妥协的办法是不能解决的，谈判中的每一步都使这一点更加清楚。通过寻求避免危机，英国人反而引起了危机。捷克斯洛伐克问题不是英国造成的；而1938年的捷克危机确是英国造成的。

从德奥合并的那一刻起——远在希特勒系统阐述他的意图以前，英国人就对捷克斯洛伐克问题颇为关注。3月12日，当法国大使要求会见讨论奥地利问题时，哈利法克斯回问道："向捷克斯洛伐克提供援助，法国的构想是什么？"大使"无法用一句话作答"。① 10天后，英国人提出了他们自己的回答，或没有回答的回答。在给法国政府的备忘录中，他们强调了他们根据《洛迦诺公约》所承担的各项义务。"他们认为，这些义务对维持欧洲和平是了不起的贡献，尽管他们无意逃避这些义务，但他们不可能考虑在它们之上再有所附加了"。要靠法国和苏联的军事行动阻止德国占领捷克斯洛伐克，那是"简直没有什么希望的"；英国人即使参加战争，也只能通过封锁提供"经济上的压力"。因此，应该推动捷克斯洛伐克政府去寻找"解决德意志少数民族问题的方案，以确保捷克斯洛伐克的国家完整"。② 哈利法克斯私下还提出了其他的论据。"非常坦率地说，现在时机不

---

① 哈利法克斯致菲普斯，1938年3月12日：《英国外交政策文件汇编，1919—1939年》，第3辑，第1卷，第62号。
② 哈利法克斯致菲普斯，1938年3月22日：《英国外交政策文件汇编，1919—1939年》，第3辑，第1卷，第106号。

利，我们在进攻和防御两方面的计划，都不够成熟。"① 他还对法国大使说："法国人也许比我们更倾向于高估强硬宣言的价值。"② 英国人已经拒绝了一项这样的宣言。3月17日，苏联政府建议"在国际联盟之内或之外"对"集体拯救和平"的实际措施进行讨论。哈利法克斯认为这个意见"没有任何重大价值"；俄国人被告知："如果会议的宗旨是为了组织抵抗侵略的协同行动，而不是确保对悬而未决的问题找到解决方案……那它对欧洲和平的前景，未必会产生有利影响。"③

法国人自然不喜欢别人用种种方法催促他们来下决心。3月15日，法国国防委员会讨论援助捷克斯洛伐克的问题。甘末林回答说：法国能够"牵制"一些德国军队；他们无法突破齐格菲防线（事实上它当时并不存在）；因此进攻德国的唯一有效方法是穿过比利时，而且为了获得这种许可，英国的外交支持是必要的。④ 这是他惯常的含糊其词。政治家们提出一个军事问题；在回答时，甘末林却谈论外交。就外交而言，外交部长保罗-邦库尔试图采取这一强硬路线。3月24日他告诉英国大使菲普斯说："两国（英法）向德国提出明确的警告……将是避免战争的最好办法……时间不在我们这一边，因为德国……正变得越来越强，一直到它最终在欧洲实现完全的霸

---

① 汉密尔顿致菲普斯，1938年3月23日：《英国外交政策文件汇编，1919—1939年》，第3辑，第1卷，第107号。
② 汉密尔顿致菲普斯，1938年3月23日：《英国外交政策文件汇编，1919—1939年》，第3辑，第1卷，第109号。
③ 哈利法克斯致迈基斯，1938年3月24日：《英国外交政策文件汇编，1919—1939年》，第3辑，第1卷，第116号。
④ 甘末林：《为国效劳》，第2卷，第324页。

权"。① 英国人没有对这些他们过去常常听到的言论作答。他们也不需要这样做。保罗-邦库尔在位的日子不会很长了。4 月 10 日,上台不到一个月的莱昂·布鲁姆政府自己被推翻了。继任总理达拉第最初想让保罗-邦库尔留任;接着对他认为与其后来在更加灾难性的情况下进行战斗不如目前采取强硬立场的说法,感到震惊。达拉第给保罗-邦库尔打电话说:"你建议的政策很好,配得上法国。然而我不认为我们现在有能力遵循它。我将接纳乔治·博内进入内阁"。② 达拉第担任总理直到 1940 年 4 月;博内担任外交部长直到 1939 年 9 月。这两个人将把法国引入第二次世界大战的歧途。

这是一种不协调的伙伴关系。达拉第是个根深蒂固的激进主义者,渴望维护法国的荣誉,深信只有坚定的政策才能阻止希特勒。然而他不知道怎样去做。第一次世界大战期间他在战壕中服过役,因此非常害怕发生新的大屠杀。他在所有场合都坚决反对绥靖,然后又默然同意绥靖。另一方面,博内乃是绥靖的化身,准备几乎付出任何代价让希特勒感到满足。他认为法国力量的支柱已经瓦解;他的主要目的是把后果的责任推到别人身上——英国人、捷克人、波兰人、俄国人,他并不介意推到谁的身上,只要他的记录和法国的纪录在纸面上看起来清白就行。不论达拉第还是博内,都从来没有想过要带个头,希望英国和其他国家会效仿。相反,他们可怜地期待伦敦发生某种意外转折,让他们能够逃脱他们无法应对的境地。

在伦敦,张伯伦和哈利法克斯的伙伴关系也并不顺畅。张伯伦在决定英法政策的四个人中性格最为坚强。胆怯或怀疑英国的力量,

---

① 菲普斯致哈利法克斯,1938 年 3 月 24 日:《英国外交政策文件汇编,1919—1939 年》,第 3 辑,第 1 卷,第 112 号。
② 保罗-邦库尔:《两次大战之间》,第 3 卷,第 101 页。

并没有影响他的算计，虽然他天生讨厌战争。他认为可以说服希特勒赞成和平；他还认为：就捷克斯洛伐克问题而论，希特勒拥有充分的理由和论据。因此他决心按照这两个信念行事，不顾国内还是国外的反对。他常常被指责对外交事务无知。但是，他的主张却得到那些被认为是最有判断能力的人的赞成。驻柏林大使内维尔·韩德森同样相信可以说服希特勒赞成和平；范西塔特之所以遴选他担任此职，是因为认为他是手头可用的英国外交官里的最佳人选。① 驻柏林的韩德森和驻布拉格的牛顿都坚持认为：苏台德人的要求在道义上有充分的根据，捷克斯洛伐克政府没有作出真正的努力以满足这些要求。驻巴黎的菲普斯强调并且也许夸大了法国的弱点。外交部的某些官员不喜欢张伯伦的政策。但他们所持的立场与达拉第的差不多：虽然他们不喜欢这项政策，但他们谁也提不出替代方案。他们感到遗憾的是，英法两国没有采取行动反对德国重新占领莱茵兰；他们认为希特勒应受到"迎头痛击"。然而他们不知道该怎样去具体实施这项行动。他们谁也不对美国寄予希望。他们谁也没提倡与苏俄联盟，尤其是驻莫斯科大使奇尔斯顿更是如此。例如，4月19日他写道："红军虽然在苏联境内无疑能够进行防御战争，但无力把战争推进到敌方腹地去。……我个人认为极不可能的是：苏联政府会仅仅为了履行他们的条约义务而宣战，甚或以用先发制人防止苏联威望受到打击或苏联安全受到间接威胁而宣战。……务必把苏联排除在欧洲政治之外。"② 这些看法外交部完全同意。张伯伦不得不

---

① 范西塔特常常自己不无嘲讽地这样讲。认为张伯伦选择韩德森作为绥靖工具，是没有根据的。
② 奇尔斯顿致哈利法克斯，1938年4月19日：《英国外文政策文件汇编，1919—1939年》，第3辑，第1卷，第148号。

制定前所未有的政策。

很难说哈利法克斯是否赞同这项政策，而要发现哪怕一项他自己的政策就更难了。他很善于否定。他瞧不起法国政要们，尤其是博内；他似乎对苏俄和美国持怀疑态度。他不同情捷克人，并且对贝奈斯很不耐烦。他对绥靖抱有更大的信心吗？或许他对贝希特斯加登的访问已使他永久厌恶希特勒，然而哈利法克斯一生中的许多时间都是在他所厌恶的人中间度过的。会欢迎甘地前往他邸宅的总督不见得会受个人情感的左右。若他算有一项政策的话，他政策的目标是赢得时间——虽然不知道如何利用它。跟博内一样，他直接的目标是保持他的记录清白。跟博内不同，他获得了成功。哈利法克斯坚定地忠于张伯伦，这种忠诚的表现形式是让张伯伦去肩负他很想肩负的全部责任。可是哈利法克斯时不时地会朝相反的方向猛拉一把；这种猛拉一把有时在决定性时刻起了作用。就是这样的四个人，他们一起决定了西方文明的命运。

这四个人很不乐意地接受了这项工作。他们本想背弃中欧，要是他们知道怎样能做得到的话。4月初，贝奈斯开始设计可能给予苏台德德意志人的让步。他的目的是想赢得英国的支持；他问，如果他的让步在英国人看起来是合理的话，难道他们不会把这些让步推荐给柏林吗？英国人却退缩了。他们不会对捷克斯洛伐克作出承诺。他们甚至争辩说，如果他们在柏林什么也不说，也许希特勒可能根本不会注意到捷克斯洛伐克。博内同样被敦促得拿定主意。法国前驻布拉格大使和此刻驻华沙的大使诺埃尔访问了捷克斯洛伐克，并带着他的建议回到巴黎。他指出，无论是法国与波兰的联盟还是法国与捷克斯洛伐克的联盟，都不曾附加军事条款。它们属于国际联盟的纸上担保，并且眼下无法转变成现实。他对博内说："我们正在走向战争或投降"。他认为，应该告诉贝奈斯他必须在 7 月初以前满足苏台德人的要求；过了这个时间，他就不可能指望法国的援助了。① 博内不能做出决定；他甚至不能下决心投降。相反，他打算转而让英国人去做决定：应该要求他们坚定公开地支持捷克斯洛伐克。如果他们拒绝呢？对此博内则没有答案。

  4 月 28 日，达拉第和博内前往伦敦与英国大臣们举行为期两天的会谈。政策的模式揭示得很清楚。英国人强调他们根据 1936 年 3 月的担保对法国作出的承诺，但这与其说是一项严肃的诺言，不如说是强调他们所能做的极限。他们甚至不会"专门为了大陆上的战争"装备两个师；他们不会答应举行海军谈判，因为怕触怒意大利。张伯伦说，英国的舆论不会允许政府冒战争的风险，即使战争可能性只有百分之一。他和哈利法克斯扼要地重述了反对战争的论据；这种论据总是很容易找到的。英法两国不可能拯救捷克斯洛伐克，即使他们能够自卫的话——而这一点也值得怀疑。俄国毫无用处；波兰"迟疑不定"。张伯伦说："倘若德国真的决定消灭捷克斯洛伐克，我看不出此事如何能被制止。"接着他说了比较乐观的话。人们通常相信他们想要相信的东西；张伯伦乐于相信希特勒会感到满意的，如果苏台德德意志人的要求得到满足的话。因此，如果英法强迫贝奈斯屈服，那么将万事大吉。

  达拉第不喜欢这种论点。"只有在英法两国作出十分明确的决心，尊重独立国家的自由和权利以维持欧洲和平的情况下，战争才能避免。……如果我们在面临又一次威胁时再次要投降的话，那么我们就是在为我们所希望避免的战争开路了。"达拉第同样相信他想

① 诺埃尔：《德国对波兰的侵略》，第 198—202 页。

要相信的东西:"德国的政策是讹诈政策。……目前我们仍然能够在它的路上设置障碍。"法国人也准备强迫贝奈斯作出让步;但是,如果这些让步仍不能使希特勒满意,英国人就该同意支持捷克斯洛伐克。英国人拒绝了法国人的想法。会谈陷入了僵局。共进午餐"气氛十分抑郁"。后来法国人让了步。达拉第并没准备要按自己的信念行事:他不会去给英国和欧洲带这个头。张伯伦则准备按照自己的信念行事:捷克斯洛伐克的让步会避免一场战争——无疑他并不介意这些让步会有多么巨大。说"不"总比说"是"更加有力;拒绝采取行动比半心半意的行动要强得多。双方达成了实质上接受英国观点的妥协方案,英法两国都将敦促捷克人作出让步。英国人将敦促希特勒保持耐心。如果让步失败了,那么英国人将告诫德国政府"注意他们已意识到的危险,即:法国政府将被迫进行干涉……英王政府不能担保将不采取同样的行动"。①

这样,在1938年4月底,捷克斯洛伐克国内的德意志人问题不再是苏台德人和捷克斯洛伐克政府之间的争端;它甚至不再是捷克斯洛伐克和德国之间的争端,更确切地说它从未成为捷克斯洛伐克和德国之间的争端。英法政府作为主角出现;他们的目的,虽然作了伪装,乃是逼迫捷克人作出让步,而不是遏制德国。压力主要来自英国人。法国人——理论上仍然与捷克斯洛伐克联盟——无奈地拖在后面。这一事态发展打乱了贝奈斯已经制定的计划。整个4月他一直向苏台德领导人提出建议,希望迫使他们坚决拒绝。他成功了。4月24日,汉莱茵在卡尔斯巴德的讲话中要求把捷克斯洛伐克变

---

① 英法会谈,1938年4月23和29日;《英国外交政策文件汇编,1919—1939年》,第3辑,第1卷,第164号。

成一个"多民族的国家",享受宣传纳粹主义的充分自由,而且——更重要的是——要求捷克斯洛伐克外交政策也将随之改变以致成为德国的一个仆从国。贝奈斯明白,就此而言牛顿①也明白:如果苏台德人的要求得到满足的话,捷克斯洛伐克将不再作为一个独立国家而存在。可是这个示威行动显然没有触动英法两国政府:他们继续要求贝奈斯自取灭亡,以确保他们自己的内心安宁。

英法不但敦促捷克人作出让步。英国还敦促希特勒提出要求。这一举动让希特勒颇感惊讶;事态比他所希望的发展更快,更有利,尽管并未完全按照他的期望发展。法意之间的地中海战争没有爆发的迹象。张伯伦所坚持的英意协定,撇开艾登之后确实已于4月16日签了字;它改善了两国关系,同时也意味着改善了法意关系。对此希特勒非常重视,以致他于5月初访问了罗马,表示轴心国仍然活着。就在出访期间,他收到的消息表明他几乎不需要他的意大利伙伴了;因为英国人急于想助他一臂之力。英国所作的保证语气坚决。韩德森说:"法国是代表捷克人的,德国则是代表苏台德德意志人的。在这件事情上,英国支持德国"。② 韩德森的副手柯克帕特里克在午餐时告诉一位德国官员说:"倘若德国政府秘密通知英国政府他们正在为苏台德德意志人问题争取什么办法的话……英国政府将对布拉格施加压力,以致捷克斯洛伐克政府将不得不同意德国的愿望"。③ 哈利法克斯指责他的代表们走得太快。但是他自己也不落后。

---

① 牛顿致哈里法克斯,1938年5月16日:《英国外文政策文件汇编,1919—1939年》,第3辑,第1卷,第221号。
② 韦尔曼致里宾特洛甫,1938年5月7日:《德国外文政策文件汇编,1918—1945年》,D辑,第2卷,第149号。
③ 俾斯麦的备忘录,1938年5月10日:《德国外交政策文件汇编,1918—1945年》,D辑,第2卷,第151号。

他"显然很激动地"告诉德国大使说:"如果三个同族的国家德国、英国和美国能够联合起来共同为和平努力的话,那就最好了。"① 希特勒却不慌不忙。这个问题越拖延,紧张局势越加剧,西方大国就会为他做更多的工作;捷克斯洛伐克甚至不用德国方面的努力就可能被粉碎。因此汉莱因被派往伦敦,在那里大摆他的和解姿态。他声称自己行事并不受柏林的指导,并且几乎说服了诸如丘吉尔和范西塔特等敏锐观察家相信他的诚意。其至有更惊人的——因为是秘密的——证据,证明希特勒持克制态度。5月20日,总参谋部按照他的命令提出对捷克斯洛伐克作战的计划草案。计划草案一开头用了限制性的措辞:"我无意在未遭挑衅的情况下用军事行动粉碎捷克斯洛伐克"。接着的是此刻已经过了时的关于意大利和西方大国之间开战的推测。②

在捷克斯洛伐克问题上还有一个有关的大国,虽然包括捷克人在内的所有人都竭力假装情况并非如此。这个大国就是苏俄;在有限的程度上与捷克斯洛伐克结盟,而且如果欧洲的力量平衡改变的话,她必定会深受影响。英法两国政府承认苏俄的存在却强调她的军事虚弱;这个观点无疑是以他们的情报为依据的,但也代表了他们的愿望。他们想把苏俄排斥在欧洲之外;因而乐于设想她为情势所限而无法顾及。他们期望走得更远吗?他们打算不仅不让苏俄参加解决欧洲问题、而且打算反对她吗?他们的意图是让纳粹德国去消灭"布尔什维克祸害"吗?这是苏联当时和后来所抱的猜疑。关

---

① 科尔特致里宾特洛甫,1938年4月29日;《德国外交政策文件汇编,1918—1945年》,D辑,第2卷,第139号。
② 凯特尔的草案,1938年5月20日;《德国外交政策文件汇编,1918—1945年》,D辑,第2卷,第175号。

于这一点，在官方的记录里，甚至官方的记录之外，几乎找不到什么证据。英法两国的政治家们被德国问题弄得过于心烦意乱，以致根本就没考虑过如果德国成为在东欧占支配地位的大国的话将会发生什么情况。当然他们宁愿德国东进，而不是西进，假如她要出征的话。但他们的目的是防止战争，而不是准备打仗；他们真诚地相信——或者至少张伯伦确信——倘若希特勒的要求得到满足的话，他是会感到满意和愿意和解的。

苏联的政策对西方政治家来说是一个谜；现在对我们来说仍旧如此。苏联的立场在纸面上是无懈可击的。按照他们与捷克斯洛伐克的同盟条款，他们可以坚决申明他们准备采取行动，如果法国首先这样做的话；因为法国人从未采取行动，所以他们的虚张声势——如果那是虚张声势的话——从未被揭穿。显然，增强捷克斯洛伐克的抵抗能力是符合他们的利益的，不管他们是不是打算支持她。如果他们被请求援助，他们会采取什么行动，这始终是一个假设性的问题，永不可能得到回答。我们只能满足于记录苏联采取的能被确认的实际行动。1938年春季，苏联政府开始削减他们给予西班牙共和派的援助，不久就完全停止了。思路敏捷的评论家们认为，这是要跟希特勒建立更为友好关系的开端；但希特勒希望西班牙内战继续打下去，因此对苏联援助西班牙共和派一举无动于衷——相反，他宁愿苏联对西班牙共和派的援助继续下去。一种更简单的解释可以在远东事态中找到，在那里日本正全面入侵中国；苏联政府需要把他们的全部武器用于自己的防御。如果他们对欧洲有任何考虑的话，那就是停止干预西班牙将使自己与英法两国建立良好关系变得容易些。这个希望将会化作失望。

苏联对捷克斯洛伐克的支持在纸面上是毫不含糊的。4月23日，斯大林与他的主要同僚讨论了这个问题。捷克人被告知:"如果提出要求的话,苏联准备——按照与法国和捷克斯洛伐克的协定——采取一切与捷克斯洛伐克安全有关的必要措施。它将安排一切必要的手段来这样做……伏罗希洛夫(总司令)非常乐观。"① 5月12日,苏联外交人民委员李维诺夫在日内瓦国际联盟会议期间向博内提出捷克问题。博内问,鉴于波兰和罗马尼亚拒绝允许苏联军队过境,苏联将怎样援助捷克斯洛伐克。李维诺夫回答说:法国应去为此获得允许,因为他们是她的盟国。这也许是又一次故意的回避。然而更加可能的是,李维诺夫没有意识到法国的威望已经下降,认为法国可以支配她的盟国,如同苏俄可以支配她的盟国一样,如果她有盟国的话。可是博内只是叹了口气。根据李维诺夫的记载,就这样"结束了我们的会谈"。②

使苏联可能进行干预,确实不是博内政策的一部分。关于这一点还有个证据。5月中旬,法国驻莫斯科大使库隆德尔前往巴黎;他是法国外交部门中少有的几个果敢人士之一。库隆德尔极力主张苏、捷、法三国总参谋部立即开始军事会谈。博内以他通常有气无力的方式表示同意。然而当库隆德尔回到莫斯科时,什么事也没有发生;他没有收到来自巴黎的有关会谈的任何信息。7月他从他的捷克同事那里获悉会谈不会举行,因为怕触犯英国保守党舆论。在伦敦也没提出任何探询。是博内自作主张主动摒弃了会谈。这样,苏联政府就保住了他们的道德名节;而西方大国则保住了他们的实力虚弱。

可是有些人认为,希特勒是会在显示实力面前退却的;而且这

---

① 费林格致克罗夫塔,1938年4月23日:《慕尼黑的历史新文件》(1958年),第7号。
② 李维诺夫致亚力山德罗夫斯基,1938年5月25日:《慕尼黑的历史新文件》(1958年),第14号。

种实力显示也按时作出了。5月20日,捷克斯洛伐克的后备役军人被征召;边境哨所布置了兵员;捷克斯洛伐克政府让世人周知希特勒即将发动突然袭击,如同据说他过去对奥地利所做的那样。德国人,摆足其信誉遭到无端伤害的姿态,否认有这等事;而后来对战争结束时缴获的他们的秘密记录做了检查,证实他们的否认是正确的。德国军队没有调动;没有做行动准备。对这个不可思议的插曲作何解释?没有找到任何解释。可能是捷克人真的受了虚假警报的误导。甚至可能是某些苏台德极端主义者在仿照奥地利的方式部署行动,尽管他们得到过完全相反的严格指示。也许是德国人向捷克人提供假的传闻,以激起他们采取行动。这些解释似乎都不可能。更有可能的是,捷克的这场示威是为了败坏绥靖的声誉,并证明希特勒会在显示实力面前退却。这个主意是谁想出来的?是捷克人自己吗?肯定不是俄国人,因为他们和别人一样感到诧异。有些细微的证据暗示,此举是英国外交部的"强硬派"官员授意的,因为他们不喜欢现行方针,于是拒绝相信韩德森的否认,尽管他的否认是正确的。①

无论如何,希特勒遭到了"当头棒喝"。就外表而论这个政策奏效了。德国人表示了他们的和平意图;捷克人提高了士气。真正的效果却与此相反。战争的前景使英法两国政府几乎陷入恐慌。哈利法克斯告诉法国大使说:只有在发生无端侵略的情况下,英国才会支持法国;②博内不仅告诉菲普斯而且还告诉德国大使说:"如果捷

---

① 《英国外交政策文件汇编,1919—1939年》(第3辑,第1卷,第450号)中有一个吊人胃口的脚注:"从他们掌握的证据来看,外交部在这一点上跟内维尔·韩德森爵士或武官的观点不一致";没有提出证据。
② 哈利法克斯致菲普斯,1938年5月22日:《英国外交政策文件汇编,1919—1939年》,第3辑,第1卷,第271号。

克斯洛伐克真的不讲道理,法国政府很可能宣布法国认为她自己已解除其义务"。① 外交部的斯特朗被派往布拉格和柏林就地征求英国代表的意见。他带着明确的建议回国。捷克斯洛伐克必须放弃她现在同别国的联盟,而成为德国的仆从国;苏台德地区必须自治或者甚至并入德国。因为捷克人持顽固态度,这项政策必须由英国政府强加于他们。这将是"从第一次世界大战结束以来为解决欧洲动乱的原因之一(而不只是征兆之一)以及为促进欧洲危险地区之一的和平变革所做的首次认真的尝试"。② 捷克的举动把英国推向了行动之路,但完全不是朝着捷克人所期望的方向。

5月21日的事件也对希特勒产生了巨大的影响。他对他蒙受的明显屈辱极为愤怒。拿过凯特尔原来为他草拟的5月20日命令草案,他划掉了第一句话——无意对捷克斯洛伐克采取军事行动——改写成:"我坚定不移的决心就是在不远的将来用军事行动粉碎捷克斯洛伐克"。③ 这似乎是决定性的证据,证明希特勒决心要进攻捷克斯洛伐克,不管情况如何。这个证据并不像它看起来那么有决定性,即使这份带有这句咒语的文件还接着以希特勒的惯常方式断言:"由于意大利毫不含糊地站在我们一边的态度",法国将不敢贸然干涉。事实上这句咒语是一时激怒的表现。希特勒很快就回到他原来的立场上去了。6月18日的一项总战略指示说:"如同在占领非军事区和进入奥地利的情况下一样,只有在我坚信法国不会出兵,因此英国

---

① 菲普斯致哈利法克斯,1938年5月23日:《英国外交政策文件汇编,1919—1939年》,第3辑,第1卷,第296号。韦尔兹克致里宾特洛甫,1938年5月26日:《德国外交政策文件汇编,1918—1945年》,D辑,第2卷,第210号。
② 斯特朗的陈文,1938年5月26—27日,5月28—9日:《英国外交政策文件汇编,1919—1939年》,第3辑,第1卷,第349和350号。
③ 希特勒的命令,1938年5月30日:《德国外交政策文件汇编,1918—1945年》,D辑,第2卷,第221号。

也不会干涉之时,我才会决定对捷克斯洛伐克采取行动。"① 希特勒当然知道,他的将军们害怕与法国开战,而他可能已经在策划违背他们意愿把他们卷进这场战争。他对所有的人——对西方大国、将军们,甚至他自己——都玩弄虚声恫吓的花招。现在有种种可靠的证据相信这次就是虚声恫吓。甚至几乎没有做对法国进行防御战争的准备。德国空军只有一小部分驻扎在德国西部,"以防止法国在空中获得完全的行动自由"。② 在齐格菲防线上只布置了两个陆军师;9月又增加了两个师——以防备法国可能有 80 多个师的兵力。此外,虽然希特勒给总参谋部规定 10 月 1 日为最后期限,但他并没有公布此事。他没有堵死他的退却路线,一直到看起来退却是不必要的时候为止。

英国政府深信希特勒有个最后期限,不过他们不知道它在何时。他们说服他们自己去相信:"他不会等待很久"而且他已经失去耐心,虽然直到此刻耐性一直是他政治生涯的突出特征。他们没有任何根据地只凭直觉判定,希特勒已把他的最后期限定在 9 月 12 日,即纳粹党纽伦堡代表大会的最后一天;从那以后他们对这个日期就像着了魔似的。英国人想赶在希特勒前头;定在 9 月 12 日,而不是 10 月 1 日,他们意外地成功了。英国人认为,必须在这个日期以前迫使贝奈斯作出决定性的让步,只有这样才会制止希特勒发动战争;捷克斯洛伐克必须放弃它现在与法、苏两国的联盟,苏台德德意志人必须获得他们要求的一切。但是怎样才能办到呢? 贝奈斯态度顽

---

① 总战略指示,1938 年 6 月 18 日:《德国外交政策文件汇编,1918—1945 年》,D 辑,第 2 卷,第 282 号。
② 1938 年战略研究的摘录,1938 年 6 月 2 日:《德国外交政策文件汇编,1918—1945 年》,D 辑,第 2 卷,第 235 号。

固——用韩德森的话说,"倔得像头猪"。英国人不敢承担胁迫他的工作;他们宁可把责任推到别人身上。这件事可不容易。很明显,俄国人不会抛弃他们的联盟;相反,他们继续强调联盟,使大家感到尴尬。也许法国人会更顺从一些。这里也叫英国人失望了。法国人先是拖延;然后他们极力主张对贝奈斯作出让步,不过主要的论据是这些让步会使获得英国支持的可能性变得更大。哈利法克斯抱怨说:"这项备忘录没有包含任何具体的警告,即如果捷克斯洛伐克政府在苏台德问题上不讲道理的话,法国将会重新考虑她对条约的立场。"①

没有逃路,法国人不会践行他们与捷克斯洛伐克的盟约;另一方面,他们也不会放弃它。软弱是会传染的。法国人正在把英国人也一起拖下水。英国是跟捷克问题最没牵扯的大国;可是她不得不带这个头。英国人不可能直接抨击捷克斯洛伐克的同盟国;所以他们必须着手"解决"苏台德问题——只要避免了战争,至于如何解决那是无关紧要的。法国人欣然接受这个意见;这样责任就从他们的肩上安全地卸除下来。捷克人却比较勉强。贝奈斯的目的是把这个问题作为捷克斯洛伐克和德国之间的冲突提出来;英国的建议是把它退回到作为苏台德德意志人和捷克斯洛伐克之间的问题。一丝英国愿意支持的幻影鬼火再次被抬了出来。哈利法克斯写道:"如果捷克斯洛伐克政府促使他们自己要求我们在这个问题上帮忙,这无疑会对这里的舆论产生有利的影响。"②贝奈斯再次让步。英国的支

---

① 哈利法克斯致博内,1938年7月7日;《英国外交政策文件汇编,1919—1939年》,第3辑,第1卷,第472号。
② 哈利法克斯致牛顿,1938年7月18日;《英国外交政策文件汇编,1919—1939年》,第3辑,第1卷,第508号。

持证明比他所希望的更难获得；但他仍然认为，表现出通情达理与和解态度，它最终自会到来。7月26日，张伯伦得以在下议院宣布，"应捷克斯洛伐克政府的请求"，朗西曼勋爵即将作为调停人前往布拉格。拔出这个"请求"曾比拔牙还难。朗西曼是贸易局前主席，他被选中表面上是因为据说他有解决劳资纠纷的才能，不过或许更主要的是由于他对所涉问题一无所知的缘故。他曾是热情支持自由贸易的阿斯奎斯自由党的党员，后来成为欢迎贸易保护政策的国民自由党的党员，现在可以指望他提出"软的"解决办法。他是以个人身份而不是作为政府代表的身份前往布拉格的。用他自己对哈利法克斯说过的话来说："你把我放入一只小船，让它在大西洋中央漂流。"这句话透露出朗西曼的船主出身：事实上他是前往中欧的一个内陆国家。

朗西曼出使对历史学家来说有一种令人伤感的意味。这是近一个世纪以来多次尝试中的最后一次，目的是为波希米亚的德意志人和捷克人的关系设计一种"解决办法"——这就是说，找出使两个民族能够多少满意地共同生活在同一个国家中的某种安排。虽然许多在政治能力和理解力方面比朗西曼强的人曾经寻求过这样的解决办法，但都没有找到；现在同样也找不到。当朗西曼动身时，英国政府——他与他们一道——仍然认为有一项解决办法正等着被发现。捷克斯洛伐克政府，由于表面上是他们请求朗西曼的，就得保证接受他的建议。因此他只需找出会使苏台德德意志人满意的条件即可；而捷克人将不得不同意。这个计划并没有奏效。苏台德领导人忠于希特勒的指示，总保持一个要求在前头未得满足，像他们过去玩弄贝奈斯一样玩弄朗西曼。更坏的事接踵而来。贝奈斯是个无与伦比的谈判者，不管他有其他什么缺点；这位曾于1919年和劳合·乔治相匹敌的天才,在 1938 年也很快就掂出了朗西曼的分量。朗西曼本来是被派去向贝奈斯索取让步的,或者就是去揭露捷克的顽固态度的。如果在前一种情况下他获得成功,危机就会避免;如果是后一种情况,贝奈斯就会名誉扫地,捷克斯洛伐克就可以被弃之不顾,西方大国的面子就会保全。朗西曼反倒发现,他被诱进这样的处境,即他不得不承认捷克斯洛伐克的建议是合情合理的,并且不得不谴责苏台德人态度顽固,而不是贝奈斯态度顽固。一个可怕的后果迫在眉睫:如果贝奈斯做了朗西曼要求他做的一切,甚至更多,英国就要在随后的危机中承担支持捷克斯洛伐克的道义责任。为了避免这个后果,朗西曼非但不能催促贝奈斯,反而不得不鼓吹拖延。贝奈斯不让他脱身。9 月 4 日,贝奈斯召见苏台德领导人,叫他们开列他们自己的条件;当他们惊愕得支支吾吾时,贝奈斯就自己把它们写了下来。苏台德人得到正式允诺获得他们所要求的一切。当然,贝奈斯之所以作出这等屈服,只是因为他知道它将会被拒绝。但他确实在外交上打赢了这一仗。朗西曼不得不承认,当捷克人已经同意他所能建议的一切时,再由他去提出协议条款是毫无意义的。甚至连苏台德领导人都不知道怎样拒绝贝奈斯的提议。贝奈斯总统享有了外交手腕的最后一次胜利。

  这个道义胜利并没有影响实力冲突。可它同样具有决定意义的重要性。1938 年初,大多数英国人同情德国的不满,无论他们多么不喜欢希特勒表示不满的方式。苏台德德意志人振振有词:他们没能享有民族平等或类似的东西。到了 9 月,多亏了贝奈斯,这番辩词被连根驳倒了。几乎没有人继续认为苏台德人有真正的冤屈;苏台德人自己也几乎不相信。希特勒不再是他同胞的理想解放者;他反倒像个无耻的征服者,一心想着战争和支配统治。"绥靖"原本是个高尚的尝试，用以公平地补偿冤屈。由于贝奈斯和苏台德人之间的争议得到了化解，它到末了被认为是对占武力优势那一方的求饶投降，尽管也许是不可避免的。英国人起先问："德国的要求是合理的吗？"他们现在则开始问："我们的实力强大到足以抵抗希特勒吗？"朗西曼，完全违背了他自己的意图，帮助扫清了通往世界大战的道路。在谋略上被贝奈斯挫败之后，现在他只想着赶紧弃船回国。朗西曼使团在布拉格又漫无目的地游荡了几天后回到伦敦，没能提出"解决"苏台德问题的任何方案。后来，在张伯伦的贝希特斯加登之行后，朗西曼按外交部的要求写了一份报告；这不过是对张伯伦和希特勒已经商定的肢解捷克斯洛伐克的计划表示赞同罢了。谁也没有注意到它；谁也没有认为它有任何价值。它是来自已经死亡了的过去的一声回响。

英国的政策没能避免这场危机。9月12日日益临近。这个问题不再是捷克斯洛伐克政府和苏台德德意志人之间的问题；它已成为大国之间的问题了。它们的政策仍旧不明确。希特勒依然是拖延的高手，拒绝摊牌，或许像前几次那样，他自己也不知道他将如何一举而获得胜利。定于10月1日进攻捷克斯洛伐克的准备工作还在向前推进。这远非将要开战的决定。德国的将军们继续坚持认为他们不能面对一场全面战争；希特勒坚定地回答说，这未必是需要的。某些将领谈论推翻希特勒的问题，或许真有这个意思。后来他们宣称他们的计划由于没有得到西方大国的鼓励，特别是由于张伯伦飞往贝希特斯加登之行而遭到挫败。实际上这些将领被希特勒挫败了。只有在他真的把德国带到悬崖边缘的时候，他们才会采取行动；而他从来没有这样做。他只有在另一方已经投降时才投入战争。直到那一刻之前他始终保持行动自由。8月他仍在试图另辟蹊径。他所期待的法意战争显然没有爆发。恰恰相反，墨索里尼在战争还渺无踪影的时候曾如此气势汹汹，现在则变得日益不愿哪怕在捷克斯洛伐克问题上支持德国。他要求至少知道希特勒打算何时开战。希特勒仅仅回答说："元首无法规定任何明确的时间，因为连他自己也不知道。"①——被信以为真的他的时间表至多不过如此而已。当匈牙利人要求参加肢解捷克斯洛伐克时，似乎出现了一个可供选择的机会，这同样证明是使人失望的。匈牙利人将追随希特勒，但因为基本上仍然被解除了武装，所以他们不会采取主动。如果希特勒想发动战争，他必须自己发出信号。一个惊人的结果接踵而至。9月12日这个可怕的日子来到了。希特勒在纽伦堡发表了充满热情的演说。他列举苏台德的不满；坚持认为捷克斯洛伐克政府必须予以补救。然后呢？他什么也没有说。没有宣布德国动员；没有发出战争威胁。希特勒的耐性还没有耗尽。他仍在等待别人的神经崩断。

他没有白等。9月13日，即希特勒演说后的第二天，苏台德领导人突然中断了与贝奈斯的谈判，发出叛乱信号。这次叛乱失败了。24小时内就恢复了秩序。更重要的是，此前保持沉默或冷漠的许多苏台德德意志人此刻坚决认为：他们既不是不忠于捷克斯洛伐克，也不希望离开现在的国家。和残余奥地利或它之前的哈布斯堡君主国不同，捷克斯洛伐克并没有从内部崩溃瓦解。崩溃发生在巴黎，而不是在布拉格。法国政府避不作出决定直到最后一刻。博内"非常渴望找到走出这条'死胡同'的可能办法，而不必打仗"；②可是他

---

① 黑森的菲利普致墨索里尼，1938年9月；《德国外交政策文件汇编，1918—1945年》，D辑，第二卷，第415号。
② 菲普斯致哈利法克斯，1938年9月10日；《英国外交政策文件汇编，1919—1939年》，第3辑，第2卷，第843号脚注。

又非常想把责任推到别人身上。他再次企图把责任转嫁给苏俄。一如既往,李维诺夫不是能轻易对付的,他报以坚决的回答。应根据盟约第十条向国际联盟发出呼吁,以便苏联军队能够从罗马尼亚过境;应举行法国、捷克斯洛伐克和苏联三国参谋人员之间的会谈;此外,举行英法苏三国会议发表反对德国侵略的坚决声明。无论如何,苏俄将根据苏捷条约履行"它的全部义务";它只等待法国首先采取行动。① 也许苏联的决心是欺骗性的。这本来可以加以检验,办法就是像李维诺夫所建议的那样举行参谋人员谈判。博内回避这些建议,显出了他怕的就是苏联的决心太真诚了。

博内在别处做得好些。美国的孤立主义已达到极点。9月9日罗斯福总统在新闻发布会上说,将美国与法国、英国联系起来结成抵抗希特勒的阵线,是百分之百错误的。西方大国从大西洋彼岸收到的是美国知识分子的责备,说它们差不多和美国一样胆小。可是决定性的回答必定来自英国。在这里,也是老套重演,法国强调向希特勒投降的危险;哈利法克斯拒绝赞同"认为现在确定要开战比将来或许在更加不利的条件下可能开战要好的论点"。② 最后一轮交换意见展示了双方闪避的机巧。博内问:"倘若德国进攻捷克斯洛伐克,英王陛下政府将如何回答法国政府的问题:'我们将要出兵,你们愿与我们一道出兵吗?'"哈利法克斯回答道:"这个问题本身虽然形式简单,但不能跟可能提出这个问题的那些具体情况脱离开来,而眼下那些情况必然全都是假设的而已。"博内对"这个回答的否定

---

① 李维诺夫致亚力山德罗夫斯基,9月2日;波将金的备忘录,1939年9月5日和11日:《慕尼黑的历史新文件》(1958年),第26、27和30号。
② 哈利法克斯致菲普斯,1938年9月9日:《英国外交政策文件汇编,1919—1939年》,第3辑,第2卷,第814号。

性质似乎感到非常满意"。① 这不足为奇。他一直在收集否定的观点，部分原因是为了保护他自己，更是为了劝阻他的同僚。

达拉第也重操故伎——先是充满斗志，接着摇摆不定，最后屈服投降。9月8日他告诉菲普斯说："如果德国军队越过捷克斯洛伐克边界，法国人将全体一致出兵。"② 接着9月13日到来了：苏台德德意志人将要反叛，据说希特勒准备援助他们。法国部长会议四分五裂——六人赞成支持捷克斯洛伐克，四人包括博内在内赞成投降。达拉第并没暗示他倾向于哪一方。博内离开会议径直去会见菲普斯，说："必须不惜一切代价维护和平"。③ 菲普斯想要证实法国的崩溃；他要求会见达拉第。傍晚，达拉第仍在动摇不定。而对菲普斯直截了当提出的问题，他"显然毫无热情地"回答说："如果德国人使用武力，那么法国人将也不得不使用武力"。菲普斯在他给伦敦的函电中最后说："我担心法国人是在虚张声势"。④ 晚上10点，菲普斯把达拉第给张伯伦的"加急信息"打电话转达给伦敦。"情况以非常严重的方式非常迅速地发展，以致它们大有立刻完全失去控制的危险。……必须不惜一切代价防止德国军队进入捷克斯洛伐克。"达拉第极力主张朗西曼立刻公布他的方案。如果这还不够的话，应举行三国会议——德国代表苏台德人，法国代表捷克人，英国代表朗西

---

① 哈利法克斯致菲普斯，1938年9月12日，及脚注：《英国外交政策文件汇编，1919—1939年》，第3辑，第2卷，第843号。
② 菲普斯致哈利法克斯，1938年9月8日：《英国外交政策文外汇编，1919—1939年》。第3辑，第2卷，第807号。
③ 菲普斯致哈利法克斯，1938年9月13日：《英国外交政策文外汇编，1919—1939年》。第3辑，第2卷，第855号。
④ 菲普斯致哈利法克斯，1938年9月13日：《英国外交政策文外汇编，1919—1939年》。第3辑，第2卷，第857号。

曼勋爵。① 达拉第终于打定主意：他决定投降。

这是张伯伦的机会：法国在抵抗和投降（这是张伯伦自4月以来一直所迫切要求的）之间进行抉择，终于决定赞成他自始至终所主张的后一方针。他没有试图安排一次三国会议。他从经验中知道，达拉第在受到挑战时可能会陷入郁闷、绝望的决断情绪中去。相反，除带了霍拉斯·威尔逊爵士外，张伯伦单独于9月15日飞往慕尼黑，到贝希特斯加登会见希特勒，当时甚至连一名英国译员也没带。当达拉第获悉他被置之不理时，他"看上去很不高兴"；但他再次默从了。② 就我们根据记录能够断定的而论，张伯伦连一份概述捷克斯洛伐克问题的摘要都没有带。他没有询问一个领土截头去尾不完整的捷克斯洛伐克能否保持独立，也没有询问这对西方大国将会产生什么样的战略后果；他没有考虑如何确定捷克斯洛伐克的民族组成。他去的时候只带着大多数英国人对"凡尔赛"的偏见，并坚信如果德意志人的民族不满情绪得到补偿的话，希特勒就会变得愿意和解。同样希特勒也没有准备举行会议：像往常一样，他等待利益掉进他的衣兜。他关心的主要是把危机保持下去，直到捷克斯洛伐克解体；他坚持苏台德德意志人的要求，相信这些要求将不会得到满足，从而使他具备道义上的优势。他还有个进一步的道义优势。他的军事计划要到10月1日才能成熟，即使他打算实施这些计划也罢；因此他可以允诺"不动手"而并没作出任何真正让步。

贝希特斯加登的会谈比两个人预期的更为友好，更加成功。张

---

① 菲普斯致哈利法克斯，1938年9月13日：《英国外交政策文件汇编，1919—1939年》。第3辑，第2卷，第861号。
② 菲普斯致哈利法克斯，1938年9月14日：《英国外交政策文件汇编，1919—1939年》。第3辑，第2卷，第883号。

伯伦对希特勒在谈判开始时总要怒气冲冲地大叫大嚷一番吃了一惊；但他对他的绥靖政策坚定不移。他说："原则上，我对苏台德德意志人从捷克斯洛伐克的其余部分分离开来没有什么要说的，只要能够克服实际困难就行。"这是希特勒不会拒绝的一个建议，虽然这没有达到他要破坏捷克斯洛伐克在国际事务中独立的真正目的。希特勒从他那一方答应在谈判进行时不采取军事行动——这个诺言给张伯伦留下了深刻的印象，虽然它毫无意义。这是绥靖政策的成功——眼看一个重大争端不用诉诸战争就能获得解决。然而它到头来却全错了。张伯伦原打算在不偏不倚公正的基础上提供让步。由于这个缘故，这个政策的目光最锐利的鼓吹者如内维尔·韩德森始终坚持认为：西方大国会胜利的，如果终于开战的话。不过"我们的道义论据必须是站得住脚的"；而在捷克斯洛伐克问题上却站不住脚。①此刻，多亏法国的崩溃，道义已被推在一旁；恐惧取而代之。没有向希特勒提出公正的问题，而是问他想要得到多少东西就不开战。尽管苏台德人号召造反，捷克人却成功地维持住了秩序，但反而使事态恶化了。他们没有得到救助免于解体，而是被要求拱手交出他们牢牢占据的领土，以便法国得以避免战争。

张伯伦返回伦敦，争取他的同僚和法国人的同意。英国内阁表示同意，虽然据说不是没有一点争论。朗西曼撕毁了他过去一直在草拟的报告，并遵命重写一份，仅仅收入希特勒的要求——这份报告本身在以后几天中随着希特勒的要求不断增高而反复修改。9月18日，达拉第和博内前往伦敦与英国大臣们会谈。张伯伦介绍了他与

---

① 韩德森致哈利法克斯，1938年8月12日：《英国外交政策文件汇编，1919—1939年》，第3辑，第2卷，第613号。

希特勒的讨论经过，坚持认为问题是是否接受捷克斯洛伐克的分治——或者像他所说的实行"自决原则"。达拉第试图改变问题的范畴："他担心德国的真正目的是肢解捷克斯洛伐克并通过向东方进军实现泛德意志目标"。哈利法克斯带着他常用的实际论据入场：

> 他们其实并没有认为法国政府竟然没能履行他们对捷克斯洛伐克政府的义务……另一方面，我们都知道——他当然觉得他们的技术顾问们会在这点上同意他们的意见——：不管我们自己，法国政府，或苏联政府，在任何特定的时刻，采取什么行动，要给予捷克斯洛伐克国家以任何有效的保护，那是不可能的。我们可能打一场反对德国侵略的战争，但在这种战争之后的和平会议上，他认为有关的政治家们不会重划捷克斯洛伐克现在的疆界。

张伯伦有个巧妙的主意。捷克人反对在全民公投后交出领土，因为担心这会给国内的波兰人和匈牙利人开了个先例；既然这样，那么就不经全民公投即交出领土。"这可以被认为是捷克斯洛伐克政府自己的选择……这将排除掉任何认为是我们自己在肢解捷克斯洛伐克领土的想法"。达拉第让步了，但他提出一个基本条件：英国必须参加担保剩下的捷克斯洛伐克。这可不是为捷克人着想——英法两国已经一致同意无论现在或此后他们都无能为力帮助捷克斯洛伐克。这是要求英国人担保希特勒的声明：他是在谋求公正，而不是统治欧洲。达拉第说：

> 如果他确信，当希特勒先生重复老一套大意如下的纳粹宣

传：所要的只不过是苏台德德意志人，德国的目的就在那里停止的时候，希特勒是讲的老实话，那么他就不会坚持要英国的担保。但他在内心深处确信，德国是在瞄准更大的东西。……因此，英国关于捷克斯洛伐克的担保在下面的意义上将有助于法国：它将帮助制止德国向东进军。

英国人被套住了。张伯伦的政策是建立在这样的信条上的，即希特勒是本着诚意行事的；他不接受达拉第赞成抵抗希特勒的论点，就等于放弃了这一信条。所以他不得不给予担保。英国大臣们退场两个小时。他们一复会，张伯伦就说："如果捷克斯洛伐克政府接受现在向他们提出的建议，并且假如不会同时发生军事政变的话，英王陛下政府准备参加拟议中的担保。"过去，英国政府一直拒绝把他们的承诺扩大到莱茵河以东，并且在捷克斯洛伐克尚且强大时宣称他们自己无法援助她，而现在当她衰弱时，英国政府却用这种随意草率的方式担保捷克斯洛伐克，而且更重要的是，暗示担保整个东欧现有的领土秩序。之所以给予这样的担保，是因为确信并希望它决不会有朝一日被要求兑现——其目的只是为了打消法国的最后一丝游移不定。然而达拉第却已经造成了超过他所知道的实际结果。他使英国作出反对希特勒东进的保证；六个月后这项保证得到恶报。1938年9月18日晚上约7时30分，达拉第决定性地把英国向前推了一把，尽管有所延迟，但使她陷入了第二次世界大战。①

---

① 英法会谈，1938年9月18日：《英国外交政策文件汇编，1919—1939年》，第3辑，第2卷，第628号。

张伯伦问了最后一个问题："如果贝奈斯博士说'不'，我们该采取怎样的立场呢？"达拉第回答说："这个问题必须在部长会议上讨论"。事态发展的结果却有所不同。9月19日，法国部长们批准了英法建议，但没有就下面的问题达成任何决定：如果捷克人拒绝这些建议的话该怎么办。从理论上说，法捷条约仍然完全存在。此外，9月19日贝奈斯向苏联提了两个问题：如果法国仍然信守条约，并且还给予援助的话，苏联会立即提供有效的援助吗？作为国际联盟的成员国，苏联将根据盟约第16和17条援助捷克斯洛伐克吗？① 9月20日，苏联对第一个问题回答说："是的，将立即和有效地提供援助"。对第二个问题回答说："是的，在各个方面"。② 贝奈斯还试图从捷克共产党领袖哥特瓦尔德那里探询，即使法国不采取行动，苏联是否会采取行动。哥特瓦尔德不为所诱，拒绝正面回答，他说："代表苏联回答问题，那不是他的职责，但是谁也没有任何理由怀疑苏联会履行它的义务。如果它是超出义务之外的什么问题的话，那么贝奈斯应该对它作精确的简洁陈述，并向苏联政府提出询问。"③这件事贝奈斯是不会做的。他在告别会上告诉朗西曼说："捷克斯洛伐克和俄国对万一发生战争的情况并没有制定任何特殊协定，而且她过去没有、将来也不会做任何没有法国参与的事情"。④ 贝奈斯仍然是个"亲西方者"，尽管他感到失望；即使他倾向于只依靠苏俄，捷克内阁——由总理霍贾领导——的多数也足有力

---

① 亚力山德罗夫斯基致李维诺夫，1938年9月19日：《慕尼黑的历史新文件》(1958年)，第36号。
② 费林格致克罗夫塔，1938年9月20日：《慕尼黑的历史新文件》(1958年)，第39号。
③ 亚力山德罗夫斯基致李维诺夫，1938年9月20日：《慕尼黑的历史新文件》(1958年)，第37号。
④ 克罗夫塔致马萨里克和奥苏斯基，1938年9月16日：《慕尼黑的历史新文件》(1958年)，第32号。

量阻止他。

贝奈斯还没有绝望。他一直和巴黎比较坚决的团体包括一些部长在内保持接触；他仍然相信：如果他自己的行动足够精明，可以说服法国回到支持捷克斯洛伐克的立场。贝奈斯一直过高估计了可以改变法国政策的可能性，并且也许低估了可以改变英国政策的可能性。总之，在这个决定性的时刻他的眼睛只盯住巴黎。9月20日，捷克斯洛伐克政府拒绝了英法建议，反过来诉诸与德国的仲裁条约。半个小时后，霍贾，现在看来就是这样，告诉英法代表说，如果英法建议是"作为一种最后通牒"递交的话，贝奈斯和政府将感到可以向不可抗拒的胁迫屈服。① 根据他自己的说法，霍贾不过是想试探法国人是否真的打算抛弃他们的盟友；根据法国公使的记录，霍贾积极恳求一项最后通牒，作为捷克政府想投降的"掩护"。在这一点上，真相将永远不会为人所知。或许霍贾和他的同事们想投降；无疑，博内希望他们这样做。如果贝奈斯参加了霍贾的诡计，大概是仍然希望在巴黎的"不妥协分子"中间激起抵抗。总之，不管是否受霍贾的怂恿，博内连忙抓住这个机会。最后通牒在巴黎及时拟就；在午夜仅由达拉第和总统勒布伦授权；于9月21日凌晨2时递交给贝奈斯。话说得非常清楚：如果捷克人拒绝英法建议的话，他们将要对随之而来的战争负责，英法的团结一致将要被破坏；在这种情况下，法国不会出兵，"因为她的援助不会是有效的"。② 次日上午，当某些法国部长抱怨没有部长会议的

---

① 牛顿致哈利法克斯，1938年9月20日；《英国外交政策文件汇编，1919—1939年》，第3辑，第2卷，第979号。
② 博内：《从华盛顿到法国外交部》，第250页。克罗夫塔致马萨里克和奥苏斯基，1938年9月21日；《慕尼黑的历史新文件》(1958年)，第42号。

任何决定捷克人就被抛弃时，博内则回答说这样做是应霍贾的请求；持不同意见者再次默从了。这是一桩可耻的交易；可是它只是用坦率的话说出了如下事实：从 4 月份法国人决定在没有英国支持的情况下他们不能开战，以及英国人方面决定不卷入保卫捷克斯洛伐克的那一刻以来，这就是不可避免的了。毫无疑问，如果一开始就对贝奈斯阐明这一点，那本来会是更友善的，更体面的。然而长期以来，身为大国的国家都不敢承认它们自己不再强大了。英法两国在 1938 年都"不惜任何代价维护和平"。两国都害怕战争而不是害怕战败；因此，估算德国和盟国双方实力以及争论德国是否会被击败，就毫不相干了。希特勒可以通过战争威胁就达到目的，而无需依靠胜利。

捷克人不再犹豫不决。9 月 21 日正午，他们无条件地接受了英法建议。可是贝奈斯仍然没有被击败。他推测希特勒会因被奉送上胜利，而提出条件；他希望英法两国的舆论那时终于会起来反抗。他猜对了。9 月 22 日，张伯伦到戈德斯堡再次会见希特勒。希特勒宣称英法建议已经不够了。苏台德德意志人在被屠杀——这种说法是不真实的；他们的领土必须立刻由德国军队占领。当希特勒通过谈判即将得到他所要求的一切时，他为什么采取这个方针呢？难道他是为战争而想要战争吗？大多数历史学家都同意这种解释。不过希特勒仍然是个成功的阴谋家，但还不是"所有时代最伟大的军事领袖"。现在有一个似乎更讲得通的解释。受德国这个先例的启发，其他国家对捷克斯洛伐克领土也在提出要求。波兰人要求捷欣；匈牙利人最终要求斯洛伐克。就像 1939 年 3 月实际上发生的那样，捷克斯洛伐克很有可能会分崩离析。德国将以和平缔造者的姿态出现，建立新秩序，而不是摧毁旧秩序。希特勒自己"就可以当面嘲笑张伯伦"。① 因此希特勒在戈德斯堡拖延时间以等待有利的时机。张伯伦的恳求和威胁,甚至他暗示捷克斯洛伐克的新疆界可以再次通过谈判加以改变等等,都无关紧要毫不相干。希特勒不再对捷克斯洛伐克感兴趣;他预计,当波兰和匈牙利那两枚地雷炸响时,捷克斯洛伐克将不复存在。

因此,戈德斯堡会谈以失败告终。张伯伦返回伦敦,赫然面对要么战争要么放弃大国地位的抉择。看来他本人似乎倾向于后者,如果他能得到哪怕一丁点认可的话。毕竟,没有什么——在他看来——能阻止捷克斯洛伐克的解体。那么,又何必仅仅为了这件事发生的确切时间而开战呢?然而在伦敦,哈利法克斯起来反抗了——或者像据说的那样,是被他"在转侧不眠之夜"的良心拨动;更有可能是受到外交部那些常任官员的怂恿。9月23日,一反张伯伦表明过的意见,他已经告诉捷克人,对他们的动员军队不可能再有任何异议;于是他们就马上动员了。哈利法克斯还询问正在日内瓦出席国际联盟会议的李维诺夫:"万一捷克斯洛伐克被卷入对德战争,苏联政府将采取什么行动?"这是在整个危机期间英国首次与苏联接触。李维诺夫以他惯常的套路作答:"如果法国援助捷克人,俄国就会采取行动"。一旦波兰扬言反对捷克斯洛伐克后,俄国人似乎对他们自己的策略看得更清楚了。对他们来说现在有一条通往欧洲的路;如果发生战争,他们可以收复1921年丧失给波兰的领土,即使这对捷克人帮助不大。9月23日苏联政府警告波兰:如果波兰人入侵捷克斯洛伐克,他们将立刻废除《苏波互不侵犯条约》。9月24日,

---

① 希特勒和察基的会谈,1939年1月16日:《德国外文政策文件汇编,1918—1945年》,D辑,第5卷,第272号。

甘末林也询问俄国人他们可能采取什么行动。他们回答说：有 30 个步兵师驻扎在西部边界（此时法国只有 15 个师驻扎在马其诺防线）；空军和坦克部队"完全准备就绪"。此外，他们还敦促立刻举行法、捷、苏三国参谋人员会谈。甘末林表示同意，据说得到了英国人的认可。① 实际上，并没有举行参谋人员会谈。

　　法国人仍然踌躇不决。9 月 24 日，菲普斯从巴黎给国内打电报说："法国的精英全都反对战争，几乎不惜任何代价"；他警告不要"去鼓励人数较少但喧闹腐败的主战派，甚至似乎像是在鼓励都不行"。② 在后来的一封电报中，他对此解释说，他的意思是指"被莫斯科收买的共产党人"。外交部不喜欢这个回答，叫菲普斯作更广泛的调查。他奉命照办，并在两天后回答说："人们采取听其自然但很坚决的态度。……'小资产阶级'也许不想为捷克斯洛伐克冒生命的危险，而据说绝大多数工人赞成法国履行其义务"。③ 法国部长会议几乎没有体现出这种坚决的精神。9 月 24 日，部长们没能就下面的问题达成一致意见：如果希特勒侵略捷克斯洛伐克的话，法国将采取什么行动。达拉第和博内被派去伦敦寻找答案。9 月 25 日他们与英国大臣们会谈。达拉第像往常一样以战斗的基调开头。我们应要求希特勒回到 9 月 18 日的英法建议上去。如果他拒绝的话，"我们各方就必须尽各自的义务"。张伯伦回答说："谁也不能闭着眼睛塞住耳朵去投入这么大的冲突。在作出任何决定前有必要了解情况。所以他希望获得进一步的信息，并请约翰·西蒙爵士向达拉第先生提

---

① 费林格致克罗夫塔，1938 年 9 月 29 日；《慕尼黑的历史新文件》(1958 年)，第 55 号。
② 菲普斯致哈利法克斯，1938 年 9 月 24 日；《英国外交政策文件汇编，1919—1939 年》，第 3 辑，第 2 卷，第 1076 号。
③ 菲普斯致哈利法克斯，1938 年 9 月 26 日；《英国外交政策文件汇编，1919—1939 年》，第 3 辑，第 2 卷，第 1119 号。

几个问题"。这位激将大师，接着便盘问了那位法国总理，好像他是个怀有敌意的证人或是个罪犯似的。法国人会入侵德国吗？他们会使用空军吗？他们怎样援助捷克斯洛伐克？达拉第躲躲闪闪，闪烁其词；提及苏联的实力；并不断回到原则问题上来。"有一个让步他决不会作出，那就是……毁灭一个国家和让希特勒先生统治世界"。① 这是那个老僵局；这一方害怕战争；另一方不愿投降。最后决定要求甘末林第二天渡海前来伦敦，再次举行会谈。

甘末林的意见于事无补。德国空军占优势。"我们将受损害，特别是平民百姓；但是，如果能保持士气，这将不会妨碍我们的部队获得可喜的战果"。甘末林还认为，捷克人以 30 个师对德国的 40 个师，可以坚持，如果他们退守摩拉维亚的话。② 后来他告诉英国军事专家说，苏联即将入侵波兰——"这个前景令我们的盟友不快"。然而参加会谈的部长大臣们既没有咨询甘末林，也没有讨论他的意见。当他们会谈时，张伯伦告诉他们说，他将派霍拉斯·威尔逊带着个人函件去见希特勒，呼吁和平。法国部长们同意了这个解决办法，然后回国。哈利法克斯仍然焦虑不安，温斯顿·丘吉尔造访外交部，敦促哈利法克斯采取坚定不移的立场。当着这两人的面，一位名叫雷克斯·利珀的官员起草了一份公报："如果德国进攻捷克斯洛伐克……法国将有义务援助她，而英国和俄国肯定将同法国站在一起"。虽然哈利法克斯"批准了"这份公报，但他并没有在上面签字。用这种迂回的方法，他不但现在而且将来都保住了他的位置；他继续得到张伯伦的信任，再后来还是唯一的"慕尼黑人物"

---

① 英法会谈，1938 年 9 月 25 日；《英国外交政策文件汇编，1919—1939 年》，第 3 辑，第 2 卷，第 1093 号。
② 甘末林，《为国效劳》，第 2 卷，第 352 页。

继续受到丘吉尔的高度赏识。在当时，公报没有产生什么作用。在巴黎，博内把它痛斥为伪造；张伯伦在当晚晚些时候发表了他自己的声明，实际上对它加以否认，并再次承诺会满足希特勒的所有要求。

9月26日威尔逊会见希特勒，没有产生任何结果。恰恰相反，那天晚上希特勒发表了一篇演说，他首次宣布他决心于10月1日占领苏台德德意志人的领土。因此威尔逊奉命转达一条特别口信，语调"悲伤多于愤怒"：

> 如果德国进攻捷克斯洛伐克，法国将认为它必须履行其条约义务。……如果这意味着法国部队开始对德国积极发动敌对行动，英国政府将有义务支持她。①

希特勒自称对这一所谓的威胁感到愤怒。那条口信并不当真的。英国政府正劝告法国人不要采取进攻行动，即使捷克斯洛伐克遭到入侵的话，因为这将"自动发动一场世界大战，很不幸对拯救捷克斯洛伐克不会产生任何作用"。② 博内表示完全同意；菲普斯报告说："法国……将无心对德国发动无望的进攻战，因为她还没有为此做好准备"。③ 向希特勒发出的呼吁纷至沓来：张伯伦发出新的呼吁；法国保证德国可以在10月1日获得至少四分之三的苏台德地区；最

---

① 希特勒和威尔逊的会谈，1938年9月27日：《英国外交政策文件汇编，1919—1939年》，第3辑，第2卷，第1129号。
② 哈利法克斯致菲普斯，1938年9月27日：《英国外交政策文件汇编，1919—1939年》，第3辑，第2卷，第1143号。
③ 菲普斯致哈利法克斯，1938年9月28日：《英国外交政策文件汇编，1919—1939年》，第3辑，第2卷，第1160号。

后,9月28日,墨索里尼也发出呼吁。对这一最后的呼吁希特勒做出了积极的回应:他将住手24小时,以便在慕尼黑举行一次四国会议。希特勒为什么在最后关头停住呢?是他的将军们重申警告使他动摇了吗?是他推测到德国人民会反对战争吗?是墨索里尼的犹豫不决使他吃了一惊吗?假设他曾打算发动战争的话,所有这些都是可能的解释。但这些解释的含义却完全是另一回事。希特勒在危机发生前所作的各种判断、他保持妥协——更确切说是和平的胜利——之门敞开的技能,表明他从未失去对他自己的控制。他曾等着捷克斯洛伐克解体。但这并没有发生。波兰对捷欣的领土要求,虽然无情地迫切,却仍旧不够。只有匈牙利的行动才能动摇捷克斯洛伐克;匈牙利人或许由于害怕小协约国,或者因为不情愿完全保证站到希特勒一边,却没有采取行动。9月28日是希特勒可以下令取消开战的最后时刻。他既能摆出和解姿态,同时仍能获取他的收益。

　　9月28日张伯伦在下院发表演说。他已经恳请墨索里尼做调停人;他有充分的理由相信这个调停是会成功的。英国的舆论变得日益强硬,捷克人而不是苏台德德意志人现在被许多人视为被压迫的人民。张伯伦希望把这种反对意见压制下去:因此他强调的是战争的危险,而不是德国主张的正当。这个策略起了作用。他演说结尾处,当他宣布——用刻意算计过的戏剧性方式——四大国将在慕尼黑举行会议时,下院突然陷入一片歇斯底里的宽慰之中——至少在保守党那一边是如此。"感谢上帝赐福首相!"这是带苦果的胜利。绥靖的初衷,是对各方对手的主张不偏不倚地加以考虑,并对过去的过失加以补救。然后法国害怕战争成了绥靖的理由。现在它的动机似乎是英国人自己方面的害怕了。张伯伦前往慕尼黑不是为了去给苏台德德意志人寻求正义,甚至也不是为了去挽救法国免于战争;

他去慕尼黑是（或看上去似乎是）为了去拯救英国人自己免遭空袭。绥靖丧失了它的道义力量。在出发前，张伯伦致电布拉格："请让贝奈斯博士放心：我将充分考虑捷克斯洛伐克的利益。"① 事实上，捷克人被排斥在会议之外，因为担心他们可能带来麻烦。俄国人也被排斥在外。为了确保通往未来的门是敞开的，哈利法克斯向苏联大使迈斯基做了如下保证，这次没让苏俄参加会议"绝对没有任何要削弱我们方面，无疑同样还有法国政府方面，意欲维持我们同苏联政府的谅解和关系的愿望"。在哈利法克斯看来，迈斯基的态度似乎"确实可能持有某些怀疑"。②

张伯伦和达拉第事先没有碰头以协调他们的政策。没有必要协调投降；也许张伯伦担心达拉第将再次徒劳地试图协调抵抗。希特勒会见了墨索里尼，向他通报了对法国进行闪电战的计划，并指望意大利参加，使墨索里尼惊恐不安。就在会议举行之前一刻，墨索里尼收到意大利驻柏林大使阿托利科发来的德国外交部草拟的条款——据说希特勒不知情。不管是否如此，对希特勒来说都是一种方便的安排。墨索里尼以公正调停人的姿态提出条款；希特勒则予以同意而表示了和解。这就避免了给人以"强加条款"的外表印象。直到会议终了，希特勒都没有提要求；他谦和地接受别人所提出的东西。商定的条款不过是在如下意义上的一种妥协：苏台德地区将分阶段占领，到10月10日完成，而不是一蹴而就地在10月1日完成——这个计划反正在技术上是无论如何行不通的。谁也没有对要

---

① 哈利法克斯致牛顿，1938年9月28日；《英国外交政策文件汇编，1919—1939年》，第3辑，第2卷，第1184号。
② 哈利法克斯致奇尔斯顿，1938年9月29日；《英国外交政策文件汇编，1919—1939年》，第3辑，第2卷，第1221号。

交出的地区提过疑问。张伯伦在财政细节上略加挑剔。墨索里尼提出匈牙利人的族裔主张,希特勒不予理会,他对匈牙利人不感兴趣,因为他们未能摧毁捷克斯洛伐克。讨论东拉西扯持续到午夜过后不久,此外还用很长的时间进晚餐。然后墨索里尼最初提出的条款几乎没做修改就被采纳了。当四位政治家坐下签字时,他们发现精美的墨水瓶里没有墨水。

捷克斯洛伐克的代表们一直在前厅等候,希望提出实际困难。他们被剥夺了陈述意见的机会。凌晨 2 点,他们被召唤到张伯伦和达拉第那里,后者向他们出示了协定。达拉第明确表明,"这是一个没有上诉权利和没有减刑可能的判决"。捷克斯洛伐克必须在下午 5 点之前接受,否则要承担后果。张伯伦打着哈欠,不发表意见,他"感到疲倦,然而是惬意的疲倦"。第二天早晨在布拉格,贝奈斯绝望地求助于苏联大使。"捷克斯洛伐克面临要么开始同德国作战,反对她的英法盟友,……要么向侵略者投降的选择"。苏联对这两种可能性"即进一步斗争或者投降"的态度是什么呢?苏联政府还没来得及讨论这个问题,就又收到了一封电报告知他们没有必要给予答复:"捷克斯洛伐克政府已经决定接受所有条件"。① 很难相信提出这个询问是认真的。贝奈斯仍然坚信捷克斯洛伐克绝不能独自作战,也不能只与苏联结盟来作战。若干年后,在 1944 年,他声称波兰对捷欣的威胁把他向投降推了最后一把;如果是这样的话,那不过是朝着他已经决定要走的方向推了一把。贝奈斯仍然相信——事实证明他是对的——希特勒会弄巧成拙;不过这个过程的时间比他希望

---

① 亚力山德罗夫斯基致李维诺夫,1938 年 9 月 30 日:《慕尼黑的历史新文件》(1958 年),第 57 和 58 号。

的长得多。同时，捷克人避免了战争恐怖，不但在 1938 年，而且在整个第二次世界大战期间。战后，从总统宫俯瞰布拉格，贝奈斯可以说："它不是很美丽吗？唯一没有被毁的中欧都市。全是我一手造成的。"

9 月 30 日，张伯伦和希特勒又举行了一次会谈。张伯伦说："我对昨天会谈的结果感到非常高兴。"然后，在对裁军和西班牙问题不着边际地讨论一番之后，他最后说："如果两国发表某种声明，表示他们在改善英德关系导致欧洲更大程度稳定的可取性上取得一致意见，对两国和对全世界都会是有益的。"他拿出他带在身边的一项声明草案。这个声明把"昨夜签署的协定以及《英德海军协定》看作是我们两国人民不想再彼此交战的愿望的象征"。它继续写道：

> 我们决心以协商的方法作为处理可能涉及我们两国的任何其他问题的办法，我们决心继续努力，消除可能引起分歧的原因，从而为确保欧洲的和平作出贡献。①

草案转译交给希特勒。希特勒表示热烈欢迎。两个人在上面签了字。政治家们各自启程回国。达拉第忧郁不安，预料要碰到怀有敌意的人群。然而等待他的却是欢呼声，这使他大吃一惊。张伯伦倒没有这样的担忧。当他走下飞机时，他挥舞着他同希特勒签署的声明，大声地说："我成功了"。在去伦敦的途中，哈利法克斯劝告他不要利用当下的情绪举行大选，而要与丘吉尔和艾登一道组织包括自由

---

① 张伯伦和希特勒的会谈，1938 年 9 月 30 日：《英国外交政策文件汇编，1919—1939 年》，第 3 辑，第 2 卷，第 1228 号。

党和工党在内的真正的举国一致政府。据说张伯伦也有哈利法克斯的疑虑，他对人们的欢呼评论说："这一切三个月后就都过去了。"但那天晚上，他在唐宁街 10 号窗口露面时对人群说："这是第二次把光荣的和平从德国带回到唐宁街来。① 我相信，这是我们时代的和平。"

---

① 第一次是指英国首相狄斯累利（Disraeli）1878 年参加柏林会议后回到英国。——译者注

第九章

六个月的和平

慕尼黑会议的本意是要开创欧洲事务的新纪元。"凡尔赛和约"——1919年的体系——不仅已经死了，而且已被埋葬，取代它的是欧洲四强在平等和互信的基础上建立的新体系。张伯伦说："我相信这是我们时代的和平"；希特勒宣称："在欧洲，我不会再提出领土要求"。国际事务中仍然有若干重大问题需要解决。西班牙内战并未结束。德国尚未收复它的殖民地。说得更远一点，在欧洲恢复稳定以前，对经济政策和军备问题也必须达成协议。这些问题并没有挑起一场全面战争的危险。已经向德国表明可以用和平协商的方式取得她由于其雄厚资源而在欧洲所应有的地位。重大的障碍已经顺利排除：针对德国的凡尔赛体系在没有发生战争的情况下通过协议已被废除。然而，在六个月之内，针对德国的一种新体系又在形成。不到一年，英国、法国和德国就处于交战状态。难道慕尼黑会议从一开始就是个骗局吗？——对德国来说，它只是向征服世界进军的一个阶段？或者，在英、法这一边，它只是两国在重整军备更加完备以前赢得时间的一种机谋？回顾起来看上去似乎是这么回事。在慕尼黑政策失败的时候，人人都表示他原来就料到它会失败；慕尼黑会议的与会者不仅指责他人搞欺诈，而且还吹嘘他们也一直在欺骗自己。事实上，谁也不像他们事后所说的那样目光敏锐；出席会议的四个人都以各自不同的方式表现出诚意，尽管每个人又都有自己对他人隐瞒的保留。

　　法国人作出了最大的让步，而对未来却抱着最小的希望。他们放弃了1919年以来仿佛曾经享有的欧洲最强大国的地位。不过他们所放弃的其实是虚假的东西。他们是向现实屈服而不是向武力投降。

法国人一直以为，1919年以及随后所赢得的有利条件——对德国的约束以及与东欧国家的联盟——是他们得以坐享其利的资产，而不是他们还必须极力保卫的猎获物。在1923年占领鲁尔之后，他们根本没有为坚持凡尔赛和约体系动根手指。他们放弃了战争赔款；他们对德国重整军备采取默许态度；他们允许德国人重新占领莱茵兰；他们也没有采取行动以维护奥地利的独立。他们之所以继续保持与东欧国家的同盟，只是因为他们相信，万一他们自己受到德国的攻击，这些盟国会给予他们援助。当他们的盟友捷克斯洛伐克一有给他们带来风险之虞而不是安全时，他们就背弃了她。慕尼黑事件是法国政策合乎逻辑的结果，不是政策的遽变。法国人承认他们已经失去在东欧的优势，也知道不可能再恢复这种优势。这绝不是说他们为自己担忧。恰恰相反，他们接受了英国人自从《洛迦诺公约》签订以后就劝谕有加的论点：如果他们撤退到莱茵河后方，面临的战争危险就要少些。法国人宁要安全，而非显赫——也许这是一种不光彩的政策，但不是危险的政策。即使在1938年，虽然他们担心遭到轰炸，但如果战争强加到他们身上，他们并不担心会战败。甘末林将军始终强调，民主大国将会获胜；政治家们也相信他的话。但是战争的意义何在呢？1923年以来，正是这种论点阻止了法国的行动，目前也仍然阻止法国采取行动。德国即使打败了，它还是在那里，既强又大，决心得到补偿。战争可能让时钟停止转动，却不能使时钟倒转；后来的事态将会推进到同样的结局。因此除了自身的安全之外，法国人愿意舍弃一切，并且不认为他们在慕尼黑舍弃了自身的安全。他们怀有一种坚定的、事实证明也是颇有根据的信念：马其诺防线是坚不可摧的——到如此程度以至于他们不那么正确地认为齐格菲防线也是坚不可摧的。他们假定在西欧已经形成相持不下的和局局面。他们无法阻止德国在东欧扩张它的势力；同样，德国也无法入侵法国。慕尼黑使法国人蒙受了耻辱，但也没有——如他们所想的那样——让他们遭到危险。

英国的立场比较复杂微妙。法国在考虑问题时没有把道义计算在内，或者说考虑到了，只是又把它抛在一边。法国人承认，援助捷克斯洛伐克是他们的责任；他们拒绝承担这个责任，因为这过于危险或者过于困难。当莱昂·布鲁姆以羞愧与宽慰交集的心情对《慕尼黑协定》表示欢迎的时候，他最恰当地表达了法国人的情感。另一方面，对英国人来说，道义至关重要。英国政治家们摆出了实际的论据：遭受空袭的危险；英国重整军备的落后状况；即使有足够的武装，援助捷克斯洛伐克也不可能。但是这些论点是用来加强道义的，而不是使之泯灭。英国对捷克斯洛伐克的政策出自一种信念，认为德国以民族原则为理由对苏台德德意志人土地享有道义上的权利；它进而得出一条结论：民族自决的这一胜利将为欧洲提供更加稳定、更为持久的和平。英国政府不只是出于对战争的恐惧才不得不承认捷克斯洛伐克的解体。在战争威胁出现之前，他们就开始把这块领土的割让有意强加在捷克人身上了。慕尼黑的解决办法是英国政策的胜利，因为英国政策就是朝着这个目标努力的；而不是希特勒的胜利，因为他当初并没有如此明确的意图。它也不单纯是那些自私自利的或玩世不恭的英国政治家们的胜利，他们对远方国家人民的命运漠不关心，或者算计希特勒会对苏俄作战。《慕尼黑协定》是英国生活中一切最美好、最开明事物的胜利；是那些宣扬民族平等正义的人们的胜利；是那些敢于谴责凡尔赛和约过于苛刻、缺乏远见的人们的胜利。研究外交事务的社会主义权威人士布雷斯福德在1920年论及凡尔赛和约时写道，"最严重的罪过是300多万德意志人处于捷克的统治之下"。① 这个罪过在慕尼黑得到了纠正。理想主义者可以说，英国的政策姗姗来迟，犹豫不定。1938年，英国补偿了这些过失。张伯伦凭借技巧和毅力，先后促使法国人和捷克人奉行了这条道义路线。

有一个反对把苏台德地区割让给德国的论点——认为经济关系与地理关系比民族关系更加重要。这曾经是反对分裂哈布斯堡王朝的论点，带头分裂该王朝的捷克人不能使用这个论点，他们在西欧的支持者也不能使用。争论不得不从道义的范畴转到实际考虑的范畴——人们不以为然地称之为现实政治中去。那些最直言不讳地反对《慕尼黑协定》的人士，例如温斯顿·丘吉尔就相当坦率地断言，德国在欧洲变得太强了，必须以一个带有威胁性的强大联盟，或者，如果必要的话，用武力来加以制止。民族自决——捷克斯洛伐克赖以生存的原则——被斥为骗术不予考虑。使用的唯一道义论点是：现存各国的边界是神圣不可侵犯的，每个国家都可以在自己的边界内按自己的意愿行事。这是合法性的论点；是梅特涅和维也纳会议的论点。如果接受了这个论点，这不仅会制止哈布斯堡王朝的分裂，甚至会制止美洲的英国殖民地赢得独立。英国左翼人士在1938年来使用这种论据是奇怪的；他们为此受到冷落——因此他们提出的批评也是犹豫不定、不起作用的。英国第一海军大臣达夫·库珀为了抗议《慕尼黑协定》而辞职时并没有这一类疑虑。后来他以敬佩之情为法国外交家塔莱朗撰写传记时，他关心的是均势与英国的荣誉，而不是民族自决或凡尔赛和约的不公正。在他看来，捷克斯洛伐克

---

① 布雷斯福德，《和平以后》（1920年），第47页（H. N. Bralisford, *After the Peace* (1920), p. 47）。

在1938年和比利时在1914年一样，不是真正的问题。这一论点破坏了第一次世界大战中英国立场的道义效力，但是对英国下院中的保守党多数却具有一种感染力。就下院的权力范围而言，张伯伦必须回答它的质询。法国人不愿打仗确实是西方大国的重大弱点，张伯伦无法强调这一点。因此他只能说成是英国本身不能与德国交战。

张伯伦被他自己的论点弄得进退两难。如果英国已虚弱到不能打仗的程度，政府就必须加速重整军备；而这就使人们对希特勒的诚意产生了怀疑，不管他们是否公开说出来。就是这样，张伯伦对他自己政策的论据所起的破坏作用比谁都大。而且，一种怀疑又滋生了另一种怀疑。在慕尼黑会议之前，希特勒是否认真对待过张伯伦的诚意，是值得怀疑的；可以肯定的是，会议结束才几天，他就不再认真对待了。鉴于张伯伦自己的表演，所谓绥靖已经变成了投降。希特勒得出了经验：威胁是他最有力的武器。把慕尼黑会议吹嘘成武力的胜利，这样的诱惑实在令人无法抗拒。希特勒不再指望以公开抱怨凡尔赛和约的方式得到好处；他打算利用英法两国的恐惧从中渔利。因此，希特勒证实了有些人的怀疑，他们攻击《慕尼黑协定》是胆小鬼的投降。国际道义打了折扣，不受重视了。自相矛盾的是，从长远来看，捷克斯洛伐克总统贝奈斯倒是慕尼黑会议的真正胜利者。因为，虽然捷克斯洛伐克先后丧失了领土与独立，希特勒却失去了迄今为止使得他所向披靡的道义优势。慕尼黑成了动人感情的字眼，耻辱的象征，今天人们谈到它的时候仍然无法心平气和。慕尼黑会议上所做的事跟做事的方式相比意义要来得小；而双方事后就会议所发表的言论倒是更加紧要得多。

慕尼黑会议上有两个空席，或者更确切地说，没有为两个大国提供席位，虽然他们都曾声言有权受到邀请。在危机到达顶点时，罗斯福总统敦促在某个中立国首都召开一次会议。他没有表示美国代表是否出席；而且在任何情况下"美国政府……将不在当前进行的谈判中承担任何义务"。罗斯福一听到慕尼黑会议的消息就称赞张伯伦："好样的"。后来，当绥靖变得不受欢迎时，美国人则庆幸他们没有出席慕尼黑会议。他们可以谴责英法两国做了如果美国处在两国的地位也会做的事。缺乏美国的支持，只有助于促使"民主"大国屈服。然而美国人从慕尼黑事件中吸取了这样的教训：他们对这些虚弱的大国所给予的支持还应该更少一些。在对内政策上陷入困境的罗斯福，无意由于对外事务引发的争议而给自己再添麻烦。没有美国，欧洲可以自行其是。

俄国人关于召开一次会议的计划则比较明确。他们曾想举行一次"爱好和平的大国"会议，以协调抵抗侵略者的行动。他们同样可以采取一种在道义上占优势的姿态。在炫耀自己忠于条约义务的同时，他们把责任全部归咎于法国人的软弱。一名苏联外交官在9月30日说："我们差一点踩到了一块烂木板上。现在我们正改变走向。"副外交人民委员波将金在库隆德尔面前把这一层意思挑明了，他说："我可怜的朋友，你们都干了什么呀？对我们来说，除了第四次瓜分波兰之外，我看别无他法。"俄国人表示他们并不为自身的安全担忧。李维诺夫告诉库隆德尔："希特勒将有能力进攻英国或苏联。他会选择第一个解决办法，……为了把这个计划成功地进行到底，他将宁可与苏联达成谅解"。① 在内心深处，俄国人是信心不足的。希特勒没有亲近的表示；倒是宣称他已经把欧洲从布尔什维主义下拯救了出来。思路敏捷的观察家们预料希特勒的下一步行动将

---

① 库隆德尔，《从斯大林到希特勒》，第 165, 169 和 171 页。

是进入乌克兰——西方政治家们乐于接受这一行动,苏联政治家们对此则忧心忡忡。苏联统治者们本来是想脱离欧洲的;但欧洲是否会脱离他们,他们则毫无把握。因此,在一个短时期的反责之后,他们只得重新呼吁成立人民阵线及反对侵略的集体安全体系。很难相信俄国人会指望这种政策能够成功。

人人都在谈论希特勒下一步将朝着这一个方向或那一个方向采取行动。对这个问题谈得最少、显然也是想得最少的就是希特勒本人。被许多作者说成是希特勒制定的准确的时间表——1938年9月举行慕尼黑会议,1939年3月入侵布拉格,9月进入但泽,并无同时期的证据作根据。希特勒在慕尼黑取得辉煌成就之后回到了伯格霍夫,把时间消磨在绘制重建林茨的梦中蓝图上。林茨是奥地利的城镇,他幼年时代曾在那里求学。有时他也因为没有能对捷克斯洛伐克发动一次战争而发出怨声。但是判断一个人必须看他的行为,而不是看他事后的言论。希特勒又在等待事态发展为他提供日后的成功。德国军事领袖们请他对他们下一步的行动发出指令,希特勒在10月21日答复:"国防军必须时刻准备应付下列事变:一、保卫德意志帝国边界的安全,防备突然空袭。二、消灭捷克国家的残余部分。"这些是预防措施,不是侵略计划。这一点在命令的其余部分中说得很清楚:"必须有可能摧毁捷克国家的残余部分,如果它奉行反德政策的话。"① 12月17日,德国国防军接到通知:"从外表上看,这项行动必须是十分和平的行动,而不是军事行动。"② 这些指令经

---

① 希特勒的指令,1938年10月21日:《德国外交政策文件汇编,1918—1945年》,D辑,第4卷,第81号。
② 凯特尔的指令,1938年12月17日:《德国外交政策文件汇编,1918—1945年》,D辑,第4卷,152号。

常被引用以证明希特勒绝无诚意接受《慕尼黑协定》。实际情况倒是，希特勒怀疑协定能否生效。尽管人们常常说他政治上无知，希特勒却比欧洲其他的政治家更加了解波希米亚问题；并且不怀恶意地相信，在被剥夺了天然边境，国家声誉随之扫地俱尽后，独立的捷克斯洛伐克是不可能幸存的。这不是希望捷克斯洛伐克毁灭。这也是马萨里克和贝奈斯在1918年建立捷克斯洛伐克时所持的信念；这是捷克斯洛伐克的独立自始至终所依据的原则。

如果捷克斯洛伐克山河破碎，取代它的应该是什么呢？在捷克危机期间，希特勒在戈德斯堡曾经赞成把捷克斯洛伐克领土慷慨地分配给匈牙利和波兰，作为对他们采取主动行动的奖赏。后来，他改变了主意，匈、波两国曾踌躇不前，这种态度一直维持到捷克危机差不多结束的时候；两国显然还希望脚踏两只船。10月14日，希特勒对匈牙利的一名代表说："我不生匈牙利的气，不过她失去了机会。"① 现在，一个屈从于他的捷克斯洛伐克仿佛对他更为可取。希特勒无疑是个邪恶的政治家，但也是个有理性的政治家。他的目的是稳步地扩张德国的势力，不是戏剧性地炫耀荣誉。为了这个目的，拥有仆从国比直接吞并他国领土更为有用；因此他十分耐心地积累仆从国。这些仆从国是他喜欢用的手法的另一种形式，他耐心地等着由别人来为他代劳。慕尼黑会议一结束，国际委员会的德国代表就无情地运用了他们一手炮制的、有利于苏台德人的法规，以致捷克斯洛伐克实际上丧失的领土比德国在戈德斯堡提出的要求还要多。当里宾特洛甫和齐亚诺在维也纳会晤解决匈牙利和捷克斯洛伐克之

---

① 希特勒与道拉尼的谈话，1938年10月14日：《德国外交政策文件汇编，1918—1945年》，D辑，第4卷，第62号。

间新的边界问题时，情况又有所不同。齐亚诺怀着一种特别狡猾而枉费心机的念头，想把匈牙利建成防备德国的屏障。里宾特洛甫立刻看穿了这种策略，而强烈支持斯洛伐克的立场，以致于齐亚诺抱怨说："你现在正用 9 月份你用来反对捷克斯洛伐克的所有论点来支持她。"在希特勒的盘算中，斯洛伐克人是一个新的要素：他们既不像捷克人那样忠于民主，又不像匈牙利人那样妄自尊大。"他懊悔没有早一点了解到斯洛伐克争取独立的斗争。"① 人们往往认为希特勒是把斯洛伐克当作侵略乌克兰的通道才看中她的。地理位置实际上使这一点无法做到，正如那种相反的看法，即苏俄可以通过捷克斯洛伐克威胁德国一样地行不通。希特勒是为了斯洛伐克本身而支持她的——事实证明，在整个第二次世界大战期间，它都是德国的一个坚定而可靠的仆从国。

如果希特勒真想进入乌克兰，他必须经过波兰；在 1938 年秋季，这似乎绝不是一种政治幻想。波兰虽然在名义上仍然是法国的盟友，却把波德互不侵犯条约夸张到对德国有利的地步。法苏条约始终未成为现实，这主要归功于波兰。在捷克危机期间，波兰的态度使得苏联根本不可能援助捷克斯洛伐克；危机临近结束时，波兰要求捷克斯洛伐克归还捷欣的最后通牒终于使贝奈斯——按他自己所说——下决心放弃抵制《慕尼黑协定》的任何念头。迄今为止，波兰作为德国在东欧的爪牙，比意大利在地中海区域所起的作用大得多。这两个国家似乎都没有理由放弃这个角色。它们各有一块绊脚石：在意大利的南蒂罗尔大约有 30 万德意志人，波兰的西里西亚

---

① 希特勒与都卡的谈话，1939 年 2 月 12 日：《德国外交政策文件汇编》，D 辑，第 4 卷，第 168 号。

和波兰走廊大约有 150 万德意志人。但这些障碍是可以克服的。希特勒愿意忘掉在外国统治下的德意志人，来换取政治合作或政治从属。他对意大利就是这样做的——甚至同意让德意志人撤出南蒂罗尔——尽管作为奥地利人，他对他们深表同情。

他对波兰境内德意志人的感情比较淡薄；他可能对波兰人一向要比对意大利人更友好。这里的障碍是德意志人的情感，而不是希特勒的。把领土丧失给波兰，使大多数德意志人对凡尔赛和约永远怀有不满情绪。当希特勒计划与波兰合作时，他是在从事一件超越这种不满情绪的大胆行动。但是有一条出路。可以把实际上在波兰统治下的德意志人忘掉——或者撤出；不能原谅的倒是把东普鲁士和德意志帝国分开的"波兰走廊"。对此也有一种可能行得通的折中办法。德国也许会对穿越波兰走廊的一条走廊感到满足——这是个错综复杂的想法，但在德国历史上却不乏先例。德意志人的情感可以用收回但泽的办法加以平息。这似乎轻而易举。但泽不是波兰的一部分。它是个自由市，有它自己的自治行政机构，由国际联盟任命的一名高级专员主管。波兰人妄自尊为大国，他们率先向国联的权威提出挑战。因此，如果德国取代国联，他们当然不会反对。而且，自 1919 年以来，这个问题已有了变化。当时，但泽港对波兰是必不可少的。现在，由于波兰人建造了格丁尼亚，但泽需要波兰的程度便超过波兰需要但泽的程度。那么，为维护波兰的经济利益作出安排，同时又要把但泽归还德国，应该是不难做到的。绊脚石将被清除；德国和波兰可以在乌克兰一起行动。

10 月 24 日，里宾特洛甫首先把这些建议通知了波兰大使利普斯基。如果但泽和波兰走廊问题得到解决，就可能"在反共产国际协定的基础上对俄国形成一项共同的政策"。① 1939 年 1 月，在波兰外长贝克造访希特勒时，希特勒甚至说得更加坦率："波兰在俄国边界上驻扎的几个师为德国省去了大量军费。"当然，他又说："但泽是德国的，将永远是德国的，而且迟早要成为德国的一部分。"如果但泽问题得到解决，他愿意担保波兰走廊仍属波兰。② 希特勒可能一直在但泽问题上欺骗波兰人——要求归还但泽作为毁灭波兰的前奏。而波兰长期以来就对乌克兰怀有野心；相比之下，但泽显得微不足道。2月1日里宾特洛甫访问华沙时，贝克"毫不掩饰地向他表露，波兰渴望得到苏联的乌克兰"。③

不过，波兰人并没有对希特勒的提议作出回应。他们盲目地相信自身的力量，对捷克的软弱抱蔑视态度，因此下决心寸土不让；他们认为这是和希特勒打交道的唯一安全的办法。此外——这一点希特勒永远无法理解——虽然波兰人不会和苏俄合作以反对德国，他们几乎也同样地决心不和德国合作以反对苏俄。他们以一个独立的大国自居；忘记了只是因为俄、德两国都被打败，他们才在 1918 年获得了独立。现在波兰人必须在德俄之间作出选择。他们对两者都敬而远之。只有但泽问题阻碍了德国与波兰之间的合作。由于这个缘故，希特勒才想解决掉但泽问题。出于同样的理由，贝克才不让问题得到解决。他没有想到这可能引起一场致命的关系破裂。

西欧并没有察觉到波德之间出现了疏远的阴影。反而以为他们

---

① 引文是按照利普斯基的叙述，里宾特洛甫只记录说："波兰将加入反共产国际协定"，但意思是相同的。《德国外交政策文件汇编，1918—1945 年》，D 辑，第 5 卷，第 81 号。
② 希特勒与贝克的谈话，1939 年 1 月 5 日：《德国外交政策文件汇编，1918—1945 年》，D 辑，第 5 卷，第 119 号。
③ 里宾特洛甫的记录，1939 年 2 月 1 日：《德国外交政策文件汇编，1918—1945 年》，D 辑，第 5 卷，第 126 号。

很快就要在乌克兰采取联合行动。张伯伦在巴黎忧心忡忡地询问，"如果俄国以德国在乌克兰挑起独立运动为由要求法国给予援助的话"，法苏条约是否会生效而付诸实施。① 张伯伦显然不想与东欧发生关系。哈利法克斯受了外交部辅导，措辞就比较含糊。11月1日他在给菲普斯的信中写道："在我看来，允许德国在中欧扩张是一件正常而自然的事，但是我们必须能够抵制德国在西欧扩张势力，否则，我们的整个地位将受到危害"。针对德国的一种均势仍然是需要的。"波兰可能只会愈来愈陷入德国的势力范围。苏俄……只要希特勒还活着，几乎不可能成为德国的盟友"。因此，"仅考虑到我希望法国会保护它自己——也保护我们——不要被俄国人牵连到对德战争中去，我应该对劝告法国政府废除法苏条约一事抱迟疑态度，因为未来仍然太难断定！"② 用简单明了的英语来说：俄国应该为英国的利益而战，但是英国和法国不应该为俄国的利益而战。

然而，没有采取任何行动以确保苏联的友谊。英国人更为关切的是在中欧摆脱他们已经承担的义务。他们随意向捷克斯洛伐克作出的担保现在成了他们的沉重负担。对一个孤弱无助的国家作出担保显然是荒谬的，因为过去在其全副武装时都无法对它加以防御。英国人央求法国让他们不必履行诺言。11月24日，英法两国大臣部长们在巴黎会晤。张伯伦主张只能集体作出担保："英王陛下政府单独给予的担保是没有多大价值的。……他从未设想过英国可能不得不独自履行其义务的情况。"哈利法克斯认为一项共同担保"似乎与

---

① 英法会谈,1938年11月24日:《英国外交政策文件汇编,1919—1939年》,第3辑,第3卷,第325号。
② 哈利法克斯致菲普斯,1938年11月1日:《英国外交政策文件汇编,1919—1939年》,第3辑,第3卷,第285号。

英法宣言的文字不符"。甚至连博内也动了气："它简直不符合宣言的精神"。由于法国人不肯顺从，因此决定要捷克人让英国人摆脱困境。① 如果捷克斯洛伐克对一项共同担保感到满意，英国人也就问心无愧了。在捷克人没有作出回应时，哈利法克斯不耐烦了，他说：

> 英王陛下政府不准备考虑作出在不能提供有效援助的情况下，可能责成他们单独或与法国一起对捷克斯洛伐克给予帮助的一项担保。如果德国或者意大利是侵略者，而另一国拒绝履行担保承诺的话，情况就会如此。②

事情到此为止：英国人无法摆脱一项他们决定不去兑现的担保。

在1938—1939年之交的冬季，英国人撇开他们在东欧无法承担的义务不说，对他们在西欧的地位也没有把握。张伯伦特别感到骄傲的英德友好声明很快就失去了光彩。希特勒的目的在于"分化"英国舆论。他以为英国增加军备会在亲德的英国人士中激起反感；他对英国的"战争贩子们"——丘吉尔、艾登和达夫·库珀——严加谴责，相信这会在英国人中间引发一场反对他们的怒火。效果恰恰相反。英国下院的保守党议员对丘吉尔的严重警告颇不耐烦：当达夫·库珀辞职时，他们感到气愤。但是他们对希特勒干涉英国事务的行为十分不满。他们相信互不干涉政策。希特勒可以在东欧为所欲为，他可以吞掉捷克斯洛伐克或者侵犯乌克兰，但是不能干预

---

① 英法会谈，1938年11月24日：《英国外交政策文件汇编，1919—1939年》，第3辑，第3卷，第325号。
② 哈利法克斯致牛顿，1938年12月8日：《英国外交政策文件汇编，1919—1939年》，第3辑，第3卷，第408号。

英国政治家的事。保守党人经常争辩说,外界对希特勒的批评只会加强他对德国的控制。现在希特勒为英国"战争贩子们"提供了他们自己无法赢得的声望。英国政治家们对希特勒的行为迷惑不解。他们重整军备是为了加强自身的安全;这会使他们比较容易接受德国在东欧扩张它势力的事实。可是希特勒非但不赞扬他们的政策,反而破坏了政策的基础,而且竭力为批评这种政策的人们张目。尽管如此,他的攻击仍然没有动摇英国领袖人物的决心:必须以这种或那种方式安抚德国。领土的和民族主义的让步没有能抚慰希特勒。因此英国人又转回到一种原始的马克思主义立场上。他们再次开始争辩说,只有繁荣能使希特勒态度缓和。于是,一连串的贸易代表团带着谋求经济合作的建议出现在德国——英国方面还有一个附带的吸引力,就是这些合作方案会谋取德国的帮助以对抗美国的竞争。怀有善意的英国商人或英国贸易部代表每一次对德国的访问,都使希特勒更加相信英国是软弱的。他不知道,他们只不过是在阅读左翼作者论述战争的经济原因的文章而已。

英国还有进一步的忧虑。在慕尼黑会议以前,英国人是绥靖政策的带步人,法国人则不服气地拖着脚步跟在后面。慕尼黑会议以后,情况恰恰相反。博内对张伯伦和希特勒私下签订的协议心怀嫉妒,很想胜过它一筹。里宾特洛甫相信,一项法德友好宣言会进一步动摇英国干涉欧洲事务的决心。12月6日,他访问了巴黎;签署了这样一份宣言。宣言本身并无多大意义:相互表示善意,承认对方的边界;万一将来发生国际纠纷,两国愿意共同商讨。对法国来说,这也许是得了一分,因为希特勒以这种迂回的方式放弃了阿尔萨斯-洛林;而且未来还有更多慕尼黑式的交易可能更令人心向往之。谣言更进了一步。据说里宾特洛甫同意不坚持德国对殖民地的要求;

作为回报，博内则放弃法国在东欧的所有利益。他们的商谈可能并不如此明确，如此阴险。可以肯定的是，博内对法苏条约没有表现出无比热诚。但是，关于法国和波兰的联盟是怎么说的呢？里宾特洛甫后来宣称，博内实际上是否定了那个联盟。博内对此加以否认。真实情况似乎是，会谈中并没有提到波兰。1938年12月，波兰对法德两国的关系来说仿佛不是什么障碍。他们两人都假定：波兰是德国的一个忠实仆从国，但泽问题会在不引发欧洲危机的情况下悄悄地得到解决。这种假设毕竟是波兰人自己本来就持有的。难怪里宾特洛甫和博内也都这么想。

法德宣言使英国人忧心忡忡。他们曾经敦促法国把他们在东欧承担的义务削减下来；他们不希望法国整个放弃一个大国的地位。这是个进退两难的困境。如果德国能在没有法国干预的情况下在东欧为所欲为，就可能变得十分强大，法国的安全会"马上受到威胁"。另一方面，如果法国政府决心不让德国在东欧自由行动，英国为了支持法国就可能卷入战争。① 英国人转而采取了他们的老办法，想让墨索里尼对希特勒起节制作用。4月16日签订的英意协定"生效"了，尽管意大利人还没有满足从西班牙撤军的先决条件。哈利法克斯写道："虽然我们不指望使意大利脱离轴心，但我们相信这个协定会加强墨索里尼的机动能力，因此使他少依赖一点希特勒，从而能比较自由地重新负起意大利的传统任务，在德国与西方大国之间维持均衡。"② 换句话说，我们将用向墨索里尼支付勒索的办法鼓

---

① 萨金特致菲普斯，1938年12月22日：《英国外交政策文件汇编，1919—1939年》，第3辑，第3卷，第385号，脚注。
② 哈利法克斯致菲普斯，1938年11月1日：《英国外交政策文件汇编，1919—1939年》，第3辑，第3卷，第235号。

励他提出更多的要求。墨索里尼就遵命照办了。他发动了一次要求法国领土的运动，意大利大声疾呼要求得到科西嘉、萨伏伊和尼斯。不论法国人可能多么惧怕希特勒，他们却不怕意大利。对墨索里尼的挑战，他们的反应十分强烈。英国人只不过徒然触犯了法国人却没有博得墨索里尼的好感。1939年1月，张伯伦和哈利法克斯到了罗马。他们是空着手去的。墨索里尼指望以法国为代价获得一些让步。可是他从张伯伦那儿得到的却是一项高尚的请求，即要他保证希特勒不会发动战争。墨索里尼"伸出下巴"，报之以对英国报界的抨击。罗马之行，本来的意图是把它作为张伯伦政策的顶点，却反而标志了对意大利幻想的终结。更有甚者，这次访问把墨索里尼朝德国那方面又推了一步，虽然英国人并不知道这一点。他们访问一结束，墨索里尼立刻告诉德国人说他准备缔结一项正式盟约。然而，希特勒决定给他一个教训，让他等着。

英国人现在已经让自己陷入极端焦虑的境地，由于他们在努力采取预防措施，就愈发加重了这种焦虑。哈利法克斯和英国外交部相信希特勒"正考虑对西方大国发动进攻"。[①] 他们预计荷兰会受到袭击，因此决定将其视为"宣战理由"。他们也估计瑞士会有危险；或者英格兰可能受到突然空袭。这些都是没有实在根据的梦魇。没有丝毫迹象表明希特勒哪怕以最最间接的方式考虑过这样的计划。内维尔·韩德森的看法比较准确，他在2月18日写道："我的确切印象是，希特勒先生眼下不考虑任何冒险行动。"[②] 他为什么要这样

[①] 哈利法克斯致林赛，1939年1月24日：《英国外交政策文件汇编，1919—1939年》，第3辑，第3卷，第5号。
[②] 韩德森致哈利法克斯，1939年2月18日：《英国外交政策文件汇编，1919—1939年》，第3辑，第3卷，第118号。

做呢？东欧正在投入他的怀抱。匈牙利、罗马尼亚、南斯拉夫在他面前争宠。法国已经放弃了东欧。俄国同西方大国疏远了。波兰虽然因为找不到对但泽问题的解决方法而十分恼火，但仍然与德国保持着友好关系。唯一的阴云来自捷克斯洛伐克。并不是捷克斯洛伐克能推行一种独立于德国或敌视德国的外交政策，而是像贝奈斯和希特勒两人所预见的那样，一旦捷克人的威望和权力发生动摇，就不可能继续维持国家统一完整了。在西方，很少有人理解这一点；而爱慕捷克斯洛伐克的人则对此缄口不言。在西方人的心目中，捷克斯洛伐克是个幸福、民主的国家，只有希特勒想要迫使它解体。事实上，它是个由捷克人主动创立并由捷克当局维持的多民族国家。一旦这一点受到破坏，瓦解就接踵而来，正如哈布斯堡王朝在第一次世界大战中被击败以后就崩溃了一样。

特别是斯洛伐克人，从来没有被看作平等的伙伴。他们之中很少有人愿意消散在人为的捷克斯洛伐克混合体内。在捷克斯洛伐克已走过的 20 年历史过程中，斯洛伐克人始终在悄悄地、抱怨不休地要求自治；慕尼黑会议以后，这个问题表面化了。斯洛伐克本来隶属匈牙利，希特勒为了刁难匈牙利，便对斯洛伐克的自治论者加以赞助。这个自治运动不是他发起的，他只是利用了它，正如他曾经利用过奥地利德意志人以及苏台德德意志人那样。希特勒本来会满足于在屈从于他的捷克斯洛伐克国家内实行斯洛伐克自治。可是斯洛伐克人不愿意这样。他们不再像以往那样对布拉格感到敬畏，现在渐渐骚动不安起来。到了 1939 年 2 月底，捷克-斯洛伐克（从上年 10 月起，这个国家的名字就在捷克和斯洛伐克之间正式加上了一个连接号）就在逐渐瓦解。布拉格政府可能还剩下一点点独立性；他们仍然感到有足够的力量惩戒斯洛伐克人——如果捷克-斯洛伐克要幸存的话，诚然也必须这样去做。3月9日，斯洛伐克自治政府被解散；捷克军队准备进入斯洛伐克。希特勒又是大吃一惊。这个新的危机来得太意外了。他不能让捷克人恢复他们被毁了的威望。另一方面，如果他坚持不让捷克军队进入斯洛伐克，匈牙利军队就可能进驻，因为在上年9月他们就有过这样的计划。现在希特勒已转而反对匈牙利人；既然捷克军队不再能进入斯洛伐克挡住匈牙利军队，他就不得不亲自动手了。

德国急匆匆地承认了斯洛伐克的独立，也因此使捷克-斯洛伐克不复存在。残存的捷克会发生什么情况呢？没有人为它领路。慕尼黑会议以后，贝奈斯就立刻辞职，离开了这个国家。他的继任者哈卡是个没有政治经验的年老律师。他感到茫然无助，只能求助于德国的大独裁者。像在他之前的舒施尼格那样，他求见希特勒；他的请求得到应允。在柏林他得到了国家元首应该享有的礼遇；然后就指示他签字，放弃捷克的独立，否则布拉格将马上遭到轰炸。在这样的威胁面前，哈卡一丝一毫的勉强也不敢表示出来。这是希特勒许多即兴创作中最最临机一动之作。像他事后所承认的，[①] 德国机场上笼罩着大雾，飞机不可能离开地面。哈卡几乎不需要劝诱。他按照要求签了字；而且几乎不抱任何怨恨，以至于直到战争结束，他始终是德国的一名忠实下属。3月15日，波希米亚变成了德国的被保护国。德国军队占领了这个国家。当晚，希特勒在布拉格过夜——这是有文字记载的他对该地仅有的一次访问。全世界都从中看到了一个长期策划的征战计划在这里达到了最高潮。事实上，这是斯洛伐克事态发展的一个无法预见的副产品；希特勒是在对付匈牙利人，

[①] 《希特勒席间谈话》，第204页。

而不是捷克人。在对波希米亚行使保护权方面，既没有什么恶意，也不是什么预谋。被视为革命者的希特勒只是以最保守的方法回复到前几个世纪的格局。波希米亚一向是神圣罗马帝国的一部分；在1815—1866年间，它是德意志联邦的一部分；后来，直到1918年以前又与德意志人的奥地利联在一起。在捷克历史上，新奇事是独立而不是从属。当然，希特勒的保护给波希米亚带来了暴政——秘密警察、党卫队、集中营；但暴虐的程度并没有超过德国国内的情况。正是这一点激怒了英国的舆论。导致希特勒——以及德国——最后垮台的真正罪恶是他在国内的所作所为，而不是他的对外政策。在当时，还似乎看不出是这么回事。希特勒占领布拉格时，他在他的生涯中迈出了决定性的一步。他这样做并没有做过谋划；给他带来的好处也不多。他只是在事态发展已经破坏了《慕尼黑协定》的时候才采取行动。但是德国以外的人尤其是参加缔结《慕尼黑协定》的人，都认为希特勒是故意亲自破坏这个协定的。

甚至连墨索里尼也感到不快。3月15日，他对齐亚诺抱怨说："希特勒每占领一个国家就给我送个信来"。他梦想成立一个以匈牙利和南斯拉夫为基础的反德阵线。到了晚上，他已经恢复平静，他说："我们现在不能改变政策了。我们毕竟不是政治娼妓。"而且，他再一次表露了对轴心国联盟的忠诚。法国人面对这次新的打击，没发怨言。他们在上年9月就投了降；现在已无能为力。博内自鸣得意地说："捷克和斯洛伐克之间再生嫌隙只是表明：去年秋季我们为了帮助一个并不'存在'的国家，差一点卷入战争。"[①] 在英国，

---

① 菲普斯致哈利法克斯，1939年3月14日：《英因外交政策文件汇编，1919—1939年》，第3辑，第4卷，第234号。

反应要强硬一些。3 月 15 日以前，英国人仍然试图相信慕尼黑是道义的胜利，而不是向武力投降。虽然英国外交部数度报警，内阁重臣们却认为一切良好。3 月 10 日，塞缪尔·霍尔勋爵对他的选民说，一个黄金时代即将到来；重整军备已经结束；现在欧洲大国间的合作"将把生活水平提高到我们从未尝试过的高度"。布拉格受到占领之事一开始也没有动摇官方人士的乐观心理。哈利法克斯对法国大使说："我看到的一个不无补偿的好处是，它自然而然地中止了我们和法国人都卷入的一种令人有点尴尬的担保承诺。"① 张伯伦在英国下院发言时推测，捷克的告终"可能是也可能不是不可避免的"；约翰·西蒙爵士解释说，对一个已经不再存在的国家履行担保是不可能的事。

接着，公众舆论在底下炸了锅，以致历史学家现在都无法用准确的措辞来追述。德国占领布拉格并不表示希特勒的政策或行为有了什么新花样。哈卡总统比舒施尼格或贝奈斯更加轻易、更加心甘情愿地投了降。然而这个事件却激起了英国舆论界的骚动，而从前奥地利被吞并或慕尼黑会议上的屈从就没有造成这种情况。看来希特勒已经越过了界限。再也不能相信他的话了。也许是慕尼黑会议以后过分的期待产生了这种反应。人们曾经毫无根据地假定，"我们时代的和平"意味着欧洲不会再有什么变化。或许还有一种又是没有根据的信念，认为英国的军备现在已经比较充分了。此外，英国保守党原以为给予捷克的担保实际上还有些分量，现在这个"令人尴尬的"担保问题又在困扰他们了。莫名其妙的是，那些提出警告

---

① 哈利法克斯致菲普斯，1939 年 3 月 15 日；《英因外交政策文件汇编，1919—1939 年》，第 3 辑，第 4 卷，第 280 号。

要提防希特勒的人说的话本来无人理睬,现在他们的意见又受到重视了。预言将要发生灾难的人们来自各个不同的方面。有些人,如丘吉尔和英国外交部的反德分子,认为希特勒只不过是普鲁士军国主义最新的代言人。另有一些人则认为是他制定了那些新的、更加宏伟的计划,他们说这是在阅读原文《我的奋斗》时发现的(希特勒不准把该书译成英文出版)。还有一些人,特别是左翼人士,用马克思主义的语言把纳粹主义说成是"侵略性的帝国主义的最后阶段",认为希特勒为了讨好德国资本家,必定要走侵略的道路。不少人的动机是厌恶反犹太主义;对捷克人或波兰人的友好只对少数人有过影响。有些人想"解放"德国,另一些人想打败德国。补救的措施也有各种各样:集体安全,经济制裁,加强英国军备。有意见分歧并不要紧。所有的预言者都说过,希特勒是永远不会满足的;他会从一次征服走向另一次征服,只有用武力或武力威胁才能制止他。像滴水穿石那样,他们的声音突然冲破了那层名叫怀疑的外壳。事实似乎证明他们是对的;"绥靖者"是错了。这个变化并非最终的或决定性的。在决心抵制希特勒的同时,仍然有希望与他达成和解,正如过去在奉行绥靖政策的顶层下面蕴藏着抵制他的倾向一样。但从此以后,绥靖者就处于守势,难以专注于手上的事务,对自己的失败并不感到惊讶了。

  舆论的变化对张伯伦产生了影响——这是历史学家现在无法确指的另一个过程。也许英国执政党议院组织秘书①汇报了后座议员已经醒悟。也许哈利法克斯在转侧难眠之夜又一次听到良心的呼唤。

---

① Whip(又译"党鞭"):英国政党督促本党议员出席投票和执行党纪的同僚。——译者注

也许并不如此明确，只是一连串怀疑与不满动摇了张伯伦先前的信念。反正，不知怎么地，在某个时刻，他深切地感到必须对希特勒占领布拉格做出更为强硬的回应。3月17日，内维尔·韩德森大使从柏林被召回英国，表面上是进行磋商，实际上是抗议。当天晚上，张伯伦在伯明翰发表讲话，他问道："这是最后一次对一个小国的进攻，还是会有别的进攻继之而来呢？这实际上是不是朝着企图以武力征服全世界而迈出的一步呢？"他仍然为《慕尼黑协定》进行辩护。谁也"不能使捷克斯洛伐克免遭入侵与毁灭"；即使在战争获胜以后，"我们也决不可能按照凡尔赛和约所确定的框架来重建捷克斯洛伐克"。他仍然"不准备在目前无法预见的情况下让我国承担新的泛泛的许诺"。但是张伯伦也对英国议会组织秘书的呼吁，对哈利法克斯或是他本人的良心的呼唤作出了回应。他不会牺牲"我们享有数百年之久的自由权利"来换取和平；"任何以武力统治世界的企图，民主国家都必须加以抵制"。这个警告仍然是假设性质的。对世界统治的挑战在张伯伦看来似乎依旧"不可思议"，不过，他发出了警告。

这是英国政策的转折点。其含义并非如此。① 张伯伦认为这是重点的改变，而不是方向的改变。过去，英国政府在公开推行绥靖政策时，常常私下警告希特勒。现在，他们对他发出公开警告，私下里——有时也公开地——继续施行绥靖。英国承认波希米亚的德国当局；英格兰银行向他们移交了价值600万英镑的捷克黄金。霍尔因而后来在回顾时明确了英国政府当时的态度："布拉格事件的教训不在于说明为和平所作的进一步努力是徒劳无益的，而是指出没有

---

① 指真的焕然一新。——译者注

更强的武力做后盾,与希特勒进行的谈判以及达成的协议都没有持久的价值。"① 同希特勒达成一项全面的解决办法仍然是英国的目标;他们在希特勒的道路上设置了一些障碍,以便使他更愿意达成协议。英国的内阁大臣们不担心会在战争中失败,尽管他们生来就因为战争本身而惧怕战争。他们以为英法两国的防御地位绝对安全;他们还进一步设想,如果英法与德国交战,两国将会获胜;他们甚至以为希特勒也已认识到了这一点。他们不无理由担心的是,希特勒会指望他们袖手旁观。因此他们采取了一些步骤以表明他们可能不会这样做。4月底开始实行有限程度的义务兵役制;对估计会受到威胁的国家分别做了担保。这些步骤并不是为一次全面战争而进行的切实有效的准备;它们是警告,旨在避免这种战争。许多人埋怨说这些步骤是半心半意的。这其实是刻意为之。谈判的大门始终敞开着;他们一直在敦促希特勒参加谈判。英国政府力求保持均势。警告与劝诱都在日益增加。必须"威慑"希特勒;绝不能"激怒"他。

  这就是英国政策试图遵循的理想模式。实际上,英国人更多的是被事态推着走,而不是如他们所以为是后来企图证明的那样在控制这些事态。在德国占领布拉格之后,英国人毫无根据地认为德国人会马上向别处推进。法国人以为希特勒可能立刻支持意大利在北非的要求;英国人则以为希特勒可能对英国舰队发动突然袭击。他们在等着听到新的警报。一个警报果然传来。3月16日,罗马尼亚驻伦敦公使蒂莱亚给英国外交部带去一条消息,说他的国家正面临燃眉的危险。第二天他又到外交部,这次的消息更为紧急:德国军队可能随时会进入罗马尼亚。这是个假警报。罗马尼亚政府和英国驻

---

① 坦普尔伍德:《动乱的9年》,第377页。

布加勒斯特公使都坚决予以否认。罗马尼亚确实被迫进入了德国的经济轨道——不过它是受到计划外贸的压力，而不是德国师团的威胁。凭借政治担保去反击沙赫特所发明的双边互惠就像带着一群猎狐犬去捕捉大的猎物一样——虽然优雅，但效果不佳。也许蒂莱亚报警时是在谋求英国的一笔贷款。也许他和英国人有同样的误解。总而言之，英国的内阁大臣们轻信了他的警报；对其他人的否认却不予考虑。必须立刻有所行动，以表明他们反对德国继续推进。3月19日，张伯伦亲自起草了一项集体安全宣言，邀请法国、苏联和波兰三国政府签署。四国将"立即磋商采取何种步骤以共同抵制对任何欧洲国家的政治独立构成威胁的任何行动"。尽管措辞含糊不清、混乱不堪，这项建议实际上针对的是罗马尼亚可能受到的威胁——因此才选择了那几个签字国。

　　法国人立刻表示同意。他们已经保证，在几乎所有问题上都要和英国商量。进一步的磋商对他们没有妨害；相反，这会减轻他们与罗马尼亚结盟的负担，这种同盟关系在理论上仍然存在。俄国人也同意了：这就是他们一贯提倡的集体安全。但是他们决定不让自己陷入单独抵制德国的计谋中去。必须在"和平阵线"巩固之后，他们再加入。因此他们加了一个条件：法国和波兰必须先在宣言上签字。法国不成问题。但是贝克有否决权；而且使用了它。他仍然想在苏联与德国之间保持平衡；此项拟议中的宣言将把波兰置于俄国一边。不过，他准备和英国签署一项坦率的声明。他认为这会加强他对但泽的控制，又不致激起德国的愤怒。他很谨慎，没有告诉英国人波兰和德国的谈判已经陷于僵局，反而暗示但泽问题将很快得到解决。英国人又一次听信了警报。他们担心波兰可能像1938年发生的情况那样倒向德国。在他们看来，波兰参与"和平阵线"至关重要。波兰独自一个就能使第二战线的威胁成为现实。正如博内在哈利法克斯的同意下，于3月21日所说的：

> 让波兰参加进来是绝对必要的，只有波兰给予合作，俄国的协助才会有效。波兰合作了，俄国会提供十分可观的援助；否则，俄国提供的会少得多。①

英国人对苏联红军评价不高。他们不经过调查就夸大了波兰——用张伯伦的话来说，"那个伟大刚毅的民族"——的战斗力。不和布尔什维克俄国发生联系，而且又想出了一个替代办法，无疑也使他们感到宽慰。3月26日，张伯伦写道："我得承认我对俄国极不信任。我不相信她有能力保持有效的攻势，即使她想这样做。而且我怀疑她的动机，在我看来，这些动机同我们的自由权利观念几乎没有什么联系，并且只关注于把别人搞得人人不和。"②但是决定的因素是简单的地理位置。波兰是德国的紧邻；俄国则不是。

英国人很少考虑到，由于选择了波兰，就可能失去俄国。哈利法克斯具有从正反两面看问题的天赋，对此有些模糊想法。3月22日，他说："如果我们现在这样做会给苏联政府留下一种想法，认为我们正在把她推向一旁，那将是不幸的。"③但是，并没有采取任何步骤以消除这种印象。没有什么步骤被认为是必要的。英国坚信苏俄和纳粹德国是势不两立的仇敌，因此不必为赢得苏联的友谊付出

---

① 哈利法克斯与博内的谈话，1939年3月21日：《英国外交政策文件汇编，1919—1939年》，第3辑，第4卷，第458号。
② 费林：《张伯伦传》，第403页。
③ 英法会谈，1939年3月22日：《英国外交政策文件汇编，1919—1939年》，第3辑，第4卷，第484号。

代价。英国随便点个头，莫斯科就会心怀感激地作出反应。如果她没有反应，也丝毫无损。苏联的"善意中立"会像它参加战争一样有用——事实上还要更好一些，因为这不会惊动波兰和罗马尼亚。① 如果苏联置身于外，"和平阵线"将会更强大，更稳固，更受人尊重。无论如何，只有其他国家——特别是波兰——都同意的情况下，才能邀请苏联参加。

同时，又传来了一个警报，似乎表明德国在不停地向前推进。这就是发生在梅梅尔的事件。梅梅尔位于东普鲁士的最东北角。虽然像但泽一样，它的绝大部分人口是德意志人，但是第一次世界大战以后，立陶宛却以不太正常的方式得到了这块土地。当地居民希望回归德国。希特勒一直在制止他们——也许是想利用立陶宛作为对付波兰的一个同伙，更可能的是，万一德波订立同盟，则把它作为补偿送给波兰。德国对布拉格的占领使梅梅尔人民陷入难以抑制的兴奋之中；对他们已不再能加以约束了。3月22日，立陶宛外长到访柏林，同意立即交出梅梅尔。3月23日，梅梅尔并入德国；当时希特勒刚从布拉格回国，便立刻访问他新占领的这个地区。他是乘船去的，这是有记录可查的、他的寥寥可数的海上航行之一。据说他晕了船；这也许给了他一个对波兰走廊心怀不满的实际原因。吞并梅梅尔似乎是德国的一项酝酿已久的蓄谋。但在记录中却找不到这样的计划。看来梅梅尔问题是自发的。不管怎么说，吞并梅梅尔的目的——如果有一个目的的话——是为了与波兰进行交易做好准备；可以想见，梅梅尔或许会代替但泽。无疑还有一点警告的成分：在

---

① 哈利法克斯致肯纳德，1939年3月27日：《英国外交政策文件汇编，1919—1939年》，第3辑，第4卷，第538号。

梅梅尔发生的事态也可能在但泽发生。但是这些后果并未受到认真的考虑；在后来的德波关系中，梅梅尔没有起过作用。

那时，梅梅尔被吞并的事件又给英国政策增加了紧迫性。马上成立一个"和平阵线"对英国人来说似乎十分重要；在这个问题上，一切则取决于波兰。如果能把波兰争取过来，"和平阵线"就会巩固；如果波兰不参加，"和平阵线"也就很难存在。英国人认为波兰本身眼下尚未受到德国的威胁。相反地，他们害怕波兰会选择德国一方，特别是因为梅梅尔正在待价而沽。波兰人也没有感到自己处在危险之中。对德国，他们仍然打算奉行独立的、然而并行不悖的方针，正如他们在慕尼黑危机期间所做的那样。但他们不满的是，希特勒没有和他们商量就建立了斯洛伐克——也没有给他们任何好处。他们决心维护他们的平等地位。3月21日，利普斯基会见里宾特洛甫就德国对斯洛伐克的所作所为提出抗议——它"只能被看作是对波兰的一次打击"。里宾特洛甫比较理亏；他自己也知道。为了自卫，他也摆列了种种不满。他抱怨说，波兰报界表现不好："德波关系的逐渐加强变得愈来愈明显了"。但泽必须回到帝国——这会使波兰跟德国的关系更坚固。然后德国还可以对波兰走廊给予担保，签订一项为期25年的互不侵犯条约，制定一项在乌克兰实行的"共同政策"。① 里宾特洛甫请利普斯基带着这个提议去见贝克。与波兰合作仍然是德国的目标；但泽只是为达到这一目标的抵押品。希特勒本人就是这么想的。3月25日，他发出一项指令：

---

① 里宾特洛甫的备忘录，1939年3月21日：《德国外交政策文件汇编，1918—1945年》，D辑，第6卷，第61号。

> 元首不希望以武力解决但泽问题。他不希望因此把波兰推入英国的怀抱。
>
> 只有在利普斯基表示波兰政府在波兰人民面前负不起自愿割让但泽的责任，而既成事实将使一种解决办法比较容易地为波兰政府所接受的情况下，才会考虑对但泽可能的军事占领。①

希特勒的目标是与波兰缔结同盟，不是毁灭波兰。但泽是个必须解决的、令人讨厌的准备步骤。贝克仍然一如往昔，不肯去掉但泽这个障碍。只要但泽存在于波兰和德国之间，他就可以回避与德国建立同盟这一令人为难的建议，他以为，因此也就能保持波兰的独立。

贝克的算计果然奏效，虽然效果并不全如他所预期的那样。3月26日，利普斯基回到柏林，表示波兰坚决拒绝在但泽问题上屈服，虽然没有拒绝谈判。在此以前，一切都是秘密进行的，没有公开暗示过德波之间有疏远现象。现在，忽然公之于众。为了表示他的决心，贝克征召了后备役人员。希特勒的想法是要让事态发展灵活一些，因此第一次允许德国报界登载有关波兰境内的德意志少数民族问题。当时谣传德国军队在向波兰边境调动，正如曾经流传1938年5月21日德国调动军队进攻捷克的谣言一样。这些新的谣言也同样没有根据。制造谣言的似乎是波兰人。然而他们在传谣时却得到某些自称是反对希特勒的德国将领的协助。这些将领向英国政府发出了"警告"。目的何在呢？英国会因此以战争的威胁吓住希特勒？还是英国会使波兰人在但泽问题上屈服以哄住希特勒？也许两者都有，

---

① 元首的指令，1939年3月25日：《德国外交政策文件汇编，1918—1945年》，D辑，第6卷，第99号。

第二个目的的成分要多一些。无论如何，这些将领们对刚刚被德国下令驱逐的《新闻纪事报》特派记者作了简要通报；3月29日，该特派记者又转而在英国外交部拉响了警报。愿意听他说话的人有的是。在布拉格被占领、罗马尼亚可能受到威胁以后，英国人什么话都听得进去。他们根本没去考虑但泽。他们认为波兰本身正面临燃眉的危险，而且有可能向德国屈服。英国驻柏林大使的确没有发回任何警报。但是英国外交部已经几次被他所误导，或者外交部认为是如此；因此现在宁可听信新闻记者的报道。如果要加强波兰人的神经并挽救"和平阵线"的话，就似乎必须立即采取行动。

3月30日，张伯伦亲自草拟了一份给波兰政府的保证：

> 如果……采取任何显然威胁到波兰独立的行动，而波兰政府因此也认为必须动员全国力量进行抵抗时，英王陛下政府和法国政府将立即全力支持波兰。

当天下午，贝克正在与英国大使讨论如何落实一周前他提出的、发表一项一般声明的建议时，一份来自伦敦的电报递送了进来。英国大使朗读了张伯伦的保证。贝克"在弹了两下烟灰之间"接受了这个保证。弹了两下烟灰，英国的掷弹兵将为但泽而死。弹了两下烟灰，创立于1919年的妄自尊大的波兰签署了自己的死刑执行令。英国的保证是无条件的；只有波兰人一方能判断是否应该要求这样的保证。英国不再能迫使波兰在但泽问题上作出让步；同样也不再能敦促波兰和苏俄合作。西方认为德国和俄国是两个危险的大国，政府独裁，手段无情。但是从现在起，和平寄托在如下假设的基础上：希特勒和斯大林会比张伯伦更明智、更谨慎——希特勒在但泽问题上会继续接受大多数英国人长期以来认为不可容忍的一些条件；斯大林会愿意按照显然不平等的条件进行合作。这些假设不太可能会成为现实。

英国政策中还有一种假设：认为无论英国要把法国领向何处，法国总会毫无怨言地跟在后面。3月30日的保证实际上是还没有和法国磋商就以英、法两国的名义提交给贝克的。法国人别无选择，只好同意，尽管也带着怒气说，他们认为波兰眼下并无危险。他们有理由生这个气。英国人并没有切实可行的办法去履行他们的保证；那只是一纸声明。转译成实用的语言，那只能是英国的一项承诺，说法国人不会像他们过去对待与捷克斯洛伐克的同盟那样背叛他们与波兰的同盟。然而法国人掌握了可靠的情报，使他们怀疑波兰军队的战斗力；而且在波兰对捷克斯洛伐克扮演了那样的角色之后，他们对她已没有多少道义上的责任。贝克在弹了两下烟灰之间也决定了这个问题。1939年9月，法国将为她往昔峥嵘的阴影而战，而她早一年在慕尼黑就已经牺牲了大国实质。

英国人一承担义务就认识到他们所做的带有缺陷：没有提出条件要波兰人在但泽问题上通情达理；波兰没有许诺支持罗马尼亚；看不到波兰会与苏俄合作的前景。英国人决心在贝克4月初访问伦敦的时候补救这些缺陷。他们的希望落了空。贝克毫不畏缩地对抗过希特勒；他不可能被张伯伦和哈利法克斯温和的敦促所说动。贝克以他惯有的"泱泱大国"的傲慢自大，准备把英国单方面的担保变成互助条约——这是"任何一个自尊的国家将会接受的唯一基础"。否则他是会固执到底的。他"没有注意到德国方面有采取危险的军事行动的任何迹象"；对但泽问题"没有进行任何谈判"；"德国政府从未对波兰在但泽的权利提出过质疑，而且最近还确认了波兰的这些权利";"如果他要按照德国人自己所说的来判断的话,他会说最严重的是殖民地问题"。因此他几乎等于是在暗示,波兰政府同意缔结同盟是在对英国施加恩惠。但是他坚持,这个同盟必须仅限于两国之间;"和平阵线"和集体安全必须退出舞台。把互助协定扩大到包括罗马尼亚在内是十分危险的。这会把匈牙利推向德国的怀抱;而且"如果波兰和德国发生冲突,波兰能从罗马尼亚得到的援助将是微不足道的"。贝克甚至更加坚定地反对与苏俄建立任何联系。"有两件事是波兰不能做的,即由柏林或莫斯科来决定它的政策……波兰与苏俄之间的任何互助条约将引起柏林的敌意反应,并可能加速冲突的爆发"。英国人如果乐意,可以和苏俄谈判;甚至可以对苏俄承担义务。"这些义务决不会扩大波兰承担的义务"。①

张伯伦和哈利法克斯几乎一无异议就认可了这位艺术高手的表演。贝克的声明没有受到早些时候对达拉第的声明所提出的那种抱怀疑态度的批评。没有人试图质疑波兰的实力或极力主张和解的好处。3月30日的假警报促使英国政府匆匆忙忙对波兰作出了担保。现在贝克可以任意规定他的条件,并充分利用这项担保。波兰没有参加"和平阵线"。波兰没有做过支持罗马尼亚的承诺;波兰实际上还可以否决与苏俄建立更紧密的关系。英国人没有得到在但泽问题上进行调解的机会。英波同盟将成为一件孤立的事务,除了法国以外没有其他伙伴,也没有普遍的重大意义。贝克认为波兰没有受到德国的威胁;他只想加强他在但泽问题上讨价还价的地位。英国人毫不关心但泽,或者,如果关心的话,他们也是同情德国所持的理由。

---

① 英国人士与贝克的会谈,1939年4月4—6日。《英国外交政策文件汇编,1919—1939年》,第3辑,第5卷,第1、2和10号。

他们本来只想用一些含糊而又慷慨的姿态以延缓德国推进的速度。留给他们的一个小小的漏洞是，英波盟约还是临时的——"正式协定"尚待解决，表示了这么一种愿望，即包括苏联在内的其他国家能够加入。但是这个漏洞也并不真正存在；贝克可以随意把它封闭。英国政府由于对波兰的担保所受的限制比过去因为和捷克斯洛伐克的关系所受的限制要小些。他们曾硬要捷克斯洛伐克作出让步；他们没有履行他们对捷克斯洛伐克的担保。如果他们想在世界上或在他们本国人民面前继续受到任何尊重的话，这一次可再也不能食言了。在战争中胜利的机会可能更少；德国在但泽问题上所持的理由比过去在苏台德德意志人问题上所持的理由更为有力。这都无关紧要了。英国政府承担了抵抗德国的义务。在贝奈斯播种的地方，贝克得以收获果实。

第十章

神经战

在国际事务中，英波同盟是一个革命性事件。仅仅在三年前，英法两国缔结同盟，英国人首次对欧洲大陆上的一个大国作出了和平时期的承诺。当时，他们强调这种同盟关系必须是独一无二的，而且严格地限制于西欧的防御目的。现在，英国突然与远在东欧的一个国家结成同盟，而几乎就在结盟的前一天，他们还认为这个国家并不值得一个英国掷弹兵为它捐躯。其他大国的政策也围着这个令人震惊的新的事实在团团转。德国人计划拆散英波同盟；俄国人则想利用它。法国和意大利担心自己被牵连进去，想寻求一条退路而无结果。欧洲呈现着一片外交活动繁忙的景象；伦敦则是活动的中心。英国的政策已在不经意间使但泽成为 1939 年的决定性的问题，正如 1938 年，英国经过更多的深思熟虑之后，把苏台德德意志人问题搞成决定性的问题一样。不过有这样一个区别。苏台德德意志人的问题是向捷克人和法国人提出的。是他们被迫作出让步，不然就面临战争的危险。1939 年，是英国人自身处在问题之中，面临着或是抵抗或是和解的抉择。英国的内阁大臣们宁可选择第二条路。他们仍然是曾对《慕尼黑协定》感到欢欣鼓舞的和平人士。想到战争的前景，他们仍然感到憎恶；仍然希望用谈判的办法找到出路。而且，由于日本在远东的压力日益增大，他们也愈来愈想背弃欧洲。此外，在但泽问题上决定态度时，英国人的根据尤其脆弱。但泽是德国最有理由感到不满的问题；这个城市的人口全部是德意志人，他们显然希望回归德国，希特勒本人好不容易才把他们束缚住。解决办法也似乎特别容易。哈利法克斯不惮其烦地建议在保证波兰贸易的同时让但泽回到德国的统治之下。

希特勒也想这样。消灭波兰本不是他原定方案的一部分。相反地，他曾希望解决但泽问题，以便德国和波兰能够保持友好关系。那么，波兰的固执态度是使欧洲不能得到和平的唯一障碍吗？绝不是。但泽问题本来可以在不引起国际关系任何剧变的情况下得到解决。现在，它已经成了波兰独立的象征；而且，由于英波建立了同盟，也成了英国独立的象征。希特勒不再只是希望满足德意志的民族愿望或是使但泽居民感到满意。他的目的是要表明他已经把自己的意志强加在英国人和波兰人身上。英波两国方面不得不拒绝他的这种示威。各方都旨在通过谈判达成一项解决办法，但前提是在一次神经战中获胜。当然，现在还有另一种解释。某些或所有各方可能在故意地推动战争。几乎没有人相信波兰在这样做；即使在德国，现在也很少有人相信英国人在计划"包围"德国，以便把凡尔赛"奴役"重新加在德国人身上。然而，很多人相信希特勒是现代的阿提拉，为了毁灭而热衷于毁灭，因此集中全力发动战争，毫不考虑政策问题。对这样的武断信条没有什么好争论的。希特勒是个异常的人物；他们可能说得对。但是对他的政策可以做出合乎情理的解释；而历史正是建立在这些合乎情理的解释之上的。到非理性之中去寻求庇护无疑要容易得多。可以把战争归咎于希特勒的虚无主义，而不是欧洲政治家的过错和失误——这些过错和失误，他们的公众也有份。可是在历史的形成中，人类的过失往往比人类的邪恶起更大的作用。无论如何，这是一种（与前面提及的武断信条）相对立竞争的教条，即使仅仅作为一种学术上的操练，它也是值得发展的。当然，希特勒的天性和习惯起了作用。要他威胁别人容易，要他与人和解则难。说他预见到或是有意筹划他在1942年似乎达成的对欧洲的统治，这是绝对说不过去的。所有政治家都旨在取胜。胜利的规模往往连他们自己也感到惊讶。

对德国在 1939 年故意发动战争的行为已经找到了一些理性分析的原因。其中之一是经济原因；另一种教条，这一次带有粗糙的马克思主义的色彩。据说工业的恢复给德国带来了生产过剩的危机。面对其他大国的关税壁垒，德国必须征服新的市场，否则就会胀破了。这个说法没有多少事实根据。德国的问题是信贷膨胀，不是生产过剩，沙赫特在 1938 年辞职时就提出过这样的警告。政府发行的纸币太多，但没有足够的生产力来吸收它。生产在鞭打下向前发展，不是由于生产过剩而造成窒息。战争爆发以后，德国为了战争机器对它的征服地——远远没有提供市场——进行了贪婪的剥削。在战争结束的时候，除了匈牙利之外，每一个仆从国在柏林都有一大笔存款——就是说，德国人拿走的多，出口的少。尽管如此，德国的军备生产在 1940 年削减了一次，1941 年又削减一次，压力太大了。因此，经济论点是不利于战争的，而不是支持战争的。或者说，这种论点充其量自相抵消。德国需要战利品，只是为了更加成功地进行战争。

德国军备本身是德国要发动战争的第二个可能的原因。在军备方面，德国已经超过其他大国；这种领先地位将会逐渐失去。希特勒本人使用过这种论点，但只是在 1939 年夏季他已经致力于战争的时候；而这个论点也不比下面提到的他的另一个论点更加当真，即：他想把仗打完是为了自己能致力于艺术创作。希特勒先前曾经比较真实地断言，德国的优势将在 1943 到 1945 年之间达到最高峰；像所有这一类数字一样，这些数字真正的意思是"今年，明年，有一天……"。最有资格作出判断的德国将领们一直以技术性理由反对在 1939 年打仗；愈是有资格作出判断的人，反对得也愈坚决。希特勒不否认他们提出的理由；他认为这是毫不相干的，因此没有接受。他想不通过战争取得成功，或者，至多只通过一次与外交简直没有什么区别的、有名无实的战争。他不是在规划一次大战；因此，德国没有进行大战的装备也无关紧要。希特勒的技术顾问们极力劝说他从事"深度重整军备"，他审慎地拒绝了。他没有兴趣准备一次与其他大国的长期战争。他反而选择了"宽度重整军备"——一支没有后备军的前线部队，只适合于一次快速攻击。在希特勒的领导下，德国有能力赢得神经战——这是希特勒唯一理解和喜爱的战争；德国并没有能力征服欧洲。从严格的防御角度来看，英国和法国已经安全无虞。随着岁月的流逝，它们将变得更加安全。但是德国可以立刻出击的优势仍然保持不变。不会由于时间的推移而有所损失；在外交上可能还会有许多收获。在考虑德国军备的过程中，我们摆脱了希特勒的心理这个神秘领域，而在现实世界里找到了答案。答案很明确。1939年德国的军备状况提供了决定性的证据，证明希特勒没有打算发动全面战争，也可能根本就没有打算进行战争。

为什么德国在1939年就可能已经在图谋战争，还有一个更深层次的原因。世界均势在朝着不利于德国的方向发展，与其说是在眼前的军备水平上，不如说是在于经济实力的储备。德国的经济实力比英国或法国都强——比英法两国加起来也要稍强一筹。英国仍位于大国之列；法国则几乎降到二等国家的地位。这种实力的平衡会不断地对德国有利。如果考虑到世界其他国家的话，情况就不同了。美国的经济资源比这三个欧洲大国合在一起还要强大；它的领先地位还在日益提高。如果希特勒计划联合欧洲抵抗"美国的威胁"，那本来是有道理的。他没有这么做。出于某些难以理解的原因——也许是一个内陆国家奥地利人的顽愚——他从未在经济或政治上认真对待过美国。他认为，美国也像西方大国那样，被民主腐蚀了；罗斯福道义性的规劝加深了他对美国的蔑视。他似乎无法想象这些规劝终会变成物质力量；1941年12月他对美国宣战时，他根本没有意识到自己给德国招致了一个难以对付的敌人。

另一方面，苏俄的经济发展却使希特勒感到烦扰。它确实令人震惊。在1929年到1939年的10年中，德国的制造业生产增长了27％，英国增长了17％，而苏俄增长了400％；这个过程才刚刚开始。到了1938年，苏俄就成了仅次于美国的世界第二工业大国。她还大有发展余地：人口仍然贫穷，资源几乎尚未开发。但是如果德国想逃脱被超越的阴影，她的时间就不多了。如果她想占领苏联的乌克兰，时间就更少了。旧问重提，要是说希特勒计划对苏俄发动一次大战，也还说得通。可是，尽管他常常谈论这样一次战争，却没有进行过筹划。德国的军备并非立意要进行这样的战争。希特勒提出的宽度重整军备，不过是打算加强外交神经战罢了。即使德国将领们想要实行的深度重整军备也只会把德国装备起来在西线进行一场旷日持久的、精疲力尽的战争，就像第一次大战期间打过的仗那样。德国人在1941年6月对苏俄开战的时候，他们不得不临时拼凑随机应变；他们没有在战争中赢得快速的、决定性的胜利，主要是因为他们根本没为这种性质的战争准备运输工具。最后，很难说希特勒是否认真对待了对苏俄的战争方案；或者它是否是希特勒希望用来迷惑西方政治家的诱人幻想。如果他认真对待对苏作战方案的话，这就使1939年的实际战争比任何时候都更加费解——那不是对苏俄的战争，而是对西方大国的战争，而且德国和苏俄几乎就要建立同盟了。或者更确切地说，过去那种简单的解释更能说明问题。1939年的战争远非预谋，它是个失误，是双方在外交的慌乱中酿成大错的结果。

希特勒对1939年4月到8月的外交进程没有出多少力气。像以往一样,他甘愿作好准备,并且等待时机,相信有朝一日困难会在他面前消散。捷克危机的实例总是萦绕在他心头。在这个危机中,他面对着一支强大的捷克军队以及显然是牢固的法捷联盟。结果法国让步了,捷克也屈服了。在波兰问题上也会发生同样情况。他谈到西方政治家的时候说:"我们的对手是些可怜的家伙(小爬虫)。我在慕尼黑见过他们。"他不再为法国人而自寻烦恼。他知道尽管法国人会成为战争道路上的障碍,但他们总是会跟着英国人所指的方向去的。这一次英国必须更直接地作出决定,希特勒料想他们会决定作出让步。他也以为波兰会不战而让步吗?这就比较难说了。4月3日,德国武装部队接到命令,准备在9月1日以后随时进攻波兰,他们同时还接获一项保证:只有在波兰被孤立的情况下才会向它发动进攻——5月23日,希特勒以更加急切的形式重复了这项保证。① 不论希特勒是计划用战争还是用威胁来达到他的目的,这些准备都是必要的。我们从中看不到他的真正意图;可能他本人还没有拿定主意。神经战就够他进行下去的。在这点上,希特勒明确公开了他的挑战意图。4月28日,他废除了德国1934年与波兰签订的互不侵犯条约以及1935年的英德海军协定。同一天,他在国会发表讲话,陈述了他对波兰提出的建议,并且对波兰的挑衅加以谴责,他说:德国人希望用自由协商的方法解决但泽问题,波兰人的答复是诉诸武力。他愿意达成一项新的协定,但只有在波兰人改变态度的情况下才有可能——那就是说,如果他们在但泽问题上作出让步,

---

① 参见原书第301页上的注释。

并且放弃他们与英国的联盟。希特勒用迥然不同的言辞谈到英国人：赞美大英帝国是"整个人类的经济与文化生活中一个不可估量的价值要素"；他断然拒绝了摧毁英国的想法，认为"这只不过是人们不负责任的破坏性的发泄罢了"；他热烈期待在英国人恢复理智的时候，两国能达成新的协定。在这点上，代价也是一样的：在但泽问题上作出让步，同时放弃与波兰的盟约。希特勒这样提出他的条件以后便保持缄默。各国大使无法会见他，连里宾特洛甫也难以见到。在战争爆发以前，德国和波兰没有进一步的外交接触，在 8 月中旬以前，和英国也没有直接的外交往来。

因此，决策要由英国人作出；更确切地说，是英波同盟迫使他们这么做的。英国人即使想逃避也逃避不了。他们不仅是本国舆论的囚徒，而且认识到，如果退却，他们只会回到过去所处的困境中去。他们愿意甚至急于在但泽问题上作出让步；但条件是，希特勒从此能安分守己。而希特勒只有无条件地收回但泽才会满足。波兰人则无论如何也寸步不让。英国人后来才发现，关于但泽，贝克"相当不坦率"；他曾经给他们一种印象，似乎没有什么迫在眉睫的问题，而事实上，当时希特勒已经在坚持他的要求了。英国人以此为借口，要求贝克今后与他们更好地沟通情况；并且还提醒他，只有"在波兰的独立'显然'受到威胁，波兰政府决定进行抵抗的时候，英国的担保才会生效"。① 这是在谨慎地暗示，英国不想对维持但泽现状作出保证。贝克则顽固不化，他说："但泽问题不会成为开

---

① 哈利法克斯致肯纳德，1939 年 5 月 3 日：《英国外交政策文件汇编，1919—1939 年》，第 3 辑，第 5 卷，第 346 号。

战理由,除非德国在那里采取强硬措施。"① ——从英国人的角度看,这种前景不容乐观。事实上,因为害怕发生争吵,哪一方也不敢公开讨论但泽问题;因此他们什么也没有讨论,各自希望在决定性的时刻到来时能自行其是如愿以偿。4月份就在商议的正式同盟直到8月25日才正式签订。

英国人以其他不太直接的方式竭尽全力把波兰人束缚住。在两国的军事会谈中,英国人什么也没有透露;不过当时,他们也没有什么可以透露的。显然,波兰人不指望得到直接的军事援助;因此他们更有理由寻求财政资助。在这点上,英国人特别固执。波兰人要求6000万英镑的现金贷款。英国人最初答复说他们没有现金,只能提供信贷;后来又坚持说,这笔信贷必须在英国国内花销;最后,他们把贷款数字减到800万英镑,并解释说,由于英国的军工厂都很忙,这笔信贷反正也花不出去。在战争爆发以前,信贷尚未到位;波兰也没收到过英国制造的炸弹或枪支。波兰人的情绪大概不会由于哈利法克斯下面的解释而得到安抚:"万一发生战争,英国手中最强有力的武器之一必定是经济上的持久力量,因此,决不可削弱这种力量。"② 这种奇怪的举措表现了英国政策的双重性。英国人想节制波兰人如同想遏制希特勒一样。他们的希望是徒劳的。贝克不是贝奈斯。贝克认为,只要退让一步就不可避免地会导致另一个《慕尼黑协定》;因此没有采取任何步骤。1939年,朗西曼勋爵是没有机会收拾行装再做一次欧洲大陆之游的了。

---

① 肯纳德致哈利法克斯,1939年5月4日;《英国外交政策文件汇编,1919—1939年》,第3辑,第5卷,第355号。
② 哈利法克斯致肯纳德,1939年6月1日;《英国外交政策文件汇编,1919—1939年》,第3辑,第5卷,第692号。

英国人渴望再施展一回在上年证明是有用的权宜之计。他们仍然希望某个时候可以把墨索里尼请来对希特勒起约束作用。这条路线实际上也已经行不通了。希特勒占领布拉格的时候，墨索里尼一时的烦恼是他最后一次发泄不满。现在，他自己扮演了侵略者的角色，把意大利对阿尔巴尼亚的保护变成了公开吞并。这在外交上引起了轩然大波——英国人向希腊提出担保，而且虽然没有什么特殊的理由，也向罗马尼亚提出了担保；和土耳其协商成立联盟，但注定永不生效。尽管这些活动使外交部的文件剧增，与德国这个重大问题却关系不大。像法国一样，意大利现在也成了旁观者；两国的命运取决于各自更强大的伙伴的举动。法国人挺身而出谴责意大利对北非的要求。他们随时准备抵抗这个与自己实力相当的敌手。在意大利这方面，墨索里尼终于下了决心和德国订立了正式同盟。"钢铁盟约"在5月22日签订，承诺两国负有共同进行战争的义务。毫无疑问，墨索里尼希望这项盟约会使他在德国人的计划中有一些发言权。一旦保证在战争中支持德国，他希望能决定战争的时间；他坚持意大利只在1942或1943年才能做好战争的准备。德国人并不怎么重视钢铁盟约。他们几乎是偶然签署这一盟约的，作为没有能和日本订立三国同盟的一种安慰奖罢了。

在1939年的外交活动中，远东至今仍然是一个难以估计的因素。欧洲局势显然与远东局势有关。但是些什么样的关系呢？日本在与中国交战；他们也在侵蚀着外国在华的利益，特别是在侵蚀着英国的在华租界。英国人显然想尽快了结欧洲大陆的事务，以便腾出手来捍卫他们的在华地位；但是难以看出这对英国政策的实际方针究竟有多大影响。另一方面，德国人想增加英国在远东的困难；日本人则希望增加英国在欧洲的困难。在两个"侵略者"大国之间进行了一场拉锯战，结果日本人赢了。德国人企图把反共产国际协定变成反对所有对手的联盟。日本人只同意合作反对俄国。他们无疑想不通过战争就从英国那里得到让步；也许他们是考虑到美国海军而却步的。最重要的是，他们怀疑是否在建立一个大联盟以后欧洲会发生战争；更可能的是会在牺牲波兰的情况下出现一个新的《慕尼黑协定》，而让日本人单独对抗英国人。德日之间的谈判毫无结果。日本人迫使英国人让步，英国逐渐屈服了。远东的冲突于是得以延缓；这使得欧洲发生冲突的可能性更大了。

德日进行合作还有一重阻力，虽然双方都没有使之公开化。日本人想得到支持以反对苏俄。而一度是反共旗手的德国人现在却在摆向相反的方向。从波兰成为德国直接敌对目标的那一刻起，苏俄就自动变成了可能保持中立甚至可能成为德国盟友的国家。俄国人不只对德国来说颇为重要：每个欧洲大国都不得不认真对待他们。这是一件划时代的大事。1939 年爆发了第二次世界大战。从更长远的角度来看，这一年似乎更有意义的是，苏俄自 1917 年以来首次恢复了大国的地位。布尔什维克革命以后，苏俄经常构成一个"问题"；国际共产主义至少是一个潜在的政治危险。但是苏俄还没有被算作是个大国。当李维诺夫在国际联盟提出各种建议时，就好像他是来自另一个星球的发言人似的。虽然有法苏条约，可是西方大国从未认真考虑过与苏俄合作。他们和德国人都不指望苏联在 1938 年捷克危机期间进行干预。苏俄似乎远在天涯海角。这在很大程度上是由于政治观点的分歧，以及由于双方事实上长期互不承认。这也有一个实际的基础。只要那条防疫线存在一天，苏俄确实就脱离了欧洲。如果她真要行动的话，那一定是从外面做起，很像日本或美国那样。一旦波兰被认为有问题，情况就变了。欧洲已经到了俄国的家门口。

不论俄国喜欢与否，她已经再度成为一个欧洲大国。

既然俄国已回到欧洲，或者欧洲已经回到她身边，那么，她将扮演什么样的角色呢？所有的大国都提出了这个重大问题。英国人提过这个问题；法国人、波兰人和德国人也都提过。俄国人则不断地在问自己。在开头的时候是不可能预见到答案的，甚至也不可能制定可供选择的多种方案。大多数政治问题都有一些由来已久的先例。政治家可以借鉴他们过去的经验，沿着已经制定的路线进一步发展。在这个问题上缺乏先例，有些还被引导到错误的方向——回到俄国孤立与退隐的时代。这些误导性的先例产生了一些影响。英国人没有能摆脱他们的习惯，仍然把苏俄看作是一个无足轻重的大国；俄国人仍然设想他们可以随意背弃欧洲。在这点上，德国人有个有利条件。他们有过某种先例，即以签订拉帕洛条约为后来苏德修好开创了先例。但时代不同了。在拉帕洛，两个战败的、忧心忡忡的大国同意不再受人挑拨离间相互对抗。这对于目前欧洲大陆上最强大的两个大国之间的关系几乎没有任何指导意义。希特勒再一次甘愿等到事态发展给他提供一项政策。在德国，反共主义偃旗息鼓了，代之而起的是反犹太主义。有暗示说德国人愿意增加对苏贸易，甚至改善两国的政治关系。德国方面未曾尝试找出这种改善可能采取的形式；而俄国人则更加缄默寡言。双方仍在等待局外方采取主动。

在天平的另一端，法国人很清楚他们想要什么：在苏俄和西方大国之间应该缔结一项直接的军事同盟。法国人不相信绥靖希特勒会有什么好处；因此也不怕和苏联结盟会激怒希特勒。他们相信，只有炫耀压倒优势的武力才能制止希特勒；而与苏联结盟会有助于提供这样的武力。如果炫耀武力不能奏效，战争爆发了，俄国的威胁也会像1914年那样再度分散德国的兵力；如果德国进攻俄国，法国人在马其诺防线后面也会平安无事。法国人并不担心波兰人提出的反对理由；倒是这些意见使他们的心情更为迫切。法国对波兰的义务处在最低潮。波兰的背信弃义已经破坏了在捷克危机期间建立一个东部阵线的任何可能性；法国人现在准备以同样的手段对波兰的忘恩负义加以报复。甘末林对波兰陆军评价很差，虽然他十分犹豫，还是倾向于给苏联陆军更高的评价。因此，如果波兰用法苏同盟为借口来否定她自己和法国签订的同盟的话，法国人认为这样更好。他们会卸掉一份责任，得到一笔财富。4月10日，博内对苏联大使说，他们应该制定他们彼此之间的军事合作条款，并补充说："然后我们就得决定，万一罗马尼亚或波兰拒绝接受这种援助我们应该采取的态度。"① 这是个简单的解决办法，但不可能做到。法国人可以不顾他们和波兰签订的同盟；却不能无视与英国的同盟，因为他们在世界上的整个地位有赖于此。对法国来说，英波同盟是一场大灾难。由于英国本身没有能参加欧洲大陆战争的军队，英波同盟实际上是英国的一项担保，即法国不会像它过去舍弃捷克人那样舍弃波兰人。然而这正是法国人想做的事。一旦他们逃跑的路被堵住，他们唯一的希望就是把英国人也拉进与苏俄缔结的同盟中去。

这样的敦促不仅来自法国。对每一位有能力的英国观察家来说，对波兰作出担保之后立即与苏俄结盟的必要性是显而易见的。4月3日，丘吉尔在下院中提出了这一点：

> 对波兰作出担保之后就此裹足不前，等于是停留在受到双

---

① 博内，《欧洲的末日》，第178页。

方炮火的攻击、而从任何一方都得不到庇护的无人地带……。我们已经开始建立反侵略的大同盟，就不能失败。如果失败了，我们将置身于致命的危险之中……最大的蠢事——我们谁也不打算干的——莫过于在任何合乎自然规律的合作上面浇一盆冷水，并且把它排除掉，而苏联为了切身的利益也感到有必要提供这样的合作。①

劳合·乔治说得甚至更加强硬：

> 如果我们打算没有俄国的帮助就参加进去，我们将走入陷阱。只有俄国军队能到达那里……如果因为波兰人怀有某种情绪，不想俄国人参加进去，就把俄国排除在外，那就应该由我们来宣布条件，除非波兰人准备接受我们唯一能因此而有效地帮助他们的条件，否则他们就只能自负其责。②

英国下院的反对党议员反复提出这些论点。尤其是工党中意见分歧的派别在与苏联结盟的原则上可以重新联合——有的是基于实际的军事理由，有的从社会主义的原则出发。这种切合实际的论点确实几乎无懈可击。它就在地图上，人人都看得见；批评张伯伦的人们现在首次有效地抓住了公众的注意力。在此以前，他们仿佛在宣扬一场对抗希特勒的意识形态战争；现在张伯伦仿佛出于意识形态在对苏联冷漠。反对党的这种批评无疑把张伯伦朝着与莫斯科谈判

---

① 《英国议会记录》，第 5 辑，第 345 卷：2500—2502 页。
② 《英国议会记录》，第 5 辑，第 345 卷：2507—2510 页。

的方向推进了一步；但同时也使他更加心犹不甘。不论结局如何，都将有损于英国政府的信誉。如果谈判失败，他们就会受到指责；如果谈判成功，就将证明丘吉尔、劳合·乔治和工党是正确的。张伯伦是个好记恨的人，至少在国内政治上他是如此；当他远远地朝克里姆林宫注视的时候，他看到的面孔不禁使他想起反对党在下院的前排议席。

使英国政府举棋不定的还有其他方面的考虑。曾经无所顾忌地抛弃过贝奈斯的人们，现在又像改邪归正的酗酒者那样，怀着狭隘的道德主义，感到自己有义务去留意贝克的每一次异想天开。英国人在对小国的权利作出担保。那么他们怎么能压制波兰反对与苏联牵连在一起的意见呢？哈利法克斯在英国上院强调了这一点："我们的政策以下列原则为基础：强国不应该对小国的权利置之不顾，武力不是各国人民关系中的决定因素，谈判不应该蒙上强制的阴影或为强制所驾驭。"[①] 英国政府与批评政府的人士不同，不是按照战争不可避免的观点思考问题。他们甚至不想用炫耀压倒优势力量的办法来"威慑"希特勒。他们想搞一场道义示威；而与苏俄结盟的道义作用将会化为乌有，如果它伴随着小国提出抗议的话。这种道义作用甚至可能成为希特勒的资本。对"包围圈"的指责会被证明是合理的。"人们会说我们放弃了进一步保持公正的努力，为了对立的大国集团之间的战争作准备而在故意结盟"。意大利、西班牙和日本将会受到冒犯；"也决不可忘记，梵蒂冈将莫斯科比柏林在更大程度上视为敌基督者"。[②]

[①] 1939 年 4 月 19 日，《英国议会记录》，第 5 辑，第 112 卷：697—698 页。
[②] 外交部备忘录，1939 年 5 月 22 日：《英国外交政策文件汇编，1919—1939 年》，第 3 辑，第 5 卷，第 576 号。

英国政府力求维护欧洲和平，而不是要赢得一场战争。他们的政策是由道德标准而不是战略估算决定的。而即使他们的道德标准也是戴上了有色眼镜的。他们承认德国对凡尔赛和约的抱怨所具有的说服力。然而他们从未悟到，苏俄可能并不想在东欧维持主要由两个羞辱性的条约——布列斯特-立托夫斯克条约和里加条约——所造成的现状。俄国在支持和平阵线问题上的犹豫态度使他们恼怒；但是俄国如果准备对德作战，他们会更加担心。他们想要的是，俄国的援助应该像水龙头那样可以随意开关；而只有他们，或许波兰人，才有资格去拧水龙头开关。哈利法克斯对罗马尼亚外交大臣加芬库解释英国的态度说："我们希望不要疏远俄国，但始终要把它牵制住。"① 苏联的政治家们此时怀疑英国人计划让俄国卷入对德战争，他们自己则保持中立；苏联的历史学家一再重申了这种指责。这是误解了英国的观点。英国人根本不想打仗；他们既不想自己参加对德作战，也不想德国对俄作战。在英国人看来，欧洲全面战争的结果必定是灾难性的。因为获胜的不是德国就是俄国；不论发生何种情况，英国作为一个大国的地位都将被削弱，甚至被摧毁。唯独在英波同盟中有个恰如其分之处。两国都是在第一次世界大战结束、德俄两国战败的特殊环境中牟取到暴利的。由于那样的环境，波兰得到了虚幻的独立；英国则得到了大国的权威，这种地位如果不完全是虚幻的话，不需要怎么费力就可以维持下去。两国都希望世界止步不前，仍然停留在 1919 年的状态。波兰既不肯和德国结盟，也不愿和俄国结盟。英国则不愿设想两国中的任何一国取得决定性的

---

① 哈利法克斯与加芬库的会谈，1939 年 4 月 26 日：《英国外交政策文件汇编，1919—1939 年》第 3 辑，第 5 卷，第 280 号。

胜利。对大多数英国人来说，让布尔什维克征服东欧是令人反感的。就这个意义上说，苏联的怀疑不无道理。但这似乎也是很遥远将来的事。英国人料想，如果德国人只对俄国作战，德国人将会取胜；这一点也许不会引起他们多大反感，却会更加令人担忧。在英国人看来，一个统治着从莱茵河到乌拉尔山脉这一大块欧洲土地的德国，会立刻转而对付英法两个帝国。因此，当苏联的统治者指责英国人在筹划一场苏德战争的时候，他们在两方面过于自以为是了。第一，英国人几乎没有为"红祸"所烦恼，因此并不希望苏俄在战争中毁灭；第二，他们相信，德国人会过于轻易、过于危险地获胜。

英国政治家在考虑可能的事态发展时，有一种有关苏俄的忧虑确实触动了他们：担心俄国可能在其他欧洲大国互相厮杀的时候置身事外。"如果必然要爆发战争，则必须把苏联也卷进去，否则到战争结束时，苏联军队毫无损伤，而英德两国一片废墟，苏联就将统治欧洲。"① 换一种说法，这就是随（英国之）意开关水龙头的政策。但是假定苏联的统治者不愿充当这个随和的角色，情况又将如何呢？英国人一再受到警告，说苏联和德国可能达成某种协定；或者，在欧洲的其余部分陷入困境时，苏俄至少可能稳坐钓鱼台。英国驻莫斯科大使西兹警告过他们；达拉第警告过他们；甚至不喜欢德国政策可能要走亲苏路线的戈林也间接地警告过他们。张伯伦、哈利法克斯和英国外交部始终顽固不化。他们一再对这些警告不予理睬，认为"根本不大可能"。② 难道英国人没有看到，有了英波同盟，他

---

① 外交部备忘录，1939年5月22日：《英国外交政策文件汇编，1919—1939年》，第3辑，第5卷，第576号。
② 外交部就韩德森致哈利法克斯的信件所作的记录，1939年5月8日：《英国外交政策文件汇编，1919—1939年》，第3辑，第5卷，第413号。

们就已经作出了保证，要为保卫苏俄的边界而战？那么，他们怎么能以为苏联的援助与无盟约规定的惠益有什么不同呢？对这些问题不可能找到合理的答案。如果英国外交真的渴望在1939年与苏俄结盟的话，那么，为此进行的谈判就是自诺斯勋爵失去北美殖民地以来最无能的交易。也许无能两字就是对此能作出的简单解释。英国人为自己的处境所困，不堪重负——他们要制定作为一个世界大国的政策，这个世界大国想背弃欧洲，然而又不得不在欧洲事务中起带头作用。他们在东欧普施担保，并渴望建立军事联盟。然而他们在欧洲所想要的是和平与和平的修约，但以他们所担保的那些国家为代价。他们既不信任希特勒，也不信任斯大林；然而又争取和他们中的一个保持和平，同时力求与另一个结成同盟。这两个目的他们都没有达到，那是毫不奇怪的。

　　个人观点的分歧又加剧了混乱状况。除非根据一些不可能做到的条件，张伯伦决不想和苏俄结盟。他是被哈利法克斯拖着走的，哈利法克斯——他本人就抱怀疑态度——又是被英国外交部拖着走的。即使那些常任官员对希特勒的不信任也超过了他们对斯大林的信任；而且，他们很容易就看到与苏俄结盟的危险，同时又很少看到这样做的好处。如果不是下院和舆论不停地施加压力，他们本来就不会作出什么努力；内阁大臣们之所以屈从于这种压力，主要还不是因为他们认为这是正确的，而是他们想不出别的办法。但舆论也不全是一边倒的。与苏联结盟的要求是畅言无忌的；对苏俄的敌意虽然不那么大声嚷嚷，或许更加强烈——特别是在保守党的后座议员中间。对于最终未能结盟，大家都感到松了一口气——实际上，它消除了走向战争的一个心理障碍。英国政策的必然后果——如果能够设想这样一种局面的话——就是苏联保持中立，尽管这样的后果果真成为现实时,英国人对此又非常愤慨。

在苏联统治者这一方面,他们从一开始就有一个设想明确、合乎逻辑的目标吗?除了被人遗忘的流放者①莫洛托夫之外,没有人能回答这个问题;而且他也不太可能透露真相。对苏联政策的内部运作,我们毫无事实证据。我们不知道苏联的大使们向莫斯科报告了什么,也不知道苏联政府是否看了他们的报告。我们不知道苏联的政治家彼此说了些什么,也不知道他们的技术顾问们对他们讲了些什么。既然缺少事实根据,历史学家只能从表面现象——或者按照他们自己的偏见进行推测。苏联的历史学家(他们似乎跟我们一样孤陋寡闻)假定他们自己的政府是正义的,而其他国家的政府是邪恶的。按照他们的说法,苏俄全心全意地为建立一个和平阵线作出了努力;英国和法国则企图诱使她单独对德作战;而斯大林是在最后一刻以天才的一招逃脱了这种危险。忠心耿耿地打冷战的西方历史学家看待问题的角度恰恰相反。按照他们其中更为极端的说法,苏联政府一直想和德国作交易;和英法两国谈判只是为了要挑逗德国报价。另一种说法认为,苏俄同时与双方谈判,看着出价不断上升,直到它拿到最满意的价格才收场。一种看法是,苏俄的统治者在蓄意挑起欧洲的战争;另一种看法是,他们决心无论如何要自己置身于战争之外。虽然这些看法可能有些道理,但却有一个共同的不足之处。他们认为苏俄的领袖们对以后的事态有先见之明;不论这些政治家可能多么邪恶,撒旦是否让他们分享他的特权到这种程度还是个疑问。例如,有人认为,苏联政府一开始就知道希特勒将

---

① 指莫洛托夫于 1956 年遭贬谪后,于 1961 年在苏共二十二大上被革除所有职务并开除党籍,次年所有跟他有关的文件资料据说也被销毁。——译者注

在 9 月 1 日发动战争，因此根据这一点考虑他们各种策略的时机。也许希特勒知道这一点；苏联政治家并不知道。对这个问题，也和对其他问题一样，历史学家最好记住梅特兰的一句明智的话："现在看来是发生在很久以前的事，其实曾经一度是发生在将来的事，要记住这一点是很难的。"

某些被归咎于苏俄领导人的意图经不起严格推敲。例如，人们普遍认为，他们之所以拖延与西方大国的谈判，是为了在决定性的时刻驱使希特勒报出一个大价钱。外交往来表明：拖延来自西方，苏联政府以几近惊人的速度作出了回应。4 月 15 日，英国人提出了第一个试探性的建议；两天以后，在 4 月 17 日，苏联提出了反建议。英国人花了 3 个星期进行构思，才于 5 月 9 日作出了答复；苏联的答复是 5 天后。后来，英国人隔了 13 天才作出答复；苏联又只隔了 5 天。英国人再一次拖了 13 天；苏联政府在 24 小时之内就作出了答复。从这以后，速度就加快了。过了 5 天，英国又作了一次尝试；苏联在 24 小时之内提出了答复。下一步，英国用了 9 天；苏联用了 2 天。英国人又花了 5 天，俄国人花了 1 天。英国方面又隔了 8 天；苏联当天就作了答复。此后英国人又拖了 6 天；苏联还是当天就作了答复。至此，外交往来实际上才告结束。如果日期能说明一些问题的话，是英国人在使事态拖延不决，俄国人则急于缔结同盟。还有其他证据说明，英国人之所以漫不经心地对待谈判，主要在于安抚公众舆论，而不是想获得什么成果。安东尼·艾登主动提出要作为特使去一趟莫斯科；张伯伦拒绝了他的建议。为了某种不为人知的目的（肯定不是缔结同盟）被派往莫斯科的一位英国外交部官员，6 月 21 日以轻佻语气写信回国说："我敢说我们最后会获得一些成果。在我说'最后'这两个字的时候，我想起法国大使纳吉亚尔今天下午说的话：在我离开莫斯科以前，他可能到了年龄上限已经退休了。"① 如果这位官员和他的上级真把与苏联结盟视为决定和平与战争的关键，他会以如此不负责任的方式写信吗？

这些谈判还有一个令人困惑不解的奇怪现象。即使旧式的秘密外交做法到处都已不再采用，英苏谈判之缺少保密性也是出人意外的。第二次世界大战以前，所有的官方谈判或多或少都是尽人皆知的事；在确实要保密的时候则必须使用人们不熟悉的、不像是使节的人。虽然如此，谈判的细节通常不会立刻泄露出去。但是在英苏谈判中，一些细节在传到对方以前往往就传到了新闻界；有时候，新闻界还不知道，德国人反而知道了。要准确追踪这一类泄密情况几乎是不可能的；想从泄密中作出过多的推断也是轻率的。不管这有没有价值，看起来苏联政府是新闻界的消息来源，这使英国方面大为烦恼。苏联的建议总是立刻就见报了；英国的建议只有在递交到莫斯科之后才会发表。另一方面，德国外交部有时在消息见报之前以及往往在莫斯科接获消息之前就从"一个可靠人士"那里得到了情报，因此，这个可靠人士肯定是英国外交部里的某个人，或者他是按照指示行事，或者是主动向德国人出卖机密。从这些事实中可以谨慎地得出一些结论。苏联政府不会想到去通知或者影响他们本国的人民，他们点一下头就可以操纵苏联的公众舆论。那么，消息的泄露是针对英国公众舆论的，可能是带有迫使英国政府行动的意图。这意味着苏联政府是真想要缔结同盟的。苏联人可能在玩一种更加精心设计的政治游戏，希望在英国国内煽起一场使左翼掌权

---

① 斯特朗致萨金特，1939 年 6 月 21 日：《英国外交政策文件汇编，1919—1939 年》，第 3 辑，第 6 卷，第 122 号。

的政治动荡。但即使有这个愿望也肯定是为了缔结同盟。另一方面，伦敦的那位"可靠人士"如果有政治意图的话，肯定一直在设法向德国人报警，以便促成英德和解。当然还可以有更未经修饰的解释。俄国人可能只是想显示他们本身的正直，正如后来他们也常常这样做的那样；而伦敦那位线人可能只是出于个人获益的动机。我们最多可以肯定地说的是，过失并不全都在某一方。

如果我们忘掉这件事的结果，试图设想一下苏联人心目中的世界，那样去做推测将更有意义。毫无疑问，苏联的政治家们是以极大的猜疑对待所有外国大国的，轮到他们行动时他们也准备不择手段。他们半自觉地认识到他们是第一次在从事严肃认真的外交活动。自从1918年初托洛茨基不再担任外交人民委员以后，外交政策就交给低一级的共产党官员经办——先是契切林，后是李维诺夫（两人都不是政治局委员）。1939年5月3日，莫洛托夫接替李维诺夫担任外交人民委员。有时人们认为这是有利于德国的一项决定；更有可能这仅仅是苏联人承认外交事务关系重大。在苏联，莫洛托夫是仅次于斯大林的第二号人物。他不仅以怀疑的态度处理外交事务，而且以学究式的谨慎字字斟酌，用词准确地突出他的布尔什维克精神，在党内争论中不同凡响。不过，毫无疑问，莫洛托夫对待外交事务的态度是认真的。对苏联政策的主要动机也不可能有多少怀疑。那就是希望不受打扰。苏联人意识到他们自身的弱点；他们担心资本主义国家会形成一个对他们怀有敌意的联盟；他们也急于加紧自己的经济发展。在要求和平这一点上，他们和英国政府意见一致。在如何维护和平这一点上，他们有意见分歧。苏联人不相信让步能使希特勒愿意和解；他们认为只有坚定地团结一致反对他才能把他遏制住。

还有其他产生分歧的原因。尽管苏联人和希特勒不同，没有推翻现状的强烈欲望，可是他们对现状既无感情也无热情；在别的国家邀请他们为维持现状而行动的时候，他们才第一次深切地感到他们是多么不喜欢现状。他们根本就不愿意行动；但是，如果他们有所行动——尤其是如果他们参战的话——那也不会是去维护布列斯特-立托夫斯克条约和里加条约的条款。他们只会以大国的身份回到世界事务之中，和英国平起平坐，而且在东欧拥有最高权力。英苏双方在估计对方实力的时候看法更不一致。英国人设想：万一与德国交战，苏俄必败无疑。因此他们想制止德苏战争的心情几乎和他们自己想避免和德国作战的心情一样迫切。俄国人假定：英国和法国可以保持他们的防御地位，西欧的一次战争会因此使所有交战国彼此耗竭。如果得不到全面的和平，俄国人可以进行战争赌博，英国人却不能这样做。如果英国人无法安抚希特勒，他们就不得不抵抗他；俄国人则可以在和平与战争之间进行选择——或者他们想象可以这样做。苏联人的选择自由也是以更正式的方式存在的。英国人因为与波兰结盟已经承担了抵抗德国的义务。必须把俄国人争取过来，而伦敦方面对待他们的那种漫不经心的态度是不太可能把他们争取过来的——更不用说波兰拒不考虑寻求俄国支援的固执态度了。列举一下这些分歧，使得谈判事先看上去就注定要失败。然而，也许在开始的时候，甚至直到谈判快要结束时，可能双方都没有意识到这一点。俄国人以为西方大国迫切地希望得到援助，他们诚然也应该如此。英国人自信地把宝押在法西斯主义和共产主义之间的意识形态隔阂上，并且想象，苏联政府会因得到点头认可而受宠若惊。

分歧的模式一开始就固定下来了。在德国占领布拉格以后，苏联政府曾立即提议举行一次爱好和平的大国会议。英国人拒绝了这项建议，认为"为时过早"——这是他们很喜欢用的字眼。取而代之的是，他们对那些可能会受到威胁的国家分别作出了担保。如果让他们自行其是，他们本来会对此感到满足。但是他们不能自行其是。在下院，他们受到了困扰。法国政府在设法和苏联订立互助条约的消息甚至使他们更为惊恐。这是法国对英国人在向波兰给予担保的问题上所作所为的反击。英国人面临着不得不在匆忙之中与苏联结盟的危险，正如法国曾经在极不情愿的情况下被迫对波兰的独立作出保证那样。如果英国人要避开这种危险，就必须带头；他们与苏联的谈判在很大程度上是为了防止法国想要的直接同盟。4月15日，英国政府勉强开始与莫斯科打交道：他们要求发表一项宣言，万一苏联的任何邻邦遭到袭击，"如果希望得到苏联的援助，苏联政府将随时准备给予援助，并以非常便利的方式来提供"。用稍有不同的语言来说，这是捷苏条约中出现过的同一个片面的原则，在1938年，这种原则曾经使苏联的政策失去效用。当时，只有法国首先采取行动，苏联人才能行动；现在，只有波兰、或罗马尼亚、或某个波罗的海国家屈尊相邀，他们才能采取行动。1938年，苏联人或许乐得有一个袖手旁观的借口；6个月之后，他们的态度就不同了。① 由于那条防疫线开始崩溃了，苏联人感到自己身居前线。他们并不关心维持波兰，或是作出某种反对希特勒的道义示威。他们希望，万一希特勒攻击俄国——通过波兰也罢，更加直接也罢——他们能得到西方大国明确坚定的军事支援。

4月17日，李维诺夫提出了反建议：英、法、苏之间应该签订一项为期5年或10年的互助公约；而且，该公约还应规定"在发生

---

① 谴责苏联在1938年遵守此项限制的"冷战"历史学家们，要同样猛烈地谴责苏联在1939年拒绝任何类似的限制，是很难的。

针对位于波罗的海与黑海之间同苏联接壤的东欧国家的侵略时,给予它们以一切方式的援助,其中包括军事援助"。① 在英国人眼里,苏联政府提议在没有事先受到邀请的情况下就援助波兰已经够糟的了;支援波罗的海国家的提议甚至更糟。英国人认为,俄国人只是想把一种"帝国主义的"野心偷偷地写到公约中去;此后,他们还经常重复这样的指责。然而,俄国人就这些国家所感到的焦虑倒是由衷的。他们害怕德国攻击列宁格勒;由于德国在波罗的海的海军优势,这似乎是一种可能发生的冒险行动。因此他们希望用控制波罗的海国家的办法来加强他们在陆地上的军事地位;而且,俄国人清楚地知道,这些波罗的海国家如果被逼得走投无路的话,可能会在德俄两国之间选择德国,所以他们也希望在公约中规定,苏联应该不经请求就提供"援助"。这种无视小国独立的态度无疑是不道德的,但是——假设苏俄在采取一种敌视德国的路线——这种态度是出于真正的恐惧。英国已经对波兰和罗马尼亚作出了担保;因此,万一德国穿过其中的一个国家进攻苏联,如果英国信守诺言,就必须参战。英国对波罗的海国家没有承担义务;在西方大国保持中立的时候,德国就可以在这里找到漏洞,进攻苏俄。英国拒绝了苏联的建议,这使苏联的统治者确信他们的猜疑是有根据的。他们是对的。英国人是真心尊重小国的独立。实际上,正是由于他们对比利时所持的这种尊重,导致英法两国在 1940 年 5 月所遭受的战略灾难。不过,他们之所以反对,主要的动机还是不愿让决定和平与战争的权利掌握在俄国人手里。波兰人可以对此作出决定;波罗的海

---

① 西兹致哈利法克斯,1939 年 4 月 18 日:《英国外交政策文件汇编,1919—1939 年》,第 3 辑,第 5 卷,第 201 号。

国家可以决定；苏联政府则决不可以。"英王陛下政府可能不是为了保护欧洲小国，而是为了支持苏联抵抗德国而被卷入战争。对这个问题，英国的舆论……可能会有分歧"。① 这正是俄国人所担心的。英国人愈是保护波罗的海国家的独立，俄国人愈是坚决反对；俄国人愈是坚决反对，英国人愈是猜疑重重。在这个问题上始终没有达成协议；从技术上讲，谈判就是在这一点上破裂的。这件事本身并不那么重要，但它体现了双方的基本分歧。英国人想订立一个能保卫其他国家，而且不必交战就可以遏制希特勒的联盟。俄国人则想成立一个保卫他们自身的联盟。

英国人在收到李维诺夫的答复以后花了两个星期时间四处打探询问。他们询问波兰和罗马尼亚，两国允许他们和苏联达成什么样的协定。两国的回答是，只要不牵涉到波兰或罗马尼亚，英国人可以按自己的意愿签订协定。英国人也曾试图乞灵于法国人的外交智谋。可是，博内让他们失望了。"在会谈最激烈的时候"，他向苏联大使透露说，法国赞成签订一项互助公约。不过，英国人为了达到更好的目标不懈地坚持下去。5月8日，他们建议，由于英国对波兰和罗马尼亚作出了担保，"苏联政府也将承诺，如果英国和法国因履行其义务而被卷入战争，苏联政府将立刻给予援助，如果得到请求，而且这种援助将按议定的方式和条件提供的话"。这仍然是开水龙头的概念，"如果得到请求的话"，水龙头可以由英国人去开，但不是在苏联的控制之下。苏联收到这项建议正是莫洛托夫刚刚出任外交人民委员的时候——不是激励相互信任的时机。虽然莫洛托夫声称

---

① 外文部备忘录，1939年5月22日：《英国外交政策文件汇编，1919—1939年》，第3辑，第5卷，第576号。

第十章　神经战　| 307

苏联的政策不变，但气氛变了。李维诺夫那种和善的议论没有了——在提到"贝克"和其他波兰人的时候没有笑容或是轻松的题外话了。取而代之的是"不留情面的质问"；英国大使经受了"一段非常难堪的日子"。5 月 14 日，莫洛托夫正式拒绝了英国的提议，并且要求"互惠"：必须缔结互助公约，对所有东欧国家作出担保，不论它们是否有此愿望，并且"签订一项关于援助方式和援助规模的具体协定"。

这一次，英国政府差一点在绝望中不干了——或者基于原则不干了。不知道为什么他们又决定再试一次。当然他们仍在下院受到批评。劳合·乔治在 5 月 19 日说："几个月来，我们一直在对这份贵重的礼品吹毛求疵。……我们为什么不下个决心，抓紧弥补已经浪费了的时间，就像我们与法国那样，应该与苏联达成同样的协议呢？"① 这样的论点尽管颇具说服力，对张伯伦或保守党的后座议员们却没有产生什么影响。结果倒是适得其反。英国人在布拉格被占领以后对德国产生的怨气正开始减弱；对苏俄更为由来已久的敌意却在渐渐恢复；尤其是苏联的统治者没有为英国人请求他们帮助的屈尊态度所动的时候。苏联的"固执"使希特勒的挑衅相形失色。另一方面，问题仍未解决。法国的不满和抱怨可能是推动英国人向前的决定因素。法国人对波兰承担的义务是强加在他们身上的，英国的顾虑又使他们无法谋取苏联的援助。法国人认为，更糟糕的是，波兰人一直在试图使联盟规定的义务扩大化、现代化。他们的目的是要从法国人那里得到对但泽问题的明确承诺，而英国人对此是一直回避的；他们还貌似足够有理地要求，最后应该通过一项军事协

---

① 《英国议会记录》，第 6 辑，第 237 卷，第 1815—1819 页。

定来加强这个长期的联盟。达拉第和博内对第一点坚持不让;他们比英国人更甚,认为但泽回到德国主权统治下是完全合情合理的。表面上,他们对第二点作出了让步,达拉第指示甘末林就签订一项军事协定问题进行谈判,此事在 5 月 19 日按时完成。这项协定是欺骗性的。只有在达成一项政治协定时它才会生效;这就遥遥无期了。所设想的法国的许诺,本身就有缺陷。甘末林同意,如果德国进攻波兰,"大批"法国军队将采取攻势。波兰人以为这个"大批"是指整个法国陆军——换句话说,就是法国答应采取攻势;甘末林的意思,或者如他所说的那样,只是让当时恰好驻守在马其诺防线的部队投入战斗——仅仅是边境上的军事行动而已。

  奇怪的是波兰人竟如此容易满足。但是,由于他们对自己充满幻想,也就会轻易地受人蒙蔽;也许他们从未料到一次全面的战争将会到来——直至最后一刻,他们始终相信自己会在神经战中获胜。博内对自己的规避行动得逞感到满意;达拉第照例对自己所做的事感到羞耻、恼火。就在这时,哈利法克斯在前往日内瓦的途中抵达巴黎。他发现达拉第在生波兰人的气,随时会勃然爆发。达拉第想和苏联直接缔结一项互助条约。哈利法克斯表示反对,因为即使德国是在波兰或罗马尼亚的默许或默认下进攻俄国的,英国和法国到那个时候仍会被卷入战争,达拉第答复道:"在这种情况下,法国将因法苏条约而被卷入,如果这样的话,我们(包括英国)肯定不可能袖手旁观。"① 在英国人看来,这不是令人愉快的前景。他们最不想要的就是在复活的法苏同盟中成为一个第三国。唯一的出路是原

---

① 哈利法克斯致卡多根,1939 年 5 月 21 日:《英国外文政策文件汇编,1919—1939 年》,第 3 辑,第 5 卷,第 576 号。

则上接受一项互助公约，然后在运用的时候加上种种限制。英国内阁在 5 月 24 日同意了这一方针。

与莫斯科进行的谈判现在改变了性质。先前，英国人单独谈判，法国人在舞台后侧不耐烦地等待着。今后，每一个步骤都首先征得法国人的同意，代价是无止境的拖延；尽管如此，每当苏联人提出反对意见，法国人总是支持。英国人只好一再让步。他们接受了苏联人的几乎一切词句，每一次都显然十分勉强。在实质要点上，他们是不会动摇的。他们否定了给"间接侵略"下的任何定义，因为这样的定义允许苏俄，而不是受到威胁的国家，去决定发生了这种侵略；不能在违背波罗的海国家意愿的情况下给予它们援助。表面上看来，这是在维护小国的独立。真正的分歧则藏在深处：只有在波兰受到进攻，并且同意接受苏联的援助的情况下，英国人才会和苏联合作；否则俄国人则不得不单独作战。双方之间既不灵活又固执己见的谈判持续了两个月——从 5 月 27 日到 7 月 23 日。僵局一直没有打破。接着莫洛托夫提出建议，从侧面绕过僵局，主张他们着手军事谈判，希望"间接侵略"的问题自行得到解决。法国人对此欣然同意。他们一直准备接受苏联的政治条件，如果他们能换取牢靠的军事合作的话。英国人心有不甘地再次作了让步。但是对于这个实质问题，他们并没有放弃原则。确实，随着军事谈判的进行，"我们感到对于我们一向认为非常重要的一个问题，可以采取一种更为强硬的路线"。① 事实证明，这种更为强硬的路线最终是不必要的。政治谈判暂停了，而且再也没有认真恢复。费了九牛二虎之力拟就

---

① 哈利法克斯致西兹，1939 年 7 月 28 日：《英国外文政策文件汇编，1919—1939 年》，第 3 辑，第 6 卷，第 474 号。

的条约草案根本没有签订。英法两国从容不迫地组成了两个军事代表团；又优哉游哉地乘船向列宁格勒进发。据说他们不能乘火车穿过德国；恰巧又没有飞机可用。英国人的表现好像世界上所有的时间都掌握在他们手里似的。等到两国军事代表团抵达莫斯科时，最后的危机已经降临他们头上。

  在这些没有止境的谈判中，是否有过任何见地或现实感呢？没有的成分要多一些。谈判的过程确实大大地增加了相互间的猜疑。到 7 月底的时候，俄国人深信不疑的是，英法两国在试图诱使他们和德国作战，而自己则保持中立。说也奇怪，英国人这方面没有料想到莫斯科和柏林之间会进行交易。他们仍然设想，意识形态的隔阂太深，以致无法克服：即使苏联统治者不再是真诚的共产主义者，他们也认为希特勒的反共态度是决不会缓和的。7 月 28 日，哈利法克斯给莫斯科发去电文："在未来关键性的几个星期之内，不会有马上破裂的危险。"这样的昏聩糊涂是可以原谅的吗？英国人是否应该像俄国人对他们的猜疑那样，怀疑俄国人和德国进行交易呢？就此而言，俄国人的猜疑有道理吗？争论使这个问题更加难以理解，后见之明又使问题更加混淆不清。当德国的档案最终得以公布时，有证据表明英国和苏联都跟德国保持过接触；双方都是一片欢呼声，因为他们相互指责对方有欺骗行为是有根有据的。然而，这种证据几乎无法支撑在此基础上建立起来的那些精巧复杂的叙事构造。这类倡议其实是德国人先提出来的。英国和苏联代表只是带着吹毛求疵的态度听取向他们提出的建议而已。诚然，两国都没有警告对方，有人在要求他们放弃共同的目标；也许他们本身的行为就使他们没有任何抱怨的理由。尽管如此，他们和德国的谈判只是再保险，而不是他们外交的主旨。

在苏联方面看来，这一点十分明显。苏联的决策顾问中似乎一向有"亲德"分子——诸如过去曾经使俄德贸易蓬勃发展的人士，不喜欢与"协约国的那些罪犯"打交道的教条主义的马克思主义者，以及那些只想面朝亚洲、希望背弃欧洲的老派俄国人。这些人能听得进改善俄德关系的暗示，自己也愿意作出这样的暗示。他们说话未必要等候克里姆林宫的指示；他们随意发表的言论也不见得反映苏联的政策。事态的发展也许显露出更多的东西。远东肯定是对俄国人很有分量的一个因素，可是说也奇怪，在俄国和英法两国谈判中对此从未提及过。这并不是对未来的什么假设性的问题：即使在当下，远东已是一片战火。1939年夏季，苏联和日本军队在伪满洲国和外蒙古之间的边境上发生了冲突，由此扩大成为全面的战争，直到同年8月日本人在诺门罕被击败，伤亡约18000人。当英国人的眼光转向欧洲，对在天津遭到日本人的侮辱采取逆来顺受的态度时，苏联政府是不能对此欣然赞同的；如果苏联人知道，德日之间的谈判迟迟达不成协议的话，这样的消息肯定会受到他们欢迎的。苏俄在欧洲寻求的是安全，不是征服；令人惊讶的倒是，她没有早一点为此设法与德国达成协议。对此也不难解释：苏联政治家们畏惧德国的实力，而且不信任希特勒。只要和西方大国的联盟能增加苏联的安全，而不只是增加对不愿接受援助的波兰所承担的义务，这条路似乎是比较可靠的。既然缺乏与此相反的直接证据——也确实缺乏有关苏联政策的此类证据——我们可以有把握地猜测，苏联政府只是在事实证明不可能与西方大国建立联盟的时候才转向德国的。

那些主张改善德苏关系的德国人甚至也持这种观点。他们也是老派人物——是俾斯麦、将领们和缔结拉帕洛体制的外交家们的假定继承人。他们认识到他们只能等待一个有利的时机。此外，他们在自己国内还必须小心行事。希特勒实际上在1934年就和苏联断绝了来往；此后，没有人敢公开质疑他反共产国际的立场。于是"亲俄人士"就试图展示对苏贸易的吸引力。在慕尼黑会议之后，苏联对西方大国的幻想破灭的那段时间里，这种活动略有恢复。在德国占领布拉格以后，它再度销声匿迹。苏联和德国的贸易专家们仍想合作，有时仍旧会面。毫无疑问，每一方都说对方在采取主动，以免激怒各自的主人。只是在5月底，才有了首次认真的行动，毫无疑问是来自德国方面。德国驻莫斯科大使舒伦堡和国务秘书魏茨泽克两人都渴望遵循老的拉帕洛路线；两人都想提出一项广泛的"政治建议"。5月26日，德国外交部明确地提出了条件：德国将在俄国与日本之间进行调解；它将在波兰问题上"最大程度地考虑俄国的利益"。①但是这个草案立刻就作废了，也许是希特勒亲自下达了指示：任何亲近的表示"都可能遇上一阵鞑靼人的笑声"。

接着是长时间的沉默。6月29日，舒伦堡擅自作了一次试探；除了莫洛托夫向他保证，苏俄希望与包括德国在内的所有国家保持良好关系之外，他一无所得，这时里宾特洛甫告诉他，话说得已经够多的了。然而，两国间的贸易谈判又恢复了。到了7月底，里宾特洛甫用这个谈判为借口也提出了几个政治话题。8月2日，他对苏联代办说："从波罗的海到黑海，不存在什么我们两国之间不能解决的问题。"②第二天，舒伦堡发现莫洛托夫"异乎寻常地坦率"，并且准备进行经济合作。在政治方面，莫洛托夫像以往一样地固执：他埋

---

① 魏茨泽克致舒伦堡的信件草稿，1939年5月26日：《德国外交政策文件汇编，1918—1945年》，D辑，第6卷，第441号。

② 里宾特洛甫致舒伦堡，1939年8月3日：《德国外交政策文件汇编，1918—1945年》，D辑，第6卷，第760号。

怨德国在鼓励日本；波兰问题的和平解决要取决于德国；"仍然缺乏态度已有所改变的证据"。舒伦堡作了这样的总结：

> 我总的印象是，目前苏联政府决心和英法两国签署一项协定，如果两国能使苏联的所有愿望得到满足的话。……我方需要作出巨大努力才能逆转苏联政府的方针。①

没有哪一个局外人比舒伦堡更能判断苏联的政策了；8月4日，他仍然认为与西方大国结盟之事已经确定。当然，希特勒可能已经私下和斯大林把事情安排就绪，这种私下途径至今未得侦查。但是，如果证据能说明任何问题的话，苏德和解，远非经过长期筹划的结果，很可能是苏联方面的即兴创作，在德国方面几乎也是一样。

英国的"绥靖"多半也是临时之举，虽然有这样一种区别：以大量的让步为代价与希特勒达成一项和平解决办法一直是英国公开宣布的政策目标。但是英国政治家们要等到他们或是与苏俄结盟，或是说服波兰人在但泽问题上达成妥协的办法来提高讨价还价地位后，才去追求这个目标。到了7月底，这两个办法都没有实现；因此，张伯伦和哈利法克斯除了在公开演讲中笼统地谈到他们的政策之外，没有采取任何行动。希特勒也在等待，他希望英国关于俄国和波兰的愿望不会实现；然后他就可以凭更有利的条件讨价还价。在3月底到8月中旬之间，英德两国实际上没有正式的外交往来。韩德森从未会晤过里宾特洛甫，更不用说希特勒了；他和魏茨泽克

---

① 舒伦堡致里宾特洛甫1939年8月4日：《德国外交政策文件汇编，1918—1945年》，D辑，第6卷，第766号。

有限的几次对话也没有进展。因为魏茨泽克不敢把对话内容汇报上去。里宾特洛甫成了一个几乎不可逾越的障碍。他在出任外长以前作为德国驻伦敦大使时，曾经夸下海口，要使英德达成和解。结果他失败了；现在就下定决心，他没能做成的事，其他人也不应该做得成。他的继任人狄克森大使没有接到任何指示；他写回去的报告，要是没有真的遭到谴责的话，都被忽略了。里宾特洛甫从不惮烦地告诉希特勒，英国只会向威胁屈服，而不会向和解屈服；相信他的话也正合希特勒的心意。

纳粹的高层人士并不一致赞成这些看法。戈林虽然是个恃强凌弱的狂暴之徒，但只要有一点可能，还是想避免战争的。在第一次世界大战中，他得到过足够多的荣耀；现在他过的是过去罗马帝王的奢侈生活；他喜欢做那些害怕战争的德国将领的代言人；而且或许，作为德国经济的假定总管，他深知德国还没作好面对一次全面战争的准备。德国对苏俄和英国的亲近表示都出自经济专家——这足以证明第二次世界大战不是起于经济的原因。戈林向英国人进行的首批试探，是通过他在瑞典流亡期间结识的一些瑞典商人进行的；英国商人热切地作出了回应。这些中间人陷入了困境——夸大了双方准备妥协的意愿，当非专业人员试图插手外交事务的时候往往就会发生这种情况。哈利法克斯的反应虽然勉强，倒也足以把英国的立场阐释得十分清楚：一旦希特勒表现出对和平的意愿，要满足德国的愿望是不难的。这是哈利法克斯早在 1937 年 11 月就说过的话；它对双方的基本冲突给出了解释。双方都能摆出充足的道理。英国人可以争辩说，希特勒在每一次讨价还价之后只是在加剧他的威胁，因此对他作出让步是没有意义的——事实上还十分危险。希特勒可以用同样的道理答辩说，他已经接受了一些哈利法克斯提及的"合理"让步，但只是在他开始威胁的时候才得到的；奥地利、捷克斯洛伐克和但泽的案例就足以证明这一点。双方在理论上追求的"和平的修约"在措辞上是一种矛盾。修约是作为避免战争的途径提出来的；然而，只有用使战争愈发迫在眉睫的方法才能达到这个目标。

瑞典的那些非官方的中间人作出的努力没有什么成果，虽然其中的一位名叫达勒鲁斯的在最后的危机中扮演了一个大角色。戈林主要的经济代理人之一，沃尔塔特把谈判提到了比较实际具体的水平。沃尔塔特是个重要人物，是他确保了德国对巴尔干各国的经济控制。他总是乐意谈到德国对原料的需求以及德国缺少资本；对于接受了当时流行的、关于战争经济起因的那种论调的许多英国人来说，他的这种言论正好迎合了他们的观点。7月18日到21日，沃尔塔特在伦敦访问，会见了霍拉斯·威尔逊爵士和海外贸易大臣赫德森。这两个英国人都着重指出，如果德国放弃侵略的态度，并与英国达成协议，德国将获得回报。赫德森在沃尔塔特面前摇晃着诱饵，说英国可能提供一大笔贷款——根据一份报告，是10亿英镑——帮助德国渡过裁减军备的难关。他又说："但泽处在军事动员中的欧洲是一回事，而处在裁军和致力于经济合作中的欧洲又是另一回事。"① 威尔逊出示了一份写在唐宁街10号信笺上的备忘录，毫不奇怪，这份备忘录已经从英国的档案中消失了。备忘录建议缔结一项英德互不侵犯、互不干涉条约；一项裁军协定；以及进行外贸合作。这样一种条约"将使英国能够摆脱它对波兰承担的义务"。② 据说威

---

① 赫德森与沃尔塔特的会谈，1939年7月20日；《英国外交政策文件汇编，1919—1939年》，第3辑，第6卷，第370号。
② 沃尔塔特与威尔逊的会谈，1939年7月24日；狄克森的记录，1939年7月21日；《德国外交政策文件汇编，1918—1945年》，D辑，第6卷，第716号；《狄克森文件》，第13号。

尔逊对外交事务一无所知。从来没有人指责过他对政治上司有过不忠行为；因此，说张伯伦不知情或没有批准过，英国就提出了这些建议，那是不可想象的。这也不令人惊讶。这些建议代表了张伯伦一直希求的英德合作计划。但是，就连威尔逊也明确表示必须首先满足一个条件：德国与波兰之间争执中的那些问题必须通过和平谈判加以解决。

英国政府继续强调德国如果奉行一项和解政策将会得到回报，这一点是可以原谅的。他们的真正过错在别处：在于他们没有明确表明自己的决心，如果希特勒奉行相反的方针的话。张伯伦和哈利法克斯发表的演说几乎没有什么作用；希特勒在前一年就听到过类似的言论，他知道这些话当时有多大价值。与苏俄进行的长期谈判也没让他为之所动。立刻签署一项同盟条约可能会使他有所震动；三个月的讨价还价只是增加了他的自信。内维尔·韩德森仍然留在柏林；很难相信他对波兰人的敌意只在寄回国内的私人信件中才有所流露。比较明智的劝告也不是没有。7月初，德国陆军部的冯·施维林伯爵在英国。他说得很坦率。"希特勒不重视言论，只重视行动"。英国人应该在波罗的海进行一次海军示威；他们应该吸收丘吉尔进入内阁；他们应该把空袭部队派往法国。① 英国人对这个建议置之不理。不论人们如何改变他们的言语，他们无法改变自己的本性。英国政治家们试图在强硬与和解之间找到某种折中兼顾；既然他们是那样的人，当然也就不可避免地会失去平衡两全不保。

沃尔塔特和威尔逊之间的对话清楚体现了张伯伦的观点，但在

---

① 施维林与马歇尔-康沃尔及杰布的会谈，1939年7月7日、8日：《英国外交政策文件汇编，1919—1939年》，第3辑，第6卷，第269和277号。

德国并没有产生重大影响。戈林可能为之所动。里宾特洛甫只是斥责狄克森不该让这样的会谈发生；而希特勒则可能根本不知道有过会谈之事。赫德森和沃尔塔特之间的对话虽然不那么重要，却引起了更大的震动。显然是英国方面向报界泄露了消息。① 泄露的目的何在至今仍然不得而知。也许只不过是赫德森过于健谈造成的；也许是存心要破坏和苏俄的谈判——在英国政府方面，有很多人想这样做。这次泄密引起了下院议员的质询；张伯伦在回答质询的时候把他本人抵抗德国的决心搞得比原来还要没有说服力。当时，苏联政府对此没有理会；后来，他们又把它加以夸大，作为他们自己和希特勒打交道的方便借口。历史学家没有必要纠缠在这些相互指责上。英国人和俄国人都以同情的态度倾听德国人的建议；直到7月底，英国人听取德国人意见的同情态度尤甚于俄国人。然而，他们关于订立同盟的谈判不是由于德国的诱惑而受到破坏的。他们是由于没有能达成一致意见才破裂的。英苏双方都想达成协议，但不是同样的协议。英国人想搞一次道义示威，使他们能以更有利的条件和希特勒达成和解。俄国人想订立一个明确的军事互助同盟，以便威慑住希特勒或保证打败他。英国人为波兰担心；俄国人则为自己担心。他们的梦魇是德国入侵俄国，而不只是欧洲均势发生对德国有利的任何变化。他们寻求盟国；而所获的提议是，只有在丧失了他们仍然拥有的行动自由的情况下才能结盟。

可即使签订了某种英苏协定，就会一切都改观吗？当同盟把真正的共同利益见诸文字的时候，它们才是货真价实的同盟；否则只

---

① 狄克森说，沃尔塔特或德国大使馆没有泄密。萨金特的记录，1939年7月24日；《英国外交政策文件汇编，1919—1939年》，第3辑，第6卷，第426号。

会引起混乱与灾难，就像法国人缔结的那些同盟那样。在1939年的情况下，要英国人无可挽回地、明确果断地保证支持苏俄而不是德国，那是不可思议的；要俄国人致力于保证维护现状，也同样是不可思议的。最终，英俄两国成了盟友，但不是出于政策或信念；而是希特勒强加在它们身上的。到了1941年，希特勒不再像以往那样具有耐性了；第一个目标还没有达到，他就冲向第二个目标。1939年，他仍是相机而动这门艺术的大师。神经脆弱一些的德国人可能会因此而忧心忡忡，并且试探莫斯科或伦敦的反应。希特勒却保持沉默。英苏谈判不是由于德国发出过什么提议而受挫的；是因为缺乏这样的提议才受挫的。谈判是作为神经战中煞费苦心的一步而开始的；其本意是动摇希特勒的决心。结果反而增强了他的决心。希特勒把赌注押在谈判将会失败；而他又一次赌赢了。他不是依靠知识或是理性的情报，而是一如既往地依靠他的第六感；这种直觉没有使他失望。神经战是他的专长；当1939年8月到来时，他似乎在神经战中又赢得了一次胜利。现在来追究英苏联盟是否本来会制止第二次世界大战是毫无意义的。但是没有能达成这样的联盟却是引起大战的很大原因。

对原书第269页的注释：希特勒的这篇讲话，在原书第304页上有更为详尽的讨论，跟他当时所作的其他声明相抵触，我从一开始就对它存疑。现在已经知道它是伪造的，可能是由德国总参谋部的某个成员炮制，用来恐吓英国人的。希特勒在5月23日没发表过任何讲话，据称在场的大多数人甚至都不在柏林。

第十一章

为了但泽的战争

导致第二次世界大战的 1939 年 8 月危机，至少在表面上是一场关于但泽的争端。这个争端是在 3 月最后几天中形成的，当时德国提出关于但泽和波兰走廊的要求，而波兰人拒绝了这些要求。从那时起，举世预料但泽将成为下一个国际冲突的重要问题。然而，与早些时候种种危机形成鲜明对比的是，没有就但泽问题举行过谈判，也没有想方设法去找出一项解决办法；甚至也没有试图加剧紧张局势。这种自相矛盾的平静，部分地是由但泽当地局势造成的。在这里，只要他们不采取行动，德国和波兰都拥有不可动摇的名位；他们之中任何一方如果走动一步，便会引发雪崩。因此，在那里不可能像捷克斯洛伐克危机那样施展种种计谋和讨价还价。苏台德的纳粹分子像他们之前的奥地利人那样，不用希特勒的指点，便一步一步地制造了紧张局势。在但泽，紧张局势早已达到顶点；要说希特勒做过什么的话，那就是他抑制了当地的纳粹分子。他们早已从内部赢得了但泽，该自由市市议会被牢牢控制住了。然而希特勒却不能利用这一局势。倘若但泽的纳粹分子公然蔑视凡尔赛和约的解决办法，投票赞成并入德国的话，那么波兰人便会在他们的西方盟国的赞同下放手干预；而且这种干预将是行之有效的。因为但泽被未架桥梁的维斯杜拉河切断了与毗邻的唯一德国领土东普鲁士的联系；同时波兰人控制了通向但泽的三条铁路和七条公路。德国不可能半心半意地援助但泽，只能是一场大打出手的战争；而只有当希特勒的军事准备在 8 月底成熟时，他才愿意进行这样的战争。

到那时之前，但泽受波兰支配。但波兰人同样不能使这种局面转为对他们有利。尽管他们已与英法两国联盟，他们未能在但泽问题上获得任何坚定支持的承诺；实际上他们了解他们的两个盟国同情德国的立场。他们只有踌躇不前，坐待对波兰独立的"清楚无误的威胁"，才能保持他们盟国的支持。只有在看来他们被迫不得不行动的情况下才成；而在但泽，从未发生过这种情况。在类似的情况下，希特勒以前的敌手舒施尼格和贝奈斯拼命寻找逃路，无休止地制定可以避免咄咄逼人危机的妥协方案。波兰人冷静沉着地面对即将来临的危机，深信希特勒会被作为侵略者暴露于天下，但泽的正当冤屈那时将被置诸脑后。他们不会对纳粹分子的挑衅作出反应；不过他们同样不理睬来自西方的要求让步的呼吁。

　　同样，在大政策的更广泛的范围里，希特勒和波兰人都在神经战中保持僵硬的立场。3月26日以后，希特勒一直没有重提关于但泽的要求，直到战争爆发前夕才再次提出。这是不足为怪的；这是他惯用的手法。他曾这样等待舒施尼格提出关于奥地利的建议；他也曾这样等待贝奈斯、张伯伦直至慕尼黑会议提出关于捷克斯洛伐克的建议。那时，他并没有白等。他是否意识到这回波兰人不会提出建议吗？根据记录来看似乎如此。4月3日，他发出指示：进攻波兰的准备工作"之进行，务须做到能在1939年9月1日以后的任何时间内发动军事行动"。① 但一周后又发出指令解释说：这种准备工作完全是预防性的，"如果波兰改变它的政策……并采取威胁德国的态度"。② 然而，5月23日，他在接见陆海空三军将领的会议上几乎直言不讳地说："将要打仗。我们的任务是孤立波兰……这场战争决不

---

① 凯特尔的指令，1939年4月3日；《德国外交政策文件汇编，1918—1945年》，D辑，第6卷，第149号。
② 希特勒的指令，1939年4月11日；《德国外交政策文件汇编，1918—1945年》，D辑，第6卷，第185号。

能与跟西方摊牌同时发生"。① 这番话听起来意思十分清楚。但希特勒的真正计划不是那么容易被识破的。1938 年他曾同样大胆谈论对捷克斯洛伐克的战争；可是那时，几乎可以肯定地说，他是在谋求赢得神经战。现在，也必须为战争作准备，不管他打算靠战争还是通过外交获胜。当希特勒与他的三军将领们谈话时，他不过是为了给人留个印象，而不是透露他的内心活动。他知道将领们对他有反感，并且不信任他；他了解他们中某些人曾在 1938 年 9 月策划推翻他；大概他还知道他们向英法大使馆不断敲警钟。他想打动将领们，同时又想吓唬他们。因此在 5 月 23 日，他不仅谈到对波兰的战争，这场战争也许他认真打算过；而且甚至谈到对西方大国的大战，无疑这场战争不是他计划的一部分。希特勒打的算盘奏效了：5 月 23 日会议一结束，从戈林以降的将领们就恳求西方大国趁时间还来得及赶紧劝告波兰明理些。

希特勒后来的行动表明：他并没有像 5 月 23 日他所表示的那样果断地下定了决心。直到最后一刻他一直在捣腾，希望波兰提出建议，但这个愿望从未实现。或许他并不指望波兰人的神经自行崩溃；但他指望西方大国为他代劳迫使其神经崩溃，如同他们曾于 1938 年颐指气使地处置贝奈斯那样。他没有确切地预见到西方大国的神经会如何崩溃，或准确地预见到这对波兰人会有什么影响。到那时波兰人是不战而屈服还是孤立无援地听任被消灭，对他来说都是无足轻重的；不论发生哪种情况，结果都差不多。对更重要的一点——西方大国神经会崩溃——他从未怀疑过。还有迹象表明，随着夏季

---

① 会议记录，1939 年 5 月 23 日：《德国外交政策文件汇编，1918—1945 年》，D 辑，第 6 卷，第 433 号。

的过去,他开始预见到这种局面将如何发生。他认为,英法苏三国谈判的失败就可以促成此事。希特勒预料三国谈判会失败的信心,甚至在这个非同寻常的故事中也是非同寻常的一笔。他怎么能够这样深信不疑呢?为什么他几乎不曾努力接近俄国,并断言俄国人会自动地投到他这边来呢?难道他有历史学家从未查到的获取情报的秘密手段——某个奸细在白厅或在克里姆林宫,也许有条线路直通斯大林本人?还是出于深刻的社会分析——认为资产阶级政治家和共产党人不会找到相互谅解的条件?或许是;我们无法知道。可能这不过是赌棍的不变信念,即他的预感必定是对的——否则,干脆他就不赌了。一句信口而出的话比所有跟将领们的夸夸其谈更能显露出希特勒的政策。8月29日,切望妥协的戈林说道:"该是停止下赌注玩'炸局'这一招①的时候了"。希特勒回答说:"我向来只玩这一招"。②

碰上了同一流派的那些波兰政治赌棍,这是希特勒的不幸(不单单是他一个人的)。"炸局"不仅是他们所玩的唯一一招;这也是他们唯一可能去玩的一招,如果他们还想维持自己作为独立大国的虚幻地位的话。头脑清醒的政治家们如果仔细考虑威胁波兰的危险和她的国力不足,他们就会相机投降的。强大而好战的德国位于一边;而怀有潜在敌意的苏俄则在另一侧;在远方,两个态度勉强的盟国渴望与希特勒妥协,而且从地理位置上来说也无法给予有效的援助。波兰人不得不依靠他们自己所拥有的资源;就连这些资源也尚未得到有效的开发。只有不到一半的达到服兵役年龄的人受过军

---

① 法语(*va banque*),意即下一个与庄家台面上全部赌金相等的大注,一举打垮庄家。——译者注
② 魏茨泽克:《回忆录》,第258页。

事训练；更少的人可望得到装备。一年前，只有波兰人口三分之一强的捷克斯洛伐克，却拥有更大批的受过训练的人力；此外捷克人还装备着现代化武器，都是谈判桌上的有利条件。在这些条件中，波兰人几乎一个也没有；他们只有约 250 架可作古董的前线飞机，一个装备过时的坦克营。在这种情况下，除了把希特勒的威胁看作是虚张声势外，波兰人还能做什么呢？很显然，他们采取任何步骤都必须含有让步的内容；所以他们就什么也不做。说到底，对任何赞成维持现状的人来说，站着不动是最好的政策，也许是唯一的政策。当然，波兰的西方盟国也是她不采取外交行动的另一个原因；显然英法两国在但泽问题上会作出让步，一旦波兰人敞开谈判大门的话。因此他们让谈判的大门保持关闭状态。"慕尼黑"投下了长长的阴影。希特勒等待它再次出现；贝克拿贝奈斯的命运作为前车之鉴。

德国和波兰都坚持僵硬的立场。三个西方大国——意大利，还有英国和法国——由于相反的原因不敢提出但泽问题；因为他们的立场是如此软弱。所有三国都确信但泽不值得一战，三国一致认为但泽应归还德国，附带条件是给予波兰贸易以保障。可是所有三国都看出：波兰不会不战而屈服的，希特勒也不会把但泽问题搁置到比较和平的时刻。意大利根据《钢铁盟约》承担对德国的义务，而英法两国也对波兰负有承诺。三国中谁也不想为了但泽而战；两个主要当事国谁也不会让步。因此，唯一的办法就是忽略但泽问题，同时希望其他国家也忽略它。三个西方大国作了最大努力，但愿但泽不复存在：

当我走上楼梯，

我遇见一位未曾在那里的人。

今天他又不在那里，

我真的希望他已消失。①

这就是1939年夏天欧洲外交的幽灵。但泽不在那里；只要所有大国都苦苦祈求，它就会消失。

当8月来到时，但泽显然没有消失。当地的纳粹分子向波兰人加紧挑衅；波兰人则以坚决的强硬态度予以回应。德国军队调动的风声越来越紧；这次谣言是有充足根据的。希特勒预计不久就会行动。但是他如何行动呢？而且更加重要的是，他何时行动呢？在捷克危机和波兰危机中，这都是至关重要的问题。每一次，西方大国都以为希特勒会在纽伦堡举行的纳粹党代表大会上公开危机爆发。每一次，这种假定都错了；但在捷克危机中，西方大国错得歪打正着，而在波兰危机中，西方大国则错得无可救药。1938年，党代表大会于9月12日举行；希特勒的军事计划只定于10月1日实施，因此有了意想不到的两周时间去搞"绥靖"。1939年，党代表大会定于9月的第一周举行；这次希特勒决定要赶在会前获得胜利。在这次"和平的代表大会"上，他将宣布胜利，而不是为胜利作准备。谁也不会猜到德国的军事计划选定于9月1日实施。择定这个日期——就像头年的10月1日一样——并没有任何合理的理由（无论是天气还是其他理由），尽管后来大多数作者做了完全相反的断言；这种日期，就像通常那样，是靠把图钉定在日历上来择定的。不管怎样，

---

① 引自美国诗人、教师威廉·休斯·米恩斯（William Hughes Mearns, 1875—1965）于1899年写的一首诗，灵感来自加拿大新斯科舍省安蒂戈尼什郡的一栋凶宅里有鬼魂在楼梯上游荡的报道。——译者注

谈判的余地是有限的；西方大国的外交计划没有奏效，部分原因是时间余地比它们所想的要少了大约一个星期。

8月初，西方大国仍在打发时间，希望它们与苏联的未明确规定的关系会吓住希特勒。其他国家不那么有信心。络绎不绝地前往贝希特斯加登的访客试图探测希特勒的意图。或许正是这些试探首次让他决定了这些意图是什么。匈牙利人跑在前头。7月24日，匈牙利首相泰莱基写了两封信给希特勒。在一封信中他许诺："一旦发生全面冲突的话，匈牙利将使其政策与轴心国家的政策相一致"；但在另一封信中则说："基于道义立场，匈牙利不能对波兰采取武装行动"。① 8月8日，匈牙利外交大臣察基在贝希特斯加登收到了一个无情的回答。希特勒不要匈牙利的协助。然而"波兰对我们来说，在军事上根本不是什么问题……希望波兰还能在最后一刻明白道理……否则，不仅波兰军队而且还有波兰国家将被摧毁……英法两国将没有能力阻止我们这样做"。察基张口结舌，忙赔不是，并收回泰莱基的信件，"令人遗憾的是，这两封信显然被误解了"。②

三天后，轮到国际联盟驻但泽高级专员布克哈特。希特勒又一次摆出好战架势说："我将用机械化部队的全部力量进行闪电般的攻击，这一点波兰人连想都没有想到过"。不过他也显示了和解的姿态："如果波兰人让但泽完全处于平静状态……那我可以等待"。他说明了他所等待的东西。他将仍然满足于他在3月26日提出的条件——"令人遗憾的是，波兰人断然拒绝了"。然后，他讲得更加广

---

① 魏茨泽克的备忘录，1939年7月24日：《德国外交政策文件汇编，1918—1945年》，D辑，第6卷，第712号。
② 埃德曼斯多尔夫的备忘录，1939年8月8日：《德国外交政策文件汇编，1918—1945年》，D辑，第6卷，第784号。

泛,"我对西方一无所求……但是在东方我必须能放手行事……我想和英国和平共处并且缔结一项明确的条约;担保英国在世界上的所有属地,并互相合作"。① 与察基和布克哈特谈话,非常明显希特勒是为了制造效果——一会儿威胁恫吓,咄咄逼人,一会儿又心平气和,通情达理。这恰恰是他前一年的策略。为什么现在不运用它呢?如果他谈论和平是装腔作势,那么他谈论战争也是做作罢了。哪种谈论将成为事实要取决于事态发展,而不取决于希特勒预先做出的任何决定。

8月12日,一位更为重要的访客——意大利外交部长齐亚诺到达了。只要战争看来还很遥远,意大利人就充满斗志;当有越来越多的报道说战争即将来临时,他们便忧心忡忡。意大利由于长期插手西班牙而被弄得国力消耗殆尽——这大概是西班牙内战产生的唯一重大影响。她的黄金储备和原料被用完;她以现代武器重整军备的计划几乎还没有开始。她只能在1942年做好战争准备;甚至这也是个假想的日期,不过意味着"在相当遥远的将来"。7月7日,墨索里尼对英国大使说:"告诉张伯伦,倘若英国为了但泽站在波兰方面打仗,那么意大利就站在德国方面作战"。② 两周之后他掉转过来,要求与希特勒在布伦纳山口会谈。他打算坚持主张:务必避免战争,希特勒可以在一次国际会议上获得他想要的一切。德国人最初拒绝了这次会谈;接着又说会谈只应该讨论即将对波兰发动的进攻。也许墨索里尼对自己敢于面对希特勒的能力没有信心;不管怎样,他

---

① 马金斯的笔记,1939年8月14日:《英国外交政策文件汇编,1919—1939年》,第3辑,第6卷,第659号。
② 洛林致哈利法克斯,1939年7月7日:《英国外交政策文件汇编,1919—1939年》,第3辑,第6卷,第261号。

决定改派齐亚诺。墨索里尼的指示说得很明确:"我们必须避免同波兰发生冲突,因为这种冲突将无法限制在波兰境内,而全面战争对每个人都是一场灾难。"① 当齐亚诺于 8 月 12 日与希特勒会见时,他坚持直言不讳,然而他的话遭到漠视。希特勒宣布,他打算进攻波兰,除非月底前完全满足他的要求;"他绝对相信西方民主国家……会退缩而不敢发动全面战争";全部军事行动到 10 月 15 日就会结束。这番话比希特勒以前发表的任何讲话都更加清楚;然而疑问仍然存在。他知道对意大利人说的任何话都会传到西方大国;他关心的是动摇他们的神经,而不是向墨索里尼泄露他的真实计划。

一个奇特的小插曲表明这些计划是什么内容。当齐亚诺跟希特勒谈话时,"一封来自莫斯科的电报递交给了元首"。齐亚诺被告知电报的内容:"俄国人同意德国派遣一名政治谈判代表前往莫斯科"。根据齐亚诺的记录,"俄国人要求德国派一名谈判友好条约的全权代表前往莫斯科"。② 后来在德国的档案中没有找到这份电报,而且也不可能有过这份电报。因为俄国人同意德国派一个谈判代表只是 8 月 19 日的事,而不是 8 月 12 日。③ 当然,斯大林可能把他做的决定,在一周之前就用某种秘密手段通知了希特勒。不过这是一种异想天开的假设,对此尚缺乏所有的证据。很有可能这份电报是捏造

---

① 《齐亚诺日记,1939—1943 年》,第 123 页。
② 希特勒和齐亚诺的会谈,1939 年 8 月 12 日:《德国外交政策文件汇编,1918—1945 年》,D 辑,第 7 卷,第 43 号;《意大利外交政策文件汇编》,第 8 辑,第 13 卷,第 4 号。
③ 现在普遍承认,8 月 12 日没有任何莫斯科来的电报。不过常常有人提出,苏联驻柏林代办阿斯塔科夫的机构曾同意德国派一个谈判代表进行访问。这种说法也是不真实的。阿斯塔科夫只是说:"苏联人对讨论个别问题感兴趣"。他没有提到友好条约;"他把赴莫斯科进行对话人选(无论是大使还是别的什么人)的问题暂且搁置起来"。(《德国外交政策文件汇编,1918—1945 年》,D 辑,第 7 卷,第 50 号)阿斯塔科夫大概是主动行事,就像以前他常常做的一样。无论如何,没有任何证据表明该信息传递给了希特勒。

的，旨在打动齐亚诺以减轻他的疑虑。然而，虽是捏造，它不是没有根据的。这个根据乃是希特勒的"预感"——他深信他想要发生的事是会发生的。迄今为止他的先见之明从未使他失望。这次他不惜孤注一掷，事先就确信英法苏三国谈判将会破裂，然后西方大国也将崩溃。

8月12日，英法苏三国谈判尚未破裂。谈判实际上正在继续。英法两国军事代表团终于抵达了莫斯科。达拉第告诉法国代表团要尽快缔结一项军事协定。另一方面，英国代表团则奉命"慢慢行动"直到达成一项政治协议为止（虽然就此的协商已于7月27日暂停直到达成一项军事协定）："在已经提出的许多问题上达成协议也许要好几个月才能完成。"① 事实上，英国政府对同苏联的牢固军事合作不感兴趣；他们不过想用粉笔在墙上画一个红色妖魔，希望这将使希特勒安静下来。但是，当会谈开始时，英国发言人很快发现他们自己被法国人和苏联领导人伏罗希洛夫匆匆拉进认真的讨论。英法两国详细描述了他们的战争计划，两国的资源相当慷慨地分门别类编入表册。8月14日轮到苏联发言。伏罗希洛夫接着问："红军可以穿过波兰北部……及穿过加利西亚，以便与敌人交锋吗？将允许苏联军队穿过罗马尼亚领土吗？"② 这是具有决定性的问题。英国人和法国人无法回答。会谈陷于停顿；8月17日会谈休会，再没有认真继续举行。

俄国人为什么如此无情和如此突然地提出这个问题呢？难道这

---

① 给军事代表团的命令，1939年8月：《英国外交政策文件汇编，1919—1939年》，第3辑，第6卷，附录V。
② 会谈记录，1939年8月14日：《英国外交政策文件汇编，1919—1939年》，第3辑，第7卷，附录II。

仅仅是为同希特勒谈判寻找借口吗？也许是。不过这个问题是一个实际问题，必须提出来——也必须给予回答。1938年波兰和罗马尼亚就曾经是阻止苏联采取任何行动的无法逾越的障碍。如果苏联此刻要起一个平等伙伴作用的话，就必须克服这些障碍；而且只有西方大国才能克服它们。这个问题以新的形式提出了老的原则争论。西方大国要苏联充当便利的辅助工具；而俄国人则决心要被承认为主角。在战略观点上也存在分歧，不过很少被人们注意罢了。英法两国仍然以第一次世界大战期间西方战线的观点来思考问题。因此它们夸大了防御阵地的效力。（英国）军事代表团被告知：倘若德国在西方进攻，即使穿过荷兰和比利时，"这条战线迟早会稳定下来"。在东方，波兰和罗马尼亚将延缓德国的前进，在俄国的供应补给下，他们可能完全阻止它。① 无论如何，在战争开始后红军有充裕的时间建立起防线。然后大家就能继续安全地固守阵地，直到德国在封锁的压力下崩溃瓦解为止。抱着这些观点，西方大国只能把俄国提出的穿过波兰进军的要求看作是一个政治计谋；它们认为，俄国人想使波兰丢脸，甚至想摧毁它的政治独立。

谁也说不清俄国人是否怀有这类企图。但是很明显，他们有不同的战略构想，这些构想本身就足以解释他们的要求。俄国人是从他们在内战与干涉战争中的经验出发的，而不是从上次世界大战出发的。在这里，骑兵进攻到处获胜。此外，作为共产党人，他们本能地喜爱比颓废的资本主义西方所持的更有生气和革命性的战略学说。俄国人认为，现在以机械化形式实行的骑兵进攻是不可抵抗的，

---

① 给军事代表团的指示，1939年8月：《英国外交政策文件汇编，1919—1939年》，第3辑，第6卷，附录V，第83段。

更精确地说,只有在战线的其他某一地区实行类似的进攻才能抵抗它们。如果发生战争,他们的意图是快速派遣装甲纵队进入德国,不顾德国在别处的进攻。即便到了 1941 年这仍然是他们的打算;只是由于希特勒在他们作好准备之前就进攻他们,才使他们未能实行这个打算。实际上,他们的学说是错误的,虽然错误的程度不及西方大国的学说那么严重;1941 年,希特勒的突然袭击使他们免遭也许本来是无法弥补的灾难。后来的这些经验与 1939 年的外交毫无关系。那时,俄国人要求穿过波兰,因为他们认为(尽管是错误地),这是赢得战争的唯一途径。政治目的也许同样存在;不过它们从属于真正的军事需要。

英法两国政府并不赞赏苏联的这些谋划;然而他们认识到,这个不愉快的问题,既然已被提出来了,就必须予以回答。虽然不抱多大希望,两国都转向华沙。英国人仍然使用如下的政治论据:"与苏联达成协议只是为了威慑希特勒不敢发动战争"。如果谈判失败的话,"俄国就可以或与德国分肥……或在战争结束时构成主要威胁"。[①] 贝克同样从政治上给予回答:同意俄国军队穿过波兰非但不能阻止希特勒,而且还"会导致德国立刻宣战"。[②] 这两个政治论证都颇有道理;两者与军事局势都没有关系。法国人以更加实际的观点思考问题。他们只关心让红军卷入与希特勒的冲突,不在乎这样做是否会牺牲波兰。倘若听任他们自行其是的话,只要他们能够换取苏联的合作,他们本来会很乐意抛弃波兰。伦敦不准任何这样的

---

① 哈利法克斯致肯纳德,1939 年 8 月 17 日、8 月 20 日:《英国外交政策文件汇编,1919—1939 年》,第 3 辑,第 7 卷,第 38、39、91 号。
② 肯纳德致哈利法克斯,1939 年 8 月 18 日:《英国外交政策文件汇编,1919—1939 年》,第 3 辑,第 7 卷,第 52 号。

威胁发生;所以法国人仍然不得不试图说服波兰人。博内以为他看到了一条出路。俄国人坚持在战争开始前就与波兰人签订军事合作协定;而波兰人只愿在战争开始时才接受苏联的援助。因此博内争辩说,这一时刻已经到来,在俄国人看来这个时刻仍然像是和平,而对波兰人而言已是战时。这个计谋失败了。贝克固执己见,说:"这是要我们签字赞同对波兰作一次新的瓜分。"8月21日,法国人忍无可忍。他们决定置波兰的拒绝于不顾,先走一步,指望能强使波兰人就范。在莫斯科的军事代表团长杜芒克奉命对俄国的问题给予"原则上的肯定答复";他可以"谈判并签署可能最符合共同利益的任何非正式协议,留待法国政府最后批准"。英国人拒绝参加这一举动,尽管他们没有对之提出抗议。

无论如何,与苏联结盟的机会即使曾经存在过,现在也已经错过了。8月14日,在伏罗希洛夫提出他的决定命运的问题几小时后,里宾特洛甫起草了一份给驻莫斯科大使舒伦堡的电报:"德国和俄国之间并不存在任何实际的利益冲突……从波罗的海到黑海,没有任何问题不能按两国完全满意的方式解决。"里宾特洛甫准备前往莫斯科,到那里"为德俄关系的最终解决方案奠定基础"。① 这个信息是德苏关系中头一个真正的举动。在那之前,德苏关系停滞不前;后来为西方作者大加渲染的下级之间的讨论只不过是试探而已,是由于对失去拉帕洛亲密关系感到遗憾而唤起的。现在希特勒终于采取了主动。他为什么恰恰在这个时刻这样做呢?难道这是出于至高无上的政治技巧,某种先见之明告诉他军事谈判在开始两天之后就会

---

① 里宾特洛甫致舒伦堡,1939年8月14日:《德国外交政策文件汇编,1918—1945年》,D辑,第7卷,第56号。

陷入僵局？伏罗希洛夫提出问题和里宾特洛甫主动接洽相巧合难道是斯大林和希特勒预先秘密安排的吗？是不是克里姆林宫某个不知名的奸细告诉希特勒恰当的时刻已经到来？或者这个巧合纯属偶然？希特勒于8月12日为消除意大利的忧虑而向齐亚诺吹嘘莫斯科发来的邀请时，首先公开了他要与苏俄达成协议来迫使英法神经崩溃的计划。也许希特勒只是在吹牛的时候才有意识地策划了这个战略。毕竟，他始终是一个敢于大胆地即兴行动的人；他作出闪电决定，然后把它们作为长期政策的结果提出来。里宾特洛甫待在贝希特斯加登直到8月13日。他于8月14日回到柏林。因此这是可以向莫斯科发出信息的第一天。也许偶然性就是正确的答案；但这是我们永远无法解释的问题之一。

舒伦堡于8月15日传达了里宾特洛甫发来的信息。莫洛托夫却不慌不忙。虽然他"以最大的兴趣"收到了这个信息，他认为谈判将需要一些时间。他问："德国政府如何看待与苏联缔结一项互不侵犯条约的意见呢？"① 不到24小时就来了回答：德国不仅提议缔结一项互不侵犯条约，而且还答应对波罗的海各国作出共同担保以及调停苏联日本关系。最主要的事是里宾特洛甫的访问。② 俄国人对两方仍然保持道路开放。8月17日，伏罗希洛夫对英法两国军事代表团说：在他们可以回答他关于波兰的问题之前，进一步举行会谈是毫无意义的，然而，经过一番催促，他同意于8月21日再次举行会谈。几乎在同一时间，莫洛托夫对舒伦堡说，苏德关系的改善将是

---

① 舒伦堡致里宾特洛甫，1939年8月16日：《德国外交文件政策汇编，1918—1945年》，D辑，第7卷，第70号。
② 里宾特洛甫致舒伦堡，1939年8月16日：《德国外交文件政策汇编，1918—1945年》，D辑，第7卷，第75号。

长期的事。首先必须缔结一项贸易协定,第二步再缔结一项互不侵犯条约。然后他们也许可以考虑里宾特洛甫的来访,但是苏联政府"宁愿不声不响地做实际的工作"。①

8月18日,里宾特洛甫比以往更猛烈地敲苏联的门。必须立刻澄清两国关系,"以免因德国波兰冲突的爆发而感到惊异"。② 莫洛托夫再一次支吾其词。里宾特洛甫的访问"即使大约的日期也无法确定"。不到半个小时,舒伦堡又被召回克里姆林宫,他被告知,里宾特洛甫可以在1周后到莫斯科来。③ 无法知道是谁促成了这个突然的决定。舒伦堡认为是斯大林亲自过问了此事;这不过是猜测而已,就像后来其他所有人所做的那样。对希特勒来说,苏联邀请的日子还不够早;他希望里宾特洛甫立刻受到接待。这也许不过是他长期犹豫不决之后常有的焦急而已。也许还有更深层的解释。倘若希特勒的目的只是为9月1日进攻波兰扫清道路,8月26日是足够早的了。但不足以给予他时间采取两个行动:首先与苏联缔结一项协定来迫使西方大国神经崩溃,然后在西方大国的帮助下迫使波兰人神经崩溃。因此,希特勒的迫切心态强烈表明:他的目的是再搞一个"慕尼黑",而不是战争。

无论如何,希特勒此刻不通过外交中介就采取行动了。8月20日,他给斯大林发去私人电报,同意苏联的一切要求,并恳请立即

---

① 舒伦堡致里宾特洛甫,1939年8月18日:《德国外交文件政策汇编,1918—1945年》,D辑,第7卷,第105号。
② 里宾特洛甫致舒伦堡,1939年8月18日:《德国外交政策文件汇编,1918—1945年》,D辑,第7卷,第113号。
③ 舒伦堡致里宾特洛甫,1939年8月19日:《德国外交政策文件汇编,1918—1945年》,D辑,第7卷,第132号。

接待里宾特洛甫。① 这封电报是世界史上的一个里程碑；它标志着苏联作为一个大国回到欧洲的时刻到了。以前欧洲从来没有任何政治家直接给斯大林发出过函电。西方领袖们把他看作好像是个遥远的、无用的布哈拉酋长。现在希特勒承认他是一个大国的统治者。斯大林应该是不受个人情感影响的；希特勒的主动接洽必定仍然使他高兴。作出决定的时刻到了。8月20日，苏德贸易协定得以解决，苏联的第一个条件获得满足。8月21日上午，伏罗希洛夫会见英法两国军事代表团。他们没有什么可报告的；会谈无限期休会。下午5点，斯大林同意里宾特洛甫可以立即——8月23日——来莫斯科。该消息当晚在柏林宣布，莫斯科则在第二天宣布。法国人仍想挽回点什么。8月22日，杜芒克独自会见伏罗希洛夫。奉达拉第的指示，他提出同意苏联的要求而不必等待波兰人的答复。伏罗希洛夫拒绝了这个建议，说："我们不想让波兰吹嘘它已拒绝了我们无意强迫她接受的援助。"② 英法苏三国谈判于是告终。第二天，8月23日，法国人终于从波兰那里骗来一个勉勉强强的方案。法国人能够对俄国人说："我们已经获得保证：如果采取共同行动对付德国侵略，就不会排除波兰和苏联合作的可能。"③ 这个方案从未提交给俄国人。总而言之，它是个骗局。只是当贝克知道里宾特洛甫已在莫斯科而且不会有苏联援助波兰的危险时，他才同意它的。这也没有使他沮丧。他仍然认为，独立的波兰有更多机会与希特勒达成协议。他认为，

---

① 里宾特洛甫致舒伦堡，1939年8月20日：《德国外交政策文件汇编，1918—1945年》，D辑，第7卷，第142号。
② 伏罗希洛夫和杜芒克的会谈，1939年8月22日：《英国外交政策文件汇编，1919—1939年》，第3辑，第7卷，附录II，第10号。
③ 肯纳德致哈利法克斯，1939年8月23日：《英国外交政策文件汇编，1919—1939年》，第3辑，第7卷，附录II，第176号。

苏俄正退出欧洲；对波兰人来说这是个好消息。他自鸣得意地说，"现在轮到里宾特洛甫去体验苏联的不守信用了"。①

里宾特洛甫并不这样认为。他到莫斯科去以便达成协议；而且他立即成功了。这项公开的条约于8月23日签字，规定互不侵犯。一项秘密议定书规定德国不得进入波罗的海国家和波兰东部——寇松线以东居住着乌克兰人和白俄罗斯人的领土。毕竟，这是俄国人曾经试图从西方大国获得的东西。德苏条约不过是实现这一目标的另一种方式：不是尽善尽美的办法，然而聊胜于无。布列斯特-立托夫斯克条约终于在德国的同意下而不是在西方大国的支持下被撤销了。毋庸置疑，苏俄同主要的法西斯国家缔结协定，是不光彩的；但这种谴责出自去过慕尼黑，并且那时在他们自己的国家中得到绝大多数支持的政治家之口，是拙劣的。实际上，俄国人只做了西方政治家们曾经希望做的事；西方的苦痛是失望的苦痛，掺和着这样的愤怒，即共产主义的公开声明并不比他们自己的民主主义的公开声明更心甘情愿一些。德苏条约中丝毫没有张伯伦在慕尼黑会议第二天写进英德宣言的那些令人作呕过分恭维的友好表白。实际上斯大林拒绝任何这样的表白，他说："苏联政府不可能在被纳粹政府泼了6年的污泥浊水之后，突然向公众提出德苏友好保证。"

德苏条约既非同盟条约，也不是瓜分波兰的协定。《慕尼黑协定》倒是真正的瓜分联盟：英法两国指令捷克人接受瓜分。苏联政府并没有对波兰人采取任何此类行动。他们只是承诺保持中立，这是波兰人过去一直要求他们做的事，而且这也是西方政策所暗示的意思。更重要的是，作为最后一招，该协定是反德的：如果战争发

---

① 诺埃尔：《德国对波兰的侵略》，第424页。

生，它限制德国东进，如同温斯顿·丘吉尔紧接在波兰战役结束之后在曼彻斯特发表的讲话中所强调的那样。在8月里，俄国人没有想到战争。像希特勒一样，他们假设西方大国没有苏联的结盟就不会打仗。波兰将被迫屈服；并且由于波兰不再是挡道的障碍，与西方的防御联盟就可以在更为平等的条件下实现。或者，如果波兰人仍旧违抗，他们将单独作战；在那种情况下，他们最终将被迫接受苏联的援助。实际结果使这些预测落了空：爆发了波兰和西方大国都参加的战争。即使这样也是苏联领导人的胜利：它阻止了他们最担心的事——资本主义国家对苏俄的联合进攻。但这不是苏联政策的意图；9月1日和3日的事件不可能在8月23日预见到。希特勒和斯大林都预料他们防止了战争，而不是发动了战争。希特勒以为他会在波兰问题上获得又一个慕尼黑胜利；斯大林以为他无论如何避免了当下双方实力悬殊的战争，或许甚至完全避免了战争。

现在，不管人们怎样转动水晶球，试图从1939年8月23日着眼去展望未来，都难以看出苏俄还能有什么其他路可走。苏联对欧洲反俄联盟的忧虑是过分夸大了，尽管并非没有根据。然而，撇开这一点不论——鉴于波兰拒绝苏联的援助，鉴于英国又采取拖延莫斯科谈判而不认真力求最后结果的政策——中立（无论有没有正式条约）是苏联外交所能达到的最大目标；而限制德国在波兰和波罗的海的收益则是一项正式条约具有吸引力的诱因。根据外交教科书，这种政策是正确的。它同样包含一个严重的错误：由于缔结一项书面协定，像他们之前的西方政治家们一样，苏联的政治家们陷入了这样的错觉，即希特勒会守约的。斯大林显然抱有疑虑。与里宾特洛甫分别时他说："苏联政府对待新条约是十分认真的，他可以用他的名誉来担保，苏联不会背叛它的伙伴。"言外之意颇为明显："但愿你也同样如此。"斯大林显然仍旧认为，不仅作为当前的策略，而且从长期来看，这个条约是有价值的。这有些蹊跷，但并不非同寻常。没有防人之心的人，往往要到发现自己上当受骗时才喊怨叫屈。

不管怎样，炸弹爆炸了。希特勒满面春风，深信他已经完成了决定性的一击。8月22日，他向主要将领们发表了最疯狂的讲话，说："心要狠，手要辣。"这篇滔滔胡话并不是真正的行动命令——没有保存正式的记录。希特勒是在为他自己的高超手腕而自豪。他的讲话中隐藏着一个核心成分："现在西方不会干预的可能性非常之大。"① 同样，希特勒讲话是制造效果。关于这篇讲话的报告几乎立刻传到英国大使馆；② 无论有意还是无意，所谓的德国"抵抗力量"都在为希特勒代劳。8月23日，他又采取了一个步骤。他把进攻波兰的时间定在8月26日早晨4时40分。这同样是在做戏，做给三军将领们看，并通过他们给西方大国留下印象。德国的时间表只能从9月1日起生效。那时以前，只有在波兰已经投降的情况下，进攻波兰才是可能的。但是，技术上的考虑不再要紧了：德苏条约被认为已经为西方大国的外交崩溃扫清了道路。

法国人几乎没有辜负希特勒的期望——或者该说败落到符合他期望的要求。博内始终渴望抛弃波兰人。他愤恨他们在捷克危机期间的行为方式；他赞同德国在但泽问题上的立场；他不信任波兰军队。博内认为，俄国人声称他们无法与德国作战，因为没有共同边界；德国征服波兰就会产生共同边界，《法苏条约》于是可以真正生

---

① 希特勒讲话备忘录，1939年8月22日：《德国外交政策文件汇编，1918—1945年》，D辑，第7卷，第192和193号。
② 奥尔维吉-福比斯致柯克帕特里克，1939年8月25日：《英国外交政策文件汇编，1919—1939年》，第3辑，第7卷，第314号。

效。8月23日,当里宾特洛甫的莫斯科之行公布于世时,博内要求达拉第召开国防委员会会议。在会上他暗示了他的政策:"我们应该盲目地谋求与波兰结盟吗?相反地,敦促华沙作出妥协,这样做会不会更好些?这么一来,我们可以赢得时间完成我们的装备,增强我们的军事实力,改善我们的外交地位,以致能够更加有效地抵抗德国,如果它以后对法国采取敌对行动的话。"可是博内不是斗士,即使是为了和平也罢。他把决定留给别人去做。将军们不会承认法国的军事弱点,因为他们对此负有责任;也许他们甚至没有意识到法国的军事弱点。甘末林宣布法国军队"已作好准备"(不论那可能意味什么);他又说:波兰将坚持到春天,到那时西方战线将是坚不可摧的。① 没有任何人提出这样的问题:实际援助波兰人是否做得到。显然,到会的人都以为,法国军队只需布防马其诺防线,尽管甘末林答应波兰人采取进攻行动。没有讨论政策,没有建议警告波兰人他们面临危险。听任波兰人自行选择抵抗希特勒或者和他妥协,完全随他们的便。更引人注目的是,没有设法与英国人洽商,没有举行英法大臣部长会议,而这曾是捷克危机的特征。同样也听任英国人自行选择抵抗希特勒或者妥协,没向他们通报有关法国的愿望或实力的任何信息。可是英国的决定将约束法国。法国人不是将终于放弃东欧,就是将几乎独自承担欧洲大战的重担,这完全取决于伦敦的心愿。对英国人保持缄默,对波兰人也保持缄默,对德国人几乎同样保持沉默。达拉第给希特勒发了一封警告信。除此之外,法国政治家们整整一个星期什么也没有做,而这一个星期决定了法国此后多年的命运。

---

① 博内:《欧洲末日》,第303—304页。

这种消极态度有些怪，但并不比此前多年法国的政策更怪到哪里去。法国人不知道该走哪条路。他们不会有意放弃1919年凡尔赛和约的解决办法；但意识到他们无力维持它。他们在德国重整军备的问题上也是这样。他们拒绝让德国重整军备，但找不到阻止它的办法。在奥地利问题上同样是如此：反复说"不"，直到德奥合并发生。本来在捷克斯洛伐克会再次看到同样的故事，要不是英国敦促的话。那时英国人敦促投降，法国人就默从了。此刻英国人一言不发；法国政客的最高代表达拉第又陷入了郁闷的抵触情绪。法国人对但泽并不比他们过去对捷克斯洛伐克的德语地区更加关心；但他们不会自己毁灭他们曾经创造的东西。他们想设法好歹有个了结。"该结束了"这句话反映了1939年法国人的普遍情绪。他们根本不知道结局会是什么。几乎没有任何法国人预见到军事失败；战胜德国看来同样是渺不可及。有少量证据说明法国的谍报机关夸大了德国内部的反对力量。但是8月23日的决定并非出诸有理性的深思熟虑。法国人不知道该怎么办；因此他们决定听其自然。

这样，决定就完全由英国政府去做。他们的政策似乎也全毁了；英苏同盟已无可挽回。这是对英国立场的根本误解——实际上这个误解类似于对引发第二次世界大战的其他任何因素的误解。与苏俄联盟是反对派的政策——工党、温斯顿·丘吉尔和劳合·乔治的政策。正是他们坚持认为：只有苏俄站在同盟国一边，才有可能抵抗希特勒。英国政府不同意这个观点。他们从不认为与苏联结盟有什么实际价值；他们为议会和全国的群情汹汹所驱使，才心有不甘地随大流参加谈判。谈判破裂时，他们松了口气；庆幸能对他们的批评者们说："我们早就跟你们说过"；并摆脱了难堪。保守党的后座议员走得更远。他们当中许多人过去吹捧希特勒是反对布尔什维主义的堡垒；此刻他在他们的心目中，变成了西方文明事业的叛徒。在保守党人摇身一变猛烈抨击希特勒的同时，工党用几乎同等的敌意转而反对斯大林；坚决表示无论如何他们是真诚反对法西斯主义的，纵然这意味着支持张伯伦。根据任何合理的推算，《德苏条约》本该使英国人民打消（战争的念头）。几乎只有劳合·乔治一个人作出了这样的推算。相反，这个条约却使英国人产生了 20 年来从未表现过的那种决心。8 月 22 日，内阁决定遵守他们对波兰的义务，此举博得了普遍的赞许。

对如何履行这项义务没有进行讨论；实际上没有办法去履行它。除了考虑伦敦的民防外，没有召集军事顾问们参与讨论。英国政府仍然就政策而不是就行动思考问题。他们的政策依然不变：一方面，坚决警告希特勒他将面临全面战争，如果他进攻波兰的话；另一方面，同样坚定保证他将获得让步，倘若他和平行事的话。他们决心采取这个政策。因此，他们没有与法国人商量战争是否切实可行，也没有向波兰人询问可以做什么让步。的确，他们决心不与波兰人商量便做出让步，倘若希特勒还通情达理的话。关于但泽问题，英国政府仍然同意希特勒的要求。但即使到了此刻，但泽问题也没有正式提出来。希特勒等待可以再加勒索的建议；而英国政府则等待可以相应压低的要求。谁先走第一步谁就会输；因此没有一方采取行动。英国政府找到了一个折中办法：他们将警告希特勒不要发动战争，同时暗示和平将给他带来回报。他们最初想要派遣一位特使——这一次不是张伯伦，大概是陆军元帅艾恩赛德勋爵。由于德苏条约引起的紧急情况，致使这件事办不到了。电文因此必须由大使内维尔·韩德森递送，他于是在 8 月 23 日飞往贝希特斯加登。

这是一个不幸的人选。毋庸置疑，韩德森试图用坚定的态度说话，然而他心不应口。他以堪当大任的始终如一，仍旧确信错在波兰人。他希望他们被迫让步，就像一年前捷克人曾被迫让步一样。几天前，他写信给外交部的一位朋友说："历史将判定新闻界总体上是战争的主要原因。……在所有德国人中，信不信由你，就但泽和波兰走廊而言，希特勒是最温和的。……去年不到我们陷入战争深渊之前的那一刻，我们就不能冲着贝奈斯说声吓去吓唬他。而此刻我们也不能冲着贝克说声吓去吓唬他。"① 他当然没有冲着希特勒说声吓当面去吓唬他。尽管他忠心耿耿地递交了英国的电文，他仍在炫示英国的和解姿态。他相当如实地告诉希特勒说："证明张伯伦友情的证据，就在他拒绝丘吉尔进入内阁"；他还说，在英国出现的敌对态度是纳粹党的敌人和犹太人一手制造的，这恰好是希特勒本人的观点。② 面对这样一位半心半意的对手，希特勒盛气凌人，大发雷霆。韩德森离开会见厅后，希特勒拍腿说："听到这番谈话以后张伯伦就要完蛋了；今天晚上他的内阁就会垮台。"③ 韩德森作出了希特勒所预设的反应。一回到柏林，他就写信给哈利法克斯说："从一开始我就认为波兰人是十足愚蠢和不明智的"；而且又说："我个人不再能看到避免战争的任何希望，除非波兰大使奉命要求今天或至迟明天亲自会见希特勒"。④

可是在英国，事态发展辜负了希特勒的期望。恰恰相反，议会

---

① 韩德森致斯特朗，1939 年 8 月 16 日：《英国外交政策文件汇编，1919—1939 年》，第 3 辑，第 7 卷，第 37 号。
② 洛希的备忘录，1939 年 8 月 24 日：《德国外交政策文件汇编，1918—1945 年》，D 缉，第 7 卷，第 200 号。
③ 魏茨泽克：《回忆录》，第 252 页。
④ 韩德森致哈利法克斯，1939 年 8 月 24 日：《英国外交政策文件汇编，1919—1939 年》，第 3 辑，第 7 卷，第 257 和 241 号。

于 8 月 24 日举行会议，一致称赞政府的坚定立场。希特勒开始产生怀疑：显然，要从英国政府榨取他仍然指望的让步还需要再做点什么。8 月 24 日，希特勒飞到柏林。奉他的命令，戈林招请瑞典人达勒鲁斯，并打发他带着要求英国进行调停的非正式呼吁前往伦敦。这是个巧妙的圈套：如果英国人拒绝了，希特勒可以声称他从未采取过任何行动；倘若他们屈服了，他们将被迫对波兰施加压力。同日晚间，希特勒和戈林、里宾特洛甫及主要将领举行会议。他们该把预定将在 36 小时内开始的对波兰的进攻进行下去吗？希特勒宣布，他将进一步尝试把西方大国同他们的波兰盟友拆开。这次尝试采用了"最后建议"的形式，在 8 月 25 日午后不久递交给了韩德森。希特勒宣称，德国决心"废除它东部边界的马其顿状态"。但泽和波兰走廊两个问题必须解决——虽然他仍然没有说如何解决。一旦这些问题解决了，德国就会提出"一项广泛的、全面的建议"，她将担保大英帝国存在，接受议定的军备限制，并再次保证它西部边界是不可更改的。[①] 像往常一样，韩德森被打动了。他报告说，希特勒是以"极大的热忱和明显的坦诚"说话的。[②] 后来的作者们全把希特勒的建议说成是骗局；从某种意义上说，它是这么回事。当下的目标是孤立波兰。不过，这个建议也体现了希特勒的永久政策：虽然他想不受干扰地消除连开明的西方舆论也断言不能容忍的东方的状态，他却没有针对英法两国的野心。

但是，在目前情况下，希特勒能希望通过这个建议获得什么呢？

---

① 韩德森致哈利法克斯，1939 年 8 月 25 日；《英国外交政策文件汇编，1919—1939 年》，第 3 辑，第 7 卷，第 283 号。
② 韩德森致哈利法克斯，1939 年 8 月 25 日；《英国外交政策文件汇编，1919—1939 年》，第 3 辑，第 7 卷，第 284 号。

韩德森答应8月26日上午飞往伦敦；到那时，对波兰的进攻可能已经开始了。难道希特勒讲话仅仅是为了记录在案——以便在后代的心目中以至在他自己的良心上证明自己无罪吗？或者难道他已忘记了他的时间表，没能意识到倘若命令一旦发出，将终于要执行的吗？看来后者是更可能的解释。8月25日整个下午，希特勒在总理府到处大发雷霆，拿不准该做什么。下午3时，他下令进攻波兰。3个小时后，意大利大使阿托利科带着墨索里尼的电报来了：虽然意大利无条件支持德国，但她无法"在军事上介入"，除非德国立即提供她所需的所有战争物资；当清单提出时，这些项目——用齐亚诺的话说——"足可弄死一头公牛，如果公牛认得字的话"。墨索里尼一直扮演强人，直到最后一刻；此刻，战争显然迫在眉睫，他逃之夭夭了。这个打击刚一过去，又来了一个打击。里宾特洛甫报告说，英国波兰正式同盟条约刚在伦敦签了字。希特勒召见他的参谋长凯特尔，对他说："立刻停止一切行动，马上把勃劳希契（总司令）请来。我需要时间进行谈判。"新的命令在晚上7时过后不久发出。仓促的进攻便同样仓促地被取消了。

这是另一个叫人猜不透的插曲。希特勒为什么在最后一刻退缩了呢？难道他失去勇气了吗？难道墨索里尼的中立姿态和英波签署盟约这两件事真的使他大吃一惊吗？他本人也有政治家们把责任推到别人头上的通病，立刻抱怨这全是墨索里尼的错：意大利决定不打仗的消息，恰好在英国人正要投降的时候使他们强硬起来。这种抱怨是无稽之谈。当英国人同波兰签订同盟条约时，他们并不知道墨索里尼的决定，纵然他们对此可作出可靠的猜测。英波同盟条约也不是特地安排在这个特定时刻签字的。它的缔结是在与苏俄谈判期间被搁置的；这个谈判一旦破裂，就没有理由进一步延期了，于是手续一完成，英国人就签署了英波同盟条约。他们不知道希特勒已把 8 月 25 日定为危机的日子。他们是按 9 月第一个星期来考虑问题的；正像希特勒长期以来是按 9 月 1 日来考虑问题的一样。也许这是他 8 月 25 日明显犹豫不决的真正原因。把进攻提前到这个日期是一次"试探"，是一次额外的叫牌，颇像他头年在戈德斯堡装腔作势的固执一样。完全撇开 8 月 25 日的外交事件不论，把进攻恢复到原定日期还有若干充分的军事理由。8 月 25 日，德国的西部边界实际上仍未设防。也许此后希特勒正视这一事实了：同西方大国的某种战争即将来临。但是更有可能他对凯特尔讲了老实话：他需要时间进行谈判。

英国人同样一心想谈判。英波同盟条约的签署只是对此的预备步骤，而不是坚决要打仗的决定。有明显的证据表明英国人并没有十分认真地对待这项同盟。他们构思的草案是为了适应现在已经消失了的某种英苏同盟。在德苏条约后的手忙脚乱中，波兰草案中的条款也被包括了进去；其中的一条包含了英国人迄今所规避的保证——全面扩展该联盟的范围以覆盖但泽。可是，几乎就在同盟条约签字的那一刻，外交部的一个成员起草了一份"可能向希特勒先生提出的反提案"，主张但泽享有"决定其政治归属的权利"，但要以承认波兰的经济权利为条件；① 哈利法克斯亲自对波兰大使说："倘若波兰政府试图采取排除讨论和平调整但泽地位的立场的话，他们将犯下莫大的错误。"② 这样，英国政府和希特勒在如何结束这场

---

① 马金斯的备忘录，1939 年 8 月 25 日：《英国外交政策文件汇编，1919—1939 年》，第 3 辑，第 7 卷，第 307 号。
② 哈利法克斯致肯纳德，1939 年 8 月 25 日：《英国外交政策文件汇编，1919—1939 年》，第 3 辑，第 7 卷，第 309 号。

危机的问题上已接近于达成协议;波兰人却步调不一致。可是问题不是谈判应该如何结束,而是谈判应该如何开始;对此没有找到解决办法。

8月26日到8月29日,谈判的预备工作进行得很迅猛:英国人暗示他们将提出什么,希特勒暗示他将要求什么。双方都迟疑于是否冒险进入实际谈判。由于双方的这些试探是在两个层次上进行的,就造成了进一步的混乱。内维尔·韩德森作为官方中介人而活动;达勒鲁斯更为频繁地穿梭于柏林和伦敦之间。他于8月25日飞往伦敦,8月26日返回柏林;8月27日往返伦敦和柏林;8月30日再次往返伦敦和柏林。在柏林,他会见戈林,有时会见希特勒;在伦敦,他受到非常小心保密的接待,会见了张伯伦和哈利法克斯。英国人或许坚持他们对达勒鲁斯的谈话是"非正式的";希特勒一定还是同样会觉得,那是在为他作好第二个慕尼黑的准备。他也许真的曾被英波同盟条约的签署吓了一跳;随着韩德森和达勒鲁斯的加倍努力,这种作用就失效了。然而,与此同时,正在倾听达勒鲁斯传话的英国人,也想象他们的地位正在提高。外交部的一位成员就达勒鲁斯的活动议论道:"这表明德国政府在犹豫动摇。……我们可以并应该在形式上表示和解的同时,在实质上应该绝对坚定不移。……最近的种种迹象表明我们处于意想不到的强势地位。"这份会议记录上还有外加的评语:"大臣看了,他说他非常同意这一点。"① 哈利法克斯本人甚至别出心裁,认为第二个慕尼黑将使希特勒丢脸,而不是使英国政府名誉扫地。他写道:"当我们谈到慕尼黑时,我们必须记住

---

① 给柯克帕特里克的备忘录,1939年8月27日:《英国外交政策文件汇编,1919—1939年》第3辑,第7卷,第397号。

第十一章 为了但泽的战争 | 349

自那时以来这个国家的态度和实力,以及在其他许多方面——意大利——让我们希望还有日本——等等,已发生了变化。倘若此刻引导希特勒接受一个温和的解决方案,那么相信他在德国国内的地位将遭到一定程度的削弱,也许并不完全是一厢情愿的想法"。①

因此,双方像摔跤手相互绕着圈子试图在上前钳住对手之前抢占优势。英国人表示愿意安排德国和波兰直接谈判,如果希特勒答应和平行事的话;希特勒回答说,倘若他在但泽问题上如愿以偿的话,就不会发生战争。后来作者们争辩说:希特勒的回答是不诚实的;他关心的是孤立波兰,而不是避免战争。大有可能真是这样。不过英国政府的提议也是不诚实的:战争危险一旦消除,就根本不可能从波兰人那里获取让步,这一点英国人是知道的。前一年贝奈斯曾恳求英国给予援助。他们暗示:他如果采取足够的和解态度,他也许能获得援助;结果他落进了圈套。现在英国人已经作出了保证——他们的手脚更多地被英国公众舆论的决心所束缚,倒不是被他们与波兰的正式同盟所束缚。他们不能命令波兰人作出让步;他们不能允许希特勒给他们下命令。可是,除非有人下命令,否则就不会出现让步。8月23日,霍拉斯·威尔逊爵士代表张伯伦会见了美国大使肯尼迪。谈话过后,肯尼迪打电话给国务院说:"英国人要我们做一件事,就只一件事,那就是我们对波兰人施加压力。他们觉得,由于他们负有义务,他们不能做这种事,但我们却可以做。"② 罗斯福总统立即否决了这个想法。张伯伦——又据肯尼迪

---

① 哈利法克斯关于韩德森给哈利法克斯电报的备忘录,1939年8月29日;《英国外交政策文件汇编,1919—1939年》第3辑,第7卷,第455号。
② 《莫法特文件集,1939—1943年》(1956年),第253页。科德尔·赫尔确认是威尔逊,《回忆录》,第1卷,第662页。

说——于是失去了所有希望:"他说此事一无所获是非常可怕的事;归根结底,他们无法拯救波兰人;他们只能继续一场复仇主义的战争,而这将意味着整个欧洲的毁灭。"①

僵局持续到 8 月 29 日。接着希特勒打破了僵局。他处于较弱的地位,尽管英国人不知道这一点。在 9 月 1 日之前,没有留给他多少时间去获得外交上的胜利。晚上 7 点 15 分,他向韩德森提出一项正式建议和一个正式要求:他将同波兰直接谈判,倘若波兰全权代表于第二天到达柏林的话。这是希特勒从 3 月 26 日以来坚决声称他决不再与波兰人直接打交道的立场的后退。尽管韩德森抱怨说这个要求过于像是最后通牒,但他急于接受;在他看来,它是"防止战争的唯一机会"。韩德森敦促他自己的政府接受这个要求;他敦促法国政府建议贝克立即访问柏林;他尤其坚持要波兰大使利普斯基立即行动。② 利普斯基置之不理——显然他甚至没有把希特勒的要求报告给华沙。法国政府则作出显然相反的反应——他们叫贝克立刻前往柏林。但决定权在英国政府手里。这就是他们始终所想要的和他们反复向希特勒所暗示的建议:波兰同德国直接谈判。希特勒此刻已尽了他的那一份职责;但他们却做不到他们自己的那一份。对波兰人是否会听命于希特勒而现身柏林,他们抱极深的怀疑态度。肯尼迪向华盛顿汇报张伯伦的心情说:"坦率地讲,在敦促波兰人采取理智态度上比对德国人更让他发愁。"③ 8 月 30 日全天,英国人为这个问题忧心如焚。他们终于忽然想出一种解决办法。8 月 31 日午夜

---

① 肯尼迪致赫尔,1939 年 8 月 23 日:《美国外交关系文件汇编》,1939 年,第 1 卷,概论。
② 韩德森致哈利法克斯,1939 年 8 月 29 日和 30 日:《英国外交政策文件汇编,1919—1939 年》第 3 辑,第 7 卷,第 493、510 号。
③ 肯尼迪致赫尔,1939 年 8 月 30 日:《美国外交关系文件汇编》,1939 年,第 1 卷,概论。

12时25分，他们把希特勒的要求转给华沙——也就是在德国的最后通牒（如果它真算得上是最后通牒的话）到期25分钟之后。英国人对波兰顽固态度的忧虑没有错。当贝克获悉希特勒的要求时，他立即回答说："如果邀请他去柏林的话，他当然不会去的，因为他无意受到像哈卡总统那样的接待。"① 这样，英国人通过采取为时已晚的行动，仍可以声称他们提供了他们明知自己无法交付的东西：波兰全权代表前往柏林。

希特勒没有预料到会是这样。他原来指望谈判会开始；然后他打算通过谈判来击垮波兰的顽固态度。根据他的指示，最后拟定了详细的要求。这些要求主要是立即归还但泽，在波兰走廊举行全民公投②——这些条件正是英法两国政府长期以来一直所赞成的。但是如果没有波兰全权代表前往柏林谈判，德国人就难以公布他们的条件。8月30日午夜，韩德森给里宾特洛甫带来了波兰全权代表那天不会到访的消息。里宾特洛甫只有德国建议的条件的大体草案，上面潦草写了希特勒的修改。这份东西不宜拿给韩德森看；里宾特洛甫奉希特勒的命令不得这样做。所以他特地以慢速把条件念了一遍。后来，衍生了一种荒诞的说法："他急促而含糊地"把这些条件念了一遍，故意拿只为装装样子的那些条件欺骗韩德森。事实上，韩德森清楚地抓住了要点，而且印象很深刻。他认为，从这些条件的字面意义来看，它们"并非不合理"。他一回到英国大使馆，在凌晨2时把利普斯基请来，敦促他立刻求见里宾特洛甫。利普斯基不予理

---

① 肯纳德致哈利法克斯，1939年8月31日：《英国外交政策文件汇编，1919—1939年》，第3辑，第7卷，第575号。
② 施密特，传阅电报，1939年8月30日：《德国外交政策文件汇编，1918—1945年》，D辑，第7卷，第458号。

会，便回去上床睡觉了。

德国人现在感到焦急不安，他们的条件还没有为韩德森完全记录下来。他们再次利用达勒鲁斯作为据称是非官方的使者。自称是不顾希特勒而采取行动的戈林，把条件出示给达勒鲁斯，达勒鲁斯则于凌晨4点左右把条件用电话告知英国大使馆。因为戈林知道所有电话交谈至少受到三个政府机构（其中之一是他自己的）的监听，所以他无视希特勒的说法当然是个编造的谎话。第二天上午，戈林放弃了这个谎话。达勒鲁斯拿到了一份德国条件的副本，亲自把它递交给英国大使馆。韩德森再次召请利普斯基，他拒绝前往。达勒鲁斯和英国大使馆参赞奥吉尔维-福比斯被派去会见利普斯基。他仍然不为所动。他拒绝看德国的条件。达勒鲁斯出去上盥洗室时，利普斯基对引进这位中间人提出抗议，并且说："他敢拿名誉担保：德国人的士气正在崩溃，现政权不久就会垮台……德国的这个提议是个圈套。它也是德国人软弱的一个迹象。"① 为了进一步努力打破那固执的硬壳，达勒鲁斯给伦敦的霍拉斯·威尔逊打了一个电话。他说，德国的条件是"极为宽大的"；"'在我们〔达勒鲁斯？戈林？韩德森？〕看来，很明显'，是波兰人堵塞了谈判的道路"。威尔逊意识到德国人正在窃听，他告诉达勒鲁斯住嘴并放下了听筒。②

这种小心谨慎的措施采取得太晚了。过去几个小时的一举一动好像在报上宣布了的那样公开了。韩德森和利普斯基的通话，达勒

---

① 韩德森致哈利法克斯，1939年8月31日：《英国外交政策文件汇编，1919—1939年》，第3辑，第7卷，第597号。

② 卡多根的备忘录，1939年8月31日：《英国外交政策文件汇编，1919—1939年》，第3辑，第7卷，第589号。

鲁斯和韩德森的通话,英国和波兰两国大使馆间的来来往往——所有这些德国人都知道。毫无疑问,这些事情希特勒也晓得了。他可能得出什么结论呢?唯一的结论是:他已成功地在波兰和它的西方盟国之间打进了一个楔子。关于法国政府,情况也是这样。至于韩德森,情况同样是如此。他在8月31日晚些时候写道:"由于德国提出了建议,战争是完全没有理由的……波兰政府应按照现已公之于众的德国建议,于明天宣布他们愿意派遣一名全权代表就这些提案进行一般性讨论。"① 希特勒不知道韩德森说话不再像前一年那样在伦敦有影响力了。但是,甚至连英国政府对波兰人也失去了耐心。8月31日深夜,哈利法克斯给华沙打去电报说:"我不明白波兰政府为什么竟然对授权波兰大使接受德国政府的一项文件都觉得困难。"② 如果再有24小时的话,裂口将开得更大。不过希特勒没有获得这24小时。他做了他自己时间表的俘虏。在他的将领们怀疑目光的注视下,他不能再次取消对波兰的进攻,除非他拿出什么确实可靠的东西给人看;波兰人仍然使他得不到这种东西。波兰及其盟国之间的裂口给了他一个机会。他不得不在这上面冒险一搏。

8月31日中午12点40分,希特勒决定开始进攻。下午1时,利普斯基打电话求见里宾特洛甫。窃听利普斯基接到的命令的德国人知道,他被告知不得开始"任何具体的谈判"。下午3点,魏茨泽克给利普斯基打电话,问他是否作为全权代表来会见。利普斯基回答说:"不,他以大使的身份。"对于希特勒来说,这就够

---

① 韩德森致哈利法克斯,1939年9月1日;《英国外交政策文件汇编,1919—1939年》,第3辑,第7卷,第631号。
② 哈利法克斯致肯纳德,1939年9月1日;《英国外交政策文件汇编,1919—1939年》,第3辑,第7卷,第632号。

了。看来，波兰人仍然顽固不化；他可以把赌注押在他们在战争中孤立无援上面。下午4点批准了各项战争命令。下午6点半，利普斯基终于会见了里宾特洛甫。利普斯基说，他的政府正在"积极考虑"英国关于波兰与德国直接谈判的提议。里宾特洛甫问他是否作为全权代表。利普斯基再次回答说"不是"。里宾特洛甫没有通报德国的条件；如果他试图这样做的话，利普斯基本来也会拒绝接受的。于是3月26日以来仅有的一次德国和波兰之间的直接接触就这样结束了。波兰人保持自己的神经没有崩溃直到最后一刻。次日凌晨4点45分，德国开始进攻波兰。早上6点，德国飞机轰炸了华沙。

334

对于英法两国，这是一个清清楚楚应该履行盟约的场合。它们的盟国已遭到蛮横的进攻；等待他们的选项只能是对侵略者宣战。可是什么事也没有发生。英法两国政府向希特勒苦苦规劝，警告他如果他不停止进攻，他们就不得不参战了。同时，他们等待某种事情发生；结果事情发生了。8月31日，墨索里尼小心地遵循前一年的先例，提议召开欧洲会议：会议应于9月5日举行，应该调查欧洲冲突的所有原因，但以预先将但泽归还德国为先决条件。两个西方政府一接到这个提议便表示赞成。但墨索里尼把时间选错了。1938年他有三天时间来避免战争；1939年只有不到24小时的时间，这是远远不够的。到9月1日，当西方政府对墨索里尼作出答复时，它们不得不要求必须首先在波兰停止战斗。但这还不是全部。当博内对墨索里尼的提议满怀热情时，英国的舆论开始主导局面了。当张伯伦对德国仅仅受到"警告"做解释时，下议院不肯罢休；它指望第二天政府拿出更确实具体的东西。哈利法克斯像往常一样随着全国的情绪摇摆，坚持要求只有德国从波兰全境撤出后，才可以举行会议。

意大利人知道向希特勒提出这种要求，那是办不到的；于是他们没有做进一步的努力就放弃了召开会议。

可是英法两国政府，特别是法国政府，对尚未举行就已经夭折的会议继续抱有信心。希特勒最初回答墨索里尼说，如果邀请他参加会议，他将于9月3日正午给出答复。因此博内，还有张伯伦和他一起，拼命努力把宣战推迟到那之后，即使意大利人不再打算邀请希特勒或其他任何人。博内想出了一个借口，即法国军队希望推迟宣战，以便在不受德国空袭（他们知道，空袭无论如何不会发生——因为德国空军已全力以赴波兰）干扰的情况下完成动员。张伯伦想不出任何借口，除法国需要延迟以及总是很难与盟国协作之外。9月2日晚上，他仍然以假设的谈判来应付下院：“如果德国政府同意撤出他们的军队，那么英王陛下政府就愿意认为局势同德国军队越境进入波兰以前的一样。也就是说，那就为德国和波兰两国政府就所涉事项进行讨论敞开了道路。”即使对忠诚的保守党人来说这也是太过分了。利奥·埃默利向反对党的代理议会领袖阿瑟·格林伍德呼吁：“请你来代表英国说话吧！”这项任务张伯伦是无法胜任的了。以西蒙领头的大臣们警告张伯伦：如果政府不在下议院再次举行会议之前向希特勒发出最后通牒的话，它就会垮台。张伯伦让步了。法国人的反对意见被驳回了。英国的最后通牒于9月3日上午9点递交德国人。它在上午11点期满，随后即进入战争状态。当博内获悉英国人无论如何即将开战时，他最迫切要做的事乃是赶上他们。法国把最后通牒的时间提前了，不顾据称来自总参谋部的反对意见；最后通牒于9月3日正午发出，下午5点期满。以这种蹩脚的方式，过去20年鼓吹抵抗德国的法国人，似乎被过去20年鼓吹和解的英国人拖入了战争。两国是为了和平解决办法里他们长期认为最不可辩护的那部分而战的。希特勒也许一直计划要打一场大战；但从记录来看，他是由于到 8 月 29 日才着手进行他本该在 8 月 28 日就开始的外交计谋而终于卷入战争的。

这些就是第二次世界大战的起源，或更确切说是三个西方大国由于凡尔赛和约的解决办法而引起的那场战争的起源；一场自从第一次世界大战结束的那一刻以来就一直潜在的战争。这场重开的战争是否可通过更加强硬的措施或更大程度的和解行动而加以避免，人们将长期辩论下去；对这些假设的推测将不会找到答案。或许两者之一本来会成功的，倘若始终如一地奉行的话；英国政府把两者混合施用的做法是最有可能要失败的。这些问题现在看起来已是无限渺远。尽管希特勒以为两个西方大国根本不会开战是犯了大错，但他认为它们不会认真参战的预料却是正确的。英法两国没有采取任何行动援救波兰人，并且几乎没有做什么事以自救。这场欧洲斗争，是于 1918 年德国停战谈判代表在雷通德的火车车厢里参见福煦时开始的，后来是于 1940 年法国停战谈判代表在同一火车车厢里参见希特勒时结束的。从此欧洲有了一个"新秩序"，它受德国控制。

英国人民决心奋起反抗希特勒，尽管他们自己无力扭转希特勒已经造就的格局。希特勒本人出手帮了他们的忙。他的成功有赖于把欧洲同世界的其余部分隔离开来。他自己无端地破坏了这一成功的根源。1941 年，他进攻苏俄，并对美国宣战，这两个世界大国本来只要求不受打搅。这样，一场真正的世界大战就开始了。现在我们仍然生活在它的阴影下。1939 年爆发的这场战争已成为历史上的奇异事件。

参考文献

这份文献清单，同我的这本著作一样，对所涉及的较早年份选择性较强，越到后来则越详细。它只包括我一度发现有用的书籍。M. 托斯卡诺（M. Toscano）的《国际政治和条约史》（第一卷，第二版，1963年）（*Storia dei trattati e politica internazionale, I*）一书含有更完整的书单，并加了详细的评语。

原始资料：

官方出版物

每年刊载在《国际事务文献》（*Documents on International Affairs*）（1928年及以后诸年）中、在当时就已刊布的文件选。1939年的那一卷要到大战后才出版；该卷还包含后来公布的文件选。

《德国外交政策文件汇编1918—1945年》（*Documents on German Foreign Policy 1918—1945*）（1948年及以后诸年陆续出版），由众多美、英、法三国主编参加编辑。本书包含战争结束时落入同盟国手里的德国外交部的记录。有些记录已经被毁。无论如何，已刊布的记录使我们了解关于外交部专业人员的情况多于关于希特勒的情况，因为希特勒不喜欢留下对其言行的书面记录。编辑们有些不舍得复制电报。因此，这些卷宗可能引起误解，以为这是深思熟虑的政策而不是困惑的人们在仓促行事。本出版物是不完整的，也许永远不会完整。我使用过：

C辑，第1—3卷，时间从1933年1月30日至1935年3月31日。

D辑，第1—7卷，时间从1937年9月（还有几份较早时候的文件）至1939年9月3日。

《关于第二次世界大战前夕的文件和资料》（*Documents and Materials relating to the Eve of the Second World War*）。第1卷：1937年11月—1938年（1947年出版）。第2卷：狄克逊文件集，1938—1939年（1948年出版）。本书包含

落入苏联手里的德国记录。第 1 卷现已被上列的更大的出版物所代替。第 2 卷有一些为他处所未见的文件。

《英国外交政策文件汇编,1919—1939 年》(*Documents on British Foreign Policy 1919—1939*)（1946 年以后陆续出版），由罗恩·巴特勒（Rohan Butler）和 E·L·伍德沃德爵士（Sir E. L. Woodward）编辑；后者的位置最近由 J·P·T·伯里（J. P. T. Bury）接替。这些文件几乎完全来自外交部的官方档案；外交大臣和官员的备忘录极少刊出。三辑正在出版之中，只有第三辑是完全的。我使用过：

第一辑，第 1—9 卷,1919 年 7 月 1 日至 1920 年。

第二辑，第 1—8 卷,1929 年 5 月 23 日至 1934 年。

第三辑，第 1—9 卷,1938 年 3 月 9 日至 1939 年 9 月 3 日。

《意大利外交文件汇编》(*I documenti diplomatici italiani*)（1952 年）。这些卷宗最终将包括自 1861 年意大利王国成立到 1943 年墨索里尼垮台时的意大利外交记录。汇编分 9 辑出版。就本书涉及的时期，我使用过：

第六辑，R·莫斯卡（R. Mosca）编，第 1 卷,1918 年 11 月 4 日至 1919 年 1 月 17 日。

第七辑，R·莫斯卡蒂（R. Moscati）编，第 1—3 卷,1922 年 10 月 11 日至 1925 年 5 月 14 日。

第八辑，M·托斯卡诺（M. Toscano）编，第 12—13 卷,1939 年 5 月 23 日至 9 月 3 日。

《慕尼黑历史新文件》(*New Documents on the History of Munich*)（1958 年）。本书包含捷克的以及少量苏联的关于 1938 年的文件。除此之外，有关苏俄，只有简·德格拉斯（Jane Degras）选编的公开文件，载在《苏联外交政策文件汇编》(*Soviet Documents on Foreign Policy*) 共 3 卷（1953 年及以后诸年出版）内。

《关于美国对外关系的文件》(*Papers relating to the Foreign Relations of the United States*)。这些文件每年出版，另有 1931—1939 年时期的增刊 2 册。这一早期出版物，再加上国务院允许历史学家几乎没有限制地查阅利用外交档案，使所有其他国家政府主张必须保密约 50 年后才可公开的托辞，变得一文不值。

私人文件和回忆录

德国：古斯塔夫·施特雷泽曼（G. Stresemann）的《日记、书信和文件》（共 3 卷）(*Diaries, Letters, and Papers*)（1935—1940 年）。该选集夸大了施特雷泽曼政策向"西方"倾斜的方针。J. 库尔提乌斯（J. Curtius）的《德意志共和国六年部长生涯》(*Sechs Jahre Minister der deutschen Republik*)（1947 年）。

关于纳粹时期：希特勒没有为自己的行为作解释。里宾特洛甫在狱中撰写了辩护性的《回忆录》(*Memoirs*)（1954 年）。巴本在其《回忆录》(*Memoirs*)（1952 年）中提供了一个别出心裁的版本。外交部最后年代的常任负责人 E. 冯·魏茨泽克（E. von Weizsäcker）撰写了一本开脱罪责的《回忆录》（*Erinnerungen*）（1950年）。H. 冯·狄克森（H. von Dirksen）在《莫斯科-东京-伦敦》（*Moskau-Tokio-London*）（1949年）中有节制地抱有歉意。E. 科尔特（E. Kordt）的《回忆散记》（*Nicht aus den Akten*）（1950年）的价值已被文件集所取代。P. 施密特（P. Schmidt）的《外交舞台上的演员》（*Statist auf diplomatischer Bühne*）（1949年）内有希特勒的译员记下的种种轶事。B. 达勒鲁斯（B. Dahlerus）的《最后的尝试》（*The Last Attempt*）是他在英德两国政府之间进行非正式调停的重要原始资料。

法国：C. 苏亚雷斯（C. Suarez）的《白里安的一生和事业》（*Briand, sa vie, son oeuvre*），第5和6卷（1940—1941年）内有关于他的外交政策的某些叙述。E. 赫里欧（E. Herriot）的《往日，1914—1936年》（*Jadis, 1914—1936*）（1958年）过分单薄，以致无用。另一方面，J. 保罗-邦库尔（J. Paul-Boncour）的《两次大战之间》（共3卷）（*Entre deux Guerres*）（1945—1947年），简直过于庞大。P. E. 佛兰亭（P. E. Flandin）的《法国政策，1919—1940年》（*Politique francaise, 1919—1940*）（1947年）仅涉及1936年重新占领莱因兰危机的内容有用处。G. 博内（G. Bonnet）的《保卫和平》，第1卷：《从华盛顿到法国外交部》，第2卷：《欧洲的末日》（*Defense de la paix*. Vol. I: *De Washington au Quai d'Orsay*）（1946年）. (Vol. II: *Fin d'une Europe*)（1948年），在缺乏官方出版物的情况下是一部有巨大价值的原始资料。博内因躲躲闪闪和不准确而受到许多批评，但他的回忆录超过外交部长们的回忆录的通常标准。甘末林（Gamelin）的《为国效劳》第2卷（*Servir*, Volume II）（1947年），此书被视为是这位总参谋长的政策性著作，因此也有重大的价值。三位法国大使撰写了回忆录：A. 弗朗索瓦-庞赛（A. François-Poncet）的《一位驻柏林大使的回忆录》（*Souvenirs d'une ambassade a Berlin*）（1946年）；R. 库隆德尔（R. Coulondre）的《从斯大林到希特勒》（*De Staline à Hitler*）（1950年）；L. 诺埃尔（L. Noël）的《德国对波兰的侵略》（*L'agression allemande contre la Pologne*）（1946年）。

英国：劳合·乔治（Lloyd George）的《和约的真相》共2卷（*The Truth about the Peace Treaties*）（1938年），包含关于紧接第一次世界大战后那些年月的大量资料。C. 皮特里（C. Petrie）的《奥斯丁·张伯伦传》（*Austen Chamberlain*）2卷（1934—1940年）里有一些书信。达伯农（D'Abernon）的《一位和平大使》（*An Ambassador of Peace*）3卷（1929—1931年），对《洛迦诺公约》生效期间颇为重要。关于麦克唐纳没有著作，关于鲍德温没有有价值的著作。K. 法林（K. Feiling）的《内维尔·张伯伦传》（*Neville Chamberlain*）（1946年）里有一些书信及张伯伦的日记摘抄。S. 霍尔（S. Hoare）的《动乱的9年》（*Nine Troubled Years*）（1954年）有其价值，虽然与其说该书是记录，不如说是辩护。哈利法克斯勋爵和西蒙勋爵的文稿大可不置一词。内维尔·韩德森（N. Henderson）的《使命的失败》（*Failure of a Mission*）（1940年）是一本诚实可靠的著作，应比实际受到更多的欢迎。我没能从范西塔特、斯特朗和寇克派特里克的著作中获得任何有益的东西。温斯顿·S. 丘吉尔（W. S. Churchill）的《第二次世界大战回忆录》，第 1 卷《风云紧急》（*The Second World War*, Volume I: *The Gathering Storm*）（1948 年）是一个批评家的记录，偶尔有一点可靠的资料。汤姆·琼斯（Tom Jones）的《日记附书信，1931—1950 年》（*A Diary with Letters 1931—50*）（1954 年）对"绥靖者"做了最精彩的描述。《泰晤士报史》（*The History of the Times*, Volume IV）（1952 年）对本课题也有重要价值。

意大利：墨索里尼没有著作。最重要的原始资料是齐亚诺（Ciano）的《齐亚诺日记，1937—1938 年》（*Diary 1937—1938*）（1952 年）和《齐亚诺日记，1939—1943 年》（*Diary 1939—1943*）（1947 年）。《齐亚诺外交文件集》（*Ciano's Diplomatic Papers*）（1948 年）早晚将被官方出版物取代。意大利驻日内瓦（国际联盟）代表团团长阿洛伊西（Aloisi），出版了一本《日志，1932 年 7 月 25 日至 1936 年 6 月 14 日》〔*Journal (25 July 1932 to 14 June 1936)*〕（1957 年出版）。这本书表明，职业外交家们跟墨索里尼相反，希望通过谈判解决阿比西尼亚问题。拉斐尔·瓜里吉利亚（Raffaele Guariglia）的《记录》（*Ricordi*）（1950 年）没有透露很多东西，不过它对地中海的法国意大利关系的叙述颇为有用。M. 马吉斯特拉蒂（M. Magistrati）的《1937—39 年意大利在柏林的活动》（*L'I. alia a Berlino 1937—39*）（1956 年）补充了阿托利科在官方记录中的记述。

波兰：贝克（Beck）在被拘禁于罗马尼亚时为他的政策写了辩护：《最后的报告》（*Dernier rapport*）（1951 年出版）。森贝克（Szembek）的《日志，1933—1939 年》（*The Journal 1933—1939*）（1952 年）描写了波兰外交部的情况。

罗马尼亚：G. 加芬库（G. Gafencu）的《欧洲的最后日子》（*Last Days of Europe*）（1948 年）描述他 1939 年 4 月访问主要国家首都的经历，并利用了他从博内那里获得的文件。

苏俄：无。

美国：关于远东事务有大量材料。关于欧洲的不多。内容最丰富的是科德尔·赫尔（Cordell Hull）的《回忆录》（*Memoirs*）2 卷（1948 年）。驻德大使 W. 多德（W. Dodd）出版了《日记》（*Diary*）（1945 年）。约瑟夫·E. 戴维斯（Joseph E. Davies）的《出使莫斯科》（*Mission to Moscow*）（1941 年）包含的文件很少，但由于作者称赞苏联政府，本书是不同寻常的。

第二手著作

综述：

W. N. 梅德利科特（W. N. Medlicott）：《凡尔赛和约以来的英国外交政策》（*British Foreign Policy since Versailles*）（1940 年）。

E. H. 卡尔（E. H. Carr）：《两次世界大战之间的国际关系》（*International Relations between the Two World Wars*）（1947 年）。

A. M. 盖索恩-哈迪（A. M. Gathorne-Hardy）：《国际事务简史，1920—1939

年》（*Short History of International Affairs 1920—1939*）（1950 年）。

W. P. 波特金（W. P. Potyomkin）编：《外交史》，第 3 卷（*Histoire de la diplomatie*，Volume 3）。只是在提供一种苏联见解的意义上是有用的。

M. 鲍蒙（M. Baumont）：《和平的破产》,2 卷（*La faillite de a paix*）（1951 年）。

P. 勒努万（P. Renouvin）：《国际关系史》（*Histoire des relations internationales*）。第 7 卷：《20 世纪的危机，I，1914—1929 年》（Volume VII：*La crises du XXe siècle. I. de 1914 à 1929*）（1957 年）。第 8 卷：《20 世纪的危机，II，1929—1945 年》（Volume VIII：*La crises du XXe siècle. II. de 1929 à 1945*）（1958 年）。

F. P. 沃尔特斯（F. P. Walters）：《国际联盟史》,2 卷（*History of the League of Nations*）（1951 年）。

下列各著作对德国问题的各方面作了论述：

E. H. 卡尔（E. H. Carr）：《20 年的危机》（*The Twenty Years' Crisis*）（1938 年），一本支持绥靖政策的杰出论著。

L. 施瓦茨察尔德（L. Schwarzschild）：《恍惚中的世界》（*World in Trance*）（1948 年），一本支持强硬政策的同样杰出的论著。

W. M. 乔丹（W. M. Jordan）：《英国、法国及德国问题,1919—1939 年》（*Great Britain, France and the German Problem 1919—1939*）（1948 年）。

H. B. 麦卡勒姆（H. B. McCallum）：《舆论和最后的和平》（*Public Opinion and the Last Peace*）（1944 年）。

艾蒂安·芒图（Etienne Mantoux）：《迦太基的和平》（*The Carthaginian Peace*）（1946 年），是一本彻底摧毁了凯恩斯所宣传的关于赔偿及和平安排的那些意见的著作。

H. W. 盖茨克（H. W. Gatzke）：《施特雷泽曼和德国重整军备》（*Stresemann and the Rearmament of Germany*）（1948 年）。

苏德关系受到超乎他们应得的关注：

E. H. 卡尔（E. H. Carr）：《两次世界大战之间的德苏关系》（*German-Soviet Relations between the Two World Wars*）（1952 年），最好的简述。

L. 科钱（L. Kochan）：《俄国和魏玛共和国》（*Russia and the Weimar Republic*）（1954 年）。

G. 希尔格（G. Hilger）和 A. G. 迈耶（A. G. Meyer）：《势不两立的盟友，1918—1941 年德苏关系的亲历实录》（*The Incompatible Allies. A memoir-history of the German-Soviet Relations 1918—1941*）（1953 年）。

G. 弗罗因德（G. Freund）：《邪恶同盟》（*Unholy Alliance*）（1957 年），一个怪异的道德家的说法。

综述苏联政策的只有：

M. 贝洛夫（M. Beloff）：《苏俄外交政策,1929—1941 年》2 卷（*Foreign Policy of Soviet Russia 1929—1941*）（1947—1949 年）。该书不可避免地大体上全是推测。

论述第二次世界大战即将爆发时期的国际关系的书籍，多半是在大量官方文集

出版之前撰写的。主要有：

艾伦·布洛克（Alan Bullock）：《希特勒》（*Hitler*）（1952年），其中有一章论述希特勒的外交政策相当不错。

E. 威斯克曼（E. Wiskermann）：《罗马-柏林轴心》（*The Rome-Berlin Axis*）（1949年）。

J. W. 惠勒-贝纳特（J. W. Wheler-Bennett）：《慕尼黑，悲剧的序幕》（*Munich, Prologue to Tragedy*）（1948年）。

J. W. 惠勒-贝纳特（J. W. Wheler-Bennett）：《权力的报应》（*The Nemesis of Power*）（1953年），本书包括关于军界反抗希特勒未遂的一些记述。

M. 托斯卡诺（M. Toscano）：《钢铁盟约的起源》（*Le origini del Patto d'Acciaio*）（1948年）。

W. L. 兰格（W. L. Langer）和 S. E. 格里森（S. E. Gleason）：《向孤立挑战》（*The Challenge to Isolation*）（1952年）。前几章包括欧洲战前外交，带有预料中的反苏偏见。

L. B. 纳米尔（L. B. Namier）：《外交序曲》（*Diplomatic Prelude*）（1948年）。《衰败中的欧洲》（*Europe in Decay*）（1950年）。《纳粹时代》（*In the Nazi Era*）（1952年），增补论文2卷。

W. 霍弗（W. Hofer）：《预谋的战争》（*War Premeditated*）（1954年），对最后10天和平的分析。

《国际事务概览》（*Survey of International Affairs*）（自1925年以来每年出版）提供当时对国际关系的说法。1938年第1卷是按这种方式出版的最后一卷。这一套书随后暂停出版。战争结束后恢复出版时，诸卷变得更具历史回顾的性质。R. G. D. 拉芬（R. G. D. Laffan）编辑的1938年第2卷（1951年出版），涉及捷克斯洛伐克危机。第3卷（1953年）涉及希特勒占领布拉格之前的6个月。《1939年3月的世界》（*The World in March 1939*）（1952年）包括价值不一的一般论文，其中最佳的是对 H. C. 希尔曼（H. C. Hillman）的《大国的比较实力》（*Comparative Strength of the Great Powers*）的考察。《1939年战争的前夕》（*The Eve of War 1939*）（1958年）详细而又有点混乱地描述了最后6个月的外交活动。

索引

A

Abyssinia（阿比西尼亚）：Italian ambitions regarding（意大利对阿比西尼亚的野心），118；in League of Nations（在国际联盟），119-20；attacked by Italy（受到意大利进攻），122；crisis over（阿比西尼亚危机），67，92，124-8；conquered by Italy（被意大利征服），127；effects of crisis over（阿比西尼亚危机的影响），127-9，141，156；Eden and（艾登与阿比西尼亚），163，183；U. S. A. and（美国与阿比西尼亚），165

Adowa（阿杜瓦），battle of (1896)（阿杜瓦战役，1896年），118

Albania（阿尔巴尼亚）：fails to operate sanctions（没能实行制裁），122；annexed by Italy（被意大利吞并），272

Alexander, king of Yugoslavia（亚历山大，南斯拉夫国王）：assassinated（遇刺），115

Alsace-Lorraine（阿尔萨斯和洛林）：annexation of（吞并阿尔萨斯和洛林），24；French ambitions for（法国觊觎阿尔萨斯和洛林的野心），42，66，69；recovered by France（被法国收复），50；German renunciation of（德国放弃阿尔萨斯和洛林），82，83；not claimed by Hitler（希特勒没有对阿尔萨斯和洛林提出主权要求），99

Amery, Leo, British statesman（利奥·埃默利，英国政治家），335

Andrassy, Hungarian statesman（安德拉西，匈牙利政治家），185

Angell, Norman（诺曼·安吉尔），73

Anglo-French alliance (1936)（英法同盟，1936年），148，264

Anglo-German declaration (1938)（英德宣言，1938年），230，244，318；naval treaty (1935), made（海军条约，1935年签订），118; denounced by Hitler（被希特勒废除），270

Anglo-Italian agreement (gentleman's)（英意君子协定），162;（16 April 1938）(1938年4月16日), 202, 247

Anglo-Polish alliance（英波同盟）: preliminary; agreement made（达成初步协议），261-5; effects of（英波同盟的作用），270, 272; catastrophic for France（给法国带来灾难），276; appropriate（恰如其分），279; formal alliance concluded（缔结正式同盟），326-7

Anti-Comintern Pact（反共产国际协定），146, 242, 273

Armistice (11 November 1918)（1918年11月11日停战协定）: reasons for（签订的原因），44, 45, 46; terms of（停战协定条款），46-7

Astakov, Soviet diplomatist（阿斯塔科夫，苏联外交家），310n

Attlee, C. R., British statesman（克莱门特·理查德·艾德礼，英国政治家）: Hitler not better than（希特勒没他强），146

Attolico, Italian diplomatist（阿托利科，意大利外交家）: gives German terms to Mussolini（将德国的条件交给墨索里尼），229; presents Italian demands to Hitler（向希特勒递交意大利的要求），326

Austria（奥地利）: crisis in, and Schuschnigg（奥地利危机和舒施尼格），8; Austro-Prussian war (1866)（普奥战争，1866年），9; forbidden to join Germany（不准与德国合并），50; proposal for economic union of, with Germany（关于成立与德国经济联盟的建议），90; Hitler's view of（希特勒对奥地利的看法），97; *Putsch* of 1934 in（1934年政变），112-15; influences Mussolini's Abyssinian policy（对墨索里尼的阿比西尼亚政策的影响），119; fails to operate sanctions（没能实行制裁），122; gentleman's agreement of, with Germany (1936)（1936年与德国的君子协定），143-5; German grievance regarding（德国有关奥地利的苦情），172; Halifax willing to yield（哈利法克斯愿意让步），175; restrained by Hitler（受到希特勒的约束），176; crisis over, provoked by Schuschnigg（舒施尼格引发的奥地利危机），177-9; agreement regarding (12 February 1938)（1938年2月12日有关奥地利的协定），182; plebiscite proposed in（建议举行全民公投），185-7; united with Germany（与德国合并），169, 188-9

Austria-Hungary（奥匈帝国）: results of alliance（联盟的后果），15; publication of documents of（奥匈文件的出版），37; goes to war (1914)（1914年开战），42; ceases to exist（不复存在），44, 48

Axis (Rome-Berlin)（罗马-柏林轴心），146, 162, 185, 202, 250

B

Badoglio, Italian general（巴多里奥，意大利将军）：conquers Abyssinia（征服阿比西尼亚），127

Baldwin, Stanley, British statesman（斯坦利·鲍德温，英国政治家）：correct regarding German rearmament（对德国重整军备的看法是正确的），18，104；becomes prime minister（担任首相），122；outwits Labour party（智胜工党），125；and Hoare-Laval plan（与霍尔-赖伐尔计划），126 - 7；and German reoccupation of Rhineland（与德国重占莱茵兰），130 - 3；Hitler not better than（希特勒没他强），146；says bomber will always get through（说轰炸机总能穿越防线），151；against ministry of supply（反对设立军需部），153；leaves office（离职），163；Neville Chamberlain's low opinion of（内维尔·张伯伦瞧不起鲍德温），172

Balfour, A. J., British statesman（阿瑟·詹姆斯·贝尔福，英国政治家）：on Poland（对波兰问题的看法），62；on Locarno（对《洛迦诺公约》的看法），83

Baltic states（波罗的海国家）：Soviet demand concerning（苏联针对波罗的海国家的要求），287；British refusal to assist against their will（英国反对违背波罗的海国家意愿的援助），291；German offers concerning（德国针对波罗的海国家的提议出价），315，317

Barthou, Louis, French statesman（路易·巴尔都，法国政治家）：becomes foreign minister（担任外交部长），107；assassinated（遇刺），115

Baumont, Maurice（莫里斯·鲍蒙），31，344

Beck, Joseph, Polish foreign minister（约瑟夫·贝克，波兰外交部长）：makes non-aggression pact with Germany（与德国缔结互不侵犯条约），111 - 12；visits Hitler (January 1939)（1939年1月造访希特勒），242；aspires towards Ukraine（觊觎乌克兰），242；vetos 'peace front'（否决"和平阵线"），255；remains firm over Danzig（在但泽问题上坚持强硬立场），259；accepts British guarentee（接受英国的担保），260；visits London (April 1939)（1939年4月访问伦敦），261 - 3；less than frank（不够坦率），270 - 1；not Benes（贝克不是贝奈斯），272；British defer to（英国听从于贝克），277；Litvinov and（李维诺夫与贝克），289；remains unyielding（仍然不肯让步），306；refuses to accept Soviet aid（拒绝接受苏联援助），313 - 14；agrees to belated formula concerning Soviet aid（对为时已晚才提出来的针对苏联援助的方案表示同意），317；British cannot say Boo to（英国人不能对贝克说声吓唬他），324；refuses to go to Berlin（拒绝前往柏林），330；book by（贝克的著作），343 - 4

Beck, Ludwig, German general, chief of German general staff（路德维希·贝克，德国将军，总参谋长）：and Hossbach memorandum（与霍斯巴赫备忘

录),21,22n

Belfort(贝尔福地区),117

Benes, Edward, president of Czechoslovakia(爱德华·贝奈斯,捷克斯洛伐克总统):and German problem(与德国问题),8;and Soviet purges(与苏联的大清洗),147;diplomatic plans of(他的外交计划),192;does not rely on Soviet Russia(不依靠苏联),193-4;Halifax impatient with(哈利法克斯对他很不耐烦),199;negotiates with Sudetens(同苏台德人谈判),202;'pigheaded'("倔得像头猪"),209;and Runciman mission(与朗西曼使团),210-11,218;and Soviet aid(与苏联援助),220;accepts Anglo-French proposals(接受英法建议),221-2;Chamberlain's message to(张伯伦给他的电文),228;appeals to Soviet government(求助于苏联政府),229;influence of Polish demands on(波兰的要求对他的影响),240-1;resigns(辞职),249;Hitler shares view of(希特勒与贝奈斯持相同观点),239,248;Beck contrasted with(贝克跟贝奈斯相比较),263,272,277,329

Berchtesgaden(贝希斯特加登):Hitler's way of life at(希特勒在贝希斯特加登的生活方式),101;Halifax at(哈利法克斯在贝希斯特加登),174-5,199;Papen at (February 1938)(1938年2月巴本在贝希斯特加登),180;Schuschnigg at(舒施尼格在贝希斯特加登),181,185;Neville Chamberlain at(内维尔·张伯伦在贝希斯特加登),217-18;Csáky and Burckhardt at(察基和布克哈特在贝希斯特加登),308;Ciano at(齐亚诺在贝希斯特加登),310;Nevile Henderson at(内维尔·韩德森在贝希斯特加登),323

Berlin(柏林):Hitler summons generals to (March 1938)(1938年3月希特勒把将领们召集到柏林),186;Hacha at(哈卡在柏林),249;Beck refuses to go to(贝克拒绝前往柏林),330-1

Bethmann Hollweg, German chancellor(贝特曼-霍尔韦格,德意志帝国宰相):intentions of(他的种种政治打算),23,24;dismayed by outbreak of war(一战爆发使他沮丧),137

Birmingham(伯明翰):speech by Neville Chamberlain at(内维尔·张伯伦在此发表讲话),253

Bismarck, Otto, German chancellor(奥托·俾斯麦,德意志帝国宰相):9,30,47,61,167,294;Stresemann compared with(施特雷泽曼跟俾斯麦相比较),79

Björkö, treaty of(比约克条约),30

Bloch, Camille(卡米耶·布洛赫),30

Blomberg, German general(勃洛姆堡,德国将军):at 'Hossbach' meeting(参加"霍斯巴赫"会议),21,22n,169-71;marries a prostitute(和妓女结婚),179

Blum, Léon, French statesman（莱昂·布鲁姆，法国政治家）: promotes non-intervention in Spain（提倡不干涉西班牙内战）, 141, 158; Hitler better than（希特勒比他强）, 146; ceases to be prime minister（不再担任总理）, 197; on Munich（对《慕尼黑协定》的看法）, 234

Boer war（布尔战争）, 29

Bonnet, Georges, French foreign minister（乔治·博内，法国外交部长）: renounces Austria（放弃奥地利）, 175; policy of（他的政策）, 197, 200; visits London (April 1938)（1938年4月访问伦敦）, 200-1; and Litvinov（与李维诺夫）, 205; disapproves of Czechoslovak mobilization（不同意捷克斯洛伐克总动员）, 207; does not seek Soviet support（不寻求苏联的支持）, 214; advocates surrender（鼓吹投降）, 215; visits London (18-19 September 1938)（1938年9月18—19日访问伦敦）, 218-20; sends ultimatum to Czechs（向捷克人发出最后通牒）, 222; in London (25 September)（9月25日在伦敦）, 225; doubts statement by Halifax（怀疑哈利法克斯的公报是伪造的）, 226; against war（反对战争）, 226; and guarantee to Czechoslovakia（和给予捷克斯洛伐克的担保）, 244; entertains Ribbentrop（招待里宾特洛甫）, 246; on German occupation of Prague（对德国占领布拉格的看法）, 251; needs Poland（需要波兰）, 256; wishes to desert Poland（想要抛弃波兰）, 275-6; seeks Soviet alliance（谋求与苏联结盟）, 289; on Danzig（对但泽问题的看法）, 290; on Soviet aid（对苏联援助的看法）, 313; wishes to abandon Poland（想要放弃波兰）, 320; wishes to accept Mussolini's offer of a conference（想要接受墨索里尼关于举行一次多方会议的提议）, 334; delays declaration of war（推迟宣战）, 334-5; memoirs（回忆录）, 343

Brailsford, H. N., on situation in 1914（H. N. 布雷斯福德，论1914年的形势）, 67; on Germans in Czechoslovakia（论捷克斯洛伐克境内的德意志人）, 235

Brandenburg, Erich（埃里希·勃兰登堡）, 30

Brauchitsch, German general（勃劳希契，德国将军）, 326

Brenner, Hitler recognizes（布伦纳山口，希特勒承认属于意大利）, 186; Mussolini wishes to meet Hitler on（墨索里尼希望在那里会见希特勒）, 309

Brest-Litovsk, treaty of（布列斯特-立托夫斯克条约）, 43; its effects（该条约的效果）, 44, 45; Hitler's view of（希特勒对该条约的看法）, 99; Soviet resentment against（苏联对该条约的不满）, 278, 285; effects of, undone（取消条约的后果）, 317-18

Briand, Aristide, French statesman（阿里斯蒂德·白里安，法国政治家）: on proposed British alliance（对拟议中的与英国结盟的看法）, 56; and Lloyd George（与劳合·乔治）, 76; negotiates treaty of Locarno（谈判《洛迦诺公

约》),81-3; archievement of (他的成就),85-7; biography of (白里安传),342

Bright, John, British statesman (约翰·布赖特,英国政治家),173

Brüning, Heinrich, German chancellor (海因里希·布吕宁,德国总理), and economic depression (与经济萧条),90; leaves office (离职),96

Brussels, conference at (1937) (1937年布鲁塞尔会议),164-5; Chamberlain fears repetition of (张伯伦担心布鲁塞尔会议重演),183

Bülow, Bernard, German Diplomatist, on treaty of Rapallo (伯恩哈德·比洛,德国外交家,对拉帕洛条约的看法),109

Bullock, Alan (艾伦·布洛克),98,345

Burckhardt, Carl, League Commissioner at Danzig (卡尔·布克哈特,国际联盟驻但泽高级专员), visits Berchtesgaden (访问贝希特斯加登),308

C

Caligula, Roman Emperor (卡利古拉,罗马皇帝): horse of, made a consul (让他的坐骑当执政官),153

Carlsbad, programme, announced by Henlein (汉莱茵在卡尔斯巴德宣布的纲领),202

Cavour, Camille, Italian statesman (卡米洛·奔索,加富尔伯爵,意大利政治家),178

Chamberlain, Austen, British foreign secretary, negotiates treaty of Locarno (奥斯丁·张伯伦,英国外交大臣,谈判《洛迦诺公约》),81; on Polish corridor (对波兰走廊的看法),82; at League of Nations (在国际联盟),83; and Mussolini (与墨索里尼),85,163; sympathizes with France (同情法国),94; not appointed minister of supply (未被任命为军需部大臣),153; biography of (奥斯丁·张伯伦传),343

Chamberlain, Neville, British prime minister (内维尔·张伯伦,英国首相): introduces lowest arms estimates (提出最低的军备预算),89; controls Eden (压制艾登),129; thinks sanctions the midsummer of madness (认为制裁愚蠢至极),141; Hitler not better than (希特勒没他强),146; no Keynesian (不是凯恩斯主义的信徒),154; becomes prime minister (担任首相),163; overshadows Eden (对艾登越职代理令其相形失色),163; initiates appeasement (倡导绥靖政策),172-4; welcomes Italian approach (欢迎意大利的提议),183; forces Eden to resign (迫使艾登辞职),184; on Austria (对奥地利问题的看法),186; character of (他的品性),198; thinks it impossible to help Czechoslovakia (认为不可能拯救捷克斯洛伐克),200-1; announces Runciman mission (宣布朗西曼使团的使命),210; at Berchtesgaden (在贝希

特斯加登),216-18; gives guarantee of Czechoslovakia（对捷克斯洛伐克给予担保),219; at Godesberg（在戈德斯堡),222-3; sends Horace Wilson to Hitler（派遣霍拉斯·威尔逊去会见希特勒),226; speaks in House of Commons（在下院发表演说),227; at Munich conference（参加慕尼黑会议),228-31; defends Munich agreement（为《慕尼黑协定》辩护),234-7; anxious concerning Franco-Soviet pact（担心法苏条约),243; seeks to evade fulfilling guarantee to Czechoslovakia（企图逃避履行对捷克斯洛伐克的担保),244; visits Rome（访问罗马),247; on German occupation of Prague（对德国占领布拉格的看法),251-2; speaks at Birmingham（在伯明翰发表讲话),253; drafts declaration of collective security（起草集体安全宣言),255; on Soviet Russia（对苏俄的看法),256; drafts guarantee to Poland（起草对波兰的担保),260; outwitted by Beck（被贝克以智取胜),261-3; and Soviet alliance（及与苏联结盟),277,280; refuses to send Eden to Moscow（拒绝派遣艾登赴莫斯科),283; makes no move towards Hitler（针对希特勒没有采取任何行动),296; negotiates with Germans through Horace Wilson（通过霍拉斯·威尔逊与德国人谈判),298-9; sees Dahlerus（接见达勒鲁斯),328; depairs（绝望),329; more worried about the Poles than about the Germans（波兰人比德国人更让他发愁),330; warns Germany（警告德国),334; criticized in House of Commons（在下院受到批评),335; biography of（内维尔·张伯伦传),343

Chaplin, Charles, depicts Hitler in *The Great Dictator*（查尔斯·卓别林,在电影《大独裁者》中刻画希特勒),98

Chautemps, French statesman（肖当,法国政治家),175

Chiang Kai Shek, Chinese statesmen（蒋介石,中国政治家),159

Chicherin, Soviet foreign commissar（契切林,苏联外交人民委员),284

Chilston, British diplomatist（奇尔斯顿,英国外交家),198

China（中国）: and Manchurian crisis（与满洲危机),90-2; Hitler and（希特勒与中国),145; attacked by Japan（遭到日本进攻),164,205

Churchill, Winston, British statesman（温斯顿·丘吉尔,英国政治家）: wrong on German rearmament（错估德国重整军备的水平),17,18,104; sounds alarm against Hitler（敲响了反对希特勒的警钟),18; as writer（作为作家),29; blames Hitler for war（把战争责任推到希特勒身上),34; praises Mussolini（称赞墨索里尼),85; evades Abyssinian question（逃避回答阿比西尼亚问题),123; solitary figure（孤家寡人),129; not appointed minister of supply（未被任命为军需部大臣),153; and Spanish civil war（与西班牙内战),161; against appeasement（反对绥靖政策),173; deceived by Henlein（被汉莱因所骗),203; urges strong stand（敦促采取坚定不移的立场),226;

Halifax recommends appointment of（哈利法克斯建议吸收丘吉尔进入内阁），231；on Germany（对德国的看法），235；denounced by Hitler（受到希特勒的谴责），245；on Hitler（对希特勒的看法），252；advocates Soviet alliance（鼓吹与苏联结盟），276，322；Schwerin recommends appointment of（施维林建议吸收丘吉尔进入内阁），299；welcomes Soviet advance into Poland（欢迎苏联进入波兰），318；books by（他的著作），343

Ciano，Italian foreign minister（齐亚诺，意大利外交部长）：warns Mussolini（警告墨索里尼），177；resents German success（憎恶德国的成功），183；meet Ribbentrop at Vienna（在维也纳会见里宾特洛甫），240；Mussolini complaints to（墨索里尼向他抱怨），250；at Berchtesgaden（在贝希特斯加登），309-10；on Italian demands（对意大利要求的看法），326；diaries of（齐亚诺日记），343

Clemenceau，French statesman（克列孟梭，法国政治家）：on Anglo-American guarentee（对英美担保的看法），56，60；on succession states（对继承国的看法），63

Concordat，German，with Papacy（德国同罗马教廷签订的政教契约），143

Constantinople，Russian claim to（君士坦丁堡，俄国对该地的主权要求），42，62，66

Cooper，Duff，British statesman，resigns（达夫·库珀，英国政治家，辞职），236，245

Corfu（科孚）：League action over（国联对科孚争端的调解行动），128

Corsica，Italian claim to（科西嘉，意大利对该地的主权要求），139，247

Coulondre，French diplomatist（库隆德尔，法国外交家）：urges staff-talks with Soviet Russia（力主与苏俄举行军事会谈），205；and Soviet policy（与对苏政策），237-8；books by（他的著作），343

Csáky，Hungarian foreign minister，at Berchtesgaden（察基，匈牙利外交大臣，在贝希特斯加登），308

Curtius，German foreign minister（库尔提乌斯，德国外交部长），90；book by（他的著作），342

Czechoslovakia（捷克斯洛伐克）：Germans in，after second World war（第二次世界大战后在该国的德意志人），8；results of second World war for（第二次世界大战对该国造成的后果），26；Germans in（1919）（1919年在该国的德意志人），51；French alliance with（法捷同盟），63-4，88，193；German treaty of arbitration with（与德国缔结仲裁条约），82；and League of Nations（与国际联盟），128；and Rhineland（与莱茵兰），132；problem of（捷克斯洛伐克问题），137，143；Franco neutral regarding（佛朗哥对捷克斯洛伐克危机保持中立），160；Hitler on（希特勒对捷克斯洛伐克的看法），169；Neville

索引 | 371

Chamberlain on（内维尔·张伯伦对捷克斯洛伐克的看法），172；Halifax on（哈利法克斯对捷克斯洛伐克的看法），175；assurances to（对捷克斯洛伐克许下的保证），187；crisis over（捷克斯洛伐克危机），190-4；pressure on（向捷克斯洛伐克施加压力），202；and Soviet Russia（与苏俄的关系），203-5；mobilization in（May 1938）（1938年5月全国总动员），206；no collapse of（尚未崩溃），214；accepts Anglo-French ultimatum（接受英法的最后通牒），222；mobilizes（September）（9月总动员），224；excluded from Munich conference（被排斥在慕尼黑会议之外），228；partitioned（被肢解），229-30；abandoned（被抛弃），233；guarentee of（对捷克斯洛伐克作出的担保），234-5，244；disintegrates（瓦解），248；ceases to exist（不复存在），249；results of crisis over（危机的后果），238-9，263，269

D

Dahlerus, Swedish business-man used as Anglo-German intermediary（达勒鲁斯，瑞典商人，充当英德调停人），297，325；communicates German demands（转达德国的要求），331-2；book by（他的著作），342

Daladier, French prime minister（达拉第，法国总理）：on German rearmament（对德国重整军备的看法），105；appoints Bonnet（任命博内入阁），197；outlook of（他对前景的展望），198；in London (April 1938)（1938年4月在伦敦），200-1；appeals to Neville Chamberlain（求助于内维尔·张伯伦），215-16；in London (25 September)（9月25日在伦敦），225；at Munich conference（出席慕尼黑会议），228-9；Beck does better than（贝克做得比他强），262；warns Hitler（警告希特勒），262，280；on Danzig（对但泽问题的看法），291；and military conversations with Soviet Russia（与同苏俄的军事会谈），310；calls committee of national defence（召集国防委员会会议），320

Danzig, Free City of（但泽自由市）：created（设立）50，74-5；divides Germany and Poland（使德国和波兰不和），111，113；Neville Chamberlain on（内维尔·张伯伦对但泽问题的看法），172-3；Halifax on（哈利法斯特对但泽问题的看法），175；possible compromise over（在但泽问题上可能达成的妥协），241-3；Beck on（贝克对但泽问题的看法），256；Ribbentrop on（里宾特洛甫对但泽问题的看法），258；Hitler on（希特勒对但泽问题的看法），259-60；no Polish yielding over（对但泽问题波兰不让步），262-5；Hitler's claim to（希特勒对但泽的主权要求），270；Beck obstinate over（贝克对但泽问题顽固不化），270-1；no French promise over（法国不对但泽问题作出承诺），290；British attitude concerning（英国对但泽问题的态度），296-8；situation at（但泽的局势），302-3，307；French attitude to（法国对但泽问题的态度），322；British promise concerning（英国对但泽问题作出的承诺），326-7

Davies, Joe, American diplomatist, favourable opinion of Stalin（乔·戴维斯，美国外交家，对斯大林有好评），147；book by（他的著作），344

Dawes Plan（道威斯计划），57，70，80，86

Delbos, French foreign minister（德尔博斯，法国外交部长），141

Delcassé, French foreign minister（德尔卡塞，法国外交部长），141

Denmark（丹麦），134

Depression, Great（大萧条），89

Dirksen, German diplomatist（狄克森，德国外交家），296；book by（他的著作），342

Disarmament, German（德国裁军），51-2，68，74；control commission of, ended（监督德国裁军委员会，被撤销），86；conference（裁军大会），93-4，96；Hitler and（希特勒与），101-7；ends（完结），107，114

Dollfuss, Austrian chancellor, destroys republic（陶尔斐斯，奥地利总理，摧毁了共和国），113；murdered（遇害），114，143

Doumenc, French general, in Moscow（杜芒克，法国将军，在莫斯科），313，317

E

Eden, Anthony, British foreign secretary（安东尼·艾登，英国外交大臣）：1935 visit to Hitler（1935 年造访希特勒），18；in Rome（在罗马），121，123；becomes foreign secretary（担任外交大臣），127；and non-intervention（与不干涉政策），141；hostile to Italy（敌视意大利），163；opposed by Neville Chamberlain（遭到内维尔·张伯伦的反对），172，174；dispute with Neville Chamberlain（与内维尔·张伯伦的争执），183；resigns（辞职），184；Halifax recommends appointment of（哈利法克斯荐举他入阁），231；denounced by Hitler（遭到希特勒的谴责），245；offers to go to Moscow（提议亲赴莫斯科），283

Egypt（埃及），24，66，67

Estornia（爱沙尼亚）：annexed by Soviet Russia（被苏俄吞并），42

F

Far East（远东）：66-7；influence of, on Soviet policy（对苏联政策的影响），108，146，164，205，293；influence of, on British policy（对英国政策的影响），264，273

Fay, S. B.（S. B. 费伊），30

Finland（芬兰），128

Fischer, Fritz, author of *Griff nach der Weltmacht*（弗里茨·菲舍尔，《攫取世界权力》一书的作者），23

Flandin, French prime minister（弗朗丹，法国总理）: at Stresa（在斯特雷萨），116; and German reoccupation of Rhineland（与德国重占莱茵兰），130-3; book by（他的著作），343

Foerster, W., author of *Ein General kämpft gegen den Krieg*（W. 弗尔斯特，《一位反对战争的将军》一书的作者），22n

Four Power Pact（四强条约），107-8

France（法国）: policy of, after first World war（第一次世界大战后的政策），9，12，48，51，60-1; Germany's aggressive attitude to（德国针对法国的好战姿态），13-15，23; rearmament of（法国的重整军备），18-20; defeated by Germany (1940)（1940年被德国击败），19，24，82，99，150; documents concerning policy of（有关法国政策的文件），37; and Russia（与俄国），43; and armistice（与停战协定），45-6; and reparations（与战争赔偿），69-70; and MacDonald（与麦克唐纳），79-81; and Locarno（与《洛迦诺公约》），84，86; defensive strategy of（法国的防御战略），87-8; Arthur Henderson and（阿瑟·韩德森与法国），94; and disarmament conference（与裁军大会），102-7; and Four Power Pact（与四强条约），107; and Societ alliance（与苏联结盟），109; and Stresa front（与斯特雷萨阵线），116; and German reoccupation of Rhineland（与德国重占莱茵兰），130-4; and Anti-Comintern Pact（与反共产国际协定），146; and Belgium（与比利时），148; delayed rearmament of（推迟了重整军备），152; and Spanish civil war（与西班牙内战），157-8; Hitler expects civil war in（希特勒指望法国内战），169; and annexation of Austria（与奥地利被吞并），187; and Czechoslovakia（与捷克斯洛伐克），191-2，195，215; ultimatum of, to Czechoslovakia（向捷克斯洛伐克发出最后通牒），216; and Munich（与慕尼黑），233-4; not afraid of Italy（不怕意大利），247; and Poland（与波兰），261; becomes second-class power（成为二等大国），267-8; wants Soviet alliance（想与苏联结盟），275，291; military convension of, with Poland（与波兰的军事协定），290; military mission of, to Moscow（派军事使团赴莫斯科），292; and Nazi-Soviet pact（与德苏条约），321; declares war on Germany（对德宣战）335; no help to Poland（没有援助波兰），336

Franco, Spanish dictator（佛朗哥，西班牙独裁者），160，161

Franco-German declaration (December 1938)（1938年12月法德宣言），246

Franco-Soviet Pact（法苏条约）: made（签订），119; ratified（批准），129，146; nullified by Poland（因波兰变得无效），240; Neville Chamberlain on（内维尔·张伯伦对该条约的看法），243; Halifax on（哈利法克斯对该条约的看法），243; ineffective（无效），274; Daladier threatens to invoke（达拉第扬言要援引该条约），291

Franz Ferdinand, Austrian archduke（弗朗茨·斐迪南，奥地利大公）: assassinated（遇刺），42，178

Fritsch, German general（弗立契，德国将军）: at 'Hossbach' meeting（参加"霍斯巴赫"会议），21，169 - 71; dismissed（被解职），179

G

Gafencu, Rumanian foreign minister（加芬库，罗马尼亚外交大臣），278; book by（他的著作），344

Gamelin, French general（甘末林，法国将军）: and German reoccupation of Rhineland（与德国重占莱茵兰），131 - 3; loses war（战败），149; on Czechoslovakia（对捷克斯洛伐克问题的看法），196; and Soviet aid（与苏联援助），224; on prospect of success in 1938（对1938年成功前景的看法），225 - 6; has low opinion of Polish army（瞧不起波兰军队），275; makes military convention with Poland（与波兰签订军事协定），290; says French army is ready（说法国军队已作好准备），321; book by（他的著作），343

Gdynia（格丁尼亚），241

Geneva, centre of Europe（日内瓦，欧洲中心），44; Protocol（议定书），80，83; disliked by Mussolini（墨索里尼讨厌日内瓦），107; Hoare at（霍尔在日内瓦），122; disliked by British admirals（英国海军将领们讨厌日内瓦），125; Spanish pictures at（西班牙绘画收藏在日内瓦），128

Genoa, conference at（热那亚会议），76

George VI, king of England（乔治六世，英格兰国王）: wishes to appoint Halifax prime minister（想任命哈利法克斯为首相），174

George, David Lloyd, British prime minister（戴维·劳合·乔治，英国首相）: and Versailles（与凡尔赛和约），7; and generals（与将领们），29; policy of, towards Germany（对德政策），50; and Danzig（与但泽问题），50; and French alliance（与法国结盟），56; and reparations（与战争赔偿），69，72; and Genoa conference（与热那亚会议），75 - 7; leaves office（离职），77; emulated at Stresa（在斯特雷萨被仿效），116; and Benes（与贝奈斯），211; advocates Soviet alliance（鼓吹与苏联结盟），276，322; and Nazi-Soviet Pact（与德苏条约），323; book by（他的著作），343

Germany（德国）: seeks power（力求成为大国），9，10，11，15，25; rearmament of（德国的重整军备），11，15 - 21，104 - 5，266 - 8; and Poland（与波兰），18，19，23; and Belgium（与比利时），19，23，24; aims of, in first World war（在第一次世界大战中的战争目标），23，42; problem of（德国问题），32 - 4，47，66; defeat of（德国战败），43; and armistice（与停战协定），46; existence of, recognized（其存在得到承认），46 - 7; and treaty of Versaille（与凡尔赛和

约),52-4;and reparations(与战争赔偿),73-6;and colonies(与殖民地),75;and occupation of Ruhr(与占领鲁尔),78,86;and Locarno(与《洛迦诺公约》),82;great depression in(国内的大萧条),90;naval agreement of,with Great Britain(英德海军协定),118-9,123;and sanctions(与制裁),123;reoccupies Rhineland(重占莱茵兰),129-30,133;economic system of(德国的经济体系),137-40;and Spanish civil war(与西班牙内战),159;becomes predominant European power(成为在欧洲占支配地位的大国),232,235;troop movements in(国内军队调动),259;attacks Poland(进攻波兰),334;publication of documents concerning(德国文件的出版)37,38,341

Gibraltar(直布罗陀):not threatened by Franco(没有受到佛朗哥威胁),160

Godesberg, meeting at(戈德斯堡会晤),223,239,240,327

Goebbels, Joseph, German minister of propaganda(约瑟夫·戈培尔,德国宣传部长),12

Goering, Hermann, German statesman(赫尔曼·戈林,德国政治家):and Reichstag fire(与国会纵火案),12;and rearmament(与重整军备),17,18;at 'Hossbach' meeting(参加"霍斯巴赫"会议),22,169-71;witness at Blomberg's wedding(在勃洛姆堡婚礼上充当证婚人),179;reassures Czechs(打消捷克人的疑虑),187;warns British government(警告英国政府),280;wants peace(希望和平),296;negotiates through Wohltat(通过沃尔塔特进行谈判)297-9;tries to moderate Hitler(试图劝希特勒采取节制态度),305;Dahlerus(达勒鲁斯),325,328;passes on German terms(转达德国的条件),331

Gooch, G. P.(G. P. 古奇),30

Gottwald, Czechoslovak statesman, consulted by Benes(哥特瓦尔德,捷克斯洛伐克政治家,贝奈斯征求他的意见),220

Grandi, Italian diplomatist(格兰迪,意大利外交家):assists at overthrow of Eden(协助张伯伦赶艾登辞职下台),184

Great Britain(英国):and Czechoslovakia(与捷克斯洛伐克),8,195,199,209;policy of(英国的政策),9,12-16,26;Germany's aggressive attitude to(德国针对英国的好战姿态),13-15;rearmament in(英国的重整军备),18-20,149-55;and Munich agreement(与《慕尼黑协定》),25,234-5;favours armistice(赞成停战协定),45;and disarmament(与裁军),58;and German recovery(与德国的复兴),59;only World Power in Europe(欧洲的唯一世界大国),67;and reparations(与战争赔偿),69-73;leaves gold standard(放弃金本位),73;and Locarno(与《洛迦诺公约》),80-3;and Manchurian crisis(与满洲危机),90-3;and Disarmament conference(与裁军大会),90-3;exaggerates Italian strength(夸大意大利的实力),115;naval agreement of, with Germany(英德海军协定),118;and Abyssinian crisis(与阿比西尼

亚危机),119-22;navy of, cannot fight Italy（海军不能与意大利打仗),124;
general election in（国内大选),125 - 6;and German reoccupation of
Rhineland（与德国重占莱茵兰),131 - 2;gives guarantee to France（对法国
作出担保),148;and Spanish civil war（与西班牙内战),160 - 2;and Far East
（与远东),164;and United States（与美国),164 - 5;and annexation of
Austria（与奥地利被吞并),186;guarentee of, to Czechoslovakia（对捷克斯
洛伐克作出担保),219 - 20;fear of French weakness（担心法国的弱点),246;
and German occupation of Prague（与德国占领布拉格),251 - 4;gives
guarantee to Poland（对波兰作出担保),260,264 - 5;Hitler's offer to（希特
勒给英国的提议),270;and Soviet Russia（与苏俄),276 - 82,285,289 - 90,
291 - 2;military mission of, to Moscow（军事代表团赴莫斯科),292,310 -
13;offers to Germany of（向德国提议出价),296 - 7;and Nazi-Soviet pact
（与德苏条约),323;Hitler's last offer to（希特勒向英国最后提议出价),325;
declares war on Germany（对德宣战),335;continues war against Germany
（继续进行对德战争),336;publication of documents concerning（英国文件的
出版),30,38,341 - 2

Greece, British guarantee of（英国对希腊作出担保),272

Greenwood, Arthur, British statesman（阿瑟·格林伍德,英国政治家):speaks
for England（代表英国说话),335

Grey, Edward, British foreign secretary（爱德华·格雷,英国外交大臣),30;
critics of（批评格雷的人),33;Locarno in spirit of（体现他的精神的《洛迦
诺公约》),81;would not have gone to Munich（不会去慕尼黑),141

Grimm, Hans, author of *Volk ohne Raum*（汉斯·格林,《没有空间的人民》一
书的作者),23

Guadalajara, battle of the（瓜达拉哈拉战役),162

H

Hacha, president of Czechoslovakia（哈卡,捷克斯洛伐克总统):visit to Berlin
（访问柏林),9;surrenders Czechoslovakia to Hitler（把捷克斯洛伐克拱手交
给希特勒),250 - 1,331

Haile Selassie, emperor of Abyssinia（海尔·塞拉西,阿比西尼亚皇帝),
119,127

Halifax, British foreign secretary（哈利法克斯,英国外交大臣):visits
Berchtesgaden（访问贝希特斯加登),174 - 5;becomes foreign secretary（担
任外交大臣),184;and Austria（与奥地利),186;policy of（他的政策),195
- 9;against war（反对战争),200;on Czechoslovak mobilization（对捷克斯
洛伐克总动员的看法),207;complains of French policy（抱怨法国的政策),

209; sends Runciman to Czechoslovakia（派朗西曼赴捷克斯洛伐克）,210; and chances of war（与战争的可能性）,215,218; opposes Chamberlain's policy（反对张伯伦的政策）,223-4; drafts statement of British policy（起草有关英国政策的公报）,226; and Maisky（与迈斯基）,228; after Munich（《慕尼黑协定》签署之后）,231; and Ukraine（与乌克兰）,243; on guarantee to Czechoslovakia（对给予捷克斯洛伐克担保的看法）,244; on German occupation of Prague（对德国占领布拉格的看法）,251; conscience stirred（良心不安）,253; on Poland（对波兰的看法）,256-7; thwarted by Beck（被贝克挫败）,261-2; accepts German case at Danzig（接受德国在但泽问题上的理由）,265; on British economic strength（对英国经济实力的看法）,272; and Soviet Russia（与苏俄）,274,277,281; in Paris（在巴黎）,291; does not fear breakdown of Soviet negotiations（不担心与苏联谈判的破裂）,292; makes offer to Germany（向德国提议出价）,296-7; wants change at Danzig（希望在但泽问题上态度有所改变）,327; sees Dahlerus（接见达勒鲁斯）,328; wishes to agree with Germany（希望同意德国的看法）,333; insists on German withdrawl from Poland（坚持要求德国撤出波兰）,334; book by（他的著作）,343

Hassell, German diplomatist（哈塞尔，德国外交家）: dismissed（被免职）,180

Henderson, Arthur, British foreign secretary, presides over Disarmament conference（阿瑟·韩德森，英国外交大臣，主持裁军大会）,93-4

Henderson, Nevile, British diplomatist（内维尔·韩德森，英国外交家）: and annexation of Austria（与奥地利被吞并）,186; on Czechoslovak（对捷克斯洛伐克的看法）,198; offers concessions to Germany（提议对德国作出让步）,203; denies German mobilization（否认德国有军队调动）,207; on Benes（对贝奈斯的看法）,209; on War（对战争的看法）,217-18; believes Hitler has no plans（相信希特勒没有计划）,248; called to London（被召回伦敦）,253; does not meet Ribbentrop（没有会晤里宾特洛甫）,296; half-hearted in support of Poland（对支持波兰三心二意）,323-4; visits Hitler（造访希特勒）,323; goes to London（前往伦敦）,325; negotiates with Hitler（与希特勒谈判）,328; wishes to agree with Germany（希望同意德国的看法）,330; sees Ribbentrop（与里宾特洛甫会晤）,331; urges acceptance of German terms（力主接受德国条件）,332-3; book by（他的著作）,343

Henlein, Suteden leader（汉莱因，苏台德领袖）: receives instructions from Hitler（接受希特勒的指令）,192; makes Carlsbad demands（在卡尔斯巴德的讲话中提出要求）,202; in London（在伦敦）,203

Herriot, French statesman（赫里欧，法国政治家）: and MacDonald（与麦克唐

纳),79; and Hoare-Laval plan (与霍尔·赖伐尔计划),127; book by (他的著作),342

Hesse, prince of (黑森亲王): takes message to Mussolini (带信给墨索里尼),186, 187

Himmler, German statesman (希姆莱,德国政治家): produces false evidence against Fritsch (捏造证据指控弗立契),179

Hitler, Adolf, German dictator (阿道夫·希特勒,德国独裁者): controversy as to responsibility for second World war (关于承担第二次世界大战罪责的争议),8-27; policy of (他的政策),8, 96-102; receives Hacha (接待哈卡),9, 249; and Soviet Russia (与苏俄),13, 19, 20, 24, 108-9; and America (与美国),13; attitude to England and France (对英法的态度),13, 24; on *Lebensraum* (论**生存空间**),21-4, 139-40; becomes chancellor (担任总理),25, 40, 96; dead (死了),29; carries sole blame for second World war (为第二次世界大战单独承担罪责),34-5; and Disarmament conference (与裁军大会),102-3; and Four Power pact (与四强条约),107; makes Non-Aggression pact with Poland (与波兰签订互不侵犯条约),111-12; succeeds Hindenburg as president (继兴登堡任总统),112; and Austria (1934) (与奥地利,1934年),113-16; restores conscription (恢复征兵制),116; and sanctions (与制裁),122-3, 141; reoccupies Rhineland (重占莱茵兰),133; and Spanish civil war (与西班牙内战),140; and Austria (1936) (与奥地利,1936年),144; and Japan (与日本),145-6; economic achievement of (他的经济成就),154; and Franco (与佛朗哥),160; at 'Hossbach' meeting (在"霍斯巴赫"会议上),169-71; meets Halifax (会见哈利法克斯),174-6; negotiates with Schuschnigg (与舒施尼格谈判),178-82; addresses Reichstag (向国会发表演说),182; annexes Austria (吞并奥地利),185-9; and Czechoslovakia (与捷克斯洛伐克),191-4; Halifax on (哈利法克斯对他的看法),199; Neville Chamberlain on (内维尔·张伯伦对他的看法),201; 'hit on head' ("当头棒喝"),207; at Nuremberg (在纽伦堡),213; receives Neville Chamberlain at Berchtesgaden (在贝希特斯加登接见内维尔·张伯伦),216-17; at Godesberg (在戈德斯堡),223; receives Horace Wilson (接见霍拉斯·威尔逊),226; at Munich conference (在慕尼黑会议上),226-30; has no plans after Munich (《慕尼黑协定》签署之后没有其他打算),238; and Poland (与波兰),240; receives Beck (接见贝克),242; on Danzig (对但泽问题的看法),243; and Slovaks (与斯洛伐克人),248-9; British views of (英国对他的看法),251-2; at Memel (在梅梅尔),257; expected to be sensible (被期许会明智行事),260-1; restrains Germans in Danzig (约束但泽的德意志人),265; armament policy of (他的军备政策),266-8; intentions of (他

的意图），270；and Soviet Russia（与苏俄），284 - 5，294 - 5；intentions of（他的意图），304；calls *va banque*（下赌注玩"炸局"这一招），305；visitors to，at Berchtesgaden（前往贝希特斯加登的访客），307；approaches Soviet Russia（与苏俄接洽），310，314；sends letter to Stalin（致函斯大林），316；radiant（满面春风），320；Henderson fails to say Boo to（韩德森没能对希特勒说声吓去吓唬他），324；makes last offer to Great Britain（向英国最后提议出价），325；cancels attack on Poland（取消进攻波兰），326；asks for Polish Plenipotentiary（要求波兰派遣全权代表），330；orders attack on Poland（命令进攻波兰），333

Hoare, Samuel, British foreign secretary（塞缪尔·霍尔，英国外交大臣）：at League of Nations（在国际联盟），122，125；and Hoare-Laval plan（与霍尔-赖伐尔计划），126 - 30；on golden age（对黄金时代的看法），251；on British policy in 1939（对1939年英国政策的看法），253 - 4；book by（他的著作），343

Hodza, Czechoslovak prime minister（霍贾，捷克斯洛伐克总理）：asks for Anglo-French ultimatum（恳求英法发出最后通牒），221 - 2

Hoover, president of United States（胡佛，美国总统）：proposes moratorium（建议延期偿付），70

Hore-Belisha, British statesman（霍尔-贝利沙，英国政治家）：apprehensive concerning unfortified Belgian frontier（担心未设防的比利时边界），149

Hossbach, German officer, keeps record at 'Hossbach' meeting（霍斯巴赫，德国军官，保存"霍斯巴赫"会议的记录），20 - 2，169 - 71

Hudson, Robert, British statesman, makes offer to Germany（罗伯特·赫德森，英国政治家，向德国提议出价），297 - 8，299

Hungary（匈牙利）：Germans in（匈牙利境内的德意志人），51；supports revisionism（支持修约主义），66；Hitler and（希特勒与匈牙利），111；does not operate sanctions（没有实行制裁），122；Mussolini and（墨索里尼与匈牙利），145；hostile to Czechoslovakia（敌视捷克斯洛伐克），191；fails to act against Czechoslovakia（没有对捷克斯洛伐克采取行动），213，226，239；Ribbentrop does not support claims of（里宾特洛甫不支持匈牙利对领土主权的要求），240；Hitler does not support（希特勒不支持匈牙利对领土主权的要求），249；Mussolini supports（墨索里尼支持匈牙利），250；will not support Hitler against Poland（将不支持希特勒反对波兰），308；in second World war（在第二次世界大战中），266

I

India（印度），173

Inskip, Thomas, British statesman（托马斯·英斯基普，英国政治家）: becomes minister for the coordination of defence（担任国防协调大臣）, 153

Irak（伊拉克）, 24

Ireland（爱尔兰）, 173

Ironside, British general（艾恩赛德，英国将军）: projected visit of, to Hitler（原计划作为特使造访希特勒）, 323

Istria（伊斯特拉半岛）, 42

Italy（意大利）: Italo-German military talks（意大利德国军事会谈）, 13, 14; in first World war（在第一次世界大战中）, 18; exhausted（元气大伤）, 48; grievances of（不满抱怨）, 57; and Yugoslavia（与南斯拉夫）, 66; and Locarno（与《洛迦诺公约》）, 82-3; in League of Nations（在国际联盟中）, 84-5; and Four Power pact（与四强条约）, 107-8; and Austria（与奥地利）, 114-16; and Abyssinia（与阿比西尼亚）, 118-27; poverty of（贫困）, 138-9; and Spanish civil war（与西班牙内战）, 159, 161, 202, 309; and Danzig（与但泽问题）, 306; keeps out of war（置身于战争之外）, 326; publication of documents concerning（意大利文件的出版）, 37, 342

Izvolski, Russian foreign minister（伊兹沃尔斯基，俄国外交大臣）, 30

J

Japan（日本）: and United States（与美国）, 35; and Manchuria（与满洲）, 90-3; Soviet fears concerning（苏联对日本的担心）, 108; and Anti-Comintern pact（与反共产国际协定）, 145-6; makes war on China（发动对华战争）, 164, 205; policy of, in 1939（1939年的政策）, 273-4; would be offended by Anglo-Soviet alliance（会被英苏同盟触怒）, 278; clashes with Soviet forces（与苏联军队冲突）, 293

K

Keitel, German general（凯特尔，德国将军）, 13, 14, 208, 326, 327

Kennedy, American diplomatist（肯尼迪，美国外交家）: Horace Wilson appeals to（霍拉斯·威尔逊求助于他）, 329; on Neville Chamberlain（对内维尔·张伯伦的看法）, 330

Keynes, J. M., British economist（J. M. 凯恩斯，英国经济学家）, 50, 70, 72, 75, 153, 340

Kirchbach, Count, German officer（基希巴赫伯爵，德国军官）: and Hossbach memorandum（与霍斯巴赫备忘录）, 21, 22n

Kirkpatrick, British diplomatist（柯克帕特里克，英国外交家）: offers British support to Hitler（向希特勒提供英国的支持）, 203; book by（他的著作）, 343

Klein, Burton H., author of *Germany's Economic Preparations for War*（伯顿·H. 克莱因，《德国经济上的战争准备》一书的作者），11，16，17

L

Labour party, British（英国工党）：and Versailles（与凡尔赛和约），7；and British rearmament（与英国重整军备），25，152-3，154；and German colonies（与德国殖民地），75；sympathizes with Germany（同情德国），80-1；and Manchurian crisis（与满洲危机），91-2；and disarmament（与裁军），93，106；and League of Nations（与国际联盟），125；and Abyssinian crisis（与阿比西尼亚危机），125-6；and 'have-not' Powers（与"贫穷"大国），138；and Spanish civil war（与西班牙内战），158-61；opposed to Hitler（反对希特勒），173；favours Soviet alliance（赞成与苏联结盟），277；and Nazi-Soviet pact（与德苏条约），322

Latvia（拉脱维亚）：annexed by Soviet Russia（被苏俄吞并），42

Lausanne, conference at（洛桑会议），70

Laval, French foreign minister（赖伐尔，法国外交部长），116；and Italy（与意大利），116；visits Rome（访问罗马），119；regrets Stresa front（为斯特雷萨阵线惋惜），123；accepts Hoare-Laval plan（接受霍尔-赖伐尔计划），126；leaves office（离职），130

Law, Bonar, British statesman（博纳·劳，英国政治家），77

League of Nations（国际联盟）：supervises Danzig（监管但泽），50；British and French views of（英法对国联的看法），64-5；Germany joins（德国加入），83；and Manchurian crisis（与满洲危机），90-2；Germany leaves（德国退出），106；Soviet Russia joins（苏俄加入），109；and Abyssinian crisis（与阿比西尼亚危机），118-23；influence of, destroyed（其影响力遭毁坏），127-9，135-6；and Rhineland（与莱茵兰），130；Soviet Russia in（苏俄在国联），146；China appeals to（中国求助于国联），164；Neville Chamberlain and（内维尔·张伯伦与国联），172；Benes and（贝奈斯与国联），193；Litvikov at（李维诺夫在国联），205

League of Nations Union（国际联盟协会），125

Lebensraum（**生存空间**），21，23，24，139-40，169

Lebrun, president of France（勒布伦，法国总统）：approves ultimatum to Czechoslovakia（批准向捷克斯洛伐克发出最后通牒），222

Leeper, British diplomatist（利珀，英国外交家）：drafts statement of British policy（起草有关英国政策的公报），226

Lenin, Soviet statesman（列宁，苏联政治家）：on Russian revolution（论俄国革命），88；on causes of war（论战争起因），137；would not have made Nazi-

Soviet pact（不会签订德苏条约），141

Leopold, Austrian Nazi（利奥波德，奥地利纳粹分子）: recalled by Hitler（被希特勒召回），182

Linz（林茨）: Hitler values above Berlin（希特勒看重它超过柏林），143; Hitler at（希特勒在林茨），188; Hitler makes plans for（希特勒为林茨作规划），238

Lipski, Polish diplomatist（利普斯基，波兰外交家）: meets Ribbentrop（会见里宾特洛甫），242; complains to Ribbentrop（向里宾特洛甫提出抗议），258; returns to Berlin（返回柏林），259; Henderson urges, to negotiate with Germans（韩德森敦促他与德国人谈判），330–1; last meeting of, with Ribbentrop（与里宾特洛甫最后一次会晤），332–3

Lithuania（立陶宛）: loses Memel to Germany（把梅梅尔割让给德国），257–8; annexed by Soviet Russia（被苏俄吞并），42

Litvinov, Soviet foreign commissar（李维诺夫，苏联外交人民委员）: visits Washington（访问华盛顿），96; on German reoccupation of Rhineland（对德国重占莱茵兰的看法），133; at League of Nations（在国际联盟），146; and Bonnet（与博内），205, 214; Halifax consults（哈利法克斯向他询问），224; after Munich（《慕尼黑协定》签署之后），238; negotiate with British（与英国人谈判），287–8; leaves office（离职），284, 289

Locarno, treaty of（《洛迦诺公约》）: made（签订），82–6; significance of（其重要性），94, 107; Hitler confirms（希特勒确认），117; and German reoccupation of Rhineland（与德国重占莱茵兰），131–5, 140, 142; British substitute for（英国替代《洛迦诺公约》），148, 233

London（伦敦）: naval conference of（海军会议），87, 93; destruction of, feared（担心遭战火毁坏），151; Bonnet and Daladier in (April 1938)（1938年4月博内和达拉第在伦敦），200; Henlein in（汉莱因在伦敦），203; Bonnet and Daladier in (18 September)（9月18日博内和达拉第在伦敦），218;（25 September）（9月25日博内和达拉第在伦敦），225; Beck in（贝克在伦敦），261; civil defense of（民防），323; visits to, of Dahlerus（达勒鲁斯访问伦敦），328

Lytton commission（李顿调查团），92

M

McDonald, Ramsay, British prime minister（拉姆齐·麦克唐纳，英国首相）: takes office（就职），79; and Germany（与德国）79–80; leaves office（离职），80; favours appeasement（赞成绥靖），86; makes National government（组成国民政府），91; speaks through Baldwin（鲍德温继承麦克唐纳的衣钵），104–6; and Four Power pact（与四强条约），107; at Stresa（在斯特雷萨），

116; and Abyssinia（与阿比西尼亚）,120; leaves office（离职）,122; and Mussolini（与墨索里尼）,163

Madrid（马德里）: resists Franco（抵抗佛朗哥）,156

Maginot line（马其诺防线）,88,131-4,149,234,275

Maisky, Soviet diplomatist（迈斯基，苏联外交家）: and Halifax（与哈利法克斯）,161,228

Maitland, F. W.（F. W. 梅特兰）,19; quoted（引用他的话）,282

Manchukuo（伪满洲国）,293

Manchuria, crisis over（满洲危机）,68,90-2,120,122,128

Mantoux, Étienne（艾蒂安·芒图）,70,344

Marseilles（马赛）: assassination of King Alexander and Barthou at（南斯拉夫国王亚历山大和法国外交部长巴尔都在此遇刺）,115

Marx, Karl（卡尔·马克思）: on causes of war（论战争起因）,137

Masaryk, president of Czechoslovakia（马萨里克，捷克斯洛伐克总统）,193,239

Matteoti, Italian statesman（马泰奥蒂，意大利政治家）: murdered by Fascists（被法西斯党徒谋杀）,85

Mein Kampf（《我的奋斗》）: and Hitler's ideas（与希特勒的思想）,22,23; when written（写作时间）,98; and Italy（与意大利）,113; and Versailles（与凡尔赛和约）,142; not translated into English（没有译成英文出版）,252

Meinek, G., author of *Hitler und die deutsche Aufrustung*（G. 迈因克，《希特勒和德国扩充军备》一书的作者）,22n

Memel（梅梅尔）: annexed by Germany（被德国吞并）,258

Metternich, Austrian chancellor（梅特涅，奥地利首相）: days of（他的时代）,167; and non-intervention（与不干涉政策）,158; Schuschnigg shares outlook of（舒施尼格持有与他相同的观点）,177; Benes imitates（贝奈斯仿效他）,193; echos of, after Munich（《慕尼黑协定》签署之后他的论点引发共鸣）,235

Miklas, president of Austria（米克拉斯，奥地利总统）: refuses to appoint Seyss-Inquart（拒绝任命赛斯-英夸特）,187

Milner, British statesman, favours Brest-Litovsk（米尔纳，英国政治家，赞成布列斯特-立托夫斯克条约）,99

Molotov, Soviet foreign commissar（莫洛托夫，苏联外交人民委员）: remains silent（没留记述）,281; becomes foreign commissar（担任外交人民委员）,284; rejects British proposal（拒绝英国建议）,289; proposes military conversations（提议举行军事会谈）,292; and Germany（与德国）,295; negotiates with Schulenberg（与舒伦堡谈判）,315

Morley, John, British statesman（约翰·莫莱，英国政治家）,107

Morocco（摩洛哥）,66,120

Mosley, Oswald（奥斯瓦尔德·莫斯利）,146

Munich（慕尼黑）: significance of agreement at（《慕尼黑协定》的重要意义）,7,8,25,36,140,192,226,251-3,264,269,272,303; geopolitician in（当地的地缘政治论者）,99; Nazi rising in（纳粹党徒在那里的暴动）,192; conference at（慕尼黑会议）,232-5; Hitler wants another（希特勒想再搞一个"慕尼黑"）,316,318,319; Halifax wants another（哈利法克斯想要第二个"慕尼黑"）,328

Mussolini, Italian dictator（墨索里尼，意大利独裁者）: dead（死了）,29; silent（没留记述）,39; corrupting influence of（其堕落腐化的影响力）,84-5; and German disarmament（与德国裁军）,103; expects war in 1943（预计战争在1943年爆发）,104; encourages Dollfuss（怂恿陶尔斐斯）,113; meets Hitler at Venice（在威尼斯会见希特勒）,114; and Abyssinia（与阿比西尼亚）,118-26; and Eden（与艾登）,121; and Laval（与赖伐尔）,123; British fears of（英国惧怕他）,124; accepts Hoare-Laval plan（接受霍尔-赖伐尔计划）,126; conquers Abyssinia（征服阿比西尼亚）,127; glorifies war（颂扬战争）,136; remains non-belligerent（保持非交战状态）,137; and Austria (1936)（1936年与奥地利）,144; and Axis（与轴心国）,145-6; 155-6; and Spanish civil war（与西班牙内战）,156-7; does not support Austria（不支持奥地利）,177-8; condemns plebiscite in Austria（谴责奥地利举行全民公投）,185; acquiesces in annexation of Austria（默认奥地利被吞并）,186-8; shrinks from war（不敢参战）,213; appeals to Hitler（向希特勒发出呼吁）,226; at Munich conference（在慕尼黑会议上）,228-9; black-mails British（敲诈英国人）,247; indignant at German occupation of Prague（对德国占领布拉格愤愤不平）,250; British hope of appeal to（英国人希望求助于他）,272; refuses to go to war（拒绝参战）,309,326; proposes conference over Poland（建议就波兰问题举行多国会议）,334

N

Naggiar, French diplomatist, quoted by Strang（纳吉亚尔，法国外交家，英国外交部官员斯特朗引用他的话）,283

Namier, L. B.（L. B. 纳米尔）,31,34,345

Napoleon III, and Italy（拿破仑三世，与意大利）,178

Nazi-Soviet Pact（德苏条约）,36,140; signature of（签字）,317

Nelson, British admiral, has craven successors（霍雷肖·纳尔逊，英国海军少将，有许多怯懦的继任者）,125

Neurath, German foreign minister（纽赖特，德国外交部长）: at 'Hossbach'

meeting（参加"霍斯巴赫"会议），21，22，168－71；on Rapallo（对拉帕洛条约的看法），109；dismissed（被解职），180；temporarily recalled（被临时召回），186

Newton，British diplomatist（牛顿，英国外交家）：reports talk with Benes（汇报与贝奈斯的谈话），193；condemns Czechs（责备捷克人），198；on Sudeten claims（对苏台德领导人所提要求的看法），202

Nice，Italian claim to（尼斯，意大利要求领土主权），139，247

Noël，French diplomatist（诺埃尔，法国外交家）：advocates desertion of Czechoslovakia（主张舍弃捷克斯洛伐克），200；book by（他的著作），343

Nomunhan，conflict of（诺门罕武装冲突），293

Non-Aggression Pact (Poland-Germany)（波德互不侵犯条约）：made（缔结），111－12；effects of（条约的影响），143，190，240；denounced by Hitler（被希特勒废弃），270

North，British prime minister（诺斯勋爵，英国首相）：Chamberlain's government more incompetent than（张伯伦政府比诺斯勋爵更无能），280

Nuremberg（纽伦堡）：trial of war-criminals at（纽伦堡国际军事法庭对主要战犯的审判），21，22，36，38，171；Nazi party meeting at (1938)（1938年纽伦堡纳粹党代会），209；(1939)（1939年纽伦堡纳粹党代会），307

Nyon（尼翁）：conference at（尼翁会议），163

O

Ogilvie-Forbes，British diplomatist（奥吉尔维-福比斯，英国外交家）：visits Lipski（造访利普斯基），332

P

Pact of Steel（钢铁盟约），272，306

Papen，German statesman（巴本，德国政治家）：puts Hitler in power（把希特勒扶上台），11，97，101；demands equality of arms for Germany（要求给德国以军备平等），90；and disarmament conference（与裁军大会），96；as ambassador to Austria（任驻奥地利大使），143；and Schuschnigg（与舒施尼格），178－9；dismissed（被解职），179；visits Hitler（拜见希特勒），180；memoirs by（他的回忆录），342

Paris（巴黎）：Baldwin and Simon at（鲍德温和西蒙在巴黎），105；Hoare at（霍尔在巴黎），126；Papen at（巴本在巴黎），175；Chamberlain and Halifax at（张伯伦和哈利法克斯在巴黎），244；Ribbentrop at（里宾特洛甫在巴黎），246；Halifax at（哈利法克斯在巴黎），291；treaty of（巴黎条约），104

Pasich，Serbian prime minister（帕希茨，塞尔维亚首相），190

Passchendaele, battle of （帕森达勒战役），30

Paul-Boncour, French foreign minister advocates strong line （保罗-邦库尔，法国外交部长提倡强硬路线），196；leaves office （离职），197；book by （他的著作）343

Peace Ballot （和平民调），121

Pershing, American general, opposes armistice （潘兴，美国将军，反对停战协定），45

Persia （波斯），62，66

Phipps, Eric, British diplomatist （埃里克·菲普斯，英国外交家）：and Paul-Boncour （与保罗-邦库尔），196；stresses French weakness （强调法国的弱点），198；and Bonnet （与博内），207；reports French against war （汇报法国的反战立场），224，226；and Halifax （与哈利法克斯），243

Pilsudski, Polish dictator （毕苏斯基，波兰独裁者）：makes non-aggression pact （缔结互不侵犯条约），111

Poincaré, Raymond, French statesman （雷蒙·普恩加莱，法国政治家），30；critics of （批评普恩加莱的人），33；and Genoa conference （与热那亚会议），76；and occupation of Ruhr （与占领鲁尔），77

Pokrovsky （波克罗夫斯基），30

Poland （波兰）：and British policy （与英国的政策），8；German aggression against （德国对波兰的侵略），17-19，23；suffering of （波兰在战时遭受的灾祸），26；changes of frontiers after second World war （第二次世界大战后边界的变更），41；established （建国），50；and France （与法国），50；Germany cannot fight （德国不能与波兰打仗），68；frontier with Germany （与德国的边界），68，74，78，82；arbitration treaty with Germany （与德国的仲裁条约），82；alliance with French （与法国结盟），88；Treviranus starts agitation against （特雷维拉努斯鼓动反对波兰），90；and Four Power pact （与四强条约），109；non-aggression pact with Germany （波德互不侵犯条约），110；opposes eastern Locarno （反对东方洛迦诺），115；and German reoccupation of Rhineland （与德国重占莱茵兰），132；Hitler counts on neutrality of （希特勒指望波兰保持中立），169；demands Tesin （对捷欣提出领土主权要求），223；threatened by Soviet Russia （受到苏俄威胁），224；Hitler approaches （希特勒试探波兰），240；challenges League of Nations at Danzig （对国联监管但泽提出异议），241；Balances between Germany and Soviet Russia （在德苏之间保持平衡），243；Bonnet, Ribbentrop, and （博内、里宾特洛甫与波兰），246；British alarm over （英国担心波兰靠拢德国），256；British guarantee to （英国对波兰作出担保），260；French doubts concerning （法国对波兰存疑），261；Hitler does not wish to destroy （希特勒不想消灭波兰），265，269-70；British try to restrain（英国人想节制波兰人），272，285；and Soviet Russia（与苏俄），287-8；and Danzig（与但泽），302-4；preparations of, for war（备战），305-6；expected to be able to stop Hitler（被指望能够阻止希特勒东进），312；German attack on, planned（德国计划进攻波兰），320；attacked by Germany（遭到德国进攻），334

Potsdam, conference at（波茨坦会议），168

Potyomkin, Soviet diplomatist（波将金，苏联外交家），237

Prague（布拉格）：German occupation of（德国占领布拉格），14，238，250-1；Strang in（斯特朗在布拉格），207；no collapse in（布拉格没有崩溃），214；saved by Benes（被贝奈斯挽救），229；effects of German occupation of（德国占领布拉格的后果），253，260，272，286，290，294

Pribram, A. F.（A. F. 普里勃勒姆），30

R

Raeder, German admiral（雷德尔，德国海军将领）：at 'Hossbach' meeting（参加"霍斯巴赫"会议），22，168-71

Rapallo, treaty of（拉帕洛条约）：made（缔结），76；renewed（续订），84；dissolved（废除），109-10；German regrets for（德国感到惋惜），110，314；gives no guidance（没有指明未来方向），294

Reichstag fire（国会纵火案），12

Remarque, author of *All Quiet on the Western Front*（雷马克，《西线无战事》一书的作者），87

Recouvin, P., book by（P. 勒努万的著作），344

Reparations：peace negotiations and（和谈与赔款），47；connexion of, with Rhineland（赔款与撤走莱茵兰驻军挂钩），51；United States and（美国与赔款），57；disputes over（就赔款引起的争执），69-76，86；ended（结束赔款），96

Rhineland（莱茵兰）：reoccupied by Germany（被德国重新占领），25，129-34；Allied occupation of（被协约国占领），47，51，71；demilitarized（非军事化），81-2，88，89；allied troops leave（协约国军队撤离），86；effects of German occupation of（德国占领的后果），135，142，148，155，163，168，198，233

Ribbentrop, German foreign minister（里宾特洛甫，德国外交部长）：and Keitel（与凯特尔），13；makes Anti-Comintern pact（缔结反共产国际协定），145；and Eden（与艾登），175；becomes foreign minister（出任外交部长），180；in London（在伦敦），186；meets Ciano at Vienna（在维也纳会见齐亚诺），240；visits Warsaw（访问华沙），242；visits Paris（访问巴黎），246；Lipski complains to（利普斯基向他提出抗议），258；elusive（避而不见），270；and

Soviet Russia（与苏俄），295; and Great Britain（与英国），296; rebukes Dirksen（斥责狄克森），299; wishes to visit Moscow（希望访问莫斯科），314-15; invited to Moscow（应邀赴莫斯科），316; negotiates with Stalin（与斯大林谈判），319; reads German terms to Nevile Henderson（把德国的条件念给内维尔·韩德森听），331; meets Lipski（会见利普斯基），333; memoirs by（他的回忆录），342

Riga, treaty of（里加条约）: disliked by Soviet Russia（苏俄对该条约的不满），278, 285

Rome（罗马）: Laval in（赖伐尔在罗马），119; Eden in（艾登在罗马），121; Hitler in（希特勒在罗马），202; Chamberlain and Halifax in（张伯伦和哈利法克斯在罗马），147

Roosevelt, F. D., president of United States（F. D. 罗斯福，美国总统）: policy in Europe（欧洲政策），13; dead（死了），29; and second World war（与第二次世界大战），35; becomes president（担任总统），95-6; isolationist policy of（他的孤立主义政策），90, 165; and New Deal（与新政），100; Eden and（艾登与他），183; will not support Czechs（将不支持捷克人），215; applauds Neville Chamberlain（称赞内维尔·张伯伦），237; Hitler has low opinion of（希特勒瞧不起他），268; refuses to bring pressure on Poland（拒绝对波兰施加压力），329

Rothfels, H., author of *Die deutsche Opposition gegen Hitler*（汉斯·罗特费尔斯，《德国反抗希特勒的反对派》一书的作者），22n

Rowse, A. L., *All Souls and Appeasement*（A. L. 罗斯，《万灵与绥靖》），8

Ruhr, occupation of, by French（鲁尔被法国人占领），53, 70, 77, 83, 88, 108; Hitler writes *MeinKampf* during（希特勒在法国人占领鲁尔期间写作《我的奋斗》），98; cannot be repeated（不能再次被占领），83, 233

Rumania（罗马尼亚）: Hitler's aims（希特勒的目标），19; Germans in（在那里的德意志人），51; Czechoslovakia and（捷克斯洛伐克与罗马尼亚），190; supposed German threat to（以为德国对罗马尼亚构成威胁），255, 260; Beck refuses to cooperate with（贝克拒绝与罗马尼亚合作），262; British guarantee to（英国向罗马尼亚作出担保），282, 287

Runciman, British statesman（朗西曼，英国政治家）: mission of, to Prague（出使布拉格），210-12; report of（他的报告），218, 221; no continental excursion of, in 1939（1939年内没有出使欧洲大陆的任务），272

S

Saar, plebiscite in（萨尔地区全民公投），117

St Jean de Maurienne, agreement of（圣让德莫里耶讷协定），30

Sarajevo, assassination at（萨拉热窝遇刺案）, 178

Sarraut, French prime minister（阿尔贝-皮埃尔·萨罗，法国总理）: and German reoccupation of Rhineland（与德国重占莱茵兰）, 130

Sauer, Wolfgang, author of *Die nationalsozialistische Machtergreifung*（沃尔夫冈·绍尔，《纳粹主义的夺权》一书的作者）, 15

Savoy, Italian claim to（萨伏依，意大利对它提出领土主权要求）, 139, 247

Schacht, German statesman（沙赫特，德国政治家）: overthrow of（解除他的职务）, 17; on colonies（对殖民地的看法）, 75; economic achievement of（他的经济成就）, 105, 139, 153; opposes Hitler over rearmament（在重整军备问题上反对希特勒）, 170-1, 179, 266; resigns（辞职）, 154, 179

Schmitt, B.（B. 施密特）, 30

Schulenburg, German diplomatist（舒伦堡，德国外交家）: and Soviet aid to Spain（与苏联对西班牙的援助）, 159; favours approach to Soviet Russia（赞成与苏俄接触）, 294-5; proposes visit by Ribbentrop（建议里宾特洛甫访苏）, 314-5

Schuschnigg（舒施尼格）. See Austria（参阅奥地利）

Schwerin, German general（施维林，德国将军）: advocates strong British line（主张英国采取强硬路线）, 299

Seeds, William, British diplomatist（威廉·西兹，英国外交家）: warns Nazi-Soviet pact（警告纳粹德国和苏联可能达成某种协定）, 280

Seipel, Austrian Chancellor（赛佩尔，奥地利总理）: on antisemitism（对反犹太主义的看法）, 100

Seyss-Inquart, Austrian statesman（赛斯-英夸特，奥地利政治家）: imposed by Hitler（希特勒将他强行塞入奥地利内阁担任内政部长）, 181-2; and German annexation of Austria（与德国吞并奥地利）, 187

Shanghai（上海）: British in（英国人在上海）, 91, 164

Siegfried line（齐格菲防线）: few German preparations in（德国在齐格菲防线上几乎没有准备）196, 208, 234

Silesia（西里西亚）, 68

Simon, John, British statesman（约翰·西蒙，英国政治家）: 1935 visit to Hitler（1935年造访希特勒）, 18; becomes foreign secretary（出任外交大臣）, 94; finds Hitler terrifying（发觉希特勒令人害怕）, 102; in Paris（在巴黎）, 105; and Four Power pact（与四强条约）, 107; at Stresa（在斯特雷萨）, 116; and Abyssinia（与阿比西尼亚）, 120; leaves office（离职）, 122; as elder statesman（作为政界元老）, 129; cross-examines Daladier（盘问达拉第）, 225; explains away guarantee to Czechoslovakia（为没对捷克斯洛伐克履行担保作辩解）, 251; book by（他的著作）, 343

Singapore（新加坡），91

Sleswig（石勒苏益格）：northern ceded to Denmark（北部割让给丹麦），50

Slovakia（斯洛伐克）：Hungarian demand for（匈牙利人对它提出领土主权要求），223；claims of，backed by Ribbentrop（它的要求得到里宾特洛甫的支持），240；becomes independent（从捷克-斯洛伐克独立出来），249；Polish grievance over（波兰人就德国对斯洛伐克的所作所为不满），258

Smuts，South African statesman（史末资，南非政治家）：and Versailles（与凡尔赛和约），7；favours Brest-Litovsk（赞同布列斯特-立托夫斯克条约），99

Soviet Russia（苏俄）：and position in Europe（与其在欧洲的地位），9，10，13，24，25；defeated in first World war（在第一次世界大战中战败），44－5；excluded from Europe（被排斥在欧洲以外），63；and Rapallo（与拉帕洛条约），76－7；no danger（对他国没造成威胁），87；recognized by United States（获得美国承认），96；effect of Four Power pact on（四强条约对它的影响），108；Barthou and（巴尔都与苏俄），115；Laval and（赖伐尔与苏俄），116；expelled from League of Nations（被国联开除），128；Hitler intends to attack（希特勒打算进攻苏俄），136；effect of Anti-Comintern pact on（反共产国际协定对它的影响），145；purges in（内部大清洗），146；and Spanish civil war（与西班牙内战），156，159，161，166－7；alliance of，with Czechoslovakia（与捷克斯洛伐克结盟），193；proposes conference（提议举行国际会议），200；ready to support Czechoslovakia（准备支持捷克斯洛伐克），204－5；policy of，during Czech crisis（在捷克危机期间的政策），214，220，224，230；effect of Munich agreement on（《慕尼黑协定》对它的影响），237－8；supports collective guarantee（支持集体安全担保），255；British opinion of（英国对它的看法），261－2；economic position in（国内经济状况），268－9；British negotiations with（英国与苏俄谈判），273，282；British offers rejected by（拒绝英国的提议），287；and Baltic states（与波罗的海诸国），288；makes approach to Germany（与德国接触），292－3；military outlook of（它的军事观点），311－12；makes Nazi-Soviet pact（缔结德苏条约），317；Hitler attacks（希特勒进攻苏俄），336；few documents concerning（涉及它的文献资料稀缺），38，344

Spain（西班牙）：would be offended by British alliance with Soviet Russia（会被英苏结盟触怒），278

Spanish civil war（西班牙内战）：League of Nations and（国联与西班牙内战），128；Hitler and Mussolini and（希特勒和墨索里尼与西班牙内战），140；outbreak of（内战爆发），156；non-intervention in（不干涉原则），158，165；Eden and（艾登与西班牙内战），184；Benes learns from（贝奈斯从中汲取教益），194；Soviet aid in，reduced（苏联给予西班牙共和派的援助，被削减），

204；continues（西班牙内战还在继续），232；Italy exhausted by（意大利被它弄得国力消耗殆尽），309

Stalin, Soviet dictator（斯大林，苏联独裁者）：dead（死了），29；silent（没留记述），39－40；supports national defense in France（支持法国国防），116；makes purges（进行大清洗），147；and Spanish civil war（与西班牙内战），159；and Czechoslovakia（与捷克斯洛伐克），205；expected to be sensible（指望他会明智行事），260；distrusted by British（英国人不信任他），280；Soviet view of（苏联对他的看法），281；Hitler's assessment of（希特勒对他的评价），295，305，310；Hitler writes to（希特勒给他去电），316；rejects fine phrases（拒绝将友好表白写进德苏条约），318；makes Nazi-Soviet pact（缔结德苏条约），140，318－19；British Labour against（英国工党转而反对他），322

Strang, William, British diplomatist（威廉·斯特朗，英国外交家）：in Prague and Berlin（在布拉格和柏林），207；book by（他的著作），343

Stresa, meeting of British, French, and Italian statesmen at（斯特雷萨，英国、法国和意大利三国政治家在此举行会议），116，118；front broken（斯特雷萨阵线破裂），118－120，129，141

Stresemann, German foreign minister（施特雷泽曼，德国外交部长）：ambitions of（他的奢望），15；and occupation of Ruhr（与鲁尔占领），78；and Locarno（与《洛迦诺公约》），81－2；at League of Nations（与国际联盟），83－4，85－6；compared with Hitler（与希特勒比较），98－9；book on（关于他的著作），342

Sudeten Germans（苏台德地区的德意志人）：problem of（苏台德德意志人问题），190－2；Benes negotiates with（贝奈斯与他们谈判），199－200；offered all they demand（提出满足他们所有的要求），211；abortive revolt by（反叛流产），214；Chamberlain offer, to Hitler（张伯伦向希特勒提出建议），217；claims acknowledged（他们的要求得到承认），228－9；get more territory than they deserve（获得超出他们应得的领土），240，263，264－5，302

Switzerland, British fear German attack on（英国人担心德国人进攻瑞士），248

Syria（叙利亚），67

T

Teheran, conference at（德黑兰会议），31

Teleki, Hugarian prime minister, writes to Hitler（泰莱基，匈牙利首相，写信给希特勒），307

Tesin, Polish claim to（波兰对捷欣提出领土主权要求），190，216，226，230，241

Thimme, F.（F. 蒂姆），30

Tientsin（天津）：British weakness at（英国人示弱），293

Tilea, Rumanian diplomatist（蒂莱亚，罗马尼亚外交家）：appeals for British aid（请求英国援助），254

Times, The（《泰晤士报》）：sympathetic to Germany（同情德国），106；and corridor for camels（与"骆驼走廊"），126

Tobias, Fritz, author of *Reichstagbrand*（弗里茨·托比亚斯，《国会纵火案》一书的作者），12

Tout, T. F.（T. F. 陶特），32

Treviranus, German statesman（特雷维拉努斯，德国政治家）：claims Danzig（要求但泽归属德国），90

Trevor-Roper, H. R.（休·特雷弗-罗珀），98

Trotsky, Soviet statesman（托洛茨基，苏联政治家），141，284

Tukhachevsky, Soviet general（图哈切夫斯基，苏联将军）：shot（被枪决），147

Turkey（土耳其）：in first World war（在第一次世界大战中），42；British alliance with（英国与其结盟），272

Tyrol（蒂罗尔）：threat of, to Italy（对意大利的威胁），112；French troops promised for（法国允诺向它派遣军队），117；renounced by Hitler（被希特勒放弃），110，241

U

Ukraine（乌克兰）：and German war aims（与德国的战争目标），23；Soviet fears for（苏联为它担心），108；Hitler and（希特勒与乌克兰），139；supposedly threatened（推测将受威胁），238；Poland, German and（波兰、德国与乌克兰），240-3，258，268

United Nations（联合国），128

United States of America（美国）：and Europe（美国与欧洲），15，57；enters first World war（美国参加第一次世界大战），44；and war debts（美国与战争债款），51；rejects guarantee to France（美国拒绝给予法国担保），56；and Far East（美国与远东），67-8；and reparations（美国与战争赔款），70；Depression in（美国国内大萧条），89；and Manchuria（美国与满洲），91；isolationist（美国的孤立主义政策），95；recognizes Soviet Russia（美国承认苏俄），96；would not support action against Germany（美国不会支持反对德国的行动），102；and sanctions（美国与制裁），123；and Far Eastern war（美国与远东战争），164-6；Eden and（艾登与美国），183；useless（英法不对美国寄予希望），198；not represented at Munich conference（缺席慕尼黑会议），237；economic position of（美国的经济状况），268；Hitler attacks（希特勒向美国宣战），336

V

Vansittart, British diplomatist（范西塔特，英国外交家）: and League of Nations（与国际联盟）, 123; drafts Hoare-Laval plan（起草霍尔-赖伐尔计划）, 126; seeks alliance with Italy（谋求与意大利结盟）, 162; regarded as cynical（被视为玩世不恭）, 173; chooses Nevile Henderson（遴选内维尔·韩德森）, 198n; thinks Henlein sincere（认为汉莱因有诚意）, 203; book by（他的著作）, 343

Vatican（梵蒂冈）: regards Moscow as Anti-Christ（认为莫斯科是敌基督者）, 278

Venice（威尼斯）: Hitler and Mussolini meet at（希特勒和墨索里尼在此会面）, 114

Versaille, treaty of（凡尔赛和约）, 7, 18, 38; Hitler regarded as product of（希特勒被视为该和约的产物）, 26, 173-4; accepted by Germany（和约被德国接受）, 46-7; terms of（和约条款）, 47-52; Clemenceau and（克列孟梭与和约）, 61; reparations, provisions of（和约的战争赔款条款）, 74-5; German cooperation necessary for working of（实施和约必需德国的合作）, 77-9; disarmament clause of, repudiated by Hitler（希特勒拒绝接受和约的裁军条款）, 117; provisions of, concerning Rhineland（关于莱茵兰的条款）, 133-4; destroyed（和约体系被摧毁）, 117, 142; settlement of, criticized（和约的解决办法受到批评）, 235, 241

Vienna（维也纳）: Nazi *Putsch* in（纳粹政变）, 114; Hitler and（希特勒与）, 143; Ribbentrop and Ciano meet at（里宾特洛甫和齐亚诺在此会晤）, 240; congress of（维也纳会议）, 235

Voroshilov, Soviet general（伏罗希洛夫，苏联元帅）: and aid to Czechoslovakia（与援助捷克斯洛伐克）, 205; asks whether Poland will accept Soviet aid（询问波兰是否会接受苏联的援助）, 311, 314, 315-17

W

War debts（战争债务）, 51

Warsaw（华沙）: Soviet defeat before（苏联曾在华沙被击溃）, 66

Washington（华盛顿）: Litvinov, at（李维诺夫在华盛顿）, 96; naval treaty of（华盛顿海军条约）, 87, 91

Waterloo, battle of（滑铁卢战役）, 68

Wegerer（魏格纳）, 30

Weizsäcker, German diplomatist（魏茨泽克，德国外交家）: favours approach to Soviet Russia（赞成与苏俄接触）, 294, 296; and Lipski（与利普斯基）, 333

West German government（第二次世界大战之后联邦德国政府）, 111

Wheeler-Bennett, J. W.（J. W. 惠勒-贝纳特）, 31; book by（他的著作）, 345

William II, German emperor（威廉二世，德国皇帝），30；not tried as war criminal（没有作为战犯受审判），68

Wilson, Horace, British civil servant（霍拉斯·威尔逊，英国文官）：advises Neville Chamberlain on foreign policy（就外交政策为内维尔·张伯伦出谋划策），174；accompanies Neville Chamberlain to Berchtesgaden（陪同内维尔·张伯伦赴贝希特斯加登），216；makes offer to Wohltat（向沃尔塔特提出建议），297-8；appeals to Kennedy（救助于肯尼迪），329；and Dahlerus（与达勒鲁斯），332

Wilson, Woodrow, president of United States（伍德罗·威尔逊，美国总统）：policy of（他的政策），30；critics of（对他的批评），33；Fourteen Points of（他的"十四点"原则），46；and treaty of Versailles（与凡尔赛和约），53；resisted by Senate（受到参议院抵制），56,95

Wiskemann, E.（E. 威斯克曼），31,98；book by（她的著作），341

Wohltat, German civil servant（沃尔塔特，德国文官）：in London（在伦敦），297-8

World war, first（第一次世界大战）：Great Britain and France as victors（英法两国作为胜利者），9,14；Great Powers shattered by（使所有大国受损），15,16；and German aims（与德国的目标），23；study of（对它的研究），29-33,37,39；contrasted with second（与二战比较），35,41；causes of（它的起因），42；ends at Locarno（以《洛迦诺公约》告终），82；profound causes of（它的深层原因），136；economic causes of（它的经济原因），137；Italy in（意大利在第一次世界大战中），138；military lesson of（军事教训），150；power discredited by（实力的作用因它而遭质疑），172；Benes during（贝奈斯在第一次世界大战期间），192-3

World war, second（第二次世界大战）：Poland and Czechoslovakia（波兰和捷克斯洛伐克），8,26；extermination of peoples（灭绝诸国人民），27；now remote（现在已成为长远以前的事），29；study of（对它的研究），31-5；compared with first（与一战比较），41；causes of（它的起因），136；British defeat Italy in（英国打败意大利），124；France defeated in（法国战败），149；Spanish policy during（西班牙在第二次世界大战期间的政策），160；end of（它的终结），168；real, begins only in 1941（真正开始是在1941年），336

Y

Yalta, conferences at（雅尔塔会议），31

Young plan（杨格计划），57,70,86

Yugoslavia（南斯拉夫）：and Italy（与意大利），66；and Czechoslovakia（与捷克斯洛伐克），193；and Hitler（与希特勒），248；Mussolini and（墨索里尼与南斯拉夫），250

给美国读者写的前言

  战争爆发从哪天算起,众说纷纭,莫衷一是。在英国人眼里,第一次世界大战毫无疑问是从 1914 年 8 月 4 日那一天开始的;可那时法国和德国已经开战二十四小时了,俄国和德国已经开打三天了,塞尔维亚和奥匈帝国已经交战快一个礼拜了。第二次世界大战的开战时间就更含糊不明了;俄国人从 1941 年 6 月 22 日算起,中国人从 1937 年 11 月算起①,阿比西尼亚人我猜是从 1935 年 10 月算起,美国人则从 1941 年 12 月 7 日算起。美国人的算法是最合乎情理的。那场战争真正变成全球性的世界大战——尤甚于第一次世界大战——正是在珍珠港事件之后。但英国人可不这么看。我们英国人认为第二次世界大战是从 1939 年 9 月 3 日英国和法国向德国宣战的那天开始的(而不是从 9 月 1 日德国进攻波兰的那天开始算,顺便提一句);美国人除外,只有专业历史学家记得住珍珠港事件发生在哪一天。这些其实都无关紧要,要紧的是只要读者确知本书的宗旨、

---

① 原文如此,作者的原意似应为 1937 年 7 月。——译者注

没有觉得被误导就行了。本书是要讲解 1939 年 9 月 3 日爆发的那场战争的起因。本书不是要去回答：希特勒为何要入侵苏维埃俄国？日本为何要袭击珍珠港？希特勒和墨索里尼为何随后要向美国宣战？诸如此类的问题。本书只专注于一个问题：英法两国为何向德国宣战？

这有可能引发美国读者的另一个抱怨：本书极少涉及美国的对外政策。这很容易解释清楚：美国的对外政策跟英法两国向德国宣战这桩事关系甚微。或许更确切地可以这么说：美国的对外政策跟那些宣战之间是负相关的，就像夏洛克·福尔摩斯曾提醒过的狗在夜间的可疑行径。当华生医生不以为然时——"可那天夜里狗没什么异常的呀"，福尔摩斯回道："那才正是蹊跷之处呢"。就算如此，美国也无法逃避在欧洲事务中扮演一个重要的甚至于是决定性的角色。两次世界大战之间出现的德国问题，主要是由美国的对外政策造成的。没有美国的干预，第一次世界大战明显地会有一个不同的结局：坦白地讲，协约国就赢不了。同样地，如果美国不只是个参战国而是个协约国，那德国战败的性质也就会不同。大家都明白的，美国参议院拒绝确认凡尔赛和约、连带着也拒绝了参加国联，这就宣告了美国超然于欧洲协约国事务之外的立场；就是合作最亲密的时期美国仍然持这种立场，就算确认了和约也不会有很大不同。威尔逊总统对协约国和德国同样地不信任，可能对协约国还存疑更多；按他的设想，美国就是参加了国联，也不会总是站在协约国那边的。

美国参议院的决定并不意味着美国又缩回到孤立主义的政策上去了。20 世纪 20 年代，美国对欧政策较其他任何时期都更为活跃、更加有效。解决战争赔款、重建金融稳定、建立欧洲和平，主要多亏了美国的参与。这样的复兴政策遵循了凯恩斯（以及其他经济学家）的一个信条：想要欧洲繁荣，必定要让德国也繁荣才行。德国的复兴是美国一手搞的。这项政策得到了绝大多数英国人、甚至于一定数量法国人的拥护。当然，不管有没有美国的参与，德国也会复兴的，只是要差一些罢了。无论如何，美国的政策对任何妨碍德国复兴的企图起到了强大的阻碍作用，对推动德国复兴的势力则是一个极大的帮助。说到底除了让德国成为欧洲最强国以外也别无选择——许多英国人也这么认为的。不过，要不是美国一贯坚持德国是欧洲和平和文明社会的主要基石，德国的复兴过程会慢得多。《洛迦诺公约》和接纳德国加入国联都赢得了美国的赞同；事实上这正是他们很想要的东西。这也同样适用于裁军问题。走向平等对待德国、同时解除第一次世界大战后法国获取的特殊安全保障的每一个步骤，都赢得了美国的支持，而且美国反倒对这些步骤进程的缓慢和出现的间断显得不耐烦。

直到1931年左右，西方强国英国和法国的政策大多都得到了美国的支持。但随后起了变化。部分原因是发生在远东的一系列事件。当日本在满洲有所行动的时候，美国希望国联能出面反对；但英法两国则认为国联连欧洲事务都忙不过来，谈何向远东施展其准则信条。两厢分歧就此加深了。美国人深信"不承认"政策管用；他们对19世纪的自由主义精神怀有一种老派的忠贞情感，相信道德非难就会自行发挥作用，不劳大动干戈。这种信念早就被证无效了。美国自1917年以来一直拒绝承认苏联，对谁都没起到任何作用。英国人尤其认为，如果英国对日本也施用不承认政策的话，那结果将会是一样的，也就是说将毫无结果。在英法两国眼里，重建远东和平比维护他们自己信奉的道义美德更为重要。他们也就是这么去做的、也取得了预期效果，但付出的代价是彻底得罪了美国人的自由主义情结。而当共和党下了台、罗斯福上台当了总统以后，这些政策就死定了。就美国外交政策而言，罗斯福的当选（再加其他因素）是孤立主义的胜利；没有任何迹象表明，罗斯福曾对民主党以在国会的多数优势通过的孤立主义立法持过反对态度。英法两国事实上被他们在美国的亲密盟友告知，他们必须自己去面对德国问题，不能再指望来自美国的奥援了。不仅如此，美国的新政策还跟英法两国的努力相抵触。罗斯福总统外交事务首次亮相出手就摧毁了世界经济会议，而英国政府原本指望借此来消除德国走向纳粹独裁专制的危险。

美国的孤立主义政策也促进了孤立主义在世界其他地方的滋长。英国学生从美国历史学家写的文字里得知，第一次世界大战是个愚蠢的错误，德国有正当理由感到委屈。英国自由派人士从美国革新派政客那里了解到，战争是军火制造商搞起来的。美国人自己拒绝接受《凡尔赛和约》还不算，现在又催促其他国家也该拒绝才是。美国孤立主义的影响还在更多政策实践方面起着作用。它给那些对实现集体安全抱犹豫态度的人提供了有力的现实论据。阿比西尼亚危机期间，照理应该切断对意大利的石油供给，可马上就有反对意见称，美国会继续供油、足以弥补禁运造成的缺额；而美国政府确实没有，也不会就禁运作出什么承诺。再有，当英国政府受到国际压力要关闭苏伊士运河来对付意大利（这样做违反了1889年签署的君士坦丁堡公约）的时候，得到的是同样的回答：美国不会允许这么干的。毫无疑问，如果英法两国领导人立场坚定的话，这些困难是不难克服的；但如果他们心存犹豫，美国的沉默就成了让天平向另一边倾斜的砝码。以几乎同样的方式，美国的态度被用来为不干预西班牙内战作辩解；理由是，对佛朗哥政权的武器供应渠道进行干预的任何企图，都会面对来自美国以及来自德国和意大利的反对。与此同时，在美国国内，英法两国却横遭指责，而英法被控成事不足之处正是美国孤立主义政策阻扰他们无法成就其事的结果。尤其是，在意大利占领了阿比西尼亚以后，英法两国拒绝继续执行毫无效果的"不承认"政策，因而受到了美国的谴责。

1937年秋，美国的对外政策开始改变。主要原因是中日战争的爆发，而美国指望欧洲大国在远东能有所行动，不过美国自己却没有做出任何承诺。不仅如此，罗斯福总统着手开导美国民意。他一如既往地极为小心翼翼，生怕超越了国民的接受能力。他提出以"隔离"来反侵略的著名演说，暗示了某种比"不承认"政策要更进一步的东西。但到底会进多少步呢？如果要制裁德国，难道现在美国会支持那么去做了吗？不管怎么说，这篇"隔离"政策演说在美国没有被人们所接受。罗斯福就退却了，解释说他不是特定有所指的。之后不久，他又重振旗鼓继续他的开导教化努力。他提议召开一次世界会议听听那几个心怀不满的强国发发牢骚倒倒苦水，想要以此来向美国公众展示正在蔓延全球不断加剧的种种危险；但又没有包含美国会对那些试图保持某种世界和平格局的另几个强国给予积极支持的前景。如果有谁能跟得上罗斯福迂回复杂的思路的话，看上去他是在期待，他自己无法说服民众之处就指望事态发展来教育他们。他想要公众舆论来驱使他去支持西方大国。当反倒是这些强国来迫使他采取行动的时候，又正是因为顾忌这同一个他试图教化的公众舆论，他只能以孤立主义政策来回应。因此，在慕尼黑危机的紧要关头，他断然否决了美国驻法大使布利特想要美国站在法国一边的立场；他说，那是"百分百错了"——可他私下里却希望那样做并没有错。

在第二次世界大战爆发前的最后一个和平年度内，美国的对外政策并不全都是消极的。英法两国被明确告知，如果决意打仗，他们可以从美国购买军火；与此同时，由于无法指望美国会主动支持他们，英法两国得自行定夺他们的命运——就像1914年以前英国外长爱德华·格雷爵士对法俄两国采取的犹豫态度那样。美国的非官方观察家们则在那里忙着揭露德意两国的图谋，可能还有所夸大其词。他们敲响了警钟，为的是唤醒美国的公众舆论。而实际上他们更多的是警醒了英法两国的民众，不过其后效却并不符合他们的初衷。他们使英法的对外政策变得更加害怕战争了，而不是更加果决了。谁也不能低估林德伯格对德国空军所作的夸大描述的影响力。跟大多数人一样，他是上了希特勒宣传机器的当。如果从这些事情能得出什么教训的话，从本书引出的教训是：英法两国在抵抗和绥靖政策之间的摇摆不定，助长了爆发战争的可能。美国的对外政策基本上导致了同样的效果。如果美国一直坚持孤立主义立场，就很有可能完全制止英法卷入战争；如果美国坚决支持英法两国、投入早已开始实施的重整军备计划，就很有可能完全杜绝希特勒的战争之路。这一切无法归罪于任何一方。在一个实行民主制度的国家要拿定一个主意是非常难的；可一旦拿定了一个主意，又往往是错的。

我想再概括一句。英国的某些评论家抱怨本书向希特勒"表示了歉意"或是向绥靖分子"道了歉"。没有比这离我的本意更邈乎其远的了。我的记录一向是清白的。那些对我评头论足的人还只敢躲在牛津的公共休息室里私下发发牢骚的时候，我早就在公开场合反对绥靖政策了——那时可是桩逆流而上的难事。不过我并不认为去宽恕或去谴责是历史学家的事。历史学家的职责应该是去解释。我在试图解释，希特勒怎么会如此成功，为何英法两国政府最终向德国宣战了。如果对认为英法理应更坚定地依仗美国支持的观点不以为然,那就值得考虑一下如下事实:法国陷落乃至希特勒进攻俄国都没能把美国拖进这场战争,我们一直要等到希特勒向美国宣战这种不太可能发生的事情发生了以后,美国才参战的。

A. J. P. 泰勒

附录一　潘人杰：西方史学界关于二战起源的论争述评（1986 年）

第二次世界大战结束以后的十多年里，西方史学家对于战争的起源，尤其是欧战全面爆发的原因，看法大体是一致的。1946 年纽伦堡国际军事法庭对纳粹头目战争罪行作出的判决，铁证如山，毋庸置疑。在这同时以及稍后几年里，一些有影响的史学著作也相继涌现，它们对战前欧洲政局的分析，获得了绝大多数史学家和公众的赞同。这样，在战后初年和 50 年代里，就形成了一个后来被人称为"正统学派"的对二战起源的权威性解释。在这期间，尽管也有一些人提出过零星的质疑，或在个别问题上唱出过不同的调子，终究不成气候。但是，进入 60 年代，随着国际政治局势中"冷战"的缓解和史学研究本身的发展，情况发生了重大变化。1961 年，牛津大学的 A. J. P. 泰勒的《第二次世界大战的起源》一书，对迄今被普遍接受的见解提出了全面挑战，随即引起了一场十分动感情的争论，成了这个重大变化的契机。有人曾期望泰勒的这本书可能会是一个新的"修正学派"兴起的标志。今天，争论的高潮已经过去，炽热的情绪也早已平息，无论是原来意义上的"正统学派"，还是颇有争议的"修正学派"，似乎都已经被超越，研究和争论已在新的条件下以新的水准展开，但是人们仍不难从中听到那场争论的余音和回响。

"正统学派"的见解

"正统学派"的观点是由两个互相依存的方面构成的。一个方面是关于希特勒德国的政策。他们认为，希特勒是带着一个为德国夺取欧洲和世界霸权的既定方针上台执政的，《我的奋斗》就是其侵略蓝图；后来的许多有案可查的谈话、指示，尤其是在纽伦堡审判中作为重要罪证提出来的那个"霍斯巴赫备忘录"，则是明确的侵略计划。而且，他的全部实际行动，从挣脱《凡尔赛条约》的束缚全面扩军备战到侵占奥捷，并不惜同英法开战而进攻波兰等等一系列步骤，也是遵循着这个既定方针的。总之，第二次世界大战是由希特勒预谋策划而挑起的。

与此相联系的另一个方面是对西方民主国家，尤其是对英国的政策所作的批评。他们指责当时的英国政府，特别是 1937 年 5 月上台的张伯伦内阁无视希特勒德国一意要称霸欧洲的现实危险，幻想以单方面的让步来安抚德国的民族主义怒气。由于懦怯、短视和轻信，英国政府几次坐失了可以及早制止希特勒甚至搞掉希特勒的良好时机，还以不断的退却和投降刺激了希特勒的胃口，巩固了他的地位，并使原来有利于自己的力量平衡向纳粹方向倾斜，从而使一场本来可以避免的战争在最不利的时刻降临到自己头上。张伯伦本人理所当然地受到特别严厉的批评，他的种种个性特征和处事作风，强化了绥靖政策的消极性后果;《泰晤士报》、克利夫顿团伙的影响,甚至还有反共主义和引导希特勒去反对苏联的欲望,也是起作用的因素。

有人注意到,这个见解的一些基本方面,在战前英国围绕对外政策展开的政治大辩论中就已出现。但最先在历史研究上为它奠定学术基础的,是1948年出版的两本书——刘易斯·纳米尔的《外交序曲》和约翰·惠勒-贝内特的《慕尼黑——悲剧的序幕》。特别是后一本书,尽管后来的出版物在许多细节上改变了或补充了它所描述的情景,至今仍以它对30年代英国和欧洲局势的透彻观察和清晰分析在西方史学界享有极高声誉。丘吉尔的六卷本《第二次世界大战回忆录》,继论述战前局势的第一卷《风云紧急》在1948年问世之后,其余五卷也陆续刊行,到1953年出齐。他以自己作为著作家的雄辩和文采,作为政治家在战前和战时的煊赫业绩,大大增加了这个见解的权威性。而美国作家威廉·夏伊勒的《第三帝国的兴亡》(1959年),则以它娓娓道来、饶有兴味的可读性,使这一见解越出了专业人员的圈子,广泛传播于一般读者群中。在进一步发展和丰富这个学派方面,还有一大批知名的学者和作家,如伊丽莎白·威斯克曼(《罗马-柏林轴心》,1949年),阿诺德·汤因比(主编《国际事务概览》的有关各卷——《捷克斯洛伐克危机》,1951年;《1939年3月的世界》,1952年;《大战前夕,1939年》,1958年),艾伦·布洛克(《希特勒:暴政的研究》,1952年),以及《英国外交政策文件汇编,1919—1939》的主要编者莱韦林·伍德沃德。此外,特里弗-罗珀通过编辑《希特勒席间谈话,1941—1944》(1953年)以及与此有关的评价文章,强调向东方占领"生存空间"是希特勒全部思想的核心;安德鲁·罗斯坦的《慕尼黑阴谋》(1958年),曾特别受到苏联方面的推崇；青年史学家马丁·吉尔伯特的《绥靖主义者》（1963年），则以对绥靖政策的相当尖刻的批评而引人注目。法国的迪罗塞尔（《1919年以来的外交史》，1953年）和莫里斯·鲍蒙（《和平的破产，1919—1939》，1961年），以及意大利的托斯卡诺，也做出了他们各自的贡献。

这个学派的产生和发展，当然跟他们所处的政治环境不无关系。他们中的许多人，确实在战前就活跃于政治舞台或学术文坛上，卷进了那场政治辩论。他们中间有坚持大英帝国的帝国主义利益的保守党反德强硬派，也有倾向于维持现存资本主义秩序的自由主义者，还包括具有民主主义倾向的反法西斯主义者。他们出于不同的政治立场、党派利益或思想倾向，对张伯伦政府的绥靖政策持批评态度。战后立即开始的"冷战"，又给那段历史的研究注进了强烈的现实政治激情。除了一些"冷战"斗士，尤其是一些美国作者热衷于渲染战前的苏德关系，企图以此证明苏联曾是希特勒德国的"帮凶"外，即使是那些严肃的学术著作，也或明或暗地要把战前对德绥靖的失败记录当作战后推行"遏制"政策的一面历史镜子；这又不能不促使另一部分具有进步思想倾向的人增强了对30年代西方国家推行反动的绥靖政策的批判的火力。这种历史和现实之间的互相干预，使后来有人可以指称"正统学派"关于战争起源的见解大有囿于成见或失之偏激的嫌疑。然而，纳粹德国的侵略和绥靖政策失败的事实是如此明显，后来陆续出现的新材料（除了纽伦堡审判提供的大量证词和文件外，还有《德国外交政策文件汇编，1918—1945》的D辑和《英国外交政策文件汇编，1919—1939》的第3辑，以及可以同文件材料相印证的大批当事人的日记、传记和回忆录等等）也证明，"正统学派"关于30年代历史的基本论点总体上是符合实际的。当然，从他们的作品中也可以看到，在研究一个自己亲历的历史事件时常常具有的长处和短处。这就是说，作为亲历者，对他要研究的事件进程、重要人物和时代气氛有着直接的感受，如果本来又具有较高的学术修养并采取严肃的态度，常常可以对事件发展的主干以及它的某些独特方面作出后人所不及的刻画；同时，作为亲历者，由于同他要研究的对象之间的时间距离过于短促，也会难以获得足够的历史透视感以及暴露事件各个侧面的详尽材料，造成认识上的单线性和表面化。通常，这种长处和短处总是并存于同一作品中，但也不难看到比较集中地体现这种长处或短处的极端的例子，从而使这些作品显出在学术上的优劣轩轾。如果说惠勒-贝内特的著作以及某种程度上纳米尔的著作比较多地表现了这种长处，那么特里弗-罗珀的工作就处在相反的一极。特里弗-罗珀仅仅根据已发现的有关希特勒个人的原始材料——从《我的奋斗》到柏林地下室的留言——进行考察，以希特勒的性恶论来解释全部战争根源，虽然在历史资料的整理上不无好处，在确认希特勒的罪恶上也给人以某种满足，但在历史的思考上却是浅薄的。至于许多当事人的回忆录，可能提供某一方面的详情细节和作者的真情实感，但由于记忆的"天然特性"，即总是"记住"自己愿意记住的东西，"忘掉"希望别人也忘掉的东西，更由于政治上的利害得失考虑，在叙述和判断的隐扬褒贬中总是表现出强烈的个人色彩，如后来的《艾登回忆录》（1960、1962年）。它们不应被看作是历史研究，而只能是历史研究的对象。

总之，"正统学派"可以说体现了西方史学界在二战起源问题上的一个认识阶段，表现了一代人的学术成就，但也带有它产生的那个时期的政治环境和社会心理的明显印记。例如，英国人在好不容易取得一个惨淡的胜利以后不无痛苦地发问：为什么我们差一点儿打输了？德国人则在困苦和屈辱中寻思：希特勒是怎么样带来一场民族灾难的？"正统学派"似乎提供了一个最显见的也是令人安心的答案——那是张伯伦的错误和希特勒的罪过。但这个答案就是最后的历史结论吗？

"修正学派"的挑战

对"正统学派"的第一个正面攻击，来自一位美国兰德公司的经济学家伯顿·克莱因。他在1959年出版的《德国对战争的经济准备》一书中，运用美国在战略轰炸效果调查中获得的有关德国经济状况的材料，试图证明，通常认为纳粹德国早就把经济转上战争轨道，有计划地动员国家资源和大规模扩军备战的说法不符合事实；戈林的那句著名口号"大炮第一，黄油第二"，不过是一种愿望而不是实际政策；德国在战前的实际军费开支，通常只及丘吉尔所估计的或希特勒本人所吹嘘的数字的一半上下。之所以这样，最重要的原因就是希特勒指望通过一系列短促的局部性的外交军事较量来达到目的，根本没有计划要打一场欧洲大战。泰勒后来曾经引用并倚重克莱因提供的材料作为自己的重要论据之一。而真正从治学态度、史学观点直到对一系列具体事件的解释上全盘提出问题的，还是泰勒在1961年春出版的论战性著作《第二次世界大战的起源》。

这是一本奇书。泰勒视野广阔，纵论从一次大战结束到二次大战爆发的全过程，书中聪明的看法、精警的判断跟强词夺理的奇谈怪论交织在一起；他对许多现存的概念、论据和结论的直言不讳的贬斥，有时甚至是肆无忌惮的亵渎，也使许多西方学者莫名惊骇。惠勒-贝内特把它说成"是一本才气横溢的、挑衅性的、引起争论的，并且据我看来，危险地把人引入歧途的著作"，这是毫不奇怪的。在叫人眼花缭乱的奇语迭出中，泰勒思想的内在逻辑又是相当严密的。择要概括起来，全书的主旨是要破除一个传统说法，即"希特勒策划了第二次世界大战，正是由于他一个人的主观意志引起了战争"，论证他自己的结论，即"1939年的战争远非预谋，它是个失误，是双方在外交的慌乱中酿成大错的结果"。为了确立这个论旨，泰勒还标榜一种新的治学态度和史学观点。

泰勒认为，历史学家对于他所研究的对象必须持超然的态度，其任务只是"去理解发生过什么，以及它为什么发生"，而"不是去辩白或谴责"。他说："从希特勒上台的那天起，我就是反绥靖主义政策论者；如果处在同样的局势下，无疑我还会是。但这同写历史不相干。"二次大战已经成为过去的历史，历史学家就必须用对待红白玫瑰战争或英国内战一样的超然态度来研究它的起源。据此，他认为纳米尔、惠勒-贝内特、威斯克曼和鲍蒙等名家对二战起源的解释，只是阐明了他们在战时甚至战前就持有的观点，在离战争爆发已经二十多年的今天仍被普遍接受而毫无争议，这种状况是可以理解的，但却是应该改变的。他还认为，现有的文件材料要么太多（据以对希特勒德国定罪的），要么太少（可供更加超脱的学术研究的），并特别对纽伦堡审判材料持批评态度，声称"它们是作为律师们准备诉状的素材而匆忙地甚至几乎是随意地收集起来的，这不是历史学家的做法。律师的目的是打官司，历史学家则要求理解局势"；更何况这些文件又经过一番挑选，不仅为了显示那些事先就被判定有罪的人的战争罪责，也为了掩饰检察国方面的责任。正是根据或表现了他的这种"超然"和"理解"的态度,他强调希特勒的对外政策得以产生的客观条件和历史联系。他认为,希特勒"要把德国从《凡尔赛条约》的束缚下解放出来,重建一支强大的德意志军队,并使德国按其天然的分量成为欧洲第一大国",这并非希特勒的独创,也是他的历届前任的政策;更不是德国单独的罪恶,而是英法在一次大战后不能公平对待德国的结果。同这个看法相联系,他对绥靖政策也表现了同样的"超然"和"理解"精神,认为张伯伦的政策是为了消除《凡尔赛条约》种下的恶果,"他的目的始终是欧洲全面和解。他是为希望所推动,而不是被恐惧所驱使";"历史学家用愚蠢和胆怯来把绥靖主义者一笔抹杀是最糟不过的了。其实他们乃是在他们那个时代的环境下,面对现实问题,尽了最大努力的人"。

泰勒还提出了一个解释战争起源的新观点,即"过失"说。他认为:"战争很像汽车交通事故。它们的发生有一个共通的总根源,与此同时又有种种特定的原因。每次交通事故,说到底,都是由于内燃机的发明以及人们想要从一地到另一地的愿望引起的"。战争的起因也有两个:一是当时整个形势中潜伏着战争爆发的基因,有可能引起战争,但不一定发生;二是在这种形势下,政治家们的失策也日趋明显。根据他对这两种因素及其相互关系的考察,泰勒对一系列重大事件(从进军莱茵兰直至1939年夏的种种外交活动)都作出了独特的解释。例如,他认为1938年3月吞并奥地利不是出于希特勒的主动,而是由舒施尼格挑起的;占领捷克是哈卡的奉献,而不是希特勒的预谋;希特勒本来也没有想要侵略波兰,之所以因但泽问题而酿成一场全面战争,是由于波兰人的固执,以及英国误解了德国的意图,又给了希特勒错误的信息;而且1939年德国的军备状况"也提供了决定性的证据表明希特勒没有打一场全面战争的打算,或许根本不想任何战争"。为了反对历来认为希特勒有侵略计划的看法,他特别否定霍斯巴赫备忘录的可信性,并力图证明1937年11月5日的那次秘密会议只是希特勒在内政方面的一种策略。总之,他反对一切"有计划"说,因为据他看来,"政治家总是被一个个事件所吸引,而不是追随一个预先想好的计划","在决定历史进程上人类的过失常常比人类的邪恶起更大作用"。

此书一出,学界哗然。褒之者寡,贬之者众。一场激烈的辩论随之而起,甚至波及到一般公众;泰勒和特里弗-罗珀还上了电视台,当众进行面对面的质难。

泰勒想要提出的问题,比他能够正确地解决的问题多得不成比例;他在暴露"正统学派"的弊病上十分敏锐,而他自己作出的结论又常常走向另一个错误的极端。比之"正统学派"的大部分人,泰勒确实表现了更超脱于他们普遍具有的那种"民族爱国主义"和"冷战"偏见,更能以相对客观的态度对待本国政府在战前和战争期间的立场。但他在这样做的时候,是以"一视同仁"的帝国主义强权政治为标准的:既然别的大国过去和现在都在追求成为欧洲霸主或世界霸主的目标,希特勒德国这样做也就不应受到特别的指责。比之"正统学派"的一些人,泰勒似乎更重视客观条件的分析,认为希特勒只是德国民族的"共鸣板";由于在凡尔赛体系中德国的国际处境,纳粹德国同魏玛共和国在国内政策上虽有较大差别,但在对外政策上具有一脉相承的连续性,从而完全抹杀了纳粹的国内体制同它的对外政策之间的联系,抹杀了纳粹对外政策中更富有侵略性扩张性的新内容。泰勒要纠正人们对希特勒过于简单化的描述,即要么把他说成是一个一心向往战争、毁灭人类的狂人,要么就是一切都严格遵循着预定的蓝图、计划和时间表行事的理性主义者，他认为希特勒其实像一切同时代的国务活动家一样，是追随一个个事件而见机行事的人。但当他要据此断言希特勒根本不想也没有挑动战争时，却常常不顾或曲解了许多有案可查的确凿证据和基本事实，表现了极大的主观随意性。泰勒的整个立意看来十分新奇，其实又相当陈旧，基本上沿用了一次大战后"修正学派"的做法。他力图证明这次战争同上次战争一样都是源于大国争霸欧洲，1939年也同1914年一样由于双方的误解和失策而导致战争爆发；因此，就像在一次大战爆发后二十年人们就已改变了当初的看法，"修正"了《凡尔赛条约》对凯撒德国的判决一样，在二次大战爆发后二十多年时，人们也早该转变原先的看法，其中包括对希特勒德国的结论了。尽管泰勒一再声明，他没有为希特勒辩护的意图（可以相信他主观上是真诚的），还说他这本书所关注的根本问题不是希特勒，而是英法为什么没有能正确地解决德国问题，但是全书的说法却不能不导致希特勒也有一分道理的结论。因此，当辩论中许多人指责他为希特勒翻案，特别是一些新纳粹主义分子又公然把他引为同调时，确实使泰勒颇为尴尬。这种结果，正来自他自己理论和方法上的错误：他把导致二次大战爆发的关键归结为德国问题，而他对德国问题的考察又完全撇开了对德国国内体制变化和纳粹德国特性的分析，仅仅把它当作欧洲国际力量均势中德国的自然地位问题。

然而，就如一位美国军事史家路易斯·莫顿所评论的："修正学派的作品主要不是得力于历史叙述的精确，而是得力于按现实问题的口径解释过去的深切需要。泰勒的论点，就如一次大战后的修正派作品一样，弹拨着同一根弦，并具有同样的道义和政治含义。"其实，在正统派的作品中，不是也在不同程度上震动着50年代的那根弦吗？正因为泰勒的《第二次世界大战的起源》率先（并以他一贯具有的非常急进的个人特色）反映了60年代以降国际政治和社会心理上的变化，刚一开始被视作异端邪说，慢慢又被公认为一本尽管是有争论的，却又是不可或缺的第一流著作了。它的许多重要思想，实际上也被别人吸收到后来的作品中。

近年来的研究动向

泰勒有关希特勒对外政策的主要论点，在辩论之初就遭到猛烈批评，并很快暴露出它的弱点。但是，事情并没有就此结束。随后围绕着希特勒德国对外政策的目标和方法、希特勒个人的特点和作用等问题所展开的持续多年的讨论，推动人们从德国的经济准备、军事战略、政治决策以及纳粹体制内部冲突等多方面进行深入的考察。

马森的《第二次世界大战的某些根源》一文（1964年），米尔沃德的《战时德国经济》（1965年）以及威廉·戴斯特的《德国军队和重整军备》（1981年），都对德国的战前经济和军备状况作了专门分析，纠正了泰勒以及克莱因的许多片面判断。他们认为，纳粹德国重整军备的速度和规模既是十分巨大的，又受到它所造成的经济和社会困难后果的制约。这种状况，只会使对外掠夺变得更有吸引力。马森指出："对于这个政权来说，要解决由于独裁统治和重整军备造成的结构性紧张和危机，唯一的出路就是更加独裁和进一步重整军备。然后是扩张，战争和恐怖，掠夺和奴役。不然的话，明摆着的前景就是崩溃和混乱"。戴斯特则认为，重整军备的速度及其不协调的本质造成了严重的经济压力,这种压力又构成走向战争的巨大动力。为继续重整军备去打一场希特勒设想的大战,战争本身就是必要的手段。因此,闪击战就成为希特勒唯一的选择。

艾斯蒙德·罗伯逊的《希特勒的战前政策和军事计划》(1963年)一书,曾被人看作是对泰勒观点的有力支持。他指出了1937年前后纳粹德国的对外政策和军事计划出现重大变化的事实,并似乎暗示出这么一个结论:1937年以后希特勒的长期目标已经改变,淹没在一系列临时反应中,这些即兴行动又终于在1939年8月脱离了他的控制,并把他卷进了他本来不希望在两到三年内发生的欧洲战争之中。但是,后来的进一步研究表明,1937年前后的变化却具有全然不同的意义。1937年以前,由于种种内外因素的制约,纳粹德国对外政策和军事计划中的目标和方法,还体现着同魏玛时期的某种连续性。1937年以后,随着西方国家绥靖政策的积极化、德国战略地位的极大改善,以及经、政、军各界保守力量被相继贬黜和希特勒个人控制的加强,纳粹德国对外政策和军事计划中的目标和方法,就更加突出地体现了纳粹党徒的新内容和新面貌——加紧对外扩张以实现其主宰欧洲的野心,为此不排除冒战争的风险,并且第一次明确地把英国和法国列为最主要的敌人。正是在这个关键点上,1937年11月5日的会议和霍斯巴赫备忘录具有十分重要的意义。① 其实,罗伯逊也并没有说希特勒不想打仗的意思。他指出,希特勒要同波兰打仗,而且如果发生最坏的情况,就准备打一场两线战争。

此外,奥尼尔的《德国军队和纳粹党》(1966年)、布洛克的论

---

① 参见斯梅尔塞:《纳粹原动力,德国对外政策和绥靖》,迈克尔卡:《德国领导层内部在对外政策的目标和策略上的冲突》,载《法西斯挑战和绥靖政策》,1983年版。

文《希特勒和第二次世界大战的起源》(1967年)、威廉·卡尔的《军队,自给自足和侵略:德国对外政策研究,1933—1939》(1972年)、斯特恩的《希特勒:元首和人民》(1975年),以及格哈特·温伯格的《希特勒德国的对外政策》两卷本巨著——《欧洲外交革命,1933—1936》(1971年)和《发动第二次世界大战,1937—1939》(1980年)等等,从不同的侧面或综合地考察了纳粹德国的战前政策。尽管他们在一些具体事件的解释上存在种种差别,但在总体上表现了一致的认识。亚当斯韦特在他的《第二次世界大战的形成》一书中,曾把这个大体一致的认识作了初步概括:"希特勒在某种强权政治和观念形态的混合物的驱动下,想要夺取大陆霸权和世界强国地位,并最终统治世界。不过,统治世界还是一个相当模糊和遥远的未来目标。然而,主宰欧洲就远远不只是进军东方,还意味着打败西方民主国家,在非洲夺取殖民地,以及建立一支在大西洋上拥有许多基地的强大海军。但是,希特勒并没有计划通过一场大战来实现他的野心。与此相反,他决意不要重犯凯撒的错误去同一个遍及全球的联盟对抗。对手们将被孤立和各个击破。随机应变和即兴式的突发行动是希特勒在追求其目标中的特征,而那个长远的梦想,即世界强国的地位并最终统治世界则是不变的目标。"

研究和讨论还在继续进行,但就目前达到的这一步来看,它既不同于泰勒的结论,又大大改变了"正统学派"原来的描述,可以说是一种新的综合吧。

关于这个时期西方国家对外政策特别是英国绥靖政策的研究和讨论,则是另一番情景。可以说,一方面是在广度和深度上大大扩展了研究的领域,出现了某种显见的繁荣局面;另一方面则是在认识和判断上的大幅度"修正",泰勒提出的许多问题和观点,得到了实际上的广泛应和与发挥。对绥靖主义的重新解释，已经成了货真价实的恢复名誉，并开始享有某种正统的权威地位。在这一方面，"修正"与"正统"似乎对调了位子。

绥靖政策，特别是慕尼黑的一幕，是英法资产阶级尤其是英国保守党的一大历史污渍。对于许多资产阶级政治家和史学家来说，在战后初期和50年代的国际局势和英国国内环境中，要洗刷这个历史污渍，又要为现行政策（"冷战"和"遏制"政策）寻找历史依据，几乎是不可兼得的。一些具有保守党背景或强烈的保守主义政治倾向的人，在当时能做到的就是：或者在批评绥靖政策的同时竭力张扬保守党内反德强硬派的业绩和反对党领袖也并不高明，如丘吉尔、艾登的回忆录和惠勒-贝内特的著作所做的；或者刻意剖白绥靖主义者为维护和平局面和英国的利益已经竭尽人事的苦心孤诣，如法伊林的《尼维尔·张伯伦传》（1948年）所做的。这些，当然不足以改变这样一个普遍印象，即"绥靖"、"慕尼黑"几乎就是退却、投降和背叛的同义语。进入60年代，随着政治气候的变迁，他们的那个不可兼得的难局似乎变得比较容易解决了。1961年，几乎就在泰勒的书出版的同时，诺顿·梅德尔科特（《英国外交政策文件汇编，1919—1939》第2辑的主要编者）就怒气冲冲地提出："绥靖，还有帝国主义，现在应该从学者使用的词汇表中去掉。"现实政治中的一个新概念——"缓和"，也很快被拿来表述和取代绥靖的原来含义了。1967年，英国政府把国家档案的保密期限由50年缩短为30年。战前时期的大量公私档案在几年内陆续公开，固然大大便利了人们对英国战前政策进行多侧面的再研究，同时也助长了一种自然的倾向，即按照当时的决策者们的思路得出同样的结论。从那时以来，西方学者撰写的著作和论文数量极大，几乎遍及有关30年代对外政策的各个方面：有从纵向考察其历史联系的，也有从横向考察它在世界其他地区的表现及其相互影响的；有重新审查这个时期的重大事件和重要人物的，也有分析这个时期的舆论变化和文化活动的；这个时期的军事形势和军备政策，议会动向，党派斗争，政府内部财政、外务和三军之间的关系，以及绥靖政策的经济内容和经济根源等等，统统在考察之列。从许多论著中出现了一幅绥靖政策的新画像，那就是：绥靖政策绝不是出于恐惧和怯懦，而是一项寻求欧洲缓和的现实主义政策；对战争的极端嫌恶并相信德国确有许多正当的不满，又推动了这一政策；英法在军事上和经济上的种种弱点，伴随着全球范围的威胁，使当时的国务活动家们只能同独裁者妥协而别无他途，而且这个政策在当时也得到了公众的广泛赞同。戴维·迪尔克斯在他编辑的《从强国后退：20世纪英国对外政策研究，第一卷，1906—1939》（1981年）一书中，通过他写的长篇导言和另外五篇文章，赋予这种说法以某种权威性。但是人们不难看出，这一整套新说法，正是以历史论证的面貌重申了当年的决策者们的全部逻辑和自我辩解。

值得注意的是，有些人还要走得更远。莫里斯·科林在《希特勒冲击：英国政治和英国政策，1933—1940》（1975年）一书中断言，造成英国被卷进战争，并在战后使工党成为占优势的政治力量和英帝国动摇瓦解这一严重后果的，不是绥靖政策的过错，而正是绥靖政策没有完全彻底执行的结果。如果英国不在1938年5月和9月卷进捷克问题从而开始了导致承担一系列大陆义务的致命进程，希特勒本来不会对英国造成真正的威胁。无论希特勒在东方的扩张中，在摧毁俄国和殖民乌克兰的事业上成功与否，德国政权的性质也可能大不一样了。戴维·卡尔顿的《安东尼·艾登：传记一种》（1981

年），也表现了同样的旨趣。他暗示，如果张伯伦的绥靖政策坚持执行下去，就可能避免战争和权力的失落。战争毁坏了英国的世界强国地位，并把欧洲放到超级大国手里；艾登和丘吉尔把英国同美国和苏联拴在一起，就该对英国的衰落负主要责任。这样一些看法表现了何种政治现实和阶级偏见，我想，任何评论都会是多余的。

不过，对于这一整套近来颇占优势的新说法，在西方史学界也并不是没有争论的。除了对绥靖的"高尚"动机无人提出疑问外，在其余的每一点上都有人表示不同的意见。概括起来，他们的基本思想是：无论对希特勒和纳粹主义作何解释，西方国家的种种举措还是对战争的到来起了重大的推动作用；实际情况绝不像那时的决策者和现在有些人所说的那样糟，制止希特勒的条件和时机还是存在的；因此不能把当时决策者们的结论视为当然的真理，还有其他可供选择的政治战略和军事战略。米德尔马斯的《幻想外交：英国政府和德国，1937—1939》（1972 年），欧文戴尔的《绥靖和英语世界：英国、美国、自治领和绥靖，1937—1939》（1975 年），丹尼尔·韦利的《英国公众舆论和阿比西尼亚战争，1935—1936》（1975 年），亚当斯韦特的《法国和第二次世界大战的来临》（1977 年），布赖恩·邦德的《两次战争间的英国军事政策》（1980 年），麦克唐纳的《美国、英国和绥靖》（1981 年）等等，就从不同的侧面对绥靖政策多少表现了一点独立分析精神。当然，不用说，他们对于未能避免战争所造成的英国和欧洲的衰落，也同样不胜唏嘘。

如果说政治经济学的争论常常会把人们最卑劣的私欲引进战场，那么在战争起源问题的争论中也总是会顽强地表现出民族私利、阶级偏见和党派争吵的迹象。这当然不是说西方史学家就二战起源问题持续了几十年的争论，对我们来说就如隔岸观火，没有任何直接意义。恰恰相反，这一场至今仍在进行中的争论，对我们来说既是一个严峻的挑战，也是一个重大的机会。不仅他们披露和提供的许多经过检验的事实和材料是有用的，而且他们发表的许多看法和判断对我们也有正面的或反面的启发意义。而拨开资产阶级民族私利、阶级偏见和党派争吵的种种迷雾，对问题作出马克思主义的分析，还是有待于我们去完成的任务。

【华东师范大学历史系第二次世界大战史研究室，《第二次世界大战起源研究论集》，华东师范大学出版社（1986年），369—383页】

附录二　两次世界大战起源的比较研究（1986年）

本世纪的头 50 年里，发生了两次世界大战。这两次战争，既是人类历史上的空前浩劫，同时也极大地改变了世界的面貌。因此，关于这两次战争的起源，就自然地成为人们长久关心和讨论的问题。人们已经，还将继续对它进行分别的研究；然而，这两次战争之间的联系是如此的紧密和深刻，其决定性战斗又都是在欧洲展开的，以致有人设想可以把它们连在一起看成是一次从 1914 到 1945 年的单一的大悲剧，堪与 17 世纪的欧洲三十年战争相比拟[①]。所以，如果把两次战争的起源作一番综合比较，研究其联系和区别，既是十分自然的，也会提供一个更加广阔的视野。

（一）

乍一听或许会感到奇怪，其实，在第二次世界大战全面爆发于欧洲之前的好多年里，人们就在实践上把上次战争的起源同未来可

[①] 参见莫里斯·鲍蒙：《第二次世界大战的起源》第 1 页，耶鲁大学出版社，1978 年版。

能的战争加以联系和比较了。关于第一次世界大战是怎么打起来的问题，由于同"战争罪责"或"战争责任"问题直接关联，从战争结束第一天起就成为国际政治斗争和学术研究中的一个热点，开始了一场持续的争论。这场争论，当时就对各主要大国的对外政策以及国内政局发生过微妙的影响。进入30年代，国际危机频仍，战火四起，历史的回顾同现实的焦虑更是在人们心头互相渗透。当时活跃在政治舞台上的各国政要，几乎都是第一次大战的亲历者；他们在处理眼前紧迫的国际危机时，脑际也总是在不断翻阅上次大战的记录，为自己决策汲取灵感，或寻找根据。这样，关于一次大战起因的争论同二次大战的酝酿过程就更加直接地交织在一起了。

然而，只是在有了两次世界大战的经验之后，人们才自觉地从两次战争的联系上去思考问题。许多西方史学家看到，第二次世界大战在很大程度上乃是第一次世界大战的继续；更有人指出，"这场战争在某种意义上是一场欧洲内战，反映了1914年以前的年代里就已开始的欧洲社会的全面解体"。[①] 无疑，他们在这里提出了很有启发意义的正确命题。可惜的是，这样一些真知灼见，并没有能引导他们对两次大战的起源在本质上的联系和区别作出真正科学的结论。问题的症结就在于，当他们把某种国际现象，或某些大国的政策，或某个当权者的意向提到第一位来断言这就是世界大战的基本原因的时候，没有揭示隐藏在这种国际现象背后的或那些政策和意向由以产生的历史经济条件，总是否认或回避这样一个基本事实，即世界大战是帝国主义时代出现的新的历史现象，两次大战都是帝国主

---

① 安东尼·亚当斯韦特：《第二次世界大战的形成》第26页，伦敦，1977年版；并参见唐纳德·瓦特：《事关重大》第14—15页，伦敦，1975年版。

义经济政治发展的产物。

他们可以在不同程度上承认,19世纪末20世纪初的"经济帝国主义",即大国之间对于市场、原料、殖民地、铁路建筑权的争夺以及"关税战"等等,引起了无穷的猜忌、摩擦和冲突,大大恶化了国际关系;一次大战之后,这种争夺也并未减弱,特别是在1929年的经济危机来临后,就变得更加激烈起来。不过,他们在这样说的时候,仅仅把帝国主义看作是一种经济政策,一种由于技术进步和人口增长要求对外扩张的势头,一种由于未能将地球上的资源在他们之间进行公正分配而造成的混乱。就如政治上的结盟政策、军事上的大海军主义或大陆军主义、新闻宣传上的无节制敌对攻击等等一样,"经济帝国主义"只是导致战争的诸种因素中的一个因素;据有些人看来,甚至还是次要的因素之一。① 这种看法,比之于他们前辈已经达到的水平,也是一个不小的倒退。因为早在一次大战前许多年,不少西方学者和政论家已经意识到列强从经济上和领土上瓜分世界的狂热活动同它们国内经济生活中的深刻变化,即垄断寡头统治的确立以及由此而来的社会政治关系紧张状况之间的联系了,已经预感到这种狂热的角逐同未来战争的可怕联系了。②

帝国主义,当然不只是一种经济政策,而是资本主义的一个特定阶段;它的根本特征或实质,就是垄断。垄断代替了自由竞争,但没有也不可能排除竞争本身;相反,垄断基础上的竞争不同于自由竞争的一个显著特点,就是它不再以争夺开放性市场上有利的销

---

① 参见悉·布·费:《第一次世界大战的起源》,第35—37页,商务印书馆,1959年版。
② 参见列宁:《帝国主义是资本主义的最高阶段》一书中对霍布森著《帝国主义》、德里奥著《政治问题和社会问题》、舒尔采·格弗尼茨著《不列颠帝国主义》等书所作的引文和评注。

售条件和原料来源为满足，而是要争夺尽可能多的领土，以便独占这里的市场和原料；争夺足以保证占有和利用这些领土的交通路线和战略要冲，直至争夺欧洲本土上的工业发达区域以便一劳永逸地制敌手于死命。这样的争夺，当然也就不再仅仅由一般的资本家组织来进行，而是特别要通过资产阶级的国家和国家联盟来进行；不再仅仅是使用一般的经济手段，而且更主要地使用政治手段，直至武力威胁和使用武力。结盟政策也好，扩军政策也好，无节制的敌对宣传也好，都是从垄断基础上的竞争这个经济事实产生出来的帝国主义国际政策——争霸政策的不同方面罢了。列宁说得好，"资本家瓜分世界，并不是因为他们的心肠特别毒辣，而是因为集中已经达到这样的阶段，使他们不得不走上这条获利的道路"。①

什么是"欧洲社会的全面解体"？就欧洲国家之间的关系这个方面来说，正是这种竞争和争夺使它陷于日甚一日的混乱和紧张之中。列强在历史上就存在的王朝野心，军国主义传统，沙文主义积习等等国家关系中的冲突因素，由于垄断和垄断基础上的竞争这个经济事实而获得了新的内容和新的动力；原来起着润滑作用的存在于各国王室贵族、军政要员、工商巨子和学界翘楚之间的姻亲情谊、协调机构以及共同的政治信念、行为规范和文化志趣等等，在这种你死我活的垄断竞争面前也失去了昔日的魅力；而据说，这些东西本来功效极大，自 1815 年以来一直维系着欧洲和平近一个世纪之久哩！②

西方史学家也曾普遍注意到两次战争之间的因果联系。泰勒先

---

① 列宁，上引书，载《列宁全集》第 22 卷第 245 页。
② 参见唐纳德·瓦特前引书，第 16—17 页。

生写道,"如果有谁直截了当地质问:'打仗为了什么?'对于第一次战争,其答案是:'决定欧洲该怎样重新安排',对于第二次战争,其答案却仅仅是:'决定这个重新安排了的欧洲该不该延续下去'"。① 姑且不论泰勒先生在这里缩小了第二次世界大战的严重意义,而且必须把这里的"重新安排欧洲"换成"重新瓜分世界"才更确切,因为尽管两次战争的决定性战斗都是在欧洲爆发和展开的(第一次世界大战尤其如此),战争的目标和内容却都是世界性的(第二次世界大战则更是完全意义上的全球战争)。人们要进一步设问的是,为什么在短短的几十年里两次出现"重新瓜分世界"的争斗呢?这是不能从当时各国当政者们的个人心理特征或主观指导上的迷误来获得最终解释的,尽管它们都曾经给各自国家的政策行动乃至半个世纪里世界局势的发展,打上深浅不一的个人印记,并使之带有许多独特的色彩,② 问题的答案只能从这半个世纪里列强的实力消长和地位兴衰的迅速变动中获得。也就是说,这是帝国主义时期经济政治发展不平衡的结果。

帝国主义时期经济政治发展不平衡,具有自由资本主义时期所没有的许多鲜明特点:发展速度上剧烈的跳跃性,实力对比上的突变性,以及各个帝国主义大国发展水平或实力水平的趋向均衡。发展速度上的跳跃性,就使原来落后的或被打下去的帝国主义国家能够迅速赶上来;实力对比的突变性,使得按照旧的实力对比瓜分世界的格局很快过了时,于是按照新的实力对比重新瓜分世界的问题

---

① 爱·约·珀·泰勒:《第二次世界大战的起源》第 23 页,纽约,1966 年版。
② 有趣的是,鲍蒙先生既正确地认为"1914 年的悲剧是半个世纪发展的必然结果",是 19 世纪 80 年代以来帝国主义寻求扩张的逻辑结局,却又说"1939 年战争的根源倒可以十分简单地归结为阿道夫·希特勒其人的无恢贪欲"。见鲍蒙前引书,第 3 页。

就立即尖锐起来；各个争霸大国的实力趋向均衡，再也不是某一个大国长久地拥有全面优势，垄断一切，决定一切，就使它们各有所恃，非得经过一番恶斗才见分晓。困扰了欧洲政治家们几十年的所谓"德国问题"，归根到底，也就是在发展不平衡规律的作用下，迅速崛起和迅速重新崛起的德国帝国主义一再急不可耐地向既定的欧洲秩序和世界秩序发出挑战。与其说是威廉二世的轻率和希特勒的狂妄决定了这个历史进程，不如说是这个历史进程使那个轻率的皇帝和狂妄的元首成了近代德国和欧洲历史上的风云人物。

有些西方史学家根据一次大战的经验，把大国的结盟政策，形成同盟体系，看作是引起世界大战最重要的原因。悉·布·费写道："大战唯一主要的原因，是在普法战争之后发展的缔结同盟体系。这种体系逐渐把欧洲列强分为两个敌对的集团，致彼此日趋于互相猜忌，日益扩张本国的海陆军……一旦战争爆发时，这种体系就不可避免地使欧洲所有的列强都卷入战争。每一个集团的成员都感到，即使是在那些与自己直接利益无关的事上，也必须互相支持，不如此就会削弱本集团的团结"。[①] 这种看法，在两次战争之间的年代里，在孤立主义盛行的美国以及竭力想要操纵欧洲均势的英国，有着特别深厚的土壤，并一直受到政、学两界的共同敬重。但是，第二次世界大战的爆发，似乎又提供了与之相反的教训，战争之所以加速到来，原因之一恰恰是由于英法美未能及早协调行动并同苏联一起结成坚强的反侵略同盟，而不是相反。这就不能不促使人们对以往的结论作一番重新审查。戴维·迪尔克斯认为："人们普遍认为，只是因为有个相互牵连的同盟体系，才使巴尔干争端变成了一场大战。

[①] 悉·布·费前引书，第 27 页。

这是大可存疑的。一些国家在 1914 年打起来，未必是因为同盟条款的强使，倒是出于他们对自己利益的判断。就这个意义上说，即使原先没有德奥之间和法俄之间的有效同盟，战争开始时的力量组合也会同样出现。"① 比较起来，这样的认识更接近历史的真实。这不是说，那种同盟体系在事态发展中完全无关紧要，而是说，对酿成世界战争起决定性作用的是大国之间相互牵连的利害关系，而且它或迟或早会把那种同盟体系制造出来，而这正表现了帝国主义时代的又一个重要特性。

帝国主义时代的一个重要特征，就是社会的生产力和资本的规模越出了各个民族国家的狭隘范围，整个世界已经融合为一个经济机体。世界已经联成一气，而且已经被瓜分完毕了。在这么一个联成一气而又变得十分狭小的世界上，相互争霸的大国在对外扩张过程中既互相争夺又互相渗透，构成一个覆盖全球的利害关系的密网。在他们之间签订的种种双边的或多边的，公开的或秘密的条约，以致形成某种集团或体系，正是这种利害关系的政治表现并使之强化的手段。这些大国，又都是拥有亿万资本和强大军事实力的国家，统治着广大的地区，控制着许多殖民地、半殖民地和中小国家。因此，他们之间的争夺，就必然要影响到一系列的国家和民族。真所谓牵一发而动全身，它们之间的争霸战争，往往要打成世界大战。

总之，垄断基础上的竞争，经济政治发展的不平衡，以及世界的整体性这样一些帝国主义时代的根本特征，使得这个时代存在着一再发生世界战争的可能性。事实上，第一次世界大战就是这样打

---

① 戴维·迪尔克斯：《从强国后退：二十世纪英国对外政策之究，1906—1939》第一卷，第 8 页，伦敦，1981 年版。

起来的，第二次世界大战也是这样打起来的。就这个意义上说，两次世界战争的起源是相同的，即是帝国主义争霸斗争引起的。当人们说，二次大战是一次大战的继续，其中的一个应有之义，就是指这两次战争在因果联系中有着起源上的共性。当然，也正因为是"继续"，后一次战争是在前一次战争造成了极大变化的欧洲和世界局势中酝酿起来的，于是两次战争在起源上表现出个性，也同样是理所当然的了。其中最令人注目和发人深思的，就是战争祸首问题和制止或推迟大战的可能性问题。

（二）

第一次世界大战，是由参战双方都带着各自的侵略目标，通过多年的经济竞争、外交冲突、缔约结盟、军备竞赛和国际危机而共同准备和挑动起来的，不存在某一国或某一方是战争祸首的问题。参战双方都应受到历史的谴责。就一次大战的"战争罪责"问题打了几十年笔墨官司，虽然现在仍不能说完全成了历史的陈迹，却未必还会有人公开重申 1919 年战胜者在凡尔赛和约第 231 条中所作的判词；而执意要为往日德国帝国主义的侵略政策洗刷的努力，即使在德国境内也日见其难了。[①] 二次大战则不同。二次大战的发生，虽然也源于帝国主义争霸，但它是由一部分帝国主义国家，即德、日、意三个法西斯国家发动的。德、日、意法西斯是战争的祸首，它们首先点燃了侵略的战火，把民族奴役、恐怖统治和种族灭绝的威胁强加于亚洲、欧洲以及世界广大地区的众多国家和人民头上，最终

---

① 联邦德国的菲舍尔教授所著《德国在第一次世界大战中的目标》一书，以及他和他的学生们的其他有关述著，以全面的文件研究为依据，令人信服地证实了德意志帝国的帝国主义野心，其学术活动和开创性影响，已为西方学术界所公认。

把世界拖进了一场空前浩劫。在这中间,纳粹德国又是侵略和战争的主要力量。这就表明,现代战争产生于帝国主义,但这绝不意味着任何帝国主义大国,在任何历史时期都同样热衷于发动战争,尤其是破坏性很大的世界大战。揭示法西斯主义,尤其是德国纳粹是怎样产生、发展、夺权和走向战争的道路,就成为研究二次大战起源的一个特有的重大课题。

60年代初,西方史学界曾就二次大战的起源进行过一次激烈的争论,而其中最动感情的问题,正是如何估计希特勒德国在导致大战爆发中的作用。主要发难者是英国牛津大学的A.J.P.泰勒先生。他在《第二次世界大战的起源》一书中,对希特勒德国策划和挑起了欧洲的全面战争这一普遍接受的历史结论,提出了全面的挑战,认为希特勒不过是同英法统治者一样在迷误中撞进了全面战争,即所谓"这是一篇没有英雄主角,或许甚至也没有反派角色的故事"。[①] 这个论旨,理所当然地遭到普遍的强烈批评。[②] 然而,对我们来说,重要的不在于对泰勒先生的这本书作何评价,而在于它所触发的那场争论绝不是毫无意义的。那场争论表明,此前对希特勒德国的研究还存在许多不足和空白。纽伦堡审判的结论,并不能代替历史的研究;四五十年代出版的有关研究成果,既没有结束真理,还暴露了许多易受攻击的弱点。正是这种状况,促使许多西方史学家对德国的战争经济准备、军备政策和军事战略、对外政策和决策过程等等进行更加详尽的研究。应该说,这一番工作是有成效的,极大地丰富了人们对希特勒德国侵略战争政策的认识。格·温伯格

---

① 泰勒,前引书,第22页。
② 参见罗杰·路易斯编《第二次世界大战的起源,泰勒及其批评者》,纽约,1972年版。

在其有分量的两卷研究著作中认为，希特勒早就有着夺取"欧洲与世界控制权"的目标，并不惜为此冒战争风险，"希特勒打算进行的是一系列德国将能通过速战速决而获胜的战争，每一仗都是对付一个孤立的敌人，通过每一次这样的胜利，不断扩大德国的资源，并恐吓其他国家，使它们或者服从自己，或者至少不进行干预，从而有助于德国准备下一个战争。最终，这将导致控制世界"。当然，希特勒采取行动的"确切细节和次序大概是随事态的发展进程而决定的，但就其方针的某些方面而言，希特勒是有确定看法的"。① 这一结论，绝不是纽伦堡审判的简单的重新肯定，而是以详尽的历史研究为依据，给希特勒德国的对外政策勾画了一个更加接近真实的图景，因而是有说服力的，也为西方大多数严肃的历史学家所赞同。②

当然，西方史学家也没有止步于对希特勒德国的对外政策作现象的描述，还曾努力对这么一个奇特的历史现象，即为什么在一个现代文明高度发达的国度里出现如此野蛮狂暴的纳粹政权作出说明，解释是五花八门的。显然，要对纳粹政权及其内外政策的本质作出真正科学的说明，还是有待于马克思主义史学家去完成的任务。

近几年来，我国史学界已经注意到开展这方面的研究，这是可喜的。五十年前，当希特勒上台不久，斯大林曾经说过，我们不仅应当把纳粹政权的出现，"看作工人阶级软弱的表现"，"而且应当把它看作资产阶级软弱的表现，看作资产阶级已经不能用国会制度和资产阶级民主制的旧方法来实行统治，因而不得不在对内政策上采

---

① 格·温伯格：《希特勒德国的对外政策：挑起第二次世界大战》，第 657 页，芝加哥，1980 年版。
② 例如，戴斯特在《德国军队和德国的重整军备》一书中，对希特勒德国从 1933 年到 1939 年的扩军备战过程作了详尽研究，也得出了相近的结论。

取恐怖的管理方法的表现,看做资产阶级再也不能在和平的对外政策的基础上找到摆脱现状的出路,因而不得不采用战争政策的表现"①。后来,季米特洛夫在共产国际七大上,又对法西斯主义政权作了一个定义式的表述,认为它是"金融资本的极端反动、极端沙文主义、极端帝国主义分子的公开恐怖独裁"。② 应当说,这些结论都触及到了问题的本质方面。但是,真实的历史总是要比任何简短的定义丰富得多。对于我们来说,重要的是从事物的历史发展过程中去阐明问题,而不是下定义,或在给某个权威的定义寻找一些历史例证。

纳粹在德国的滋长和夺权,既不是偶然的,有着深刻的历史和社会根源;又不是命定的,最终还取决于各派政治力量斗争的结果。同时,法西斯主义还是一种国际现象,纳粹在德国的发展,也不能仅仅从一国边界范围里加以考察。如果要说"欧洲社会的全面解体",那么,法西斯主义的猖獗,纳粹的上台,正是这种"全面解体"的产物和集中表现。因此,如果离开一次大战后特别是经济危机年代里整个资本主义世界的动荡和混乱,割断同德国帝国主义成长和发展的历史联系来谈论纳粹运动和纳粹政权,把它看作是德国历史的某种中断和反常、看作是某个充满恶念和狂想的头脑的产物,这是连许多西方史学家都不取的方法。

使问题变得复杂化的,可能就在于纳粹具有十分强烈的波拿巴主义特点。每当社会危机全面紧张,各种社会力量之间的斗争达到势均力敌的关头,就会出现波拿巴主义者。这是世界历史上常有的

---

① 斯大林:《列宁主义问题》,第515页,人民出版社,1964年版。
② 《季米特洛夫选集》,第41页,人民出版社,1953年版。

现象。希特勒这个"乱世奸雄",或许是其中最大的一个。对于处在尖锐对立和公开冲突中的每一个阶级和社会集团,他都给予某种可以想象或不可想象的许诺和满足:给工人以职业,给农民以土地,给小业主以资产,给一切失意者以升迁的希望,给军人以光荣,给资本家以利润,给一切既得利益者以恢复秩序的保证,并且要把整个德意志民族带上欧洲霸主和世界征服者的峰巅。总之,他向一切愤恨现状、热望变革的人预约一场"革命",又为一切惊恐不安、要求稳定的人准备一场真正的反革命。这种状况,曾给希特勒戴上了全民代表和民族救主的面具,也很容易造成纳粹乃是一个反叛的小资产阶级运动的误解。但是,历史的研究表明,希特勒自己倒十分清楚,谁是德国的真正统治者,以及什么是他当真要干的事情。以"社会主义"的蛊惑俘获大批下层群众,把他们从共产党的革命影响中拉过来,使纳粹党具有某种群众运动的势头,这是纳粹党优越于其他一切资产阶级老政党的地方,也是希特勒向统治阶级索取政权的主要资本。同时他又逐步摆脱,直至用刀剑来清洗纳粹党的追随者中那些把社会性套话当真的人们,并寻找和扩大通向大垄断资本家和统治集团的渠道,向他们表白自己的真情实意,消除他们的误解和顾虑,证明自己真正的政治价值。在"转过街角就是革命"的危机感的驱使下,德国统治阶级急急忙忙把纳粹党从后门推上了国家权力的宝座,并进而委以统治一切的全权。当然,随着纳粹政权的建立和全面强化,大批原来出身卑微的新贵要求进行的权力和财产的再分配,接二连三的社会冒险和对外冒险,都可能侵害了统治阶级中某些集团的实际利益或传统信条。但是,这种一个阶级的代表同本阶级部分成员的离异,也本是历史上特别是社会动荡时期常有的现象。对纳粹运动和纳粹政权进行历史的和阶级的分析,仍然是我们必须坚持的历史唯物主义科学方法。

（三）

一次大战和二次大战在起源上的另一个突出的不同之处，就在于战争是否可以避免的问题。

帝国主义争霸有导致一再发生重新瓜分世界的大战的趋向。但是，这并不意味着大战就是命定的不可避免和不可被制止的。即使是对于热衷于争夺霸权的帝国主义列强来说，战争终究还是手段，而不是目的本身；要不要打，能不能打，什么时候打一场破坏性极大而且其后果难以预料的世界性战争，这是一个非同小可的、十分严重的决策过程，其最后决断还要取决于各国统治阶级内部和外部的、国内和国际的各种力量互相制衡和互相激荡的结果。所以，对于这两次世界大战是否可以避免的问题，还必须从具体的历史条件出发来加以考察。

一次大战之前的世界，还是帝国主义的一统天下，既没有社会主义国家的存在，各国人民觉悟水平和斗争水平也处在相对较低的阶段，几个帝国主义大国主宰着国际政治舞台。这些大国的统治阶级，正处在世纪转换时代的帝国主义狂热和军国主义狂热之中，即使有少数人对本国能否取胜以及战争的深远后果感到某种惶恐或忧虑，也并不能对根本决策起重大作用。因此，在一次大战前夕，国际上和各国内部并不存在一个防止战争的强大社会力量，帝国主义争霸的自发趋势完全支配着事态发展，大战在1914年爆发就难以避免了。有一种说法认为，如果英国在七月危机一开始就明确表明自己的立场，那么，就会像1911年的阿加迪尔危机时英国把自己将站在法国一边的坚定态度及早告知德国从而迫使德国暂时后退一样，在 1914 年也能阻止战争的爆发。不少西方学者持有这个看法。苏联 И. Н. 罗斯图诺夫主编的《第一次世界大战史》也作如是观。[①] 这个看法，在批评英国外相格雷举措失当或揭露英帝国主义蓄意挑拨战争上，还多少有其正当的理由。但是，要设想在当时的既定局势下，英国的一纸坚定声明就能改变事态发展的整个方向，却是大可怀疑的。

二次大战前的形势却大不相同。上次大战所造成的苦难以及对资本主义制度的极大震荡，人们还记忆犹新，和平主义思潮浸润到西方国家各个阶层；两个战争策源地形成后，帝国主义体系发生了分化，出现了一批倾向维持国内的议会民主和国际和平局面的帝国主义大国；在稳定世界局势中作用日益增强的社会主义国家苏联，也曾积极争取防止战争；中国和其他一些被侵略国家人民奋起反对侵略的斗争，实际上也起了制约和延缓战争扩大的作用。这些都是一次大战前夕所根本没有的全新的因素，表明了世界的巨大进步。因此，当时确实存在建立国际反法西斯统一战线以制止战争的可能性。然而，这种可能性终究没有变为现实。二次大战不仅没有被制止或推迟，相反却加速到来了。这是什么原因呢？战后几十年，西方同苏联进行冷战，长期给这个问题的研究蒙上了一层政治宣传的色彩，干扰了真正科学的研究；而且这个问题本身也确实过于巨大、复杂并带有至今未泯的政治敏感性，要想得到一个全面的肯定答案，可能还有待于采取更加高远的研究视角和更加宏大的研究方法。但是，我们至少应当利用比较超脱的有利处境，用历史唯物主义的观点，首先对问题的某些主要侧面进行认真的探讨。在这中间，西方

[①] 罗斯图诺夫：《第一次世界大战史》，第 236—238 页，上海译文出版社，1982 年版。

国家的绥靖主义和 30 年代苏联的对外政策，以及两者之间的交互影响，首先引起我们的关注，这是很自然的。

30 年代出现的绥靖主义，作为当时以英国为中心的西方国家处理国际危机的指导方针，它是帝国主义争霸矛盾的一种特殊表现，是处于守势的帝国主义国家力图通过局部的让步来维护其根本的霸权利益的外交战略。同时，它还具有多方面的政治内容和社会含义——推动或至少不妨碍希特勒向东进攻苏联，以对德缓和作为在国内消弭革命危机的前提①，等等。总之，从对外政策同国内政治的联系上看，绥靖主义还是 30 年代整个资本主义制度陷于全面危机，在"富国"(the haves)里的产物，是跟"穷国"(the havenots)里的法西斯主义相对应的孪生兄弟。把它简单地概括为"祸水东引"或者"避战求和"，都不能反映真实的图景。局限在对外政策的范围里，就外交论外交，也难以深入问题的本质。

最近十多年来，由于西方史学家运用新近解密的政府档案，有关战前各国政策的研究又出现了一个新的高潮，涌现出大量新著作，多侧面地描述了这个时期英、法、美的外交活动、军事准备、经济状况、政治斗争、社会思潮以及决策过程。这既向我们提供了许多有益的借鉴，也向我们提出了更加严峻的挑战。正如基思·米德尔马斯在《绥靖战略》一书的序言中所说，"由于大量依靠政府的档案材料，这就存在着一种危险，即本书的结论或许就是政府本身希望使之万古长青的那种结论。我竭力避免这样说，因为当时除了已经做了的以外，有充分理由没有再采取其他行动，所以政府必然是正

---

① 这是许多西方史学家也不能不承认的事实。参见约翰·惠勒-贝内特：《慕尼黑——悲剧的序幕》，411—412 页，北京出版社，1978 年版；华夫冈、蒙逊编：《法西斯挑战和绥靖政策》，第 247—248 页，伦敦，1983 年版。

确的"。① 事实是,恰恰有不少研究著作陷入了米德尔马斯先生所警告的危险境地。当他们考察英法对外政策的种种背景和决策过程时,丧失了独立的批判能力,把对绥靖政策产生的必然性的说明,变成了对它的合理性的辩护。迪尔克斯在他编辑的《从强国后退》第一卷里阐发的基本思想就是,30年代推行的政策是当时那种形势下唯一切合实际的政策。科林在《希特勒的冲击:英国政治和英国政策》一书中则认为,希特勒本来并没有对英国利益构成真正的威胁,只是由于张伯伦外交没能得到始终一贯的实施,英国在1938年5月和9月卷进捷克问题的做法才迫使希特勒同英国发生冲突。② 对于这样一些新的动向,义愤和指责是无济于事的,还得靠严肃的研究工作来加以澄清。

关于30年代苏联的对外政策和共产国际的政策,近年来我们不少同志已经从总结历史经验的角度重新检讨。这种历史的反思,是马克思主义成熟性的表现,也是十分有益的。问题集中在慕尼黑以后苏联对外政策中的微妙变化:1939年夏英、法、苏三国谈判时期的举措,以及8月苏德互不侵犯条约的缔结。对于这个曲折的变化进程本身,应该说,我们的了解和研究工作还嫌粗略;而对于促使这种变化发生的客观环境,即日、德和英、法的对苏真意和可能的动向,以及苏联在欧、亚两方面的实际处境和国内状况,我们的研究工作也同样不够深入。这种状况,是应该也可以通过我们的努力来克服的。至于在这些变化背后,苏联政府的真实考虑和决策过程,我们实在知之甚少,在很多情况下还不得不借助于推断来填补空白,

---

① 基思·米德尔马斯:《绥靖战略》,第12页,上海译文出版社,1976年版。
② 莫里斯·科林:《希特勒冲击:英国政治和英国政策,1933—1940》,第8—9页,剑桥,1975年版。

这多少影响了分析判断上的精确性。但是,这是一时难以改变的,只能等待将来某个时候当事国在内情的披露上逐步有所松动。人们已经普遍注意到一个有趣的现象:近几十年来,苏联政府和学术界对于战前苏联的国内政策和军备状况都有过一些公开讨论,唯独在对外政策上依然咬紧牙关,坚持苏联一切正确、一贯正确的说法①,而且对个别人的批评性探讨总要作出过分反应。这种讳莫如深、强横霸道的姿态,其效果当然是适得其反的。至于我们,则信守这样一个原则,即一切两个极端之间的摇摆现象都必须避免:由于苏联是当时唯一的社会主义国家,所以它的一切行动似乎就具有天然的合理性;既然苏联是社会主义国家,它的一切行动都必须服从世界各国人民的共同利益而不顾及自身的民族利益和国家安危。

总之,我们对于西方国家的绥靖主义和30年代苏联对外政策的研究,都需要进一步向广度和深度发展,抛开一些先入为主的成见,突破单纯局限于国际关系和外交政策的框框,从广度扩展到它们的经济状况、政治局势、军事准备、社会思潮等方面,从深度上深入到各国统治阶层中的内部斗争、决策过程以至某些关键人物的特定作用等等,并且把各个方面和各种因素加以综合考察,探讨它们的交互影响。这样,才能真正弄清:为什么这些国家在面对共同的侵略威胁时,未能超越不同的历史传统、特定的国家利益以及意识形态对立所造成的鸿沟,及时组成反法西斯联盟。这是二次大战起源研究中一个极有启发意义的重大课题。

与两次大战能否避免或制止有密切联系的另一个问题,就是局

---

① 同这种苏联官方的说法不同,据斯特朗记述1942年5月和1943年10月莫洛托夫和斯大林亲口对他说的话:"1939年我们做了努力,但是失败了,我们双方都有过错。"见斯特朗勋爵:《莫斯科谈判,1939》,载迪尔克斯,前引书,第184—186页。

部战争与世界大战的关系问题。二次大战在起源上与一次大战不同的一个特点，就是经历了一个由局部战争到全面战争的发展过程。从1931年9月日本帝国主义侵略我国东北燃起的第一个战火，到1941年后半年苏德战争和太平洋战争爆发，各个主要大国才完全卷了进去，打成真正的全球大战。现在大家争论二次大战的起点是1937年还是1939年，或者是什么别的时间，其中一个重要原因就是因为二次大战有这么一个从局部战争到全面战争的发展过程。也正因为这样，如果世界各国人民能够在侵略者发动局部战争的过程中，尽可能拖住侵略者的手脚，打乱它们既定的侵略计划，阻止和破坏它们的相互勾结，对它们分割孤立，各个击破，那么侵略者就难以把局部战争演变为世界大战。

回顾二次大战起源的历史，有一个现象是值得我们注意的。二次大战的第一个战火是在亚洲燃起的，但整整拖了十年，日本的侵略才在亚太地区演变成全面战争。相反，欧洲的战火，从纳粹德国侵略波兰开始，不到两年就席卷了整个欧洲、北非、地中海和大西洋。这中间的一个重要原因，恐怕就是因为中国人民的抗战打破了日本帝国主义短期内征服中国，变中国为其进一步争霸亚太地区战略基地的计划，迫使日本侵略者陷入"中国泥潭"，难以在欧战爆发前同德、意结成军事同盟，整个法西斯集团勾结起来扩大战争的企图就被延缓了。这是中国抗战对世界反法西斯战争全局最为突出的贡献之一。

历史表明，并不是任何局部战争都会演变成为世界大战，也不是任何局部战争都含有演变成为世界大战的因素。但是，在帝国主义时代的20世纪，某些局部战争在一定的历史条件下，确实有演变成为世界大战的可能性。探讨哪些局部战争在什么样的条件下和怎么样演变成为世界大战,这是二次大战起源研究的又一重要课题。

我们考察两次世界大战起源的历史,可以看到,单纯由一个国家的国内矛盾(阶级矛盾或民族矛盾)引起的战争,一般是不会演变成为世界大战的。殖民地半殖民地国家同帝国主义宗主国之间的矛盾引起的战争,一般也不会演变为世界大战。社会主义国家同帝国主义国家之间的矛盾引起的战争,在二次大战前的历史条件下,也不具有演变成为世界大战的可能性。十月革命后,帝国主义组织14个国家武装干涉苏俄的战争,打了3年,也没有演变为世界大战。当然,上述这些矛盾引起的战争如果交错着帝国主义大国之间争霸的矛盾,那又自当别论。值得注意的是,在帝国主义时代,世界融为一体,交错多种矛盾在内的战争是经常的现象。总的来说,正如前面我们所分析的,帝国主义大国之间争霸矛盾引起的战争,具有打成世界大战的趋向。这是从横的方面,就当代几种不同类型的基本矛盾进行分析。

如果我们要从纵的方面看,对不同历史时期的具体条件进行分析,那么即使是帝国主义之间的矛盾引起的局部战争(或军事冲突),也并不是都含有演变为世界大战的因素。1923年法国纠合比利时出兵占领德国的鲁尔,这一军事行动虽然是法国争霸欧陆政策的继续,但因为它并不是要根本打破一次大战所形成的格局,仅仅是在凡尔赛体系内进行局部的调整,因此并不会有演变为世界大战的趋向。

帝国主义大国的争霸,是按实力大小来进行的。经过一场大战的较量,形成了一种瓜分世界的格局,这是一种"平衡"。在国际关系史上,它表现为若干大国通过一系列条约关系的密网,形成一种全球性的体系(格局),于是世界就出现相对的"稳定"与"和平"。

但由于发展不平衡，实力对比发生激变，旧的平衡或格局被突破，世界就产生动荡，各种国际危机不断发生。一些要从根本上打破旧格局的帝国主义大国就会千方百计地通过签订各种条约，组成新的同盟集团。于是在国际关系史上就出现了一个动荡、分化、改组的时期。在这期间发生的局部战争，就常常包含演变为世界大战的趋向，有些局部战争则成为新的世界大战的前奏或有机组成部分，例如，从1931年开始的日本侵华战争就是这样。从两次世界战争起源的比较中，我们再一次看到，历史的发展是一个由各种因素和趋势构成的合力运动，在具体的历史发展过程中，单方面的因素和趋势从来不会简单地按自己原来的逻辑发展。因此，我们必须把帝国主义时代存在的发生世界大战的必然性趋势，与各个不同历史时期存在的各种制约战争的因素联系起来考察。我们既不能因为制止战争的因素的发展，就无视大国霸权主义有导致发生世界大战的必然性趋势的存在，也不能把这种趋势说成是不可避免的必然前景，一切都必须放到特定的历史条件中，通过对同时存在而又相互制约的各种因素和关系的分析，具体揭示两次世界大战的起源，比较它们之间的联系和区别，才能比较准确地认识这个复杂的世界。

【潘人杰、李巨廉：《第二次世界大战史论文集（2）》（中国第二次世界大战史研究会编），国防大学出版社（1986年），第90—108页；《第二次世界大战起源研究论文集》（华东师范大学历史系第二次世界大战史研究室编），华东师范大学出版社（1986年），第1—20页】

附录三 时代、格局和人
——关于世界大战起源问题的若干思考（1989年）

关于世界大战的起源问题，无论是对过去的考察，还是对现实的认识和未来的展望，都需要有新的思考。或者更确切地说，这种新的思考早就开始了，不过于今更为迫切。

本来是有某种现成的结论可供沿袭的。六七十年前，列宁关于帝国主义的论断以及据此对第一次世界大战所作的分析，曾经长期成为我们认识这个问题的普遍依据。历史在发展，人们对自然、社会和人类自身的认识也在发展。今天，已处在一个马克思主义理论需要有重大发展的时代。我们对于社会主义的认识，对于帝国主义的认识，以及与此有关对于战争与和平的认识，总不能老是躺在前人铺就的被褥上面。

譬如，只要我们作一点不抱成见的历史和现实的考察，就会看到这样的事实：

已经发生过的两次世界大战，其爆发、进程和结局，同主要策动国或参战国的当权集团最初决策的愿望和预期是不一致的，有时是相反的——或者是他们中有些人本来不想打，甚至还做过不少维护现状、保持和平局面的努力（如二次大战前的英、法、美、苏），或者至少不想打一场如此进行和如此结局的世界战争（一次大战中的各参战国和二次大战中的希特勒等）。这就意味着：一、形势比人强，事情的客观发展，走向了当事人愿望的反面；二、当事人的主观决策（包括对诸如敌我力量对比、对方可能的反应等等一系列问题的判断）犯了错误。

战后40多年来，尽管局部战争、国内战争和种种暴力冲突从未间断，两个超级大国及其军事集团之间长期冷战，几次迎头相撞，火花迸发，达到战争边缘，也有人惊呼（甚至有人寄希望于）第三次世界大战即将爆发，但新的世界战争终究没有发生。今天危险依然存在，但避免新的世界战争的前景似乎还更加明朗了一些。这中间有着多种因素在起作用，但绝不能排除这样一个因素：人还不完全是形势的奴隶，在面临危险前景的时候，人还是表现了控制局势的能力。

这就提出了一个问题，即："人的错误"或"人的正确行动"在酿成或避免世界战争中的作用，也就是在世界战争的起源上人的主观能动作用的方向、性质和范围的问题。当然，人终究是他生活在其中的环境的产物，又作用于这个环境。因此，近年来，我们对二次大战的起源作了一些研究后感到，考察世界战争的起源，至少需要从时代、格局和人这样三个层次上进行讨论。

（一）现时代的战争与和平两种趋势

战争这一现象，像人类历史一样古老。看来也并不总是同私有制相始终。考古研究和人类学的调查都表明，在私有制出现之前，原始群之间、部落或部落联盟之间为争夺自然条件优越的生活区域或生活资料而发生的暴力冲突,并非偶见。现实世界也表明,战争恐怕不见得会随着私有制的消灭而立即消灭;当今已确立了公有制占统治地位的国家之间也打过仗。

然而,战争的目的、样式、规模及其影响的深广度等等,又总是同一定的社会制度相联系的。建立在一定生产力水平之上的社会经济基础,既规定了战争的动力和内容(为什么打)也以它所提供的物质手段和经济承担力,规定了战争的形式和规模(如何打)。

从历史上看,随着社会经济的发展,科学技术的进步,战争的规模就愈来愈大,参战的军队愈来愈多,破坏性愈来愈烈,对人类社会生活的影响也愈来愈深广。但只是到了20世纪,也就是我们通常所说的帝国主义时代,才出现世界大战,即具有影响整个人类社会生活的总体性和牵动全球的世界性的战争。

究竟是什么使得20世纪头半个世纪出现两次世界大战呢?是不是仅仅由于社会经济的发展和科学技术的进步,使得战争的手段发展了呢?看来这一点是有关系的,但恐怕不能说是一个直接的因素,更不能说是一个根本的因素。因为任凭怎样高度发达的经济能力和科技水平,只有在特定的社会体制和政策指导之下才成为战争手段,甚或实际运用于战争的。

我们可以把某些民族或国家实行民族利己主义,追求或争夺霸权,看作是国际之间发生战争并进而酿成世界大战的根源。但是,霸权主义或帝国主义,[①] 也不是20世纪才有的现象,而是古已有之。从探讨世界大战的根源来看,问题不在于某些民族和国家对霸权主

---

① 指实行侵略扩张的帝国主义政策,而不是列宁所下的作为垄断资本主义定义的帝国主义。

义一般性的追求，而在于这种霸权主义的追求发生在什么历史条件之下，立足于什么社会经济基础之上，以及具有什么样的社会内容。

人类社会进入到 20 世纪的时候，恰恰是若干资本主义大国发展到了垄断资本主义的阶段。垄断基础上的竞争，垄断基础上经济、政治发展剧烈的不平衡，社会生产力和资本的规模越出民族国家的狭隘范围，整个世界融合为一个经济机体而且已经瓜分完毕，几个最富强的大国对全世界的控制与统治，正是这些列宁在世纪转换时期概括为帝国主义时代的根本特性，给大国争霸注入了前所未有的动力和内容，并为这种争霸斗争导向世界大战提供了可能的条件。

现代条件下的大国霸权主义是孕育世界大战的主要因素。它首先是植根于垄断资本主义制度之中的。但历史表明，并非任何垄断资本主义制度的国家，在任何时候都同样必然推行霸权主义。历史又表明，并非任何社会主义制度的国家，都必然不会推行霸权主义。在现实的世界中，那些积极推行霸权主义的国家，就成为某一特定历史时期主要的战争策源地。因此，对于我们来说，最重要的不是一般性地论证垄断资本主义制度如何产生霸权主义，而是要具体揭示在某一特定历史条件下作为主要战争策源地的大国，它们追求霸权主义的动力和内容。

大国的争霸斗争，可以通过多种形式和采取多种手段来进行。战争在历史上一直是解决不同民族和国家之间利益冲突的最后（或曰最高）手段。因此，一切追求霸权主义的国家，都总是极力准备战争，也往往最终诉诸战争。然而，在一个漫长的岁月里，所有的征战杀伐，都是在步、骑、车、船所能达到的平面上，在当时人们力所能及的有限范围里，主要由交战双方（或各方）的军队在前线进行的。大流士、马其顿、秦皇、汉武、凯撒、蒙古汗以至拿破仑等等历史上的大征战，实际上都只处于地球的一隅。它们在空间上、烈度上以及对整个人类社会生活的影响上都是有限的。只有当资本主义发展到其最高阶段（即垄断资本主义或曰帝国主义阶段），才提供了促使这种战争演变为世界大战的社会条件和物质技术条件。

世界融合为一个经济机体，这是20世纪可能发生世界大战的一个条件。① 资本主义是超出国家界限的商品生产和流通。垄断基础上的竞争极大地推动了这一进程。在历史上，特别是资本主义的发展还主要依靠面上扩展——更多的劳动人手、更多的原料需求、更大的市场保证，向生产的广度进军而不是向技术密集和知识密集的生产的深度进军的时期，这一进程伴随着若干资本主义发达国家疯狂地对外扩张侵略，伴随着列强的瓜分世界和重新瓜分世界的斗争，伴随着几个帝国主义大国对整个世界的控制和统治，而这些都是20世纪可能发生世界大战的因素。但与此同时，这一进程又明显地表现了资本主义进步的历史作用。资本主义破坏了旧时代经济体系的孤立和闭关状态，因而也破坏了精神生活和政治生活的狭隘性，使整个人类社会以前所未有的速度向前发展。正是这种把世界上所有的国家联结成统一的经济机体的进程，产生了日趋加强的相互依存的关系。列宁在论到资本主义国家将同苏维埃国家和平共处时说过的一段话，对我们是颇有启发的："有一种力量胜过任何一个跟我们敌对的政府或阶级的愿望、意志和决心，这种力量就是迫使他们走上同我们往来的道路的全世界的共同经济关系。"② 抑制战争的因素正是从这里产生出来的。

---

① 我们曾在拙作《两次世界大战起源的比较研究》中对此作过分析。参见《第二次世界大战起源研究论集》，华东师范大学出版社1986年版，第6—7页。
②《列宁全集》第33卷，第128页。

资本主义过渡到帝国主义阶段的经济基础，是生产力的飞速发展；而生产和资本的集中与垄断，又反过来促使主要资本主义大国的经济和技术迅猛提高。这是 20 世纪可能发生世界大战的又一个条件。它为追求霸权主义的列强进行世界性的争夺，提供了必要的技术手段（无远弗届）和经济后备（千百万人脱离物质生产而且进行着超常的消耗）。历史上第一次投入数以百万计的军队（战时动员入伍的居民达到 10%—20%）。"历史上第一次把最大的技术成就用来大规模地摧毁、屠杀千百万人的生命。"① 前线和后方的联系和依赖关系无比密切。经济因素和精神因素的作用大大提高。武装斗争的范围、规模和烈度空前增长。帝国主义时代的 20 世纪，终于造成了世界大战这种骇人听闻的现象。然而物极必反。当战争被推向其极限的同时，也就从中产生出了它自身的否定因素。一方面，现代战争必须动员日益广大的人民群众参加。列宁在本世纪之初就已经指出："靠雇佣兵或半脱离人民的帮会分子作战的时代，已经一去不复返了。现在战争是由人民来进行的。"② 人民群众反对战争所起的制约作用日益增大了。另一方面对于那些进行争霸的大国当权集团来说，在现代的条件下，无限制的全面战争将会带来的毁灭性后果，也使它变得不再是令人向往的事情。

如果说，这种抑制因素在一次大战前基本不存在，或基本不发生作用的话（因此一次大战是不可避免的），那么第二次世界大战前就确实存在并且发生过作用（因此二次大战不是不可避免的）；而在第二次世界大战后的现时代，这种抑制因素则已达到空前强大的程

---

① 《列宁全集》第 27 卷，第 396 页。
② 《列宁全集》第 8 卷，第 32 页。

度。今天，即使在进行争霸的大国，也不把进行无限制的全面核大战作为现实的可行手段，而在致力于寻求所谓低烈度的有限战争方案。当然，作为一种威慑手段，他们仍然在进行全面核大战的准备，因而也就仍然构成当代发生世界大战的威胁。他们在进行激烈的争霸斗争时，一旦发生武装冲突，能否控制在低烈度的有限战争范围之内，也确是难以预料的。第二次世界大战从1931年到1941年，战争与和平两种因素（或曰两种趋势）经过十年的较量，终于从一个个局部战争演变为空前的全球大战。这种历史教训对于今天是仍然有现实意义的。

如果以在世界上占主导地位的社会制度为依据，我们还不能说人类已越过了资本帝国主义的大的历史时代，这个时代仍将是一个充满各式各样冲突和战争的时代；导致发生世界战争的必然性趋势依然存在，抑制战争的因素和趋势也同样具有必然性依据，并在极大地增长起来。世界的前途并未命定，一切都取决于两种趋势的实际运动结果。正是现时代的这个根本特点，为人的主观能动性的发挥提供了日益广阔的舞台。

（二）世界格局和国际体制

人们不是抽象地生活在一个大的时代概念里，而是具体地活动在特定的世界格局和国际体制之中。在分析任何一个社会问题时，马克思主义理论的绝对要求，就是要把问题提到一定的历史范围之内。

所谓世界格局，主要是客观性的。它是某一特定历史时期，世界各种力量的消长和斗争所形成的一种战略性态势，西方有人称之为"星座"——Constellation。人们的一切决策、活动甚至思维方式，都受这种既定局势的影响和制约。所谓国际体制（International

System——国际体系），主要是主观性的，它是由人们尤其是拥有巨大实力的主要大国的当权者们，根据对世界局势的认识和判断，通过一系列重大的决策和行动而建立起来的。一定的国际体制，常常是一定的世界格局的反映，同时又使之定型和起作用。一定的世界格局，又由于一定的国际体制的形成，制约各种力量的消长对比，而延缓或加速其变化。因此，两者密切联系和重叠，都具有客观和主观的两重性。

从历史上看，世界格局和国际体制，都是随着资本主义的发展才逐渐形成和出现的。前资本主义的时代，人类社会处于自然经济的状态，彼此离散和孤立，无所谓世界格局，也没有什么国际体系。随着资本主义商品经济的发展，交通的发达，欧洲国家开始现代化的进程，走上了向全世界扩张的道路。于是在19世纪逐渐形成了几个欧洲强国势力均衡的国际格局，而拿破仑战争之后的1815年"神圣同盟"则成了第一个国际体制。其实，严格地说这仅仅是一种欧洲的格局和体制。

这种以欧洲为中心、以大国保持均势为特点的体制，维持了将近一个世纪。它的稳定性在于：一、它是以欧洲发达国家向世界扩张和对非欧洲落后国家的统治与奴役为基础的，当时非欧洲国家尚处于沉睡状态，远没有卷入现代化的进程，而且世界尚未瓜分完毕；二、它是以欧洲大陆几个强国，在英国的某种仲裁下形成均势为基础的。但这种稳定在19世纪末大大动摇了。由于资本主义在欧洲的普遍发展并进入垄断阶段，原来就存在的欧洲大国争霸注入新的动力和内容；垄断基础上的发展不平衡，促使德国迅速崛起，造成了欧洲力量对比的巨大变动；世界的瓜分完毕使重新瓜分的问题尖锐了起来。人类社会向帝国主义时代过渡的客观结果，带来了世界格局的变化，促使了西方学者所说的"从1914年以前的年代里就已开始的欧洲社会的全面解体"。①

从1873年的三皇同盟到1882年的三国同盟，从1894年的法俄同盟到1904年的英法协约和1907年的英俄协约，各大国统治集团沿着上述的自然趋向，按着"敌人的敌人就是朋友"的原则积极行动，促成了从1815年建立起来的国际体制的瓦解。三国同盟是俾斯麦的苦心经营；三国协约则特别是法国所积极促成；而把英国推进协约国集团，则不能不归功于德国（特别是威廉二世）的一系列举措。人的主观决策和行动，终于在20世纪初形成了两个对立的同盟体系和军事集团的格局。

组成同盟和军事集团的本来目的（或自然趋势），就是力图改变均势以有利于自己。"挟集团以自重"，谁也不能容忍对方取得优势或占先。在均势没有完全打破时，仍能维持着勉强的和平（武装和平）。这是一种应力积聚。在这种均势和僵持中，就酝酿着打破均势和突破僵局的冲动力量。既然"挟集团以自重"，集团内部也就具有某种"一损俱损、一荣俱荣"的性质。对于本集团某一成员根本利益的威胁，也就成为对自己的威胁。这就为从局部冲突演化成全面战争埋下祸根。第一次世界大战正是这样：萨拉热窝事件——奥匈帝国对塞尔维亚宣战——俄国动员——德国动员和对俄宣战——法国动员——德国对法宣战——英国动员和对德宣战。从一个小小的冲突事件，在不到40天的时间内，就变成了一场大厮杀。在这中间特别表现了那种

---

① 安东尼·亚当思韦特：《第二次世界大战的形成》（Anthony Adamthwaite, The Making of the Second World War），伦敦1977年版，第26页；唐·卡·瓦特：《事关重大，欧洲武装力量与通向第二次世界大战之路》（D. C. Watt, Too Serious a Business, European Armed Forces and the Approach to the Second World War），伦敦1975年版，第14—15页。

国际格局和国际体制的自发力量。正是这种历史现象，使得某些西方学者把军事同盟看作是世界大战最重要的根源。①

一次大战经过四年的血腥厮杀，终于以英法为首的协约国获得胜利宣告结束。战后建立起来的凡尔赛-华盛顿体系，似乎反映了战后新的世界格局。它的主要缔造者们，也确想通过这个新的国际体制，把有利于自己的格局固定下来，维持所谓"永久的和平"。但是，凡尔赛-华盛顿体系存在着如此巨大的缺陷，以致几乎所有西方学者都认为它是不合理的和十分脆弱的，不少的人还把它作为发生第二次世界大战的一个重要根源。②

凡尔赛体系作为一种国际体制，其结构模式基本上是19世纪那种以欧洲为中心、以欧陆大国均势为特点，对世界加以控制的伞状结构的延续。一些西方学者把第二次世界大战看作是第一次世界大战的继续，把这两场世界性战争联系起来，看作是一场从1914—1945年的单一的大悲剧、一场"欧洲的内战"，从某种意义上正是如此。但是，在上一世纪维持这种国际体制稳定性的基础已经或正在消失，欧洲衰落了，英国失去过去的仲裁能力；俄国十月革命使欧洲和世界出现了两种社会制度体系的对立；由于奥匈帝国瓦解、德国战败和俄国的被排除，传统的欧洲大国均势已无法重建；东方民族解放运动的高涨，首先冲击了传统殖民主义的欧洲老大帝国；美、日两个非欧洲的强国崛起，使得列强的争霸更形尖锐和复杂；虽然后来以华盛顿体系来作为补充，也难以有持久的稳定。

德国被作为战败的罪犯来处理，但它既不是唯一的罪犯，也不

---

① 悉·布·费：《第一次世界大战的起源》，商务印书馆1959年版，第27页。
② 丘吉尔在其第二次世界大战回忆录中，一开始就把凡尔赛体系称为"胜利者所做的蠢事"。

是真正的失败者。几乎独立地同全体大国进行了四年战争的德国，其本土最终未遭占领，其整个社会结构未受任何损伤，甚至它的军队也是完整地从别国领土上撤回的。它能心甘情愿地接受判决吗？它真的被剥夺了重新崛起的可能吗？强加给德国的种种限制和剥夺，有些是难以长久起作用的（如军备限制），有些是双刃剑（如赔款），有些则未必就是德国的不幸（如殖民地的被剥夺）。这些严酷的条款，既没有消除它重新崛起进行争霸的可能，又没有以平等地位把它网罗进新的国际体制，反而准备了一个复仇主义的温床——一个身强力壮而又咬牙切齿的德国。

英法作为战争中的胜利者，似乎主宰了欧洲的事务。实际上它们既不是真正的胜利者，也没有获得永享胜利成果的保障。限制德国的海、陆军是英法最现实的收获，但是无法长久保持。夺占德国的殖民地似乎是最大的收益，但在 20 世纪的条件下已无多大实际价值，反而成了某种包袱。压榨德国大量赔款曾经一度引起两国（尤其是法国）的繁荣梦幻，实际带来的却是几乎导致欧洲市场崩溃的恶果。相反，英法在战争中的损伤却难以康复，从而加速了其衰落的进程。尤其是法国，甚至并未从凡尔赛体系中取得真正的安全感。

国际联盟作为历史上第一个全球性的国际组织，宣告以维护和平为己任。它标榜正义、民族自决（平等）、裁军和集体安全，取代强权政治、秘密条约和军事同盟，似乎建立了一个包罗万象的集体安全体系。但是，它由英法操纵，排除社会主义的苏联，任意处置弱小民族，加上美国的脱钩，实际上是一个残缺不全的"神圣同盟"翻版。它在固定现状上十分严厉，却特别脆弱；在保障未来上相当华丽，却纯属空言；在应付国际冲突和危机处理上规定周详，却非常僵硬和无能。

凡尔赛-华盛顿体系的种种缺陷和不合理性，当时西方国家的一些政治家也是意识到的，并且在二三十年代作过若干调整的努力（例如，20年代的签订《洛迦诺公约》，30年代缔结东方公约的活动和邀请苏联加入国联）。但这种调整既是损人利己的（损害法国、损害苏联、损害中小国家），也是权宜应急和过于迟缓，后来更演变成了对法西斯侵略者的全面绥靖而自毁堤防。

目前有人在讨论哪种国际格局或体制更有利于维持和平，或更易于导致战争。讨论的中心点似乎集中在两极和多极孰优孰劣。我们觉得问题的关键似乎不在于此，而在于它是否有足够的柔韧性，能适应力量对比新变化必然带来的调整需要，即作为一种体系其自我调节机制如何。而这种自我调节机制的强弱，又取决于这些"极"各自的特性和行动方向，而不是简单地由两极还是多极来决定的。

当然，一般地说，两极结构显得比较僵硬；而多极或多元化（多种力量同时存在和积极活跃于国际舞台），对于导致大战的趋势能发挥更多的牵制作用，对于维持和平的努力可以提供更多的周旋余地。但两极结构就一定更易于导致战争吗？也不尽然。一次大战前两个集团的出现，似乎成了导致战争的根源。第二次世界大战前则实际上是一种多元（或多极）格局，并没有完全形成两个对垒的集团。[①] 当时的英国还特别嫌恶和反对组成集团。事实上甚至可以这样说：第二次世界大战的加速到来，不是因为有了两个集团，恰恰是因为英国长期拒绝同法、苏等结盟。第二次世界大战之后，就某种意义上说，

[①] 过去的传统观点把1936—1937年"反共公约"的签订看作法西斯侵略集团的形成，这是不确切的。事实上德意日侵略集团的正式形成是在1940年9月。如果以1939年作为大战全面爆发的起点，第二次世界大战前起码存在德意、英法、苏联、美国、日本五元（或五极）。

人们似乎是吸取了 30 年代的教训。于是很快组成了两个集团，出现了两个阵营。而在 60 年代以前，在这两个集团还显得相当稳固的年头里，虽然有"冷战"和朝鲜战争，不是也没有导致世界大战吗？现在的世界格局，多元化已成为事实，但两极仍然是个严重的存在。两个超级大国在欧洲武装对峙，在全球竞相争逐，不是也没有导致大战吗？显然，战后 40 多年没有发生世界大战，除了从时代和世界格局的变化发展中产生了种种抑制因素以外，人们的认识和控制局势的能力肯定起了重大的作用。就这一点来说，应该承认，人类社会的进步和经验的积累是呈现出上升的曲线。

（三）决策行动和危机处理

马克思主义告诉我们，对任何历史现象的认识，都必须透过其发展过程中大量的偶然性，看到它的必然性，深入到事物的本质中去。这是完全正确的。列宁在对帝国主义进行理论性分析时，揭示垄断资本主义时代大国的争霸有发生世界大战的必然性趋势，谈的主要就是这方面的问题。但是，必然性是通过大量的偶然性表现出来的，并且以偶然性为补充，受偶然性一定的制约。离开或者不谈偶然性，一切必然性的东西就都是空的，也是不实在的。

其实，恰恰是马克思和列宁十分重视偶然性，十分强调研究个人在历史上的作用。马克思说："如果'偶然性'不起任何作用的话，那么世界历史就会带有非常神秘的性质。"[①] 列宁也说："历史必然性的思想也丝毫不损害个人在历史上的作用，因为全部历史正是

---

① 《马克思恩格斯选集》第 4 卷，第 393 页。

由那些无疑是活动家的个人的行动构成的。"① 我们的历史研究，在过去相当长的时期里忽视了偶然性和关于个人的研究，因而常常把十分复杂、千变万化和丰富多彩的具体历史过程，变成了简单枯燥、千篇一律的绝对化概念。这样一来，也就把我们某些本来具有相对真理意义的观点，变成了失去说服力和生命力的公式教条。在这种情况下，正如恩格斯所说："把理论应用于任何历史时期，就会比解一个最简单的一次方程式更容易了。"②

如果要对20世纪头半个世纪的两次世界大战起源，有一个比较符合历史实际因而也就比较靠近真理的认识，就必须深入研究包含众多个人活动和偶然性因素的具体历史过程，研究那些在国际关系上具有重大或决定性影响的国家身居要职的关键性人物，尤其是他们的决策行动和对危机的处理。如果说，当今的时代大国争霸有发生世界大战的趋势，这只是一种抽象的理论分析（我们仍然十分需要这种分析，只要它确系实事求是的），那么，世界大战在实际上是否发生，在某种程度上就取决于这些大国当权人物的决策行动和对危机的处理。

对于决策行动的研究，在我们探讨世界大战起源的历史过程时，有两个不同的系统。一个是对若干有关主要国家的决策行动的分别研究，另一个是对它们之间交互作用的综合研究。无论哪一个系统，其中又都可以分为战略决策和开战决策两个方面。

战略决策是比较长时段的，它受时代的制约较大，同格局的关系更紧密，因而也就具有更多的客观必然性。但这不等于说它就没

---

① 《列宁全集》第1卷，第139页。
② 《马克思恩格斯选集》第4卷，第477页。

有巨大的主观性和偶然性因素在内。30年代初的德国走到了一个岔路口，是法西斯与战争，还是民主改良与和平？对于当时的德国的统治集团也并非只有一种选择。同样，英国的统治集团在30年代中期也有绥靖与强硬两种战略选择，无论是财政、军备和自治领舆情，都不是命定地只能绥靖到底。事实上某个或若干个对国际关系具有重大影响的国家，其当权人物所作的战略决策，常常左右甚至导致世界格局的重大变化。而这些"个人"在作出某种战略决策时，其动因则取决于他们对所谓"国家利益"的认识。从历史上来说，要深入揭示两次世界大战的起源，就必须研究威廉二世和希特勒（当然同时还有英、法、美、日等国的当权人物）对"国家利益"的认识，以及他们据此所作的战略决策。从现实上来说，我们在估计未来战争的可能性时，就必须研究美苏两个超级大国当权人物对"国家利益"的认识，以及他们据此作出的和可能作出的战略决策。在这里，个人的作用有时甚至是带有决定性的。当然，我们在进行这种研究时，必须坚持历史唯物主义，谨防堕入历史唯心主义（这是西方学者常见的现象）。

开战决策的研究，对于战争起源是一种更加具体和更加具有决定性的过程。古今中外一切战争，不论其性质和规模如何，总是矛盾双方对立斗争的结果。就发动战争的积极性而言，一般有两种情况：一种是交战一方积极主动发动战争，另一方完全处于被动和防御地位（如二次大战中日本进攻中国、德国进攻波兰和苏联）；另一种是交战双方都积极主动地发动战争（如一次大战时的同盟国和协约国）。对于后一种情况，如果再作深入分析，仍然可以看到其中一方发动战争的积极性和主动性更高（例如在一次大战时，同盟国一方的德国和奥匈帝国发动战争的积极性和主动性就更高一些）。一场战争打不打得起来，什么时候打起来，最后都必然落实到积极主动或比较积极主动发动战争的一方的开战决策上面。在这里，个人的作用和偶然性的因素，就发挥着更大的作用。当然，影响和制约某个潜在战争发动者作出开战决策的因素也是多方面的：这个国家所实行的大战略（或国家战略，这是战略决策研究的范围），它所处的世界格局和国内环境（决策环境），它的决策体制（比较民主的或独裁的），以至它的决策者个人的气质、性格、学识、能力、意志等等。但是，对于某个当权者作出开战决策时，产生直接影响的往往是他对别国的意图、决心和实力的估计，以及他对实现自己意图的具体手段的选择。历史表明，第一次世界大战之所以在 1914 年 8 月爆发，第二次世界大战之所以在 1939 年 9 月开始演变为全面战争，同威廉二世和希特勒对于英法的决心和实力估计错误，并由此而采取了以武力实现自己意图的选择，有很大的关系。另一方面，其他国家的当权人物，通过什么具体的行动、手段和斗争策略，影响和制约潜在战争发动者的决策，也是有很大关系的；而其中他们对潜在战争发动者的意图、决心和实力的估计，往往直接决定了他们所采取的行动。事实上，在相当大的程度上，英法当权人物对德国（包括威廉德国，尤其是纳粹德国）的意图、决心和实力估计失误，没有采取正确的行动，促成了德国作出开战决策。

所谓危机处理，主要就是上述过程中双方面或诸方面的交互作用。在现实的国际关系中，任何一个重大的危机都含有战争的因素。把两次世界大战和当今的现实联系起来考察，就可以看到，在某种既定格局下，人的认识和控制局势的能力，是随着历史的前进和经验的积累呈现出上升的曲线的。

通向第一次世界大战之路带有极大的自发性特点，从 1914 年 6

月 28 日刺杀案到 8 月 4 日各大国投入战争，一个多月里局势急速恶化，从危机演变成全面战争。当时各国决策的最高当局中，几乎没有出于对一场欧洲大战后果的严重忧虑而产生的重大政策分歧，更没有人进行避免战争的系统努力。各国文职首脑想的是，如不及时应战将会怎样坐大对手、销蚀自己；各国军方设想的都是一场拿破仑时代的战争或普法战争、巴尔干战争式的战争，通过一两次大会战便见分晓。他们各自抱着短期取胜的如意算盘或侥幸心理冲向战场。结果战争的实际进程完全走向了大国决策者的愿望和主观意志的反面——短促的会战变成了长期阵地战的僵局，单纯的军事较量变成了倾注全部国力作长期消耗的总体战，整个社会基础遭受了前所未有的震动和毁坏。三个大帝国解体，出了一个苏维埃俄国，英法元气大伤，没有一个发动战争的欧洲国家是胜利者，只有后来趁火打劫的美日得了利。第一次世界大战给人们留下了第一次教训。

通向第二次世界大战之路要曲折得多。这种曲折有许多原因，各国决策集团中对于通向新的世界大战表现出更多的分歧和迟疑是原因之一，也正因为如此给人们制止或避免战争留下较大的活动余地和可能性。英法当权集团对一场新战争的畏惧和迟疑是十分明显的。这固然是因为他们是既得利益者，并处在衰落之中，任何一场新的重新瓜分世界的战争，对他们只会失而难以有得；同时也是因为已经有了第一次世界大战的经验，有根据担心再一次大战将意味着"西方文明的毁灭"（即资本主义社会的崩溃）。因此，他们愿意对凡尔赛体系作出调整，放弃部分既得利益，求得同德国的妥协以避免战争。即使作为战争发动者的德国来说，当权集团中也出现了一批有影响的人物，如以沙赫特为代表的垄断资本家，以纽赖特为代表的官僚集团，以贝克为代表的国防军高级将领，对希特勒急速走向战争的决策行动,表现了极大的忧虑和迟疑。

再比较一下第二次世界大战后历次严重的国际危机——柏林危机、朝鲜战争、匈牙利事件、中东战争、导弹危机、印支战争等等,各主要大国或大国集团都曾在正面相撞的前景面前,表现了某种审慎:无论在进攻时还是反击时,都对自己可以前进的最大限度有某种理解,从而给自己也给对方留有后退和妥协的余地。不能不说,战后40多年没有发生由大国(尤其是两个超级大国)冲突而导致爆发世界大战,这是其中的一个重要因素。

显然,在国际危机的处理上,绥靖妥协并非任何历史条件下都是不可取的。一切都必须作具体的分析。第一次世界大战前大国的决策者,由于固守绝对的目的,实施绝对的手段,追求绝对的胜利,缺少必要的妥协和绥靖,结果以各自的僵硬政策和行动促成了迅速迎头相撞。从某种意义上说,人们吸取了这个教训。30年代在处理国际危机时,西方民主国家的当权者对于德意日的扩张侵略采取了绥靖政策,却又导致加速从局部战争演变为全面大战的进程。如果今天人们又由此得出结论,认为在处理战后国际危机中,必需排斥任何的绥靖妥协而实行强硬的对抗,甚至不惜走到战争的边缘(如杜勒斯之流),历史很可能又走向了一场新的世界大战。

历史上已经发生过的事情,包括人们的决策行动和危机处理上的错误,都有其必然性依据,但其中又包含有种种偶然性的和个人的因素。历史的运动并非由单一的因素和趋向所构成,而是多种因素和趋向之间的相互斗争、相互制约和力量消长的结果。在这里不仅产生了历史过程的多样性,而且为人的决策选择和行动留下了广大的天地和多种的可能。我们在探讨任何一场战争,尤其是世界性战争的起源时,都必须综合分析这众多的趋势和因素的交互作用。

恩格斯说得好:"历史是这样创造的:最终的结果总是从许多单个的意志的相互冲突中产生出来的,而其中每一个意志,又是由于许多特殊的生活条件,才成为它所成为的那样。这样就有无数互相交错的力量,有无数个力的平行四边形,而由此就产生出一个总的结果,即历史事变,这个结果又可以看作为整体的、不自觉地和不自主地起着作用的力量的产物。"① 对于我们研究历史的人来说,尤其是研究世界大战这样一种历史事变,就必须深入研究我们时代所产生和存在的无数互相交错并且不断变动的"力",研究这无数个力在某一特定时期所形成的"平行四边形",研究反映或体现这些力的众多个人愿望和单个意志的具体运动,并且探讨其中每一个重大的意志所得以形成的许多特殊的生活条件。这将是一个十分宏大而复杂的系统工程。我们暂且把它概括为时代、格局和人这样三个层次。

【潘人杰、李巨廉:《世界历史》1989 年第 1 期,第 55—64 页】

---

① 《马克思恩格斯选集》第 4 卷,第 478 页。

附录四　中译本第一版译者的话（1991年）

英国学者 A.J.P. 泰勒的《第二次世界大战的起源》一书初版于 30 年前的 1961 年。在这之前，尤其是在这之后，涉及同一主题的历史著作真可谓汗牛充栋，它们都在某一方面有其不等的价值。然而，唯有泰勒的这本书，至今还在吸引着一代又一代的读者；就专业研究者而言，不论他们对本书的观点赞同与否，也都不能回避地要对它作出讨论。在西方学术界，泰勒的这本书已被列为经典史学著作之一。

这是因为泰勒的这本书视野高阔，语言精警，向几乎每一个被认为理所当然的现存结论发出了挑战。泰勒认为，第二次世界大战并不是希特勒按"计划"和"时间表"预谋策划的结果；绥靖政策也未必就是愚蠢和懦怯的同义词；这场战争，植根于第一次世界大战后欧洲均势的更大破坏，直接产生于各国政治家们事与愿违的忙中出错。此书一出，学界震动，立即激起一场持续多年的动感情的争论。从英国到北美，争论不仅在学术讲坛和专业刊物上展开，还曾扩展到电视荧屏甚至家庭内部。贬之者认为此书是为希特勒翻案，是对一系列公认的历史判断和价值标准的放肆亵渎；褒之者则认为它标志了一个新的"修正学派"的兴起，泰勒则是当代英国最伟大的史学家。对一本书及其作者的褒贬竟如此极端地对立，这在学术史上确是不多见的。但是，不管这场争端的最终结果如何，在第二次世界大战起源问题上定于一尊众皆诺诺的局面被打破；人们惊奇地发现，原来还有这么多事情需要深入探讨，还有那么多问题可以重新思考！

争论初期的激情逐渐平复之后，随着研究环境的进一步改善和大量档案资料的解密公开，二战起源的研究出现了一个前所未有的繁荣局面。人们通过平心静气的研究，既发现泰勒这本书的许多粗疏、武断、强词夺理和自相矛盾之处，同时也惊异于他的许多独到见地和敏明观察（有时几乎是直觉的推测）居然经受住了时间的考验。回顾起来，谁都不能否认这本书振聋发聩的开创性意义。

跟这本书的命运一样，作者本人在西方学术界也是一位有争议的人物。A. J. P. 泰勒 1906 年出生于英国兰开夏一位棉纺厂主家庭。在牛津大学奥利尔学院求学期间，曾是该学院唯一的一位工党俱乐部成员。大学毕业后，即去维也纳大学师从普里勃勒姆研究欧洲外交史。1930—1938 年执教于英国曼切斯特大学，1938—1963 年执教于牛津大学莫德林学院。他是一位极受学生欢迎的教师，多产的作家，社会活动也十分活跃。他的主要著作还有《欧洲外交中的意大利问题》、《德国争夺殖民地的最初企图》、《哈布斯堡王朝》、《德国历史教程》、《争夺欧洲霸权》、《俾斯麦评传》、《惹是生非者》等。此人在学术研究上好独树一帜，在社会政治问题上总是对英、美政府的现行政策持批评态度，品评世事，臧否人物，常常语出惊人。凡此种种，都为矜持的英国大学教授圈子所侧目，被视为"知识界之牛虻"。因而,尽管泰勒著述宏富,声名远扬,公认是欧洲国际关系史方面的一大名家,1956年还入选英国国家学术院,却始终未获教授头衔。

对泰勒其人其书的全面评价,不是译者注这里所能完成的任务。读者将不难发现,作者在本书中表达的一些论断,以及他的史学思想和史学方法,不是我们所能完全同意的。然而,他的许多奇谈怪论又常常同他的独到见地裹缠在一起,这是需要我们细致分辨的。《外交事务五十年书目》在评介本书时告诫读者:"这是一本重要的书——精警、冷嘲、精心编撰——但是应该参照它仍在招致的评论来读它"。对西方大国的读者尚且如此,我们就更应当持审慎的批判态度,切切不可像南方人吃茶淘饭那样不加咀嚼和辨味就大口吞下去。

本书根据纽约1966年第2版译出,只略去了致美国读者的前言:潘人杰,第一至六章;朱立人,第七、八、十一章以及"再思考"和附录;黄鹂,第九、十章;潘人杰校订。

译者经过多年犹豫,终于斗胆译介这本难度甚大的名著,主要是得到北京师范学院齐世荣教授的鼓励。他还在百忙中审阅了全部译稿,提出了许多修改意见。误译或未能恰如其分地表达原意之处,概由译者负责,敬请读者指正。

1991年1月于华东师范大学

附录五　潘人杰：正统与异端（1993年）

A. J. P. 泰勒《第二次世界大战的起源》是一本曾经激起激烈争论，而且至今仍不失其震撼力催人思索的书。中国大陆两年之内出了两个译本，在颇知撙节的出版管理家看来，诚然是一种浪费，但从读书人角度看，却也不无意义——至少说明中国出版界对这本"异端"之作的重视。

三十一年前它在英国刚一问世，当即掀起了一场风暴，许多学者群起而攻之：轻率武断，扰乱人心，作者根本算不得一位有责任感的历史学家。另一些学者则热情推崇：一部难得的杰作，标志着一个新的"修正学派"的兴起，堪与吉本《罗马帝国衰亡史》和麦考莱《英国史》相媲美。唇枪舌剑，从《泰晤士报文学副刊》开始，由英国打到美国，不仅在专业书刊和学术讲坛上交锋，还很快扩展到一般大众媒介以至家庭内部，因之朋友反目，父子龃龉之事也时有所闻。

泰勒固然因这本书一时成了英国家喻户晓的人物，他的学术地位却早在这之前就已确立。他一九〇六年出生在兰开夏郡，求学于牛津大学奥里尔学院，获历史学学位，后去维也纳师从普里勃勒姆。1930年后执教于英国曼彻斯特大学和牛津大学莫德林学院。他是一位极受学生欢迎的教师，多产的作家，并有多方面活跃的社会活动。他好独树一帜，向正统和权威挑战，在社会政治问题上也总是作直言不讳的批评，因之被视为"知识界的牛虻"。有人认为泰勒的个性和遭际很像萧伯纳，"才华横溢，学问渊博，机智诙谐，固执己见，离经叛道，惹人讨厌，不可忍受而又无法摆脱，不时冒犯他的史学同行却总是有教于他们"。

关于第二次世界大战的起源，普遍认为这场战争是由希特勒按照预定的计划蓄意策动的。可是在泰勒看来，这不过是一种在战前就已经提出在战后又让每一个人都感到满意的解释。原来主张对德强硬政策的人当然满意，因为它证明他们一贯正确；原来倡导绥靖政策的人也能接受，因为要不是希特勒这个疯子，绥靖本来会是一项明智和成功的政策；更主要的是德国人也觉得称心，因为它既然证明一切都坏在希特勒，所有其他德国人都可以自称无辜了。有了这种皆大欢喜的解释，也就为现实需要提供了振振有词的依据：西方大国原先在第二次世界大战中为反对极权主义而战，现在则跟清白的德国人联合一起在冷战中继续这项伟大崇高的事业，仅仅是敌人的地点和名字有了改变：从前是德国的希特勒，现在是苏联的斯大林。好像存心要使每一个人都不舒服似的，泰勒的笔锋所向，正是这一派50年代流行于西方大国的自鸣得意。他傲然宣称，他在"以超脱的态度对现有的记录作一番思考"之后发现，"虽然很多人是有罪的，却没有人是无辜的"。他要叙述的将是"一篇没有英雄主角，或许甚至也没有反派角色的故事"。

泰勒用传统的历史写作方法按照时间顺序把第一次世界大战结

束到第二次世界大战爆发的幕幕话剧重新排演了一遍。他的结论是，希特勒既没有策动一场新的世界大战的计划，绥靖政策也未必就是愚蠢和懦弱的同义词；这场战争发端于第一次世界大战后欧洲均势的更大破坏，直接产生于各国政治家事与愿违的忙中出错；"二战"其实是"一战"的继续和重演。

在泰勒的笔下，希特勒既不是神昏智乱（至少在他被胜利冲昏头脑之前）的疯子，也不是严格按计划行事的理性主义者，而是一个神经坚强的机会主义赌棍。通常认为是希特勒侵略蓝图的《我的奋斗》不过是多少年来在维也纳咖啡座和德国啤酒馆里随时可闻的陈词滥调的混乱回声。在纽伦堡审判中作为侵略罪证并普遍认为是希特勒侵略计划的"霍斯巴赫备忘录"，其可靠性大有疑问，而那次军政大员会议更可能是在纳粹体制里各个权力机构互相倾轧中希特勒玩的一种内政计谋。一九三三年一月的上台执政，国会纵火案，进军维也纳兼并奥地利，制造捷克紧张局势以及最后占领布拉格，等等，也并非希特勒事先策划、精心操作的结果，更多的倒是一些二流人物或其他国家领导人的主动行为所触发的即兴反应，抓住了他们所提供的机会。总之，"他远不想要战争，而且是最不想要一场全面战争。他想要在不打总体战的情况下获得全部胜利果实；由于别人的愚钝，他差点获得这种果实"。

不仅希特勒的行状不同常论，几乎每一个其他人物都有一幅大异其趣的画像。张伯伦既不愚蠢也不懦弱，倒是一位精明的政治家，他的政策得到他的保守党和绝大多数国民的支持。跟通常认为或其本人自我标榜的相反，艾登并不是反绥靖主义者，丘吉尔也不是反对极权主义的斗士，他曾经赞美过墨索里尼，对佛朗哥的事业怀有善意。被普遍推崇为爱好和平的"善良德国人"施特雷泽曼却原来跟希特勒一样怀有统治东欧的梦想。墨索里尼乃是一个爱虚荣胡吹牛皮的家伙，没有思想也没有目标；斯大林也不像人们相信的那样坚持意识形态教义，一心策动世界革命，倒是个欧洲最保守的政治家，要求维护一九一九年的和平安排，并期望国际联盟成为一个有效的国际组织。

泰勒几乎把两次大战之间的全部欧洲国际关系史弄了个头足倒立，里外反转。在这中间，最最惊世骇俗的，是让人们以为作者在为希特勒翻案，并因此遭到特别集中和猛烈的抨击。在美国的《视野》杂志上，曾有人虚拟了一篇希特勒的阴魂向泰勒先生致贺的短信，迹近政治起诉。对于所有这些攻击和批评，泰勒很少搭理，直到一九六三年本书再版时，才以一篇"再思考"作出正式抗辩。其中固然包含有因原书语义两可造成歧解之处作出些许澄清，主要是对全书的基本思想和主要论点的有力重申和进一步发挥。要泰勒接受别人的指教是难的。不过，这些批评的积极意义是无法否认的。正是在这场炽烈争论的触发下，更多的历史学家作出了多方面的独立研究，对希特勒德国的认识大大前进了一步，出现了一种大致接近的共识。这种共识，既超越了原来"正统"的僵硬，也修正了泰勒的偏执，是一种新水平上的综合。这就是："希特勒在某种强权政治和观念的混合物的驱动下，想要夺取欧陆霸权和世界强国地位，并最终统治世界。不过，统治世界还是一个相当模糊和遥远的未来目标。然而，主宰欧洲就远远不只是进军东方，还意味着打败西方民主国家，在非洲夺取殖民地，以及建立一支在大西洋上拥有许多基地的强大海军。但是，希特勒并没有计划通过一场大战来实现他的野心，与此相反，他决意不要重犯威廉二世的错误去同一个遍及全球的联盟对抗。对手们将被孤立和各个击破。随机应变和即兴式的突发行动是希特勒在追求其目标时的特征,而那个长远的梦想,即世界强国的地位并最终统治世界则是不变的目标。"(亚当斯韦特:《也论起源》)

不过,要是本书真的仅限于或主要是做做翻案文章,那它至多只能激起一时的"轰动效应",绝不会产生如此持久的社会反响了。作者是怀着对现实世界的强烈关注以整个欧洲史的知识背景来观察二战起源的,通过本书提出了许多更具有普遍意义的问题,促使人们进行深层的思考。在我看来,这样的问题至少有:

一、德国问题。这是上个世纪以来依旧赫然摆在欧洲(乃至世界)政治日程首位的关键问题。泰勒认为,由于德国地处从西欧到东欧的中途,没有一条天然和稳定的边界,既没有充分西方化,又未能与东方斯拉夫邻居和睦相处,要不被环伺的强邻所左右,就要成为欧洲霸主。由此几乎"原罪"般地产生了德意志民族服膺军国主义、专制体制和对外扩张的特性。正因为此,泰勒强调希特勒的"对外政策就是他的历届前任的政策,就是外交部里职业外交官们的政策,实际上也正是全体德国人的政策"。当一九四四年国防军官们密谋推翻他时,他们反对的也不是他的政策,而是他所带来的败绩。总之,"希特勒不过是德国民族的共鸣板,千千万万德国人毫无内疚地毫无疑问地执行了他的罪恶命令"。然而如果"我们继续把所发生的一切都归咎希特勒,就简直不能发现什么了。他提供了一个强有力的要素,然而这个要素是给现有发动机添加的燃料"。历史学家的任务恰恰是要研究这架发动机是如何运转的。如果仔细通读全书并好好想一想的话,人们或许可以同意泰勒的申明,即他对"正统"所作的主要"修正"之一,不过是"认为希特勒用了和通常认为是他创造的方法不同的方法"而已。与其说他是为希特勒翻案,不如说他要整个德国民族反省。但是，难道真如泰勒所断言，德国民族犯有"原罪"吗？德国何以自处，其他国家又该如何摆正它在欧洲和世界中的地位呢？而且，难道德国问题真的就是欧洲和世界政治中独一无二的问题吗？

二、强权政治和实力平衡问题。在泰勒看来，在一个主权国家林立的世界上，哪个大国都尽最大努力维护和扩张自己的利益，哪个大国领导人都怀有增加自己权力和威望的野心。德国总想主宰中欧和东欧，意大利一向做着"罗马人的地中海之梦"，俄国历来警惕来自西方的入侵，英国则力图做统治海洋和遍及全球的大帝国；贯穿其间的，依然是四百多年前马基雅弗里所提炼阐明的行动准则。从这个意义上说，"希特勒和墨索里尼颂扬战争和尚武的美德。他们使用战争威胁来达到他们的目的。当时这套做法并非新创。政治家们一向是这么干的。那两个独裁者的夸夸其谈并不比老君主们'把刀剑弄得咯咯作响'更坏；就此而言，也不比维多利亚时代教导英国公立学校学童的东西更坏"。他们"跟其他人的区别只在于他们的胃口更大，并以更加肆无忌惮的手段来满足这种胃口"。至于希特勒的对外政策，其"目的是使德国成为欧洲的支配性大国，或许更久以后成为世界的支配性大国。其他大国也追求了类似的目标，现在仍在这样做。其他大国也把小国看作他们的仆从国。其他大国也寻求以武力捍卫其切身利益。在国际事务中，希特勒除了是一个德国人之外，他没有什么过错"。"就原则和信条而言，希特勒并不比许多其他同时代的政治家们更加邪恶和无耻"，"如果说西方大国的品行似乎更高尚，这在很大程度上因为它是保持现状而有道德，希特勒则要改变现状而不道德"。如此持论，听起来很有一点玩世不恭的味道，不过，这一番粗鄙刻薄的论述，比之充斥于官方文书和高头讲章中的堂皇宏论来不是更多地道出了"国际事务中的真实底蕴"吗?

三、历史的偶然性。泰勒在本书里提出了战争起源的"车祸"说。他以为,"战争很像交通事故。它们的发生有一个共通的总根源,与此同时又有种种特定的原因。每次交通事故,说到底,都是由于内燃机的发明以及人们想从一地到另一地的愿望引起的"。但是,警察和法院"总是要为每次交通事故寻找一个特定的具体原因——驾车人方面的错误:超速,酒后开车,刹车失灵,路面不好"。如果历史学家满足于找到一个这样或那样的总根源,证明是"它不可避免的"产生战争,那就等于"某个被指控危险驾驶的车手以机动车的存在作为他的唯一辩护理由,那就蠢透了"。但是,一旦开始仔细考察战争是怎样从具体事件中产生出来的,历史立即呈现出非常纷繁复杂的面貌。历史不是公共汽车,不会按照事先预定的计划或事后创作的必然性向前运动。"历史的发展有其自身的逻辑规律,但是,这些规律无宁更像水流的规律,滔滔洪水因此而流进事先未曾发现的河道并不可遏制地最终注入一个无法预见的海洋"。总之,泰勒以为"在历史的形成中,人类的过失往往比人类的邪恶起更大作用"。这一派悲天悯人之论,大有不可知论的嫌疑。但是,比之那种把历史描绘成一场好人对坏人黑白分明的道德演义,是不是更接近于历史真实,也更能叫后人明智呢?

在西方学术界,泰勒的这本书已经是一本旧书,由它而激起的争论也已经潮平浪息。我们对它不闻不问者几二十年,偶有道听途说者又十年。现在全貌呈现在读者面前,这究竟是中国的进步。我们希望这种进步势头不要遭遇到遏制,继续发展下去!而对我们更为重要的是,透过这一现代文化史实,可以了解到,为了发展学术文化，容忍学术上的"异端"，至为必要。以欧洲人对希特勒之痛恨和反感，忽然有人提出一种似乎为希特勒翻案的主张，岂不冒天下之大不韪？要上起纲来，也可以说这已经不是学术问题，而代表了某种政治倾向云云。然而，多数人毕竟冷静看待一切。"异端"并未用行政方法禁绝；经过若干年的探索研究，关于二战史的研究毕竟前进了一大步。这并不表明，"异端"必须通盘接受，因为它亦往往有其偏颇处在；但是，如果一味禁绝任何学术上的"异端"，人类难道还能发展到今天？

【《读书》1993年第2期第3—8页】

附录六　郑逸文：等待"泰勒"
——访《第二次世界大战的起源》译者潘人杰先生（1993年）

在华东师范大学历史系任教的潘人杰先生，几十年来那支笔似乎一直缄默着，没写什么也没译什么，这种状态对今天的潘人杰来说，可说是一个"等待"期，等待泰勒。A.J.P.泰勒（英国）以及他的《第二次世界大战的起源》的出现，给潘人杰的震动以及对他以后笔墨生涯的影响无法估量，在《第二次世界大战的起源》这部书的翻译中，他投入了全部的心血和感情。这不仅仅因为这部书文笔的独特和思路的不同凡响，更出于一个历史研究者的责任和道义、良知和本能。泰勒希望人类有所思索的东西，也正是今天的人们在面对历史的时候常常忽视的东西。人们仅仅把历史作为一种过去的记述，却永远忽视在记述过程中历史早已失去其客观意义而成为现时某结论的佐证，历史已不再是历史。当人们惊讶于历史的轮回时，作为镜子的历史可以大声地嘲弄人类，人类由此而失落、颓废甚至绝望。可是泰勒却站了出来，他在二战起源的问题上提出了一系列独到的见解，诸如第二次世界大战并不是希特勒的按"计划"和

"时间表"预谋策划的结果；绥靖政策也未必就是愚蠢和懦怯的同义词；这场战争植根于第一次世界大战后欧洲均势的更大破坏，直接产生于各国政治家们事与愿违的忙中出错……云云，其精警的语言、论点与推理，打破了二战问题上定于一尊众皆诺诺的局面。泰勒的意义不仅仅在此，泰勒对于历史的重新评判与估计也绝非囿于二战。其实，任何一种社会动荡，规模或大或小，时间或长或短，咎于几个罪魁未免过于纯粹，任何事件的发生都不会是那样纯粹的，昨天，或者说历史，一切的演绎参与者都难卸其责，或是一种荣耀，或是一种罪责！面对一段不幸的历史，没有人可以坦然。基于这一点，我对潘先生说，中国人应该感激他的努力。

潘先生告诉我，泰勒的这部历史著作初版于 1961 年，此书一出，学界震动，立即引发了一场持续多年的动感情的争论，争论不仅在学术讲坛和专业刊物上展开，还扩展到电视荧屏甚至家庭内部，贬之者认为此书是对一系列公认的历史判断和价值标准的放肆亵渎，褒之者则认为它标志了一个新的"修正学派"的兴起，泰勒则是当代英国最伟大的史学家。对一本书及其作者的褒贬如此极端的对立，这在学术史上确实不多见。30 年过去了，大西洋彼岸，争议初期的激情逐渐平复，人们惊异于泰勒许多也许是一种直感的推测竟然经受住了考验，而在经历了重重坎坷起伏的华夏民族的眼里，泰勒振聋发聩的开创性意义已冲破 30 年的风尘，击碎了我们思索中的许许多多冰结。我们需要泰勒。

在华师大的校园里，我们穿过一个足球场，我们谈论着泰勒，我被泰勒激动着、鼓舞着，我不甘泰勒就这样悄悄地徘徊在这样宁静的校园内，这样恬静的讲台上，我对友人说请他介绍我认识潘先生，我需要和他谈一谈泰勒。

其实，泰勒不是这样可谈的。

潘先生说翻译泰勒的东西很痛快。泰勒的性格独立不羁，他自信，他从不隐瞒自己的观点，无论是对是错是精致的还是粗疏的是慎重的还是武断的，他不需要掩饰起自己，也无需做作。知识分子的独立意识自由意识在泰勒身上集中汇聚了，在他的笔下也从容地流泻了，而我们，却很久很久不曾这样意识到自我了。很多时候，我们已无自信。

因为潘先生和他的同仁，泰勒走向我们。我们也有我们面对的历史就像泰勒曾经面对的一样，我们失落了很多，作为一个人来说泰勒没有，这是不是可以提醒我们去寻找，寻找我们的自信、我们的良知、我们的道义、我们的责任，然后，面对我们的功课。

离开校园的时候，所有教室的灯都亮着，没有人踢球，足球场是空的。

【《文汇读书周报》人物专访】

附录七　潘人杰：调整一下思路和视角（1998年）

原来给我派定的任务是介绍有关第二次世界大战史的教研情况。前天，李巨廉和徐蓝两教授已就相关内容作了十分全面和精要的演讲。为免画蛇添足，今天仅就本人的体验，作些拾遗补阙。

一、关于世界大战的起源

我们华东师范大学历史系世界现代史教研室的几个同人，是在十年浩劫的末期，在一片迷茫和无奈中着手二战史的，举目四望，到处都是雷场和禁区的世界现代史领域里，或许还能以讲讲战争故事糊口度日，1976年出版了一本《第二次世界大战简史》（上海人民出版社出版）。

此后的十年，我们的主要精力，曾关注于二战起源。1985年出版了《第二次世界大战起源历史文件资料集，1937.7～1939.8》，1986年出版了《第二次世界大战起源研究论集》。这两本书都由华东师范大学出版社刊出，是对我们十年工作成果的一份总结。论集的多篇文章，对战前各大国的政策、动向作了分别的考察，也对多年来国外的研究动态作了初步评述。但是，对于二战起源的综合性理论思考，却存在明显的滞后，本世纪初列宁对帝国主义和第一次世界大战的论断，依然是我们所能遵循的唯一的依据。我和李巨廉共同署名的那篇总论"两次世界大战的比较研究"，说老实话，我感到写得十分别扭；用一些几十年固定不变的断语和推理来强行解释丰富的历史事实和当代变化，其实早就难以为继了。

例如，有这样一种权威的论断"战争是同私有制相始终的"。果真如此？考古研究和人类学调查早就证明，原始群之间，部落之间，为争夺优良的生存区域就不时发生暴力冲突，而且战俘也成为奴隶的最初来源。在宣称已经消灭了私有制的社会主义国家之间，也发生过战争或以战争相威胁。

十九世纪末发展起来的垄断资本主义，确实为一度盛行的帝国主义（从领土上把世界瓜分完毕）提供了新的动力和内容。但是，同时也有一些发达的资本主义国家并非主要依靠殖民扩张来保证经济繁荣。和平的经济竞争（当然也是十分残酷无情的）真的仅仅是牧师式的空想呓语？

已经打过的两次世界大战，并不是参战各国的决策者们都一致向往的，有些曾十分迟疑，有些还作过避免战争的系统努力。

战后发生过多次严重国际危机，几乎走到战争边缘，甚至发生过多次局部战争，却都没有演变扩大成世界大战。

诸如此类的现象和事实，绝不是"帝国主义就是战争"的简单推理所能解释的。经过一段时间的思考和自我否定，1989 年初，我们提出，需要从时代（现时代战争与和平的两种趋势）、格局（世界格局和国际体制）和人（决策行动和危机处理）三个层次上，对战争起源进行具体的历史考察，强调了时代和格局的规定条件下，人的主观能动性，也就是那些决策者们（尤其是那些大国的决策者们）在形势判断和危机处理上的认识能力和政治技巧，对于是战是和的世界前景关系极大。从历史的纵向发展上看，人的这种处置能力是呈上升曲线的。（《时代、格局和人——关于世界大战起源问题的若干思考》，载《世界历史》1989年第1期）

　　既是为了深化自己的认识，也多少想引起同行的讨论，我同时翻译和介绍了 A. J. P. Taylor 的 "The Origins of the Second World War"（《第二次世界大战的起源》，华东师范大学出版社1991年出版），这是一本30年前出版的老书，曾在西方学界引发过一场动情的激辩。不过，我以为，对我们来说，这并非毫无意义的昨日云烟。该书在夹缠着许多粗疏和武断之中，到处洋溢着作者洞察欧洲国际政治底蕴的敏锐目光和透彻见地，凸现出作者那种超脱于狭隘民族爱国主义和眼前政治得失的自由思想及独立精神。我以为这是一份借来的思想资源，对打破学术研究上的因循守旧和思想苍白状态，该是大有好处的。为此，我还曾撰文予以进一步评析（《正统与异端》，载《读书》1993年第2期）。可惜，国内学界过去是得知于片言只语的转述，对其人其书存有颇多误解，现在得窥全豹，可以赞赏泰勒的某些精神和见地，但当自己拿起笔来写作有关这段时间的国际关系时，又在不知不觉中重新回到原来习以为常的套路中去；这也包括本人。我觉得，在二战起源问题上，我们这里似乎已经形成一个超稳定系统，它的稳固和强大，几乎让人无可奈何。不过，我觉得它的力量来源，除了某些外部因素之外，更主要的是我们教研工作者自身的习惯势力和定向思维，而它们又是从过去几十年冷战时期的政治和意识形态对抗中沿袭下来的。早就应该卸脱这份遗产了。

二、二战史研究和普及的多重意义

第二次世界大战，无疑是二十世纪，甚至是整个人类历史上，决定性地改变了世界面貌的大事之一。

就历史的因果联系上说，前半个世纪的国际政治演变，似乎都是在向二战会聚、集中，二战是其"果"；后半个世纪的展开推进，又都可以在二战中找到源头和动势，二战是其"因"。甚至可以说，战后 50 年，在很大程度上是在消化二战成果和修复二战创伤中度过的。

就二战自身的特殊性质而言，这是一场具有意识形态激情（民主自由对专制暴政）的真正全球性的总体战争。四大洲，三大洋，61 国，80% 的人口，11,000 万军人，竭尽全力，以 5,000 万条生命和 40,000 亿美元资产为代价，一直打到其中一方无条件投降、国土被全面占领为止——坚持绝对的目标、动用绝对的手段、夺取绝对的胜利，这在人类历史上是绝无仅有的。

这样，二战史的研究就具有了多方面意义和几乎无穷尽的题材。起源，结局，战争进程，外交折冲，高层决策，平民遭际，经济动员，科技突进，文化心理，从高深研究到通俗性描述，几乎任何一种题材都可以达到发人深省或惊心动魄的境界。所以，毫不奇怪，有关这场战争的研究成果和记述资料，至今仍层出不穷，其数量之大，似乎还没有任何一个单独的历史事件，可以与之比拟。在 1995

年二战50周年纪念的前后，仅内地就出版了250多种书籍。

我这里要说的一种新现象是，二战史居然越来越拥有了观赏价值和娱乐意味。

1993年和1995年，我曾两次为上海东方电视台的"海外博览"专栏策划和主持了两辑共15集专题节目"回首二战"（5集）、"二战经典"（10集）。播映期间，"海外博览"节目的收视率骤然跃升到前列。原来只有少部分文化层次偏高的中老年观众的专栏，居然吸引了众多"引车卖浆者流"。为什么？

归根到底，原因就在于战争，尤其是像二战这样的全球性总体战争，总要迫使卷入其中的个人、群体、民族，调动起他们的全部物质的和精神的潜能，投入这生死一搏。在战争中，人的体能、智能和意志力统统发挥到平时不可企及的极致，也把深埋在意识底层的一切"恶"的本能释放无遗——个人品质、民族特性、社会组织、政府机制等，一切都在血与火的炼狱里受到考验，优劣善恶，立见分晓。于是，对于曾经是亲历这场浩劫的幸存者，时过境迁，抚今追昔，不仅得到某种怀旧的满足，也从反刍中获得新的领悟；而对于年轻的后来人，则随着时间距离的拉长，这段历史就越来越成为欣赏前人斗智斗勇的精彩绝伦的活剧，就如中国人之爱读"三国"，或如全世界都痴迷于世界杯足球赛。

因此，也不由人不想到作为人文科学之一的史学，本质上可以成为各色人等都可以与之亲近的学问。只要能编著出信实有据的而不是胡编乱造的，具体生动的而不是空洞说教的，真正深入浅出的历史作品，在大众文化消费中就会有不可取代的空间。自然科学方面的不少知名权威写作的科普读物，同样可以列身经典，为我们树立了先例；史学方面则还寄望于有更多的名家高手来开辟这片园地，使之蔚为大观。

三、战争与人

第二次世界大战的一大特点，就是随着战争手段和战争样式的现代化，反而在更大程度上有赖于人民大众的全力参与。庞大的战争机器，需要有更大量的青壮年入伍，在前线拼杀；支持这架庞大战争机器的经济体制始终处于超常的运作之中，这更需要全民作出最大的奉献——非常紧张的劳作和极端的物资匮乏；而且现代战争还常常把对方的平民作为直接的打击对象，以摧毁敌手的抵抗能力和抵抗意志，以致在战争中前线与后方再也没有严格的区分，平民的丧亡甚至超过了军人的丧亡总数（五千万丧生者中平民占了三千万）。因此，第二次世界大战已充分表明，在现代战争中，国内战线（Home Front）越来越具有决定性意义。

如果我们能调整一下研究重点，不妨在继续关注武经韬略和外交周旋的同时，也把目光转向各交战国的战时社会，看看当时的平民境遇，对战时动员体制作一番比较研究。我认为，这将是二战史研究中另一方丰饶的园地。

各国的动员体制及其有效性各有千秋，在不同体制下的平民遭际更是千差万别。这不仅取决于各国不同的社会条件和战时处境，也在很大程度上取决于当权集团或战争指导者的政治理念。

在战争时期，当权者以保卫民族整体利益为号召，加强对国民经济和社会生活的统制，要求每一个国民作出奉献和牺牲，这是举世皆同，也被认为是理所当然的事情。然而，能否以及如何在艰难岁月尽可能地珍惜人民的生命财产安全，尽可能地尊重每个民族个体的人格尊严，其结果就大不一样了。

在战争中，苏联、中国、波兰、南斯拉夫的人员丧亡以百万和千万计，人员损失占总人口的比率也是最高的，其中平民的丧亡人数又大大超过甚至数倍于军人。毫无疑问，这主要是由于这些国家的全境或部分国土成了战场，曾被敌人占领，是法西斯匪徒残害的结果（至今我们还不能说法西斯的罪行已受到彻底清算——例如日本政府就从来没有真正地认罪，而历届中国政府也没有就本国平民的伤亡作出过精确的分类统计）；但是，如果细加考察，也不能排除这样的因素，即本国或盟国战争指导者的疏忽和漠视，也大大地加重了平民的苦难。在一些国度已形成某种常规，在民族危亡关头，政府历来有权要求人民效忠国家，而百姓的安危只能听天由命。

德国和日本的伤亡也可以百万计，在战争的最后阶段，平民的伤亡数也超过了军人（德国：军人 325 万，平民 360 万；日本：军人 100 万，平民 200 万）。这中间，除了表明现代战争的残酷之外，跟希特勒的"焦土"令和日本军阀的"玉碎"令大有关系。肆意残害其他民族的人，对本民族的人民也会同样无情。归根到底，在极权主义国度里，人民从来只是某种政治操作的物料和工具而已。

比较起来，其国土远离战场的美国，它的牺牲只能算是微乎其微，军人丧亡 36 万，平民的丧亡几乎为零，这可以归诸它的特别幸运；但是，如果考虑到英国本土曾遭德国持续的密集轰炸，而在整个战争期间，丧生于空袭中的平民只有 6 万人，那就不能仅仅归因于一些显见的技术因素了。英国在国内战线上的种种举措，还曾为战后英国的社会改革开了先河,是很值得我们细加探究的。

战争中胜利者,通常都会宣称,战争的结果证明了它的社会制度和政治体制的优越性;这是大有疑问的。但是,有一点却可以肯定,如果说压迫其他民族的民族是不会自由的,那么,不珍惜和尊重本民族个体成员的生命价值和人格尊严的民族,就已经是不自由的了。

【1998 年 6 月 18 日于香港中文大学】

附录八　中译本第二版译后记（2013年）

英国学者 A. J. P. 泰勒（1906—1990 年）的《第二次世界大战的起源》一书，首版于 50 多年前的 1961 年。在这之前，尤其是在这之后，涉及同一主题的历史著作真可谓汗牛充栋，它们都在某方面有其不等的价值。然而，唯有泰勒的这本书，至今还在吸引着一代又一代的读者；就专业研究者而言，不论他们对本书的观点赞同与否，也都不能回避地要对它作出讨论。在西方学术界，泰勒的这本书已被列为经典史学著作之一。

这是因为，泰勒的这本书，视野高阔，语言精警，向几乎每一个被认为理所当然的现存结论发出了挑战。泰勒认为，第二次世界大战并不是希特勒按"计划"和"时间表"预谋策划的结果；绥靖政策也未必就是愚蠢和懦怯的同义词；这场战争，植根于第一次世界大战后欧洲均势的更大破坏，直接产生于各国政治家们事与愿违的忙中出错。此书一出，学界震动，立即激起一场持续多年的动感情的争论。从英国到北美，争论不仅在学术讲坛和专业刊物上展开，还曾扩展到一般媒体、电视荧屏甚至家庭内部，因之朋友反目、父子龌龊之事也时有所闻。贬之者认为此书是为希特勒翻案，是对一系列公认的历史判断和价值标准的放肆亵渎；在美国的《视野》杂志上，曾有人虚拟了一篇希特勒的阴魂向泰勒先生致贺的短信，迹近政治起诉。褒之者则认为它是一部难得的杰作，标志了一个新的"修正学派"的兴起，堪与吉本的《罗马帝国衰亡史》和麦考莱的《英国史》相媲美。对一本书的褒贬竟如此极端地对立，这在学术史上确是不多见的。但是，不管这场争端的最终结果如何，在第二次世界大战起源问题上定于一尊众皆诺诺的局面被打破；人们惊奇地发现，原来还有这么多事情需要深入探讨，还有那么多问题可以重新思考！

跟这本书的命运一样，作者本人在西方学术界也是一位有争议的人物。A. J. P. 泰勒1906年出生于英国兰开夏一位棉纺厂主家庭。在牛津大学奥利尔学院求学期间，曾是该学院唯一的一位工党俱乐部成员。大学毕业后，即去维也纳大学师从普里勃勒姆研究欧洲外交史。1930—1938年执教于英国曼切斯特大学，1938—1963年执教于牛津大学莫德林学院。他是一位极受学生欢迎的教师，多产的作家，社会活动也十分活跃。他的主要著作有：《欧洲外交中的意大利问题》、《德国争夺殖民地的最初企图》、《哈布斯堡王朝》、《德国历史教程》、《争夺欧洲霸权》、《俾斯麦评传》、《惹是生非者》、《第一次世界大战》、《第二次世界大战》、《英国史（1914—1945年）》等。此人在学术研究上常常独树一帜，在社会政治问题上总是对英美政府的现行政策持批评态度，他品评世事，臧否人物，常常语出惊人。凡此种种，都为圈内矜持的英国大学教授所侧目，被视为"知识界之牛虻"。因而，尽管泰勒著述宏富，声名远扬，公认是欧洲国际关系史方面的一大名家，1956年还入选英国国家学术院，却未获牛津皇家讲座教授头衔。有人认为，泰勒的个性和遭际颇像萧伯纳："才华横溢，学问渊博，机智诙谐，固执己见，离经叛道，惹人讨厌，不可忍受而又无法摆脱，不时冒犯他的史学同行却总是有教于他们"。冒昧多说一句，译者从其他读物上偶闻一二，泰勒在日常生活和与亲友相处中倒是个颇为仁厚的人。

正是在争端炽热展开的时候，《外交事务五十年书目》在向公众推介本书时告诫读者："这是一本重要的书——精警、冷嘲、精心编撰——但是应该参照它仍在招致的评论来读它。"确实不失为一种具有专业精神的慎重公允之论。争论初期的激情逐渐平复之后，随着研究环境的进一步改善和大量档案资料的解密公开，二战起源的研究出现了一个前所未有的繁荣局面。通过平心静气的研究，人们既发现泰勒这本书的一些偏执和自相矛盾之处，同时也惊异于他的许多独到见地和敏明观察（有时几乎是直觉的推测）居然经受住了时间的考验，而原来被理所当然地接受的种种"公认"的说法，反而显出其肤浅和武断的一面，终被或明或暗地放弃了。回顾起来，谁都不能否认这本书振聋发聩的开创性意义。

人们常说，"历史教人明智"。今天来重读半个世纪前的"旧"作，或许最重要的不在于此书是否已臻完美，而在于它所充分展现的"存疑"、"求真"的勇气和才识，以及由它激起的那场争端的过程——名家荟萃、精彩纷呈的一场智慧大比拼。我们不仅可以享受一席思想盛宴，也得以随之作一番头脑操练，那才是真的"历史教人明智"啊！对于曾经被铺天盖地般强制灌输过某些特定"历史"、品尝过"历史叫人更加愚蠢"的我们来说，重读本书，或许将别有一番滋味在心头吧？

20多年前，译者曾根据1966年纽约版译成中文，由上海华东师范大学出版社刊出，早已售罄。现在，译者根据英国企鹅丛书1991年新版对译文重作斟酌，并把旧版作为附录的"再思考"（1963年时作者对批评者的回应并对本书的要义所在更作发挥），按新版改为"前言"移置书首。此外，把原来未被刊出的1966年纽约版的"给美国读者写的前言"的中译文附录于后，因为其中包含有作者对战前美国对外政策的更多评说，以及对美国批评者的特别回应。

现在，上海辞书出版社要把本书作为《辞海译丛》之一重新刊出，这是一种令人感佩的文化眼光。译者怀着一份恳恳之心，对译文重作推敲，尽管如此，恐不免仍有误译或未能完全表达原意之处，敬请读者指正。

潘人杰

2012年8月于华东师范大学

图书在版编目（CIP）数据

第二次世界大战的起源/（英）A.J.P.泰勒著；潘人杰，朱立人，黄鹂译. —上海：上海三联书店，2024.6
ISBN 978-7-5426-8442-4

Ⅰ. ①第⋯　Ⅱ. ①A⋯②潘⋯③朱⋯④黄⋯　Ⅲ. ①第二次世界大战－起源－研究　Ⅳ. ①K152

中国国家版本馆CIP数据核字（2024）第069925号

著作权合同登记号 09-2020-1100

第二次世界大战的起源

著　　者 /［英］A.J.P.泰勒
译　　者 / 潘人杰　朱立人　黄　鹂
校　　译 / 潘人杰　潘　泓

责任编辑 / 徐建新
装帧设计 / 彭振威设计事务所
监　　制 / 姚　军
责任校对 / 王凌霄　潘鹏程　张　瑞

出版发行 / 上海三联书店
　　　　　（200041）中国上海市静安区威海路755号30楼
邮　　箱 / sdxsanlian@sina.com
联系电话 / 编辑部：021-22895517
　　　　　发行部：021-22895559
印　　刷 / 山东新华印务有限公司

版　　次 / 2024年6月第1版
印　　次 / 2024年6月第1次印刷
开　　本 / 640mm×960mm　1/16
字　　数 / 370千字
印　　张 / 32
书　　号 / ISBN 978-7-5426-8442-4/K·771
定　　价 / 138.00元

敬启读者，如发现本书有印装质量问题，请与印刷厂联系 0538-6119360